高等院校旅游管理专业精品系列规划教材

旅 游 文 化

主　编　龚　鹏

副主编　丁水平

编　委　温　娜

北京理工大学出版社
BEIJING INSTITUTE OF TECHNOLOGY PRESS

图书在版编目（CIP）数据

旅游文化／龚鹏主编. —北京：北京理工大学出版社，2016.7（2019.8 重印）
ISBN 978 - 7 - 5682 - 1779 - 8

Ⅰ. ①旅… Ⅱ. ①龚… Ⅲ. ①旅游文化 Ⅳ. ①F590

中国版本图书馆 CIP 数据核字（2016）第 011515 号

出版发行／北京理工大学出版社有限责任公司
社　　址／北京市海淀区中关村南大街 5 号
邮　　编／100081
电　　话／(010) 68914775（总编室）
　　　　　 (010) 82562903（教材售后服务热线）
　　　　　 (010) 68948351（其他图书服务热线）
网　　址／http://www.bitpress.com.cn
经　　销／全国各地新华书店
印　　刷／涿州市新华印刷有限公司
开　　本／787 毫米 × 1092 毫米　1/16
印　　张／20.5
字　　数／481 千字
版　　次／2016 年 7 月第 1 版　2019 年 8 月第 3 次印刷
定　　价／49.00 元

责任编辑／申玉琴
文案编辑／王晓莉
责任校对／周瑞红
责任印制／李志强

　　旅游的本质属性是文化。旅游文化的内涵十分丰富，其范围既涉及旅游主体自身的文化素质、兴趣爱好、行为方式、思想信仰等旅游主体文化领域，也涉及人文景观文化和自然景观文化的旅游客体文化领域，还涉及旅游业的企业、管理、景区、产品、商品、政策法规等旅游介体文化，可谓内容庞杂，涉及领域广泛。而旅游文化课程教材不能取代其他旅游学科的专门教材，或是像旅游学科其他专门教材那样深入展开论述，故而旅游文化教材的编写较为困难。

　　旅游文化课程作为与专业主干课相关联的旅游专业基础课，在整个专业教育中具有特殊的意义。教师通过教学，使学生理解旅游文化的概念、研究对象与研究方法；了解旅游文化的内涵、特征及旅游主体的旅游行为特性；了解旅游客体文化的基本范畴；了解旅游介体文化建设的重要性，从而使学生为从事旅游相关专业工作及学好后续专业课程打好基础。这对提高学生自身的文化修养、专业素养和鉴赏识别能力以及提高旅游业的管理水平、促进旅游业的发展都有十分重要的意义。

　　在当今高校转型发展的背景下，本教材具有其自身的特色。首先，教材的定位准确。本教材针对应用型普通院校的大学生而编写，注重实用性，注重培养学生的实践能力、提高学生的旅游文化知识、提升学生的文化素养和提高学生的文化艺术鉴赏能力和水平。其次，教材的特点突出。一是体例创新。本教材的每一章都以案例导入，最后都有一个案例分析题和实训题，目的在于培养学生分析问题、解决问题的能力。二是章节安排合理。本教材较为完整地介绍了旅游文化的各个方面，尤其是关于旅游主体文化和旅游介体文化的介绍，弥补了现有各种版本教材的不足。三是内容创新。本教材在保证理论知识完整的同时，注重实践方面的应用性，以培养和提高学生的文化艺术鉴赏能力和水平。据此，本教材在简要介绍旅游文化基础知识和基本理论的基础上，详细阐述了旅游主体文化、旅游客体文化和旅游介体文化的各个方面。书中着重阐述了旅游主体文化、中国历史文化、自然景观旅游文化、园林旅游文化、建筑旅游文化、宗教旅游文化、饮食旅游文化、民俗旅游文化、旅游与文化艺术和旅游介体文化。全书结构体系清晰、内容丰富、视野开阔，既注重理论逻辑分析，又强调实际应用研究，充分体现了应用性高校教材新颖、生动、灵活、实用的特色。

　　本书由龚鹏设计撰写提纲，并担任主编，丁水平为副主编，温娜也参与了教材的编写。

各章节的撰稿者分别为：龚鹏编写第一章、第二章、第三章、第四章、第五章、第八章、第九章、第十章；丁水平编写第六章、第七章；温娜编写第十一章、第十二章。最后全书由龚鹏负责统稿。

编 者

目 录

文化与旅游文化

教学目标

1. 了解文化及旅游文化的概念与特征；
2. 旅游文化的结构；
3. 旅游文化的功能；
4. 旅游和文化的关系；
5. 旅游文化学习的重要性意义。

能力目标

1. 能够分析旅游与文化的关系；
2. 能够分析旅游文化的结构。

导入案例

科学定位突出整体形象 定南县旅游文化实现转型升级

　　青山绿水、蓝天白云、红墙黛瓦、小桥流水……盛夏时节，笔者走进赣粤高速定南出口的"香港母亲河"主题公园，看到昔日破旧的小村落经过一番改造后，成为魅力四射的新村落，如今已是该县以"赣粤门户，生态家园"旅游文化形象定位的城市新"名片"。据了解，这张"名片"也是该县去年以来大力实施差异化发展战略，通过借外力、引外资的"借梯上楼"模式发展文化娱乐和休闲旅游产业的一个缩影。

　　针对旅游发展层次不高、特色不显、产品单一等结构性矛盾，2009年以来，定南县坚持从规划入手，对全县旅游文化产业进行了科学定位，突出定南"赣粤门户，生态家园"的整体形象。在坚持"政府主导、企业主体、市场运作、群众参与"的原则下，该县确定了"借梯上楼"的开发思路，推动旅游文化上档升级，并建立了全省首个文化生态旅游产业园。以园区化、集群化的手段,整合旅游产业的项目、品牌、资金等资源,大力开发生态游、山水游、休闲度假游、体验游、客家民俗游、健身养生游等特色鲜明的旅游精品项目。

为做大做强"赣粤门户、生态定南"品牌,该县 2010 年又相继引进了深圳多彩公司投资 3 亿元开发建设风水旅游文化产业园、香港新亚太集团投资有限责任公司投资 10 亿元开发建设山地体育公园的项目。同时,结合新农村建设和定南全县旅游的整体布局,成功包装了中国山水旅行博览馆、布衣山谷、虎形围爱情故事馆、十三经书院、成功人士第二家园等 11 个重大支撑项目。目前,该县已有 7 个项目开工建设,其中"仙湖"文化生态旅游产业园开发项目还被确定为全省重大调度项目。为使文化旅游产业向纵深发展,该县相继出台了一系列文化娱乐和休闲旅游产业发展优惠政策,支持并鼓励民间资本投资旅游文化产业:引进恒立达置业有限公司投资 2.5 亿元兴建四星级酒店项目,激活盛凯威实业有限公司投资 1.2 亿元兴建文化娱乐城项目,组建商会组织投入 5 600 万元开发建设商会大厦项目。

文化旅游产业的转型升级同时带动了该县文化旅游市场的"蹿红"。2010 年 1—7 月,定南县共接待海内外游客 8.6 万人次,以旅游文化为主打的第三产业实现增加值 3.27 亿元。

(资料来源:谢志诚. http://www.ganzhou.gov.cn/xwdt/zwyw/201008/t20100807_191114.htm)

思考

请分析目前我国一些旅游资源丰富的地方能否仿照上例来打造自身的文化品牌。

文化是旅游业的灵魂,是旅游活动的本质属性,旅游文化是旅游资源和旅游产品的魅力所在,因而文化与旅游的关系十分密切。学习和研究旅游文化,首先必须理解和掌握文化与旅游文化这两个核心概念。

第一节　文化概述

自从 19 世纪人类学、社会学和文化学以及与文化有关的学科兴起之后,关于文化的定义便层出不穷。据 1951 年《大英百科全书》统计,世界上在正式出版物中给文化所下的定义达 160 种之多。迄今为止,关于文化的定义已有 250 多种。可见文化现象十分复杂,对文化作清楚而确切的定义是十分困难的。为此,为理解文化的含义进而解决其定义问题,可行的办法应是从"文化"词源上追溯其真实的含义及演变历程。

一、文化的词源

(一)中文词源

"文化"是中国语言系统中早已有之的词汇,但它在我国文献中最初是分开出现的。

"文"的本义是指各色交错的纹理。《周易·系辞下》载:"物相杂,故曰文。"《礼记·乐记》称:"五色成文而不乱。"在此基础上,"文"又有若干引申义。其一,为包括语言文字在内的各种象征符号,进而具体化为文物典籍、礼乐制度。《尚书序》所载伏羲画八卦,造书契,"由是文籍生焉";《论语·子罕》中孔子说"文王既没,文不在兹乎",是其实例。其二，由伦理之说导出彩画、装饰、人为修养之义，与"质""实"相对。《尚书·舜典》疏曰"经纬天地曰文"；《论语·雍也》称"质胜文则野，文胜质则史，文质彬彬，然后君子"。其三，在前两层意义上，引导出美、善、德行之义。这就是《礼记·乐记》所谓的"礼减而进，义进为文"。郑玄注"文犹美也，善也"。

"化"本义为改易、生成、造化。如《庄子·逍遥游》："化而为鸟，其名曰鹏"；《周易·系辞下》："男女构精，万物化生。""化"是指事物形态或性质的改变，并由此引申为教行迁善之义。

"文"与"化"并联使用，较早见之于战国末年儒生编辑的《易·贲卦·象传》："（刚柔交错），天文也、文明以止，人文也。观乎天文，以察时变；观乎人文，以化成天下。"

这段话里的"文"，即从纹理之义演化而来。日月往来交错文饰于天，即"天文"，亦即天道自然规律。同样，"人文"是指人伦社会规律，即社会生活中人与人之间纵横交织的关系，如君臣、父子、夫妇、兄弟、朋友，构成复杂网络，具有纹理表象。这段话是说，治国者须观察天文，以明了时序之变化，又须观察人文，使天下之人均能遵从文明礼仪，行为止其所当止。在这里，"人文"与"化成天下"紧密相连，"以文教化"的思想已十分明确。

西汉以后，"文"与"化"合在一词。如刘向的《说苑·指武》中："凡武之兴，为不服也，文化不改，然后加诛。"显然，这里的"文化"与"武力"相对应，是动词，具有"文治教化"之意。

近代中国人所说的文化，则是19世纪末从日文翻译过来的，其内涵包括加工、修养、教育、礼貌以及文化程度等多种意义。

（二）西文词源

在英文和法文中，文化一词为"culture"，它源于拉丁文的"cultura"，作动词使用时，含有耕种、居住、练习、留心、注意和敬神等多种意思。由拉丁文派生出的英文和法文的"culture"、德文的"kultur"在16、17世纪逐渐由对树木、作物等的培育引申为对人类心灵、情操、风尚的化育。在今天诸多的英文单词如 agriculture（农业）、deep culture（深耕）、horticulture（园艺）中就可见其最初具有"耕作与作物培育、养殖等"意义。因此，"culture"首先被用来意指经过人们对田园的耕作，将原始的荒野变为稼禾繁茂的田园，也象征着人类文化生活的开始与演变。可见，西方文化含义的深化，是从人类的物质生产活动开始，逐步引向精神领域的。由此，"culture"的外延逐渐扩大，内涵也逐渐丰富起来，渐渐接近了它的近代意义。

从物质领域到精神领域，西方的"culture"与中国古代的"文化"一词的"文治教化"内涵比较接近。所不同的是，中国的"文化"一开始就专注于精神活动领域，而"culture"却是从人类的物质生产活动出发，继而引申到精神活动领域。从这层意义上分析，"culture"的内涵比"文化"更为宽广，而与中国语言系统中的另一词汇"文明"更加切近。"文明"是指人类的物质创造（尤其是对火的利用）扩展到精神的光明。"经天纬地曰文，照临四方曰明。""文明"兼有物质创造与精神创造的双重意义，接近于今天人们通常理解的广义文化。中国与埃及、巴比伦、印度共称四大"文明古国"而不称"文化古国"，原因就在这里。

19 世纪中叶，一些新的人文学科如人类学、社会学、民族学等在西方兴起，文化的概念也随之发生变化，开始具有现代意义，并成为这些新兴学科的重要术语。最先把文化作为专门术语使用的是英国的"人类学之父"——爱德华·泰勒（1832—1917 年），他在 1871 年出版的《原始文化》一书中，把文化定义为："从最为广泛的民族意义上看，文化或文明是一个综合性体系。它包括知识、信仰、艺术、道德、法、习俗以及作为社会成员的人所学到的其他能力和习惯。"自此以后，西方学者为"文化"下了诸多定义，在定义中包括了"文化是人所创造的一切；文化是物质价值和精神价值的总和"等观点，从不同的角度、不同的层面对文化作了界定。

二、文化的定义与分类

（一）文化的定义

人类从"茹毛饮血，茫然于人道"的"直立之兽"演化而来，逐渐形成与"天道"既相联系又相区别的"人道"，这就是文化的创造过程。在文化的创造与发展中，主体是人，客体是自然，而文化便是人与自然、主体与客体在实践中的对立统一物。这里的"自然"，不仅是指存在于人身之外并与之对立的外在自然界，也指人类的本能、人的身体的各种自然属性。文化是改造自然、改造社会的活动，它同时也改造"改造者"自身，即实践着的人。人创造了文化，文化也在塑造着人。举例言之：一块天然的岩石不具备文化意蕴，但经过人工打磨，便注入了人的价值观念和劳动技能，从而进入"文化"范畴。人打磨石器的过程，在这一过程中知识水平和技能的提高、结成的相互关系，以及最后完成的这件包含着人的价值取向的石器，都是文化现象，均属"文化"范畴。因此，文化的实质性含义是"人化"或"人类化"，是人类主体通过社会实践活动，适应、利用、改造自然界客体而逐步实现自身价值观念的过程，这一过程的成果体现，既反映为自然面貌、形态、功能的不断改观，更反映为人类个体与群体素质（生理与心理的、工艺与道德的、自律与律人的）的不断提高和完善。

简言之，凡是超越本能的、人类有意识地作用于自然界和社会的一切活动及其结果，都属于文化；或者说，"自然的人化"即是文化。

（二）文化的分类

长期以来，人们在使用"文化"这一概念时，其内涵与外延差异甚大，故文化有广义与狭义之分。

广义的文化，又称"大文化"，主要着眼于人与自然的本质区分，认为凡是人类有意识地作用于自然界和人类社会的一切活动及其结果，都属于文化。换言之，文化也就是"人化自然"，即人类发挥其主观能动性，把人的智慧、创造性、感情注入自然，使自然成为被人所理解、沟通和利用的对象。我国著名文化学家梁漱溟提出："文化，就是吾人生活所依靠之一切……文化之本义，应在经济、政治，乃至一切无所不包。"（《中国文化问题略谈》，载《漱溟最近文录》）庞朴主张从物质、制度和心理三个层面去把握文化的要领和内涵。1999 年版《辞海》将"广义文化"界定为"人类在社会实践过程中所获得的物质、精神的生产能力和创造的物质、精神财富的总和"。总之，文化可以说是包罗万象，从这个意义上说，笔者认为文化泛指人类在长期的历史发展过程中创造和形成的语言文字、性格特征、社会心理、传统道德、生活方式、思维模式以及社会生产力水平等物质和精神要素以及其相互作用的结果与表现。

狭义的文化则称为"小文化"，主要是排除广义文化概念中的物质性部分，将文化限定在人类精神创造活动及其结果层面。上述爱德华·泰勒对文化的界定就是狭义文化的界定。显然，狭义的文化是指人类创造的精神文明成果，它包括文字、文学、思想、学术和教育等精神领域。实际上，狭义的文化相当于广义文化中的精神财富这一部分。

需要说明的是，狭义文化在逻辑上从属于广义文化，与后者存在着不可分割的联系。因此，我们在研究人类的精神创造时，不能忽视物质创造活动的基础意义和决定作用；在讨论关于心态文化诸问题的时候，不能忽视物态文化、制度文化、行为文化对心态文化的影响与制约。总之，不能将"小文化"与"大文化"割裂开来。

三、文化的结构

（一）文化结构层次的划分

关于文化结构，有以下几种不同的划分方法。

两分说：认为文化分为物质文化与精神文化。

三分说：认为文化分为物质文化、制度文化、精神文化。

四分说：认为文化分为物质文化、制度文化、行为文化（风俗习惯）、精神文化（或称心态文化或称思想与价值）。

（二）各层次文化释义

（1）物质文化，由人类加工自然创制的各种器物，即"物化的知识力量"构成的物态文化层。它是人的物质生产活动及其产品的总和，是可感知的、具有物质实体的文化事物，构成整个文化创造的基础。物质文化以满足人类最基本的生存需要——衣、食、住、行为目标，直接反映人与自然的关系，反映人类对自然界认识、把握、利用、改造的深入程度，反映社会生产力的发展水平。

（2）制度文化，由人类在社会实践中建立的各种社会规范、社会组织构成的制度文化层。人的物质生产活动是一种社会的活动，只有结成一定的社会关系才能进行。人类高于动物的一个根本之处就是人类在创造物质财富的同时，又创造了一个属于人类自己、服务于人类自己，同时约束人类自己的社会环境，创造出一系列的处理人与人（个体与个体、个体与群体、群体与群体）相互关系的准则，并将它们规范化为社会经济制度、婚姻制度、家族制度、政治法律制度，家族、民族、国家，经济、政治、宗教社团，教育、科技、艺术组织等。这一部分文化成果虽然不直接与自然界发生关系，但它们的特质、发育水平归根结底是由人与自然发生联系的一定方式所决定的。

（3）行为文化，由人类在社会实践，尤其是在人际交往中约定俗成的习惯性定势构成的行为文化层。这是一类以民风、民俗形态出现，见之于日常起居动作之中，具有鲜明的民族、地域特色的行为模式。民族的、时代的文化既有物质的表识、制度的规范，又有具体社会行为、风尚习俗的鲜活体现。以民风、民俗形态出现的行为文化的特点有：一，它是社会的、集体的，不是个人有意无意的创作。即使有的原来是个人或少数人创立和发起的，也必须经过集体的同意和反复履行，才能成为民俗。二，它与集体性密切相关。这种现象的存在，不是个性的，而是类型的模式的。三，它在时间上是传承的，在空间上是播布的。

（4）精神文化，由人类社会实践和意识活动中长期孕育出来的价值观念、审美情趣、思维方式等构成的心态文化层。这是文化的核心部分。具体而论，心态文化又可以分为社会心理和社会意识形态两部分。社会心理是指人们日常的精神状态和思想面貌，是尚未经过理论加工和艺术升华的流行的大众心态，诸如人们的要求、愿望、情绪等。社会心理较直接地受到物质文化和制度文化的影响和制约，并与行为文化互为表里。社会意识形态是指经过系统加工的社会意识，它们往往是由文化专家对社会心理进行理论归纳、逻辑整理、艺术完善，并以物态形态——通常是著作、艺术作品——固定下来，播之四海，传于后世。

四、文化的特征与功能

（一）文化的特征

综合各派学者对文化的定义，文化具有的一般特征有以下几个方面。

1. 创造性

创造性是文化最主要的特征之一。丰富多彩的文化现象和事物不是自然形成的，而是在人类社会共同生活过程中衍生或创造出来的。凡人类有意无意地创造出来的东西都是文化。人们认为，文化世界之所以高于自然的物质世界，正是因为它融入了人类的创造性。自然存在物及其运动不是文化，如山川河流、日月星辰本身都不是文化，但人类据此而创造出来的历法、文学、艺术以及其他物品却是文化。

2. 空间性和时间性

文化的空间性，指的是文化随空间区域的不同形成了不同的文化层次、文化类型，乃至产生各种各样的文化群、文化圈。而文化的时间性是指文化本身有自己的起源、演化、变迁的发展过程。文化也有积累、革命和淘汰，在时间上表现为一个进化与分化、积累与沉淀、层次与统一、目的性与自然决定性的复杂的过程。人类创造文化是为了实现某种价值目标，这是文化创造的方向；当一定的价值目标实现后，便形成一种新的文化；在新的刺激下，又会形成新的价值观和目标。

3. 自由性和约束性

人本身是高级动物，而要把人和其他动物区别开来，必然要有一定的标志，这个标志就是人类文化。人要区别于其他动物，要获得自由，就要创造文化，没有文化就没有自由，自由即是文化。但人又生活在特定的文化背景中，受着特定文化传统和文化氛围的影响与约束，走着不得不走的路，所以说文化也有约束性。

4. 封闭性和开放性

文化作为一个整体，具有封闭和开放的特点。历史上，为了自保或是为了统治的需要，很多文化体系往往采取闭关自守、排斥异己的措施，如中国在农耕经济和宗法制度背景下就采取了一系列保守措施。但人类是以整体面对世界的，从某种程度上讲，文化是全人类的文化，每种文化虽然是以个体的形式出现的，但都将汇集在人类文化的长河中。各类文化群、文化圈之间，尤其是物质文化之间，又是或多或少开放的、互动的。

5. 对象性和载体性

作为文化主体的人，要体现其存在的本质、力量，要实现自身的价值，必须通过面对的对象世界，否则无法得到体现，所以文化具有对象性。文化的对象性导致了文化的载体性，这是文化生产和存在的必要条件。

6. 继承性和创新性

文化是一份社会遗产，是一个连续不断的动态过程。任何社会的文化，都是长期积累而成的，是同这个社会一样长久的，并且还在不断地积累下去。任何一个阶段、任何一个时期的文化都是从前一个阶段或时期继承和发展下来的。而继承的并不是以往文化的全部，而是继承一部分，舍弃一部分。因此，文化是一个不断继承和更新的过程。

7. 多样性和共同性

文化都是具体的、特殊的，因此无论从纵向还是从横向角度看，世界各个时期、各个地域和民族的文化都是不同的，而且彼此之间差异很大。中国古代妇女以缠足为美，而现在"三寸金莲"已成为历史的陈迹，这是古今文化的不同。中国南方人吃蛇肉和猫肉，北方人认为那是不能吃的，这是南北文化的差异。人类学家和社会学家记载了世界各地大量的特殊文化，充分说明了文化的多样性。

文化的共同性是寓于特殊性和多样性之中的，是客观存在的。美国学者默达克在《社会结构》一书中，归纳了存在于各种文化之中的 70 余个共同点。虽然文化在具体形式上有区别，但原则上是共同的。

（二）文化的功能

文化的功能是指文化整体或个别因素对人类社会生活和个人发展所具有的效能和作用。从不同的层面观察，文化的功能是多种多样的，主要表现在以下几个方面。

1. 提供生活环境，满足多种基本需要

文化首要的和最重要的功能，就是为人提供一个物质生活环境。物质生活环境虽然以自然地理环境为基础，受自然地理环境的制约，但自然所提供的素材，无论是作为劳动对象、劳动工具，还是作为劳动环境，都已经为人类的劳动所加工、改造和利用，成为文化产物。因此，从一定意义上来讲，人们所处的现实生活环境，是由文化所提供的。

文化在为人们提供物质生活环境的同时，还提供了人际生活环境中的各种道德规范、法律规范、制度管理文化和行为习俗文化。不论是对于个人的成长，还是对于社会的建构，这些都是必不可少的，这是文化的又一贡献。

除了提供物质生活环境和人际生活环境外，文化还为人提供了精神生活环境。人除了要吃饱穿暖，满足生理上的需求外，还要求知，要了解世界；还要欣赏艺术，求得情感的寄托和精神的愉悦；还要通过各种方式达到自我实现，以求得心理上的满足，这些就是我们所说的人的精神生活。

2. 记录、储存、传播功能

人类创造了文化，文化形成伊始就发挥着记录、储存人类创造能力和创造成就的作用，使人们在实践中获得的经验、知识、观念日积月累，代代相传。

文化的记录、储存功能主要靠语言文字来实现。语言文字本身既是一种文化现象，又是一种文化载体。在文字出现之前，人们通过口头语言记录、储存劳动经验、生活知识和艺术创造等精神文化成果。文字出现之后，文化发挥了更为突出的记录、储存功能，各种史书典籍成为人类历史文化的宝库。除语言文字外，人类创造的其他非文字符号，如地上保存的或地下发掘出来的各种文物古迹，包括生产工具、生活用品、军事武器、艺术作品等，都有记录、储存的功能，为人们了解不同地区、不同民族的各个方面提供了丰富可靠的信息。

文化还具有传播交流的功能。一种文化现象产生和形成之后，便作为人们社会交往的内存和手段，在社会群体内部、群体之间发生着纵向和横向的传播。语言文字、文化实物以及人类本身都是文化传播的媒体。

3. 认知、助知功能

从根本上说，人类是在社会实践的基础上认识自然、认识社会、认识世界的，但是，人们的实践又离不开文化。随着人类的不断进步，人类更是借助于文化认识世界、适应世界、改造世界的。

作为文化构成成分之一的科学体系，为人们认识客观领域的运动规律奠定了基础。例如，数学的发展，为人们认识自然提供了有力武器；哲学的形成和发展，为人们提供了认识世界的思维工具。文化大范畴中的技术体系则通过为人们提供先进的物质认知工具，不断地促进人们对外部世界认识的扩大和深化。

4. 教化、培育功能

文化环境是人类创造出来的，反过来又影响人、塑造人，起着教化、培育的作用。文化育人有两种基本方式，一种是文化通过自身提供的各种生活环境和条件进行潜移默化，使人在不知不觉中受到文化的影响和熏陶；另一种是通过健全的教育体制有计划、有步骤地进行，使人积极主动地学习各种文化知识和行为规范，按照一定的文化模式塑造自我。

5. 凝聚和社会整合功能

这是与文化的教化、培育功能相联系的。生活在同一类型或同一模式的文化环境中的人们，得到相同或相近的教化和培育，其价值观念、社会习俗和生活方式就会趋于一致，这也就会使彼此之间的关系达到相互了解、相互理解，从而有机地联系在一起，形成一种向心的、抗异的力量。文化的凝聚功能在民族群体中体现得极为突出和明显，在一个国家、一个民族的各阶层中也有鲜明的表现。

文化的整合功能是民族团结和社会秩序的基础。一个社会如果缺乏整合，必将四分五裂。一个民族，由于享受一份共有的文化，不论该民族的人是否居住在一起，也不论该民族的人是否生活在共同的制度下，都会有民族的认同感，都会在心理上和行为上联结在一起，不可分离。

6. 维护和调节社会发展的功能

对于人类社会来说，一定的文化，特别是一定的精神文化和行为文化，还起着调节的功能，能协调和稳定人与人、人与社会的关系。拉德克利夫·布朗认为，一种文化的不同方面的中心功能，就是要维护这种文化的社会结构。要维护一定的社会结构，关键是要形成社会的自我制约、自我调控机制。

社会制度和社会结构都是人类文化创造的成果，是人类文化发展的产物。文化历史发展到一定时代，就有相应的社会经济结构和社会政治结构。此时，文化就要发挥各种制度的、管理的、行为的、习俗的和精神意识的作用，保持这一社会结构在相当长的一段时间内的稳定，以维护社会的安定和运行的和谐。

第二节　旅游文化概述

一、文化对旅游的影响

旅游是社会进步的产物，是人类特有的文化活动，它产生于人类进入文明社会之初，随着人类社会的进步以及有余暇、有余钱、有文化享受需求的人数的扩大而日趋普及。文化对现代旅游活动的影响是十分深刻而深远的。

（一）文化是旅游的本质特征

现代旅游现象，实际上是一项以精神、文化需求和享受为基础的，涉及经济、政治、社会、国际交流等内容的综合性大众活动。文化渗透到现代旅游活动的各个方面，文化是旅游者的出发点和落脚点，是旅游景观吸引力的渊薮，是旅游业的灵魂。旅游者的旅游行为是一种文化消费行为，旅游者外出旅游的动机和目的在于获得精神上的享受和心理上的满足；而旅游经营者要达到盈利目的就必须提供能够满足旅游者文化享受的旅游产品。无论是自然旅游资源还是人文旅游资源，都以其独具特色的民族、地方文化内涵吸引和激发旅游者的旅游动机，满足人们对科学、史学、文学、艺术和社会学诸方面的广泛需求。

（二）文化是一个国家旅游业保持自身特色的决定因素

人们常说："民族的东西是独特的，文化的流传是久远的。"一个国家的旅游业若缺少了本民族传统文化的底蕴，便失去了特色；不能反映本民族独有的精神内涵，也便失去了旅游的吸引力。实践证明，但凡旅游业昌盛之国，莫不以旅游文化取胜。奥地利的旅游，几乎都与施特劳斯等奥地利音乐大师紧密关联；巴黎街道的命名，每每蕴含法兰西民族的决定因素。因此，文化是一个国家在发展旅游业的过程中保持自己民族特色的决定因素。

（三）文化蕴含着巨大的经济潜能

旅游是以一国或一民族独特的文化招徕旅客赚取利润的文化经济。为此，世界上许多旅游业发达的国家先后实行了"文化经济"的新战略。依据专家调查，英、美、日、德、法、澳等国的旅游者无一例外地把"与当地人交往，了解当地文化和生活方式"当作出境旅游的动机之一。旅游能够给旅游资源国提供就业岗位，带动建筑、商业和交通运输、科学文化的发展。从我国旅游业发展的实践来看，"文化搭台、经济唱戏"已经成为各地发展旅游业的一大特色和主要经验之一。领略华夏文化的神奇魅力是外国人到中国旅游的主要动机。

（四）文化是提高旅游竞争力的法宝

旅游管理者及其从业人员的文化素质的优劣和经营管理水平的高低，直接影响到能否满足旅游者的需求，直接关系到能否合理开发和利用旅游资源，进而左右着旅游业的发展。未来的旅游业的竞争主要是旅游文化的竞争，文化是提高旅游服务质量的保证，是提高旅游管理水平的关键，是提高旅游竞争力的法宝。由于文化具有地域性、民族性、传承性等特点，往往为一个国家和地区所独有，很难模仿和复制，因此，在竞争中就减少了可比性，具有垄断地位，易形成强大的竞争力，也易于创出特色和品牌。品牌是旅游业竞争的无形力量，是促使旅游业走上可持续发展道路的宝贵文化资源。

二、旅游的文化属性

长期以来，人们偏重旅游的经济性研究，甚至把旅游简单地视为经济现象，事实上，旅游首先是一种文化现象。旅游与文化密不可分，无论是旅游消费、旅游产品还是旅游经营与管理，都具有文化性，因而旅游本质上是一种文化活动。旅游的文化属性可以从旅游的三大要素进行分析。

（一）旅游主体的文化属性

旅游主体就是通常所指的旅游者。按照国际上普遍接受的艾斯特（AIEST）定义，"旅游是指非定居者的旅行和暂时居留而引起的一种现象及关系的总和。这些人不会永久居留，并且主要不从事赚钱的活动"。这个定义强调了旅游活动不是为了"赚钱"，而是由此所引起的"现象"和所产生的"关系的总和"，实际上它强调的是，旅游是一种综合性的文化现象。也就是说，旅游一旦产生，伴随着经济上的支出，就开始了文化消费，其结果是满足旅游者的文化需求。对旅游者来说，它能够促进身心健康、丰富阅历、增长知识。因此，旅游实际上是一种满足文化需求的活动。根据美国心理学家马斯洛的需求理论，人们在获得了基本的生存条件和物质生活条件之后，就会产生交往、受尊重及自我发展的高层次需求，以求获得精神上的愉悦，而旅游就满足了这种需求。因此，旅游是以寻求精神享受为目的、暂时离开常住地的一种物质和精神文化生活，是在一定社会条件下的一种综合的社会文化活动。

旅游者的这种文化需求促使其旅游动机的形成，所以旅游者是在一定社会文化背景下产生的，是文化驱使的结果。人类受异地特质文化的吸引而产生好奇心，这种了解异质文化的愿望和要求构成了直接的旅游动机。尤其是在现代社会，强大的心理压力导致人们需要通过涉足、观赏、接触、体验异地文化来缓解和消除生活造成的机械性及其所带来的枯燥无趣的焦虑。

同时，作为一种特殊的、寓学于游的文化学习过程，在旅游过程中，旅游者还通过对自然美、艺术美、社会美的综合性审美反映，经大脑思考、加工而创造出新的具有价值的文化作品。因此，旅游活动对旅游主体而言，既是文化的消费过程，又是文化的创造过程。

另外，旅游者的进入以及其所带来的异形文化或异质文化，对旅游地原有的文化信息系统会产生积极或消极的影响。

（二）旅游客体的文化属性

旅游活动的产生，从内因上讲，是由于人类自身的文化需求而产生的"理性冲动"。在外因上，当经济和时间条件成熟时，旅游产品（即旅游客体）的吸引力就成为人们是否出游的关键。因此，旅游产品要具备足够的吸引力，就必须具有足够的文化内涵。实际上，旅游产品是一种文化产品，这种产品无论是旅游地的自然景观、人文景观还是旅游服务，都应具有浓厚的文化特色。实践证明，旅游产品的文化性越强，文化品位越高，就越受旅游者的欢迎。

就人文旅游资源而言，无论是以实物形态存在的文物古迹，还是无形的民族风情、社会风尚及生活习惯等，都是人类生产、生活活动的产物，属于文化的范畴。而由各种自然环境、自然要素和自然现象构成的自然景观，虽并非人类的创造，但作为纯粹的自然物质世界，经过人类长期的认识与实践活动，而最终成为"人化的自然界"或"人类的自然界"。人类对自然界的认识与审美，无论是"君子比德"和"逍遥游"的思想，还是对自然界的科学认知，都赋予了自然界丰富的文化内涵。当然，对于认为自然美是客观存在的这一观点，笔者并无异议，但自然美无疑是通过文化来鉴赏、反映和传播的，只有当自然界的形式韵律与人的思想韵律形成某种"同构"关系时，自然界才获得审美价值。可以说，自然山水的美是思维的人类社会特有的概念。因此，通过人类的创造活动，自然旅游资源同样具有了文化性。正因如此，世界众多的人文景观以及沉淀了人类智慧的自然景观才成为人类趋之若鹜的旅游胜地。

（三）旅游介体的文化属性

旅游介体是指为旅游活动提供服务和从事旅游经营与管理的部门，其中包括旅游开发公司、旅行社、旅游饭店及政府的旅游管理与教育部门等。由于旅游服务的对象是旅游者，而旅游者又是以追求精神享受为主的文化消费者，为满足旅游者的这种需求，旅游业必须为其提供文化产品，这就决定了旅游业具有经济性的同时，还具有文化特性。因此，旅游企业进行旅游资源开发时，必须注重旅游产品的文化内涵，并通过对旅游产品的开发促进当地文化的挖掘、保护与弘扬。同时，旅游资源的开发者还必须了解旅游者的文化特征，寻求本地旅游资源文化内涵与旅游者背景文化之间的契合。为此，旅游资源的开发和利用既是一种经济活动，更是一种文化活动，反映着一个国家和地区人民的智慧和创造力。

旅游业的文化特性还表现在旅游业其他部门之中。比如，旅游饭店的经营与管理就带有明显的文化色彩。现代旅游饭店不是简单地提供膳宿的场所，而是集膳宿、社交、娱乐、审美种种功能于一体的综合性场所。它不仅要能满足旅游者生理的、物质的需求，更要能够满足旅游者精神享受的需要。实践证明，只有提高饭店产品的文化含量，才能提高饭店的档次，增强吸引力和竞争力。

从政府管理而言，发展旅游业的目的：一是获取经济效益；二是获取社会效益，即满足人们精神上的追求，提高人民的生活品质。诚如世界旅游组织在《马尼拉宣言》中指出的那样："旅游的经济效益，不论是如何实际或重大，不是也不可能构成国家决定促进这一活动的唯一标准。"由于旅游有可能给目的地的社会文化和生活环境带来积极影响或消极影响，政府对旅游业发展加以文化上的引导与控制就显得十分必要。因此，现代旅游业以其鲜明而独特的文化色彩，成为文化产业的重要组成部分。

总之，文化是旅游者的出发点和归结点，旅游活动从其本质上看就是一种文化活动，文化是旅游的灵魂，旅游主体是文化的消费者，旅游客体是文化的载体，旅游介体则是旅游文化的经营与管理者。

三、旅游文化的概念

"旅游文化"作为一个专业名词最早是由美国学者罗伯特·麦金托什和夏希肯特·格波特提出的。他们两人在 1977 年合作出版的《旅游学：要素·实践·基本原理》一书中，用"旅游文化"作为书中一章的标题，并指出"旅游文化实际上概括了旅游的各个方面，人们可以借此来了解彼此之间的生活和思想"，它是"在吸引和接待游客与来访者的过程中，游客、旅游设施、东道国政府和接待团体的相互影响所产生的现象与关系的总和"。在我国，1984 年出版的《中国大百科全书·人文地理学》中最早出现了"旅游文化"一词。该书对旅游文化作了如下的阐释："旅游与文化有着不可分割的关系，而旅游本身就是一种大规模的文化交流，从原始文化到现代文化都可以成为吸引游客的因素。游客不仅汲取游览地的文化，同时也把所在国的文化带到了游览地，使地区间的文化差别日益缩小。绘画、雕刻、摄影、工艺作品，是游人乐于观赏的项目。戏剧、舞蹈、音乐、电影又是安排旅游者夜晚生活的节目。诗词、散文、游记、神话、传说、故事，又可将旅游景物描绘得栩栩如生。"很显然，这个解释并没有直接告诉人们旅游文化的本质，而且将所理解的文化主要局限于文学艺术领域，因而还不是广义上的文化概念。自 20 世纪 80 年代后期以来，我国学术界加强了对旅游文化的研究。由于看问题的视角不同、归纳的方法不一、理解的宽窄度不等，对旅游文化定义的表述可谓见仁见智。关于旅游文化的界定，归纳起来有以下几类观点。

旅游主体说：旅游文化是人类在通过旅游活动改造自然和化育自身的过程中所形成的价值观念、行为模式、物质成果和社会关系的总和。这是一种偏重于旅游主体的界定。

旅游客体说：能够为旅游者在旅游活动中提供欣赏和享乐的一切物质财富和精神财富的文化表现，即旅游文化。这是一种偏重于旅游客体的定义。

旅游主体与介体说：旅游文化是旅游者和旅游经营者在旅游消费或旅游经营服务过程中所反映、创造出来的观念形态及其外在表现的总和。这是偏重于旅游主体与介体文化的定义。

相互作用说：旅游文化是旅游主体、旅游客体和旅游介体相互作用所产生的物质和精神成果，旅游三要素中的任何一项都不能单独形成或构成旅游文化。

笔者认为，旅游文化是人类在历史发展过程中所创造的具有观赏和游览价值的物质财富与精神财富的总和，是体现和作用于旅游全过程中的一种特殊形态的文化。这样定义显然包括了作为旅游三要素的主体、客体、介体文化及其相互作用产生的文明成果。它既强调了旅游文化的核心内容——旅游客体文化（人类在历史发展过程中所创造的具有观赏和游览价值的物质财富与精神财富的总和），又点明了文化创造的主体（人类），同时强调了旅游文化寓于一般文化之中，是伴随着旅游活动发生、发展过程的一种特殊形态的文化。

四、旅游文化的特性

旅游文化是一种特殊形态的文化，分析把握旅游文化的特性，有助于进一步揭示旅游文化的本质，充分发挥旅游文化在旅游业中的作用。当然，旅游文化是一个复杂的整体，包含着丰富的内容，有着各种各样的形态。但是，它们既然共处于旅游文化这个系统中，必然具有一些共同的特性。

（一）时代性

旅游文化是不断发展、丰富和完善的，不同时代旅游主体对旅游客体的认识、对旅游介体的需求是不同的，因而产生的旅游文化也不同。旅游文化总是在总结历史的基础上不断发展的，具有鲜明的时代性。

（二）地域性

由于旅游主体、旅游客体与旅游介体的地区差异性，旅游文化表现出强烈的地域性。比如，我国旅游文化资源的"北雄南秀"等。旅游文化这种地域上的差异性，也正是旅游活动得以发生的根本条件。

（三）民族性

旅游文化是人类创造的，它的民族性表现为由于不同的地理环境和历史条件的差异，不同的民族产生出本民族特殊的文化，进而表现在旅游中具有不同的旅游心理、旅游需求与旅游方式。如从旅游性格上看，中国人大多比较内敛稳健，西方人大多比较外向和具有冒险精神；中国人旅游注重内心感受，而西方人钟情于对外部世界的观察与探求；中国人倾心于旅游的道德塑造，且富于人文情怀，而西方人则看重旅游的求知价值，充满科学精神等。

（四）创造性

旅游文化是人类创造的产物，特别是在旅游开发过程中，尤其注重对当地历史文化的整理、选择与彰显等。它是在传承历史旅游文化的基础上，吸收外来文化的优良成分，不断创造出既符合历史文脉、又具有时代精神的旅游文化。

（五）综合性

旅游文化由于文化含义的复杂性而形态多样。它既包括具有实物形态的文化，又包括非实物形态的文化；既包括旅游主体、旅游客体、旅游介体文化，又包括旅游全过程中的文化表现与文化创造，因而具有综合性。

五、旅游文化的构成

分析旅游文化的构成，是对旅游文化进行深入研究的必要前提。目前，关于其结构的研究主要有以下三种观点。

（一）按照文化三分法的结构模式划分

旅游文化既然是文化的一种类型，那么，根据文化三分法的结构模式，可以将旅游文化分为旅游物质文化、旅游制度行为文化和旅游观念文化三层。

旅游物质文化，是指旅游者视觉可辨识的关于文化的物质载体，包括作为旅游客体的自然景观和人文景观以及旅游商品、旅游服务设施等。

旅游制度行为文化，是指旅游活动中的各种社会规范和约定俗成的习惯，具体包括旅游法规、旅游企业的管理制度、旅游服务人员的行为规范等。

旅游观念文化，是指引导、影响人们旅游活动的直接或间接地在旅游实践中抽象出来的价值观念、思想信仰、审美情趣、思维方式等。

（二）按照旅游文化的主体划分

根据旅游文化的两个主体，可将旅游文化分为旅游消费文化和旅游经营文化。前者是以旅游者为主体的文化，后者是旅游经营者所反映或创造的文化。

旅游消费文化包括旅游消费行为文化和旅游审美文化两部分。前者主要研究文化和亚文化对旅游者旅游动机、旅游态度、旅游决策以及具体消费行为的影响过程、机理和具体表现形式；后者则探讨旅游审美的文化特征和基本类型以及不同文化时空下旅游审美活动的演变和差异等。

旅游经营文化可按照经营活动对象和范围的不同分为旅游产品经营（或开发）文化、旅游企业经营文化和旅游目的地经营文化三个层次。

（三）按照现代旅游的三大要素划分

根据现代旅游的三大基本要素，可将旅游文化分为旅游客体文化、旅游主体文化和旅游介体文化三部分。

旅游客体文化，包括自然旅游景观文化和人文旅游景观文化。具体包括人文化的自然景观、旅游历史文化、旅游建筑文化、旅游园林文化、旅游宗教文化、旅游民俗文化、旅游娱乐文化、旅游文学艺术等。

旅游主体文化，包括旅游者的政治主张、思想和信仰、文化素质、职业、心理、性格、爱好、生活方式等，以及不同文化背景下旅游消费的文化表现等。

旅游介体文化，包括旅游企业文化、旅游管理文化、旅游商品文化、旅游文化研究与教育、导游文化、旅游政策与法规及其他旅游中介文化。

此种划分考虑了旅游与文化的有机联系，体现了旅游文化的个性，在旅游学界影响较大，本书也接受这种观点。但应注意，旅游文化像文化的构成一样，旅游主体、旅游客体、旅游介体相互作用、相互影响、相互渗透，形成一个有机的整体，只是为学习与研究提供不同的切入点，才对其进行划分。

六、旅游文化的功能

旅游文化功能是旅游文化系统对自然与人类发展所发挥的效能与作用。旅游文化的功能主要表现在人化自然、丰富和发展文化、推动社会发展与变迁、塑造旅游形象和陶冶人格等方面。

1. 人化自然

人们用观念、审美眼光或行动象征或实质性地改变、塑造自然，使自然打上人类的烙印，成为"人化的自然"，就是自然的人文化过程，"比德山水""上善若水"都赋予了自然以人的情感、性格、美德等。人化自然的方式有诗化、史化、神化等。神话传说、游记文学、山水画和旅游影像都是人化自然的载体。

诗化自然是人们（旅游主体）发挥想象空间，通过自己的主观情感投射和附会到自然界，使其成为有诗情画意的自然，而如诗如画的自然又能带给人们以美的享受。诗化自然一方面是游客（旅游者）对自然的诗化，另一方面是旅游开发管理者如旅游策划者、导游人员、旅游项目设计者、旅游目的地的居民等参与了诗化自然，从而使自然变得生动而有诗意。

史化自然就是赋予自然以历史意义，使自然成为一部"史书"（或历史的"见证人"）。苏轼《念奴娇·赤壁怀古》对大江、赤壁的纵情讴歌，使其成为三国历史的见证者。

神化自然是赋予自然某种神灵，使其更加神秘，更具魅力和形象性。人们热爱自然又敬畏自然，加之对自然知之不多，于是神化自然的现象应运而生，出现多种有关自然的神话传说。虽然随着社会的进步，大自然的神秘色彩逐渐消退，但出于各种目的的神化现象并未停止。其中目的地居民创造的神话传说比旅游开发者创造的神话传说更自然持久，也更具有魅力。

2. 丰富和发展文化

虽然当代社会不同文化背景的人们可以借助现代通信、传播媒介和互联网进行频繁的跨文化交流，但是旅游是跨文化交流的最佳途径之一。旅游丰富和发展文化的功能主要表现在旅游文化作品本身是人类文化的宝贵财富；此外，旅游文化不仅能加速旅游目的地的文化演进，还能促进文化交流与传播，加快文化的融合与演进进程。

旅游文化的文化交流功能有助于消除由于长期隔绝而造成的偏见和误解，加强各地人民的互相了解，有力地促进地域间的文化交流。旅游文化在多种文化间的媒介作用，一方面是著名游记的文化传播，如《马可·波罗游记》；另一方面是旅游宣传对促进文化交流的贡献。在文化的交流中，旅游文化具有的"公共性""民间性"，能有效地减少文化间的冲撞和对抗，能促进不同文化和谐相融，例如，桂林阳朔西街、大理洋人街等对推动文化交流与融合的作用有目共睹。

3. 推动社会发展与变迁

旅游文化通过改变旅游者个体的观念进而改变社会整体观念，促进社会的流动、发展与变迁。社会观念的转变是多种因素推动的结果，旅游文化是推动力之一。而旅游文化本身作为一种吸引力极强的旅游吸引物，吸引旅游者形成的旅游流，会给旅游地带来积极或消极的影响，引发人际关系、社会组织、劳动分工、社会分层等社会变迁。

4. 塑造旅游形象

旅游形象是某一地区内外公众对旅游地总体的、抽象的、概括的认识和评价，它是旅游地的历史、现实与未来的一种理性再现。旅游形象是在当地居民和旅游者共同作用形成的旅游文化中产生的，源于旅游者和当地人之间的文化碰撞，是旅游者对旅游地自然、人文资源特色、旅游环境、旅游经营与服务、旅游地居民态度等综合体验和感知的结果。旅游形象按照形成过程分为原生形象、次生形象、复合形象三个阶段，也就是对旅游文化的体验与感知过程。

5. 陶冶人格

人具有追求真善美完美人格的理想，旅游文化既是人们追求完美人格的结果，也是实现完美人格的途径之一。游客通过旅游体验来增长自身的文化知识、提高道德层次和审美修养，而这正是旅游文化所体现的功能。

七、旅游文化与文化旅游

旅游文化与文化旅游是两个既有一定联系又有严格区别的概念。旅游文化属于文化的范畴，是文化的一个门类；与诸如建筑文化、生态文化、艺术文化等相并列，是文化的一种类型。而文化旅游属于运动的范畴，是旅游的一种类型，与诸如度假旅游、生态旅游、专项旅游等同属于旅游的一种类型。旅游文化与文化旅游在内涵上存在着有机的联系。一方面，文化旅游的发展丰富了旅游文化的内容，进而促进旅游文化的发展。另一方面，旅游文化的发展又能为文化旅游提供内涵丰富的旅游内容，以满足旅游者的各种文化需求。在外延上，文化旅游可以说是旅游文化的一个研究内容，而旅游文化的内容要比文化旅游丰富得多。

第三节　旅游文化学习的内容、意义与方法

一、旅游文化学习的内容

旅游文化属于文化学的一个分支学科，它与语言文化学、民俗文化学、宗教文化学、生态文化学等构成文化学的姊妹学科，都是从不同的角度来研究文化现象。

根据对旅游文化结构的分析，旅游文化的学习内容主要应包括以下三个方面：

第一，对旅游主体文化的学习，即学习旅游主体由于思想主张、宗教信仰、文化素养、个性特点（心理、性格、爱好等）、生活方式等的不同，在旅游活动中表现出不同的文化心理与文化需求。同时，了解旅游者在跨文化交流过程中旅游文化的碰撞、互动与融合等。

第二，对旅游客体文化的学习，如从旅游的角度研究自然景观文化、园林文化、建筑文化、雕塑艺术、书法艺术、绘画艺术、宗教文化、饮食文化等，还包括旅游活动对旅游目的地文化的影响。

第三，对旅游介体文化的学习，即学习旅游企业文化、旅游服务文化、旅游商品文化、旅游文化教育以及旅游的政策法规等。其中，旅游企业是旅游产品的开发与经营者，旅游产品的文化内涵直接决定了旅游产品的质量。

二、旅游文化的学习意义

（一）学习旅游文化是弘扬中国优秀传统文化的重要手段

我国是拥有悠久灿烂文化的文明古国，几千年的历史积淀滋润着一代又一代优秀中华儿女的心田，塑造着一个伟大民族的精神风貌和道德品格。众多的自然景观和人文景观，诸如博物馆、纪念馆、名人故居、文化遗址、民族风情、宗教文化、园林艺术和名山大川，尤其是长城、故宫、秦始皇兵马俑等独具世界特色的旅游精品，代表着源远流长、博大精深的中华文化。学习中国旅游文化，可以了解祖国的壮丽河山、悠久历史文明和光辉灿烂的文化，可以促进学习者文化品位的提高、民族旅游性格的完善、民族文化的认同，增强他们的民族自豪感和自信心。

（二）学习旅游文化有助于了解人类的旅游行为，揭示旅游活动发展的机制

文化交流是旅游活动的基础和依托，旅游文化是旅游活动的灵魂，是旅游业可持续发

展的重要保证。人类的旅游活动固然会受到经济因素的影响，但从根本上来说，是人的一种自觉活动，是文化驱使的结果。旅游文化与经济发展相结合是发展旅游业的必由之路。旅游文化从文化这个特殊的角度来审视旅游活动，学习和了解旅游产生、发展乃至成为人类生活不可或缺的组成部分的内在原因，可以说为人们认识旅游的本质提供了最有效的方法和途径。在 21 世纪的发展中，旅游业的价值取向应该是文化而不是经济，只有立足于旅游文化这个高起点上，才能保证中国旅游业的持续高效发展。学习研究旅游文化有助于解释人类的旅游行为，揭示旅游活动发生发展的机制和发展趋势，帮助旅游从业者正确认识和了解旅游业发展的规律，预测旅游业未来的发展趋势，自觉地促进旅游经济效益的提高，促进旅游业的经济效益和社会效益之间的和谐统一，推动旅游业整体、全面、持续的进步。

（三）学习旅游文化能帮助人们认识和了解旅游业发展的规律

旅游业发展存在着支配它的客观规律，包括经济规律和文化规律，只有遵守这些客观规律，旅游业才能得到有效的发展。人们在进行旅游产品开发和旅游企业经营管理时，一般对经济原理相当重视，但对文化规律的认识不够，使许多活动行为具有盲目性，在很大程度上处于自发、不完全自觉的状态。通过学习旅游文化，能促使旅游从业人员进一步认识旅游业发展的文化规律，从理论认识上提高自觉性，从而减少在实践活动中的盲目性，更有效地按照文化发展的客观规律经营和管理旅游业。譬如，明确了旅游资源的文化内涵及其开发的文化规律，就能使开发出来的旅游产品适销对路，具有较强的竞争力和生命力。再如，旅游企业若认识和掌握了旅游企业文化建设的一般原理和方法，就会在经营和管理上取得重大突破，获得长期的、良好的经济效益。

（四）学习旅游文化能帮助人们正确认识和理解旅游活动的社会影响

处理好旅游业的经济作用和社会作用之间的关系，能够促进旅游地整体、全面、持续的进步。旅游活动和旅游业的发展不仅会给接待地带来经济效益，还会使接待地的社会文化发生深刻变化，这种变化有可能是有利的，也有可能是有害的。正如世界旅游组织在《马尼拉宣言》中所指出的：“旅游的经济效益，不论是如何实际或重大，不是也不能构成国家决定促进这一活动的唯一标准。”任何一个国家或地区发展旅游业，最终的目的都在于提高人们的整体生活品质。因此，必须重视旅游对社会文化的影响，并以此作为制定旅游发展政策和具体措施的依据之一，努力将旅游的负面影响降至最低。学习旅游文化会极大地提高人们在这方面的自觉性。譬如，在发展旅游过程中如何批判和继承传统文化，如何选择、吸收、消化外来文化，如何维护和加强接待地的旅游形象等一系列问题，旅游文化都将从理论高度上加以分析，使人们提高认识，自觉地处理与旅游有关的经济、社会、文化关系，促进接待地的整体协调发展。

（五）学习旅游文化可以提高旅游服务的水平和提高旅游从业人员的文化素质

旅游服务文化建设同样离不开民族化原则的指导。旅游从业人员如果不了解不同民族、不同国度旅游者的文化背景和性格特征，不掌握他们特殊的文化兴趣与需求，机械地对待来自不同地方的旅游者，则必然失去东道主的亲情与温暖。一系列的旅游服务基础设施，如饭店、宾馆的建筑与装饰风格，服务人员的着装以及饮食的花样等，应当体现民族风格和地方特色，因为它们是民族文化的一个"景点"。

世界旅游组织曾指出：世界旅游业已进入一个新的发展时期，全面质量管理和人力资源开发成为影响旅游业的两个最主要的因素。旅游业人力资源状况不仅表现在专业技能方面，也表现在整体文化素质方面。因此，提高旅游从业人员的文化素质就成为促进旅游经济增长的主要措施之一。学习旅游文化将帮助旅游从业人员认识人和文化的相互关系，自觉地去创造和发展进步的文化和良好的文化环境，把群体发展为一个具有较高文化素质的群体，把个人塑造成为具有较高文化素养的个人。这对于旅游事业的繁荣是极有价值的。

三、旅游文化学习与研究的方法

任何科学都有独特的研究方法，并借助于其他学科的方法为本学科服务。旅游文化是综合性学科，因而其在研究过程中必然在综合许多学科研究方法的基础上形成自己的研究方法。

（一）文献法

文献法是通过科学搜集、查阅、整理和分析，对有关书籍、报纸、杂志、电子资料等进行旅游文化研究的一种方法。由于旅游文化拥有十分广泛和复杂的内容，因而要求旅游文化学研究必须充分占有各方面的资料。只有这样，才能了解各客源国或客源地旅游者的文化背景、旅游资源的文化内涵及旅游服务文化等，才能针对客源市场做好旅游资源开发与旅游服务工作等。

（二）分析比较法

将不同的旅游文化因素进行分析比较，可以发现彼此之间纵向和横向的联系，进而认识或揭示旅游文化产生、发展和演变的规律。具体有两种比较方法，即历史比较法和类型比较法。

历史比较法：对不同历史时期的旅游文化进行分析和比较研究。

类型比较法：对旅游文化进行横向的分析和比较研究，如东方与西方以及不同国家、不同地区、不同民族旅游文化的比较研究。

（三）实地调查法

实地调查法是在搜集和了解已有资料的基础上，选择一定的区域，利用各种手段直接、系统地观察、认知、采访和搜集有关旅游文化现象和资料，并通过对资料进行科学的分析研究，编写调查报告的一种研究方法。实地考察、实物认知是旅游文化学习与研究不可替代的有效方法。实地调查的基本程序是：调查准备—调查实施—撰写报告。

此外，还应用文化学、美学、心理学等理论分析法以及地图法、考古发现法、遥感等方法研究旅游文化产生与发展的规律。

阅读材料

旅游与文化的关系

旅游与文化的关系非常密切，这可以从旅游的三要素（旅游主体——旅游者，旅游客体——旅游资源，旅游介体——旅游业）来说明。

一、文化是旅游者活动的本质属性

在具有可自由支配的时间与收入的情况下，个人要成为旅游者还必须有旅游需求和旅游动机，而旅游需求与动机是一定文化背景的产物，是文化驱使的结果。旅游者出游主要是出于"乐生"的需要，出于了解本地文化的动机，旨在寻求一种"经历"或"体验"。旅游的本质是消遣和审美，其活动需要文化的参与；同时，旅游本身是一种文化交流活动，是两种地域文化的际遇与整合。旅游活动尽管具有经济色彩，但本质上是一种文化。享受"文化"和消费"文化"是旅游者旅游活动的出发点与归宿。因此，我们可以说：文化是旅游者活动的本质属性。

二、文化是旅游资源的魅力所在，它与旅游资源有着水乳交融的关系

旅游资源与文化关系紧密。首先，我们从文化与人文旅游资源的关系看，文化孕育着人文旅游资源，人文旅游资源蕴含文化，人文旅游资源的鉴赏与开发都需要文化进行"解译"。人文旅游资源属于文化的范畴，许多文化产物都是人文旅游资源，不少文化资源只需略加开发就可以成为富有吸引力的旅游产品。大量的人文旅游资源都具有丰富而深厚的文化底蕴，旅游者要欣赏、感悟它，规划师、旅游商要开发、利用它，必须具备一定的文化素养。其次，从文化与自然旅游资源的关系看，大好河山孕育文化，文化辉映大好河山，二者相得益彰。例如，众多的名山胜水成为佛寺道观建造之地，孕育、催化了灿烂的宗教文化。"山不在高，有仙则名；水不在深，有龙则灵"，就是文化辉映河山的绝好写照。此外，许多自然旅游资源虽然本身不具有文化属性，但自然美无疑需要从文化层面来鉴赏，需要科学知识来解释。而且，要将自然山水转化成为旅游产品，必须通过旅游开发这一文化手段来实现。从这种意义上讲，自然旅游资源同样具有一定的文化特性，与文化密不可分。

三、文化是旅游业的灵魂

可以说，旅游业是文化性很强的经济事业，也是经济性很强的文化事业。旅游发展的实践证明，旅游者出游的目的主要是出于审美与求知等精神生活的需求，其追求的主要是文化享受。现代旅游已不仅仅停留在游山玩水这样一种追求感官愉悦的观光旅游层次上，而日益成为一种综合性的高品位审美文化活动。这就要求我们开发的旅游产品具有一定的文化含量与文化品位，能够满足旅游者的文化需求，也只有这样，才能使开发出的旅游产品具有吸引力与生命力。旅游的文化特性还渗透和表现在旅游业的多种行业的运作之中，比如旅游饭店，只有提高餐饮、住宿、娱乐等服务环节的文化品位，培养和提高管理人员的文化素养，加强企业文化建设，才能在市场竞争中立于不败之地。至于旅行经营、跨文化营销、导游解说等在文化上的要求更是不言而喻。文化可以说是旅游业发展的支撑与灵魂。

由上述可见，旅游与文化的关系非常密切。旅游是一种广义的特殊文化活动，它既是文化的消费过程，也是文化的创造过程。文化是旅游的内涵和深层表述，是旅游者旅游活动的出发点与归宿，是旅游资源吸引力的渊薮，是旅游开发经营的灵魂；而旅游则是实现文化教化与娱乐功能的良好载体与途径，是对优秀文化的挖掘、提炼与弘扬。任何忽视文化理念的旅游开发都难以取得成功，甚至会误入歧途。

（资料来源：曹诗图，袁本华.论文化与旅游开发［J］.经济地理，2003（3）.）

习题与拓展实训题

一、思考题

1. 什么是文化？
2. 文化的特征与功能有哪些？
3. 如何理解旅游文化的概念？
4. 旅游文化可分为哪几类？
5. 学习旅游文化的意义有哪些？

二、案例分析

大小洞天用旅游文化提升景区竞争力

业内人士把文化旅游称为"一条不折不知的旅游黄金钱"。短短几年中，三亚大小洞天旅游区从一个无人知晓的小景区迅速发展成为全国知名的4A级景区。综观大小洞天的发展，得益于把旅游与文化相结合，以文化来提升旅游区的内涵和核心竞争力。

精心挖掘道家旅游文化

大小洞天被视为"洞天福地"，新中国成立以来就是一个以道家文化为主题的景区。据史书记载，自唐末以来，大小洞天即以"神仙洞府"著称于世，与传说中的东海三仙岛"蓬莱、流洲、方丈洲"相媲美，号称南海仙岛，曾吸引了许多求仙访道之人。史料记载，宋代著名神仙道士、南宗五祖白玉蟾，因喜南山神秀，归隐于此，修建道观，传播道家文化、哲学思想。目前景区内仍留存有"仙坛""仙人足"等历史遗迹以及多处游记诗文。南宋淳祐年间，郡守毛奎就任于此，因性欣黄老、酷爱山水，对南山屡加探访，并先后发现大、小洞天，遂对这一景区进行开发，留有《大小洞天记》等石刻文字。

道家素有10大洞天、36小洞天和72福地之说。现在景区海边巨崖下有一处"小洞天"，上有古钓台。据《崖州志》记载，还有一处"大洞天"，洞内有石桌、石凳、小溪环绕，宛若仙境，且确实有人去过，但现今无人找到，充满神秘色彩。更为神秘的是，郡守毛奎因开发大小洞天有功，御任之时，顿司成道，众随从挽留不及，飞身而去。后人因景仰其仙风，在其飞身处南山脯修建毛知军祠，予以祭祀。

开发龙文化民俗旅游产品

2005年3月11日（农历二月二）大小洞天旅游区举办首届海南龙抬头节的盛况经新华社、中新社等媒体报道后，引起强烈反响，成千上万的外地游客到大小洞天拜龙王、献莲花灯、悬挂鳌头牌，感受龙文化。

"来三亚度假之前，我们一家特意浏览了三亚旅游信息，了解到3月11日大小洞天旅游区举办首届海南龙抬头节。我们都是龙的传人，在我们心目中龙是神圣的化身。既然来三亚，就要到大小洞天拜龙王，祈求全家平安。"游客邓女士说。

从事旅游研究的张教授一语点破游客对龙文化如此热衷的根本因由："龙文化"相伴国

人数千年，人们对龙有特殊的感情。对于旅游产品，越是稀缺的，其核心竞争力就越强，三亚旅游景区已相继开发儒家文化、佛教文化、道家文化旅游产品，特色民俗文化在三亚旅游产品中仍属空白。大小洞天有南海龙王原身像和中华第一神鳌，加上中华民族自古以来的崇龙习俗，推出龙文化为主题的民俗旅游产品，可以整合三亚旅游资源，弥补国内龙文化旅游的不足。龙文化为三亚旅游文化注入新的活力，对丰富挖掘三亚旅游文化有积极意义，龙文化产业大有可为。

打造"寿比南山不老松"文化旅游新品牌

在大小洞天旅游区一带生长着一片树龄上千年，被誉为植物活化石的"南山不老松"。"南山不老松"学名"龙血树"，白垩纪恐龙时代已出现，世界教科文组织将其列为保护树种。因其木质疏松，分枝较多，且树干均有空洞，不能做木料之用，就是拿其烧火，只冒烟而不燃烧，人称为"不材之木"。

"南山不老松"因显性价值不大而免遭乱砍滥伐得以存活上千年。大小洞天人把"南山不老松"的这种特性与《庄子》"木以不材得终其天年，人以无为而成其有为"的哲理相结合，并以此推广道家养生文化。同时，结合竖立在"南山不老松"树林旁边的慈禧太后御笔之宝"寿"字碑和赵朴初先生题写的"南山"石刻，再联系国人"寿比南山不老松"的精神向往，挖掘推出"寿比南山不老松"这一独具长寿文化内涵的旅游文化新品牌，可以说是对长寿文化的延伸，对道家养生文化的发展和丰富。

随着旅游业竞争的国际化，旅游文化产品得到蓬勃发展，旅游文化精品也受到越来越多游客的青睐，发展旅游文化已成为影响深远的世界性潮流。大小洞天旅游区立足实际，做足文化文章，正是打造核心竞争力的明智之举。

（资料来源：中国文化旅游网 http：//www. cnctrip. com/info/cnctnews/dispnews. asp？newsid = 1793）

讨论：
请对本案例进行分析，谈一下旅游文化在提升景点竞争力方面的具体体现。

三、实训题
访问旅游者、旅游服务人员、旅行社等旅游企业及旅游景区的工作人员各一次，了解他们对旅游文化的看法，并据此对旅游文化的概念进行界定。

第二章

旅游主体文化

1. 掌握旅游主体和旅游主体文化的概念；
2. 了解旅游主体文化人格的塑造；
3. 了解旅游主体在旅游活动中的文化角色；
4. 了解旅游主体的一般心理特征。

1. 能够分析旅游主体的文化身份与文化品位；
2. 能够分析旅游主体在旅游活动中的文化角色及文化动机；
3. 能够分析旅游主体的旅游心理与审美主题的规定。

为了旅游的生活

为什么总是一个人跑出去呢？开始我还试图回答，后来只是冲人友好地一笑作罢。BIG PACK、VAUDE 或是随便什么背包、挎包，只有当包上肩的刹那，人才会明白关于出行是一种逃避还是一种追寻的争论毫无意义，唯一重要的是，你已经在路上！默念着"让逝去者重临，让将熄者再燃"的咒语踏上路上，便恍惚瞥见青春与梦想的背影。那时的人好像是醉的，而醒时躲在小屋里看着堆在床角的睡袋、帐篷，便有些"醉里挑灯看剑"的味道。

人们习惯说旅行使生活更加丰富多彩，而我却渐觉生活似乎就是为了出行。其间内藏的人生态度差别我寻思不清，只顾按捺内心的激动，站在"中国战区"的"作战图"前，誓将赤旗插遍神州。旁边那幅蜡染出自张家界金鞭溪畔土家妹子之手。布上少女头像在土布深蓝的底衬上发出略微泛黄的白光。她的柔美恬静，不由使人想起沈从文先生笔下的湘西。布旁挂的牛骨柄、包银鞘的匕首，是三年前我和一位已经在两年前离开我的朋友一起从内蒙古带回的。用它扎过泡子里的鱼，从还没熟透的烤羊腿上削下一大片焦黄喷香的肉，在草海深处，用它试着砍断两根飘飞的发丝。偶尔我会把它摘下，让锋利显露，刀背上的血槽深刻而坚决，提醒我一刀怎能不两断。消愁的酒与断水的刀是每个男儿梦中的拥有吗？而每个行走的人，都永远醒着、痛着。

莫高窟的拓片我买了几张，选择这幅从天而降、裙带飘飞的飞天贴在高处，好像她手中的花瓣已经撒下来。落得床上、桌上、椅上、翻开的书页上都是。似乎随之又落下了鸣沙山细细的飞沙，柔细得让人拂之不忍。下面是一串黎族银饰。山寨里的姑娘身着筒裙，叮叮当当地跑到我的面前，海南岛应该是最不缺少阳光的地方，而银饰的反光会让美丽更加夺目吧？她们晶莹得像亚龙湾的一捧海水，而一捧着那样的海水，又像是捧着一块活动的玉，捧着一颗易感的心。

陶土烧的啸马头和漆画屏风是陕晋文化之旅带回来的。地下的西安，地上的山西，看了个够，归来后对北京的古迹迅速失去了兴趣，秦汉古风、泱泱唐韵，明清便很算不上历史了。遥思先贤，近看周遭，令人心生莫名感叹。

轻轻摇动转经筒，无边花毯之上如洗的天空。小女孩拍照时害羞而又兴奋的眼神，让我小心坐稳的拖拉机手，说我长得像老外的年轻喇嘛重都转回跟前。还有那个打开车窗、对着雨中旷野纵情哼唱的藏族汉子，他转过身，摸摸我的连绑带挂的背包问："这是什么"，我则借来他的刀把玩。"男儿何不带吴钩，收取关山五十州"，当时我未意识到这幕场景对于我的启示意味，只是在后来，在牧歌声远处，我想到他带刀纵马于国土的边疆，而我则背着包行走在人群中间、城市边缘。正是借此，我成为一个男儿，并在心底拒绝了同志、男孩或先生的称谓。

思考

现代人为什么总是背起行囊进行长期或短期外出旅行？他们的动机有哪些？而在旅游过程中又常常表现出哪些行为特征？不同的生活背景的人在这些方面既有共性又有差别，从旅游者自身的主观视角看，背后的真正原因又是什么呢？

第一节　旅游主体文化在旅游文化中的地位

一、旅游主体与旅游主体文化

（一）旅游主体的概念

旅游主体就是我们通常所说的旅游者，是旅游客体的游览主体。从辩证逻辑上来讲，旅游主客体是旅游行为中一对相辅相成的概念。没有旅游主体，就没有旅游客体，反之亦然。旅游主体是旅游活动的主体，是旅游审美的主体，只有与旅游客体相观照和相审视时，它才能成为旅游主体。旅游审美是以旅游主体对旅游客体的直接审视为条件的。

（二）旅游主体文化的界定

从文化的角度来看，旅游主体是文化的负载者和传播者。为什么这样说呢？因为旅游主体负载着原有文化的内涵。旅游主体前往相异的文化空间中进行旅行和游览，在将原有文化传播到目的地的同时，也将各地的文化和风俗带回并传播回原有文化环境之中。旅游主体并非简单的搬运工。他在传播文化的同时，在两种或多种文化的比较和熏陶中，创造出新的文化和审美成果。如游记、旅游诗、摄影作品、绘画等。而最重要的是，旅游主体在游览过程中，在对文化差异的比较中及文化交流的追求中，不断提高自身文化修养和素质，实现对真、善、美的认同。

旅游主体文化作为旅游文化研究的重要组成部分，历来为学术界所重视，但对其研究内容却各抒己见，一直未有统一的定论。以下是对有一定影响的三种观点的简要介绍和分析。

（1）旅游主体文化要素包括以下几个方面：①旅游者的政治主张、思想和信仰；②旅游者的旅游动因；③旅游者的居住地文化形态；④旅游者的文化素质、受教育程度；⑤旅游者的职业；⑥旅游者的心理、性格和爱好；⑦旅游者的生活方式。这种阐述比较具体，也概括了旅游者在旅游过程中的各种现象，但对旅游者的主体活动——旅游游览的文化现象有所忽视。

（2）旅游主体文化的研究对象应是影响旅游者进行旅游决策的文化因素及旅游行为实施后旅游者所表现出来的各种文化现象。具体包括：①旅游者的心理因素——旅游动机、爱好、性格、兴趣等；②旅游审美要素及旅游者的审美表现——影响旅游者审美的因素、旅游者的文化背景、审美类型和审美方式；③旅游者的消费行为——旅游者的消费价值观、生活方式、消费方式、消费行为模式；④旅游者的社会文化环境——社会时尚、历史认识。这种阐述既明确提出了旅游主体文化的研究对象，又列出了具体内容，从总体来说，这种表述很有价值、值得重视。

（3）旅游主体文化是与旅游者的思想观念、心理特征和行为方式有关的文化。具体包括：①旅游者的所在国（地区）的文化形态；②旅游者的思想信仰；③旅游者的文化素质；④旅游者的职业和经济状况；⑤旅游者的心理、性格、爱好；⑥旅游者的生活方式；⑦旅游者的消费习惯。这种表述，既明确了旅游主体文化的研究对象，又提出了具体的研究内容，是目前学术界对旅游主体的研究对象及内容的较为科学的表述，但对旅游决策的动因缺乏阐述。

根据上述学术界对旅游主体文化的研究对象及内容，可以给旅游主体文化下个定义：旅游主体文化是旅游文化的重要组成部分，是旅游者在旅游决策和旅游活动中所表现出来的各种文化现象的总和。

二、旅游主体文化在旅游文化中的地位

从本质上说，旅游文化是旅游的"人"化，即旅游者的文化，旅游主体文化在旅游文化中处于核心地位。这是因为旅游主体——旅游者在旅游活动和旅游文化中处于中心位置。从社会行为意义上讲，旅游活动是旅游者的异地远足游览；从文化角度来讲，旅游活动是围绕旅游者全部行为过程所发生的各种行为现象与影响的总和。

从旅游主体与客体的关系看，旅游主体是旅游客体的主宰，作为自然山山水水的旅游客体在旅游主体产生以前就已经存在，但它并非是作为旅游客体而存在的，而是一种自然。只有旅游主体的出现，尤其是主体审美意识的产生，才使旅游客体成为旅游文化系统中的一环。旅游客体只是作为旅游文化的基础而存在。

从旅游主体与介体的关系来看，旅游中客体是旅游主体追求自由与限制自由的客观条件发生矛盾的必然结果，也就是说由于自然和社会条件限制了主体的追求和游览，而主体的这种追求又是坚定不移的，因此便滋生了帮助主体实现愿望的介体。旅游主体为了追求自由，要求旅游介体提供更好的服务，旅游介体为了获取更大的利润，不断满足旅游主体的需要，为主体提供更满意的服务。也就是说，介体的一切行为活动都是围绕主体而展开的。没有主体旅游，介体也就失去了工作的对象。

所以说，在旅游活动的三个基本要素（即旅游主体、客体、介体）中，旅游主体是主导和核心。由此也决定了旅游主体文化在旅游文化中处于核心地位。在旅游文化中，旅游客体文化和介体以及常住地和目的地文化都因旅游主体文化现象的发生而被纳入旅游文化圈，并因旅游主体的线性流动而形成旅游文化系统。

三、旅游主体文化的主要特征

（一）时代性

时代性是指旅游主体文化子系统具有时代特点，不同时代的旅游主体在不同时代呈现出不同的文化观念和行为方式，即不同时代旅游主体的旅游文化观念和行为方式是有差别的。

1. 旅游主体性格

古代中国人表现为拘谨和内向；今天，尤其是青年旅游者则表现为开放和外向。

2. 旅游主体构成

古代休闲旅游者多为上层贵族；现在多为人民大众。

3. 旅游审美观念

对于同一个旅游客体，由于旅游审美标准不同，古代人可能不视为美意，现代人却欣赏倍加。大自然的某些现象在上古人的眼中是可怕的、灾难性的，而今天人们对自然山水的愉悦感受则完全不同。对人文景观的看法也是如此，中世纪人就曾斥责古希腊著名雕刻《米洛的阿芙罗蒂德》（俗称《维纳斯像》）为伤风败俗的女妖，而今天的旅游者则肯定其为艺术的典范。另外，旅游主体审美观念的时代差异性也与其所处社会环境文化的审美时尚密切相关。旅游主体的审美观念随着时代的发展而发展，但历史的长河中也出现过曲折甚至文化学倒退的情况。可见，旅游主体文化的时代性特征是鲜明的。

（二）民族性

民族性是指旅游主体文化子系统具有民族特色。不同的民族，其主体的旅游文化观念和行为模式是不同的。旅游性格受传统文化影响，中国大多数旅游者比较内敛稳健，西方大多数旅游者则比较外向和具有冒险精神；中国人倾向于旅游道德塑造，且富于人文情怀，而西方人重于求知价值，充满科学精神。旅游主体分属于不同的民族，不同的民族处在各自的文化生态环境之中。因此旅游主体的审美风尚和审美标准便具有民族的差异性。

（三）层次性

层次性是指旅游主体子系统所具有的文化社会层次性差异。不同文化社会层次的旅游主体的旅游文化观念和行为方式各有其特色。同一社会不同社会阶层的旅游者，有着不同的经济收入、教育程度、职业性质、居住环境、旅游工具和闲暇时间，随之形成不同的旅游爱好、旅游观念和旅游性格。

四、旅游主体的文化身份与文化品位

文化传统的形成有着多种因素，多民族文化传统也与其各自所生成的背景有着千丝万缕的联系。自然环境因素不仅作用于人的存在和生长，还作用于人类社会组织，且对人的心理产生强烈影响。一个群体在某一自然环境中生存了千百年后，将对这个环境产生心理上的适应。科学已经证明，人的心理素质和气质同自然环境有一定的联系。一般来说，由于人的心理机制要比生理机制更灵活、更易发挥作用，因此，人的心理适应性也就更容易形成。当然，一种心理个性或心理特征的形成是一个过程，需要相当长的时间。所以当人们对某一地区适应之后，就认为它是故乡，时间越长，这种感觉越重。而人们生活在本民族区域，生活在自己适应的文化环境中，可以增强对外界压力的抵抗，这也是导致区域的、民族的文化共同体稳定的原因之一。

（一）主体的文化身份与人格个性

1. 文化身份

文化身份这一概念在我国学术界使用年限不长，但对其所涉及的问题，大家是很熟悉的。当一个人自我介绍说："我是中国人""我是山西人"或"我是上海人"时，他是以自己的国籍、省籍、市籍，即以自己生存的地域来限定自己，以区别于外国人、外省人或外市人。能使一个人、一个群体、一个民族或一国人和他人、他群体、他民族或他国人区别开来的，不仅是生存的地域，还有很多其他因素。那么，是哪些因素使我们成了中国人而不是美国人、法国人或埃及人呢？这些因素之间的关系如何？文化身份是怎么形成的？文化身份与民族性格的关系如何？文化身份与文化认同有什么关系？诸如此类问题，都是文化身份这个课题要研究的。关于文化身份的定义，可以说是众说纷纭。得到大多数人认同且比较简单的说法是，文化身份是一个人、一个群体、一个民族在与他人、他群体、他民族相比较之下所认识到的自我形象。这是一个对自我肯定的更哲理化的规定。

那么，文化身份的内涵是什么呢？或者说，构成文化身份或构成自我形象的成分是什么呢？文化身份的内涵即构成文化身份的成分，每个民族强调的重点不同。有的民族强调共同语言，有的民族强调宗教信仰，有的民族强调文化认同，有的民族强调族内婚姻。事实上，任何文化成分都可用来当作确认自我身份的标识或特点，以区别于他民族，达到自我肯定的目的。民族如此，个人也一样。20世纪80年代初，追求时髦的青年人把太阳眼镜上的商标留着而招摇过市与当今的人体彩绘都可使自己与他人区别开来，成为自我肯定的一种方式。当然，不同的肯定方式，其效果是不同的。在众多的构成文化身份的成分中，以下五方面是最为普遍和重要的。

（1）价值观念或价值体系，其中包括宗教信仰、伦理原则、世界观和人生观、集体和个人的社会理想等。这是文化身份的核心部分。不了解一个民族、一个群体或个人内化了的价值观念，就不能理解一个民族、一个群体或一个人的任何社会行为。在此也就确定了民族性格是文化身份首先的肯定方式。

（2）语言，其中包括书面语和口语、方言和土话、行话和切口，以及表达语言的文字等。语言不仅是交际工具，而且是文化的载体。在身份体系里，语言扮演联络员的角色，其他成分都通过语言起作用。多亏了语言，构成民族灵魂的价值观念才代代相传；多亏了语言，一个民族的成员才互相认同，彼此感到亲切。

（3）家庭体制，包括家庭的形成、婚姻关系和家庭内部人与人之间的关系等。对一个民族来说，家庭就像文化身份的三棱镜，凡是文化所具有的一切特征，在家庭生活中都会得到反映。儿童首先在家庭中开始知道自己的身份，而后性格的发展和成年后性格的定型也是在家庭中进行的。人们对一个人的身份的最基本的概念，就是"某某的儿子"，认同的首先是此人的父母和祖先，因为他们之间有血缘关系。在海外的中国侨民常常以姓氏为旗帜，成立宗亲会，号召亲善和互助。法国社会学家埃德加·莫兰说过，国民身份只是家庭身份的扩大，爱国情感是儿童把对家庭的感情扩大到国家。

（4）生活方式，这里主要指构成生活的四大要素：衣食住行，即穿着方式、饮食习惯、居住方式和交通方式等。生活方式是文化身份最表向、最显而易见的成分，也是变化最为迅速的成分，在消费社会里尤其如此。生活方式是个人借以自我表现的手段，让别人知道自己属性的手段。生活方式不仅是表达行为的外在形式，而且是行为所包含的价值观念的反映。在一个多样化的社会里，生活方式因社会阶层而异。社会地位和经济状况的不同决定生活方式的差异。教育水平和趣味的不同也影响人的生活方式。

（5）精神世界，这里指的是一个民族的历史发展过程中，集体记忆力所储存的种种形象。这些形象，有的是史前遗留下来的民族神话传说；有的是历史上对民族发展做出过贡献的重要人物、民族英雄等；有的是文艺作品中虚构的人物形象；有的是绘画艺术、造型艺术、建筑艺术、电影、电视艺术等留下的视觉形象；有的是音乐作品，包括声乐和器乐作品、民歌、民乐所留下的听觉形象等。这种种形象把民族成员紧紧地凝聚在一起。一个人不管走到哪里，这些形象都伴随着他，藏在他的脑海中，成为其无形的精神上的依托。

以上述五种成分来分析，在旅游跨文化交流中，与其用人格，不如用文化身份概念更能概括旅游主体的文化特征。说主体的人格，主要是从心理学角度概括其心理特质和性格特点的总和；说主体的文化身份，更多的则是从文化社会学或文化人类学的角度概括了民族性格在内的上述五方面的内涵。对旅游者来说，其文化身份确认也就是在与其他人、其他群体、包括其他民族相比较之下所认识到的自我形象的确认。

2. 人格与文化人格

文化身份是一个综合概括力非常强的概念，具体表现为，我们在确认一个人的文化品位时，常用到人格概念。人格，作为学科的一个概念，不仅在心理学、社会心理学，也在文化人类学中出现。由此，对人格有不同的研究角度，也有略微不同的概念规定。不同学科对人格的定义中，所强调的重点不同。心理学者注重行为动力，文化人类学者注重整个内在过程特点。但是，二者都是把"心理过程"作为人格的内容。美国社会心理学家克里奇（D. Krech）认为，"人格是个人所具有的所有特性的总和，优势适应环境的特有机制，因此，它是由环境不断改变着的"。我国心理学家孙本文认为，"人格是个人行为特质表现相当统一与固定的组合形式，简单说，亦可谓之个人行为统一的定型"。

人格的差异性造成了人格取向的多元化，为了适应社会生活和人际沟通，需要进行社会文化的塑造，使之形成"文化人格"。文化人格是个人显现出来的有益于社会的崇高的个性和品格，是社会文化体系塑造的结果，它在保持个体人格的前提下，进一步融入了所交往的各种社会的文化品质。文化人格以人的个性结构为基础，以人的价值观念和文化素质为灵魂。

（二）旅游主体的文化身份与人格个性

旅游者个性的发挥与否，既与民族性格及文化人格对其约束的程度相关，更与时代的开放程度相关。时代越进步，个性就越解放，旅游者的文化人格就越呈多样化特色。这往往牵扯到文化的民族性与时代性的关系问题。值此文化转型之际，中国有不少人在旅游上呈现开放性格，虽然受到民族原生性格的约束，但时代又给了他们超越传统羁绊的推动力，从而形成次生性的文化人格特征。诸如徒步探险、漂流、攀岩、溶洞探险、远足野营、驾车周游乃至孤舟远航等盛行于西方的旅游项目已渐次在国内开展起来。旅游者文化人格与民族性格的关系，是个性与共性的关系。民族性格是就旅游者所呈现的整个民族的某些性格特征而言的，而旅游者的文化人格则是对个体旅游者在旅游活动中所表现出来的性格特征而言的。另外，人格、性格等其实都包含于身份之内，旅游者的文化身份应是一个更宽泛的概念。

五、旅游主体文化人格的塑造

（一）旅游的发展体现着主体人性从必然到自由的发展过程

旅游主体文化人格的塑造，是建立在人性发展的基础上的。旅游的发展正体现着主体人性从必然到自由的发展过程。旅游最初的起源是劳作性的旅行，是人类在生活和生产功利目的驱使下所进行的旅行，诸如商旅、游贾、宦游、游学、巡游等。人性在此时表现为生活的必然。当人类的物质生活条件得到发展、人性发展需要更为广阔的空间时，旅游也开始逐步摆脱物质的羁绊，容纳更多文化的和审美的内容。如果说劳作性旅行尚有人类的被动适应性生存的话，那么审美性和休闲性旅游则是人们主动开拓生活乃至生命力再创造的活动。人一旦从与自然界的原始统一性中分离出来，成为人之后，他就会逐步摆脱与自然原始统一时形成的被动适应的特征。他会去开掘出自己主动适应的能力，并通过开拓、创造，在现存的文化环境条件中，为自己的生存获取更为丰富的物质财富，尤其是发展精神生活，使自己活得欢快、浪漫而多彩，活得更有意义。主体的艺术化生存和自由的实现是人类本性追求的理想目标，是人本质的规定。旅游从古往今来的劳作性旅行向文化审美性的方向发展，表明旅游主体从求生意志向求胜意志的超越。求胜意志使旅游主体追求高层次的文化审美享受和精神满足，并在此活动中不断完善旅游者的文化人格。

（二）旅游对旅游主体文化人格的塑造：求真、向善、审美

旅游者的文化人格是旅游者在旅游活动中，以个体人格为基础，融合异国他乡的异质文化品格后形成的一种扩展而多元整合的旅游性格特征。旅游是一种高尚的文化活动，具有塑造旅游者文化人格的功用。旅游主体文化人格的最高标准是理想人格，旅游者理想的旅游人格是可望而不可即的，但作为一个灯塔照亮旅游者人格追求的航程。最先是浪漫主义大师庄子对旅游主体理想人格的憧憬和描画，他将旅游主体自由意念的发挥推至极致，并提出了理想的旅游主体人格——"至人""神人""圣人"。与道家关于旅游主体的理想人格的出世

倾向不同，儒家对主体的理想人格的追求是塑造道德完善的仁智之士。他们都将山水之游当作陶冶心性的途径，当成最终达到圣人境界的途径。当然，旅游主体的理想人格毕竟只是一种理想，这种人格的建立必须通过旅游者漫长的一次次的旅游，将旅游作为修身养性的生活，不断地塑造自己的心性来实现。旅游主体的人格塑造，包括求真、向善和审美诸方面，这些都可以在或艰辛跋涉或自由浪漫的旅游活动中得到陶铸，旅游可以塑造人类求真的人格。出于不断探索的欲望，人类永远将目光投向远方，他们怀着强烈的好奇心，把每一次旅行都当成对神秘世界进行了解的过程。废墟上方的明月、残碑旁的落花，引导人们的目光穿越遗忘之丘，追溯祖先文明的进程；茅檐低舍、小桥流水，使人们的思绪沉浸于永恒的安详，重温先民们恬淡质朴的生活。

（三）旅游对旅游主体文化人格的塑造：享受、愉悦、超越

旅游是人类跨文化文往中的学习。爱琴海几千年的哀怨传说、埃及金字塔玄奥的咒语、富士山樱花的灿烂与乞力马扎罗山下的狮群，历史之趣、自然之谜，旅游使人类获得异质的文化，并且增长见识、增加人生的体悟。旅游还可以塑造人类的审美人格。人们通过旅游，不仅可以获得美的享受和心神的愉悦，还可获得超越本我的崇高感。当人们漫步异域他乡，不管是喧嚣的城市还是幽静的乡村，一样的阳光，一样的天空，却能让人拥有一份不一样的情怀。旅游更可以塑造人的道德人格。旅游净化并充实了人类的心灵，有助于形成自由、远大而高尚的理想。通过艰辛的或欢畅的旅程，可以使人们重新珍惜一些东西——一些平日看来习以为常，甚至理所当然的东西。只有背着沉重的行囊跋涉在不期而遇的风雨中，才知道冬日围炉的温馨；只有饥肠辘辘啃着干硬的面包，才会想起家常便饭的香甜；只有面对困难孑然无助时，才知道亲情的可贵。此时此刻，一个会心的微笑、一声友善的问候，都会使人油然而生感激之情。今天，旅游所蕴含的文化禀赋正反映了当代旅游活动和观念由物质本位向人性本位的转移。这也是旅游文化总体上的发展和成熟的必然趋势。随着这种转移，当代的和未来的旅游活动将会越来越多地关注一些昔日不曾或较少为人们所关注的目的地，即那些普通的、平凡的在异国他生活的乡人的日常生活场景。然而，正是在这种对过往的自然和人文的生活的充分关怀和细腻体察中，那些过往的境遇才会重新充满现实的情怀和切肤的温暖。只有这样，旅游作为文化的历险才能从一种休闲的方式上升为生命存在的方式，而此时生命存在的方式才能真正进入完善、完美的境界。

第二节　旅游主体在旅游活动中的文化角色及文化动机

一、旅游主体在旅游活动中的文化角色

旅游活动不是一种单纯的物理运动或生理需要，而是一种具有复杂心理过程和多向交流过程的文化运动。

（一）旅游主体是文化的需求者

1. 旅游主体的文化需求是人类自身的一种发展需求

旅游活动与人类其他认识活动和实践相同，都是人类的需要。但是，与人类的一般自下

而上的需求不同，这是人类自身一种发展的需求。虽然在旅游活动中也包含吃、住、行、购等人类共有的生活现象，但是它们不同于人类自古以来就有的衣食住行。从旅游文化学的角度说，前者是人类在解决生存、温饱之后更高的发展需求（多为精神需求），是为了追求更有价值的生命意义，而后者则是为满足人类自下而上的需要；前者注重生活和生命的质量，后者注重生活和生命的数量；前者是发展、丰富生活和生命的手段，后者则是维持、延长生活和生命的手段。鲁迅在谈到人类的生命过程时曾说过："一要生存、二要温饱、三要发展。"旅游活动对于人类来说，无疑是属于一种发展的需要。如果说单从人们一般的自下而上的需要来说，解决起码的衣食住行或要求更好的衣食住行是社会发展的一般规律。但是从旅游文化学的角度来说，这并不一定符合旅游者的需求，如居住在舒适、宽敞的洋房里的欧美旅游主体偏要住一住北京的四合院或云南的傣族山寨，这一行为显然不是出于生存的需要，而是为了满足体验异域古代生存方式的心理需要，具有浓厚的人文色彩。又如，家田耕作自古以来就是维护人类生存的最重要的方式，务农是人类传统的生存需要。但是，近年来在日本兴起一种别具意义的"务农旅游"。旅游者每天和当地农民一道早起下田劳动，一道戴月而归。除持镰割稻外，还有挖红薯、收蔬菜等农活。这些务农旅游者的参加者们不但得不到报酬，反而要交费。很明显，这种农作劳动已不是出于一种生存上的需要，而是为了满足现代社会中人们的一种发展的需要，即一方面是为了继承、发扬日本的"稻作文化"传统，以引起人们对粮食生产的重视，另一方面也是体验一种与都市不同的生活，培养自己的劳动品格。

2. 旅游主体的文化需求是物质性需求，更是精神性需求

旅游主体的文化需求是多种多样的，但归纳起来不外乎是物质需求和精神需求两大类。应该说，旅游主体的文化需求是以精神需求为主的，至少是在物质需求中伴随着强烈的精神需求，或者说，旅游主体的文化需求主要体现在物质需求完成之后的那种精神需求上。因此，旅游主体的旅游活动实际上是一种心理和情感体验。例如，许多中外旅游者到了长沙，总是要去火宫殿吃一次著名的"油炸臭豆腐"。就"吃"来说，是一种物质性需求，但旅游者在吃"油炸臭豆腐"时，绝不是将此作为维持生存的手段，而是作为一种异己的文化现象来看待。

（二）旅游主体是文化的传播者

1. 旅游主体对某一异己文化的认知、体验及其对旅游地居民的影响，构成了旅游活动中的文化传播过程

（1）归向文化传播。

这是指旅游主体从旅游地归来后，根据自己对旅游地文化的认知、体验而向他人或社会转述而形成的文化传播。这一传播具有如下几个方面的特征。

第一，传播的有意性。这是旅游主体对自己的经历和对旅游地风土人情的转述、回忆而主动进行的文化传播。西方学者罗伯特·麦金托什曾经认为，许多人的旅游动机往往来自旅游主体归来后的炫耀，而炫耀内容本身即一种有意的文化传播。这种文化可以说是被旅游主体"有意带回来的文化"。在交通不很畅通、住宿业不发达的中世纪以前，这种文化传播方式是当时地域之间、国家之间最主要的文化传播方式。如《马可·波罗游记》就是当时西方了解东方文化的主要依据，马可·波罗对自己的旅游经历的回忆和体验就是对东方文化的有意传播。因此，从此意义上说，所有的旅行者或多或少都是文化的有意传播者，他们"带回了文化"。

第二，传播的局限性。由于旅游者的个人视角、感受程度、文化素质等因素的影响，加之旅游业的引导等因素的作用，这种归向文化传播具有某种限定性。即旅游者"带回来的文化"不是整体的而是局部的，不是客观化的而是主观化的。所以这种文化传播往往有明显的局限甚至变形。

（2）来向文化传播。

这是指旅游地居住者对前来游览、观光的旅游主体所表现出来的文化意义的认同和理解。这一文化传播具有如下特征。一是传播的无意性。除了那些宗教旅游者和其他负有特殊任务的旅游者外，来向文化传播多是无意性的。因为旅游者文化对旅游居住者文化的影响往往是通过潜移默化的过程来实现的。二是传播的示范性。旅游主体文化往往对旅游居住者具有示范性影响，后者对前者的"察言观色"的效仿，构成了来向文化的传播过程。它主要表现在居住者中青年一代对旅游者的服饰、姿态等外在行为的模仿。例如，牛仔裤在我国最早就是在旅游地和开放城市流行起来的。随着时间的推移和开放程度的深化，居住者与旅游者在外在服饰等方面的距离也越来越小。

2. 旅游主体的文化传播具有积极性与消极性二重影响

（1）积极性的影响。

第一，以旅游主体为媒介，促进了地域、民族、国家的文化交流，有助于人类文化一体化的完成。近代以前，旅游是传播知识和新发明并获得其他国家情报的主要途径之一。可以说，旅游者的流动自古以来就对人类文化的交流与生活起着巨大的作用。公元前139年，张骞出使西域，开辟了"丝绸之路"，加强了西汉与西域少数民族地区及中亚各国的联系，促进了各民族之间的文化交流。意大利传教士利马窦于16世纪来中国传教的同时，还热心传播西方的科学，研究中国的学术，他与中国官员兼学者徐光启合作翻译了中国第一部《几何原本》，成为东西方文化交流的友好使者。可见，旅游活动就是一种文化交流活动，旅游者本身就是文化交流的媒介。

第二，在来向文化传播中，旅游主体文化的积极影响不限于居住生活，它对旅游主体即文化资源本身也构成重要影响。许多旅游文化资源都是通过旅游者的不断体验而被发掘并增值的，也就是说，某些旅游文化资源的价值存在于旅游者的事后体验之中。

（2）旅游主体文化的消极影响。

旅游主体文化在对旅游地文化产生积极作用的同时，也必然或多或少地产生一些消极作用。这一消极作用被称为旅游的"文化污染"，即由于旅游业的发展，各种旅游者的介入，给旅游地造成的物质破坏和社会文化的消极影响。当然与旅游者积极性文化影响相比较，这种消极性影响一般来说是次要的，也是难免的。旅游主体文化传播的消极影响或者说旅游的"文化污染"大致有以下四个方面。

第一，旅游地生态环境的破坏。由于旅游主体的大量进入，特别是一些低素质旅游主体不注重对环境的保护，产生了许多对自然生态环境具有极大破坏作用的"生活垃圾"，严重地污染或破坏了旅游地的生态环境。

第二，具体的文化破坏。旅游主体文化的产生来自对人生阅历的检验，来自"事后向人的炫耀"，因此，强化自己经历的欲望在旅游的行为中表现得十分突出。如果旅游者素质不高，这种个体便以种种不正常乃至丑恶的方式表现出来，从而对旅游地构成具体的破坏。其中最典型的便是在旅游地到处写字或涂画，如"××到此一游"等。就旅游主体乱写乱画行为的结果来说，无疑是对旅游资源的破坏。

第三，旅游主体的求奇、求新心理刺激了旅游地的"文化赝品"的盛行。每个国家和地区都有与众不同的地方。文化特色越突出、越鲜明的地方对旅游主体越有吸引力。为了吸引旅游者，一些旅游地便大肆制造"文化赝品"。有些地方以保持和恢复传统文化的本来面目为名义，不顾当地文明、文化的事实和现实发展状态，硬是保留甚至制造出一些原始部落，还煞有介事地标上正宗传统文化的标签，冠以人类学的活博物馆的美名供观赏。有些地方还进行一些色情表演或服务。旅游活动的最终意义是一种文化活动，如果把"赝品"或者低俗的东西作为一种不加注明的"真实信息"提供给旅游者，则是违背这一终极意义的。

第四，旅游主体文化与居住者文化的差异造成了旅游地的文化失衡和社会的波动。现代旅游者大多都有一种返璞归真的欲望。相对而言，那种自然、古朴的环境多存在于现代化不充分或经济欠发达的国家和地区。所以在很多时候，旅游者与居住者之间往往表现出较大的文化差异。当然这种差异不仅仅体现在线性上的先进与落后之差，还表现为两种不同文化素质之间的差异，如价值观念、生活习性、情感方式等。这种反差并非是经济上的，更主要是文化心理上的。从旅游地的整个社会构成来看，旅游者文化冲击了旅游地居住者之间的人际关系，许多人对这种改变是不愿意接受的。

二、旅游主体的文化动机

从旅游文化的角度来看，旅游主体常见的文化动机有以下几种。

(一) 审美动机

人们旅游的动机是多种多样的，不过，审美动机是诸多旅游动机中的优势动机，审美型的旅游主体是旅游队伍中的主力军。人类的审美需要通过旅游来满足有两个重要的原因：一是从旅游客体的角度来看，旅游资源与一般资源的根本区别在于它具有审美的特征，具备观赏性。旅游主体外出旅游就是要获得精神享受，通过对旅游资源的欣赏，满足人的审美需要。二是从旅游主体的角度来看，现代旅游活动是社会经济、文化发展的结果。随着人们精神生活的不断丰富，旅游已经成为社会生活的重要成分，通过旅游来实现审美是现代审美文化的重要内容。旅游审美动机可以分为以下几种类型。

1. 自然审美型动机

自然审美动机的指向是自然美。自然美是一种最常见的美的类型，为了陶冶性情、修身养性，旅游主体大多愿意选择以自然作为审美对象，通过欣赏自然之美，消除疲劳，提高自身的审美力。山川流水的质感、线条、色彩等搭配，能够给人以不同的美感，天象、气候、动植物等也能让人有不同的审美体验。

2. 艺术审美型动机

艺术审美型动机是以欣赏艺术作品作为旅游的目的，审美的对象涉及各类人文艺术品种，如建筑以流畅的线条、风格各异的造型吸引游客，用人的智慧创造出巧夺天工的艺术美感。

3. 社会审美型动机

社会审美型动机是以审美的眼光观察、体验旅游地社会的制度、结构、人情、伦理、道德、民风与生活方式。各种服饰、礼俗等对人的感官给予愉悦感，并带来审美的因素。尤其是独具特色的民族民俗风情往往是一个旅游地吸引游客的最大亮点，因为它呈现了当地自然、人文方面的个性特征，是区别于其他地区的最主要的标志，往往会成为一个地方最不容易被遗忘的特点，如傣族的泼水节就是典型。

4. 饮食审美型动机

美食作为中国文化"四宝"（绘画、书法、中医、烹饪）之一，往往成为旅游主体的旅游动机，可以说，大部分中国旅游主体的旅游动机中都含有这样的动机。饮食，尤其是东方的饮食，不仅能够满足人们品尝的愿望，更是在很大程度上给人带来了美感。

（二）学习动机

学习动机又可细分为有目的的学习和无意识的好奇两种类型。

1. 学习

相比书本知识的有限而单调，旅游可以开阔视野，能学到大量书本上学不到的知识，也能为书本知识作必要的补充。"读万卷书，行万里路"是中国古代朴素的旅行观，自春秋时期以孔子为代表的士大夫阶层的游学，到汉代司马迁的社会考察旅行，到唐宋文人墨客的漫游及僧侣的仙游，再到明清时期李时珍、徐霞客等专业人士的调查旅行，以及唐寅等艺术名人的周游各地，无不以学习作为一大动机，为自己的专业领域提供丰富的素材。正是旅行，成就了《论语》《史记》《徐霞客游记》等珍贵的中华文化遗产。

中国当今满足旅游者修学旅行的典型例子当数孔子家乡修学旅游。孔子家乡修学旅游始创于1989年，以接待海内外修学旅游团体为主，每期十余人到几十人不等，修学期限一般3~15天。开学时，学员身穿中国古代学士服，头戴学士帽，在孔子当年讲学的孔子杏坛前举行开学典礼。学习方式是授课与参观、实践相结合，主要学习内容有孔子生平及其哲学思想、中国历史书法、绘画、音乐、武术、民俗、中医、烹饪等，一般半天安排学习，半天参观、实践。结业时，在孔子墓前颁发纪念证书。孔子家乡修学旅游具有浓郁的中国传统文化特色，融知识性与趣味性于一体，深受海内外游客的欢迎。

如今，随着人们素质的提高，越来越多的游客渴望从旅途中增长见识，扩大视野。出于学习动机旅游的主要人群是学生、学者。广大学生为了补充书本知识而进行的修学旅游，如中小学生专门针对课文所述的景观的旅游，高中生的理想大学之旅，或者学生到国外名校的旅游，以及专家学者的考察及学术会议、论坛等，是最常见的修学旅游方式。

2. 好奇

好奇是人之本性。出于学习动机旅游的游客是抱着特定的学习目的去旅游的，而出于好奇动机旅游的游客则缺乏这种具体的学习任务，只是怀着一种探索求新的愿望去了解不同环境里的异域风情。其实人们不断追求新的旅游地，很大程度上就是满足自己的好奇心。当然旅游主体的兴趣不同，对不同景观的好奇程度也不相同。例如，对于西方人来说，遥远东方的中国一直是个神秘的国度，这里有着不一样的风物和人情。新中国成立初期一直到改革开放之前，外国旅游者只有少数能进入中国内地。改革开放后，外国旅游团纷至沓来，希望能亲眼看看中国的风采。

（三）刺激动机

寻求刺激，是人类普遍追求的一种需要，只是程度上不同而已。日常生活模式化使人们对千篇一律的生活很厌烦，家庭生活或工作的单调性、可预见性和不变性，必须以一定程度的复杂性和变化来刺激。刺激不足容易使人产生疲倦，而旅游正是对现实生活的逃避，可以改变生活的单调性。

旅游主体都带有一定程度的寻求刺激的动机，希望到一个与平时不同的生活环境中去体验不同的生活。对于与日常生活不同的体验有点不可预见性，这种不可完全预见性多少也就带了一些刺激的成分。

对刺激的追求，依人的不同个性心理特征而有所差异。人们的个性心理特征可分为自我中心型、近自我中心型、中间型、近多中心型和多中心型五种类型。自我中心型的人谨小慎微，不爱冒险，外出的可能性相对较小，旅游时容易选择常规类型，并且风险小的项目。与之相反，多中心型的人行为上喜欢新奇，爱冒险，更喜欢另类的旅游，以寻求更大的刺激。其余的三种类型处于两者之间。今天，追求刺激更多地表现在对生理和心理的挑战上，包括登山攀岩、滑雪、野外生存、漂流、山地穿越、蹦极、滑翔等多种具有挑战性和探险性的体育活动。城市白领和一些高收入、高压力人群不少倾向于用这种刺激的方式来放松身心。

（四）怀旧动机

人类对失去的历史有一种怀念之情，希望能够看到历史的遗迹，重温失去的光阴，以此来满足人的归属感和认同感。现代怀旧是指对过去事情的失落感，这些东西是人们曾经熟悉的东西，具有某种象征和表达感情的符号意义。当代人的怀旧既有人类对工业化时代以前的普遍怀念，也有各地区的人们对其他时代的怀想。不同的人由于生活、教育等背景不同，所怀想的旧念也各不相同。当然，怀旧的方式也是丰富多彩的，很多人可以通过旅游的方式达到对怀旧的全方位实现。因此，怀旧常常会作为一种旅游的动机出现，直至影响旅游决策和行为的最终实现。如"重温历史，怀念过去光阴""寻根问祖，故地重游""返璞归真，寻访乡村生活"等都是怀旧动机的具体体现。

（五）宗教动机

宗教所激发的旅游动机主要表现在信徒朝拜圣地、以宣讲或学习教义等为目的的游历。自古以来世界上三大宗教（佛教、基督教和伊斯兰教）的信徒都有朝圣的历史传统。基督教传教士布教、伊斯兰教信徒穆斯林的麦加朝觐、佛教善男信女进香求佛、道教道士的仙游都是由于宗教所激发的旅游动机而导致的旅游现象。凡宗教创始者的诞生地、墓葬地及其遗迹遗物甚至传说"显圣"地以及各教派的中心，都可成为教徒们的朝拜圣地。如耶路撒冷，由于基督徒认为其是救世主耶稣的诞生地，犹太人认为其是大卫王的故乡、第一座犹太教圣殿所在地，穆斯林认为"安拉的使者"穆罕默德曾在此"登霄"升天，故成为基督教、犹太教和伊斯兰教的共同圣地，吸引了大批的海外朝圣者。现代比较著名的基督教圣地有罗马教廷梵蒂冈、传说中"圣母玛利亚显圣"的法蒂玛（葡萄牙）以及德国的奥柏拉格尔高和法国的卢尔德。佛教圣地集中在东南亚和中国，如斯里兰卡的佛牙寺和克拉尼亚大佛寺，中国的佛教四大名山（五台山、峨眉山、普陀山和九华山）以及保存有佛祖指骨的陕西省扶风县法门寺。伊斯兰教有四大圣地：麦加、麦地那、耶路撒冷和凯鲁万。其中麦加是所有宗教中规模最大、朝觐人数最多的一处圣地。麦加城中心的麦加大清真寺面积16万平方米，可容纳30万穆斯林同时做礼拜。

伴随着宗教旅游动机被充分激发，宗教旅游发展如火如荼的另一面是很多地方都只是简单地从物质利益层面上利用信徒的宗教动机，将宗教旅游作为一种对寺院、道观古建筑的"观光旅游"来发展，仅仅停留在一种物质性的开发层次上，同时表现出过多的商业化成分。而宗教启迪智慧、唤起道德、重塑人生价值等功能很少挖掘开发，没有展示出其精神层次的价值来。这一点应引起旅游业界、政界和学界的重视。

第三节 旅游主体的旅游心理与审美主题的规定

旅游主体是旅游活动中的主角，如果没有这个主角，旅游的资源和设施将无法得到利用，旅游业的从业人员将无所事事，旅游业也将无法开展。旅游主体又是旅游活动中的上帝。一切旅游资源、设施以及从业人员的工作都服务于旅游主体，研究富于个性的旅游主体的心理特征，是旅游主体文化研究的重要内容。

一、旅游主体的一般心理特征

（一）旅游主体的兴趣

作为心理特征内容之一的兴趣，对于人们从事各种社会活动有着直接或者间接的影响。在旅游活动中，旅游主体的兴趣贯穿于旅游过程的始终，给旅游业带来各种各样不容忽视的影响。旅游业的从业人员要经营好自己的产业，首先必须了解旅游主体的兴趣，继而创造条件满足他们的正当兴趣。旅游主体的兴趣主要表现在物质兴趣和精神兴趣两个方面。

1. 旅游主体在旅游活动过程中的物质兴趣，包括食、住、行、购等方面

饮食方面：旅游地的饮食文化是旅游主体最感兴趣而且极想亲自体验的一项重要内容。外国的旅游主体到中国，想吃到具有中国特色的食品，如饺子和春卷等；中国的游客到国外，也想品尝到各国风味食品，如到了法国，想吃到法式西餐和饮用法国的白兰地，到阿拉伯，想吃烧烤等与中国食品风格迥异的食物。从国内范围的旅游主体来说，内地的旅游主体到沿海，想吃鲜美的鱼虾等海产品；平原地区的旅游主体到山区，对山区的特产山珍和真正意义的绿色食品感兴趣；到西安，谁都不会放过品尝羊肉泡馍的机会；到广州，想品味久负盛名的早茶；到内蒙古牧区，想品尝手抓羊肉。

住的方面：除了各种档次的宾馆、饭店之外，各种富有地方风情、民俗情韵的居住方式，也是旅客最感兴趣的。如北京——四合院，北方——火炕，内蒙古——蒙古包，西南地

区——竹楼。

行的方面：汽车、火车、飞机、轮船等现代交通工具是远距离旅游的必备条件，也是旅游主体所追求的物质兴趣之一，因为许多旅游主体第一次选用某一种交通工具时，常常是出于物质享受的目的，是想享受一下其中交通工具给人带来的快感。而短距离的旅游或是在旅游区内观光游览，旅游主体则更倾向于选择特殊的或比较原始的交通工具，如乘坐狗拉爬犁、马车、竹排，或骑马、骑大象等。

购物方面：旅游主体对外地、外国的商品一般都具有比较浓厚的兴趣，尤其是有着浓厚地方特色的价廉物美的商品或者可以作为纪念的商品。

2. 旅游主体的精神兴趣中，认识兴趣是一个重要方面

随着现代旅游业的发展，旅游主体对于满足认识兴趣的专项旅游表现出特别浓郁的兴趣。例如，旅游者参观博物馆，以满足其对于自然和社会认识的兴趣；参观古建筑、纪念馆，以满足其对于各地历史认识的兴趣；参观少数民族部落，以满足其了解其他民俗文化的兴趣。此外像探险旅游、宗教旅游等，都是为了满足某一领域的兴趣。

旅游主体在参观、游览的过程中，还表现出强烈的认识自我的兴趣，即亲自实践、亲自参与、检验自我、发现自我的兴趣；游览牧区时，与牧民共同放牧的兴趣；海上游玩，与渔民共同捕鱼的乐趣等。

观看或者参加文艺活动、体育表演的兴趣，也是旅游主体精神兴趣的一个组成部分。大多数旅游主体都希望在旅游的过程中能有机会一睹各国或各地的文艺表演，并把它作为旅游生活中不可缺少的基本内容之一。有些旅游主体甚至还参加到文艺表演之中，如到苗族、傣族地区去旅游，便可以与当地居民一起载歌载舞。

随着现代奥林匹克运动的发展，世界各地经常举办各种类型的体育比赛，观看体育比赛和观看文艺演出一样，同样是旅游主体极感兴趣的内容。尤其是随着本国或自己支持的运动队到其他国家、地区去观看比赛，当啦啦队成员，更是一部分旅游主体所狂热倾心的。

另外，各种休闲兴趣也是旅游主体较为热衷的精神兴趣。例如，钓鱼、爬山、游泳、划船、骑自行车，等等，都是为了使自己得到放松与休息，或增添自己的休闲兴趣。

（二）旅游主体的气质与性格

和旅游主体的兴趣一样，旅游主体的气质、性格对旅游主体自身的旅游生活以及对旅游业的旅游服务同样会产生很大的影响。

1. 旅游主体气质的四种类型

气质是指人的高级神经活动类型的特性在行为方式上的表现，也是指人的心理活动发生的速度、强度和指向性等动力的特征。旅游主体的气质可以分为四种，即活泼型、安静型、急躁型和胆小型。

活泼型气质，即通常所指的多血质气质。具有这种气质的旅游主体活泼好动，很热爱旅游，也很适合旅游。他们希望旅游项目丰富多彩，以满足他们容易转移的注意力。他们不喜欢长时间地沉浸于某种单一的旅游项目之中，尤其是那些只需静观而无须运动的项目。他们特别热爱爬山、游泳、跳舞等。在与其他旅游主体相处的过程中，他们热情大方，善于交友，能够替别人着想，尽可能地帮助别人，因而容易获得别人的好感，成为受人信任的伙

伴。对于旅游服务，他们能够善意、直率地提出自己的意见和看法。

安静型气质，即黏液质气质。具有这种气质的旅游主体具有比较稳定的兴趣，一般不易转移。他们乐于参加以往曾参加过的、比较平衡的旅游项目。他们的旅游计划比较周密，对旅游线路、就餐饭店、住宿等都考虑得十分详细，旅游中他们沉默寡言，不与别人交际，也不愿意与旅游服务人员多接触，而只愿独来独往。对于服务中存在的问题，他们一般都能保持理智，用比较平衡的方式表达自己的态度，如果个人遇到麻烦，也不愿去打扰别人，而愿自己解决。

急躁型气质，即胆汁质气质。这类旅游主体精力充沛，但情绪不稳定，容易激动，在旅游过程中表现得容易急躁，缺乏足够的耐心。他们喜欢参加富有刺激性和挑战性的项目，喜欢在各个方面都争得领先的位置。遇到困难和挫折时，常常会忍不住生气、发牢骚，甚至有过激的行为。同时他们热情洋溢，喜欢直率地表露自己的情绪，当看到美好的景物或遇到开心的事情时，总是把这种情绪溢于言表，公开表露，甚至不顾一切大喊大叫，他们为人热情，乐于帮助别人。

胆小型气质，即抑郁质气质。具有这类气质的旅游主体胆小畏缩，他们对于旅游项目、旅游方式的选择常常具有传统的习惯倾向，只喜爱自己比较熟悉的、比较平衡的旅游项目，对于新开辟的旅游场所、新的旅游项目不大感兴趣，对那些刺激性强、有危险的项目则不感兴趣，甚至讨厌。他们有强烈的自我保护意识，在旅游中，行动迟缓、十分重视内心的体验，对于外部事物认识兴趣很浓，注重认真观察、仔细体会，注意搜集各种资料。这类旅游主体的性格比较孤僻，对别人的戒备心很强，不喜欢交流。

2. 旅游主体的性格

一个人的性格是指某人现实所持有的稳定的态度及其习惯化了的行为方式的个性心理特征。性格与气质不同，它是人们在后天的生活、教育和个人参加实践活动中逐步形成的，是一个人的个性心理特征的核心部分，与其个人自身的世界观、人生观和思想作用紧密联系。

旅游主体按照不同特征划分，可分为不同的性格类型。

（1）按照旅游主体的心理机能的特征划分，可以分为理智型、情绪型和意志型三种性格类型。

1）理智型旅游主体。他们是具有良好的修养、层次较高的人。他们能够根据个人的身体、经济、时间等条件来安排旅游计划，考虑仔细，具有科学性。当计划与实际情况发生冲突时，他们又能及时改变计划，表现出很大的灵活性。在情绪上他们表现平衡，高兴时不狂放，遇到挫折不沮丧。能够理智地处理好与其他旅游主体及旅游服务人员之间发生的问题。

2）情绪型旅游主体。这一部分旅游主体情绪度比较大，喜欢感情用事。他们的旅游计划、行为完全受其情绪的控制。有时显得比较幼稚，缺乏科学性、合理性。在旅游中为了满足个人感情的需要，他们常常超过自身的消费。他们的感情外露，高兴时大喊大叫，不高兴时则牢骚满腹。

3）意志型旅游主体。他们是执着追求的人。当他们个人准备好旅游计划后，便积极行动，按计划行事。执行时遇到困难，也不后退，而是迎着困难，为实现自己的预期目标而努力。

（2）按照旅游主体心理活动的倾向划分，可分为内向型和外向型两种性格类型。

1）内向型旅游主体。他们的情感从不外露，旅游时比较谨慎，行为小心仔细；对外部的各种刺激反应不强烈，不敏感，适应环境的能力较差；他们不喜欢与别的旅游主体交往，很少与别人一起行动、交谈、情绪上常常表现得郁郁寡欢。

2）外向型旅游主体。他们性格外露、开朗、大方、活泼。在旅游活动中表现得积极，行为上无拘无束，不拘小节，喜欢主动与其他旅游主体交谈，能很快适应旅游环境的迅速变化。

（3）按照旅游主体个体行为特点划分，又可以分为独立型和顺从型两种性格类型。

1）独立型旅游主体。这类旅游主体有自己的观点，他们完全按照自己的独立思考去处理旅游中的各种事情，在旅游地点、项目的选择上以及旅游购物等方面，不大会受别人的怂恿而改变计划。遇到突发情况时，他们能够沉着冷静，摆脱困难。

2）顺从型旅游主体。与独立型相反，这类旅游主体缺乏主见，独立决策能力较差，旅游中愿意听从旅游服务人员的引导，也喜欢效仿其他旅游主体的做法。对于外界的暗示、宣传缺乏主见，常常上当，也经常后悔。

此外，按旅游主体的社会生活方式来划分，分为理论型旅游主体、经济型旅游主体、审美型旅游主体、社会型旅游主体和宗教型旅游主体。

理论型旅游主体。这类旅游主体能看出旅游生活中的问题，但只会高谈阔论，却不能切实地找出解决问题的办法。

经济型旅游主体。这类旅游主体善于精打细算，能将时间和金钱在旅游中发挥出最大的效益，但有时过于斤斤计较。

审美型旅游主体。这类旅游主体为了寻求生活和自然中的美而参加旅游活动，他们不太考虑经济方面的得失，也不去计较与审美活动不相干的事情。

社会型旅游主体。这类旅游主体对社会有较强的责任心，注重旅游环境的质量，能以自己的实际行动保护各种旅游资源，能够尽自己所能帮助其他旅游主体。

宗教型旅游主体。这类旅游主体旅游的目的是朝觐。为了去向神灵膜拜，他们一般很少有杂念，表现出与世无争的态度。

二、旅游心理的发生

人们要参加旅游活动，是为了满足其需要，根据人内在的某种需要，人们的动机可以归纳为两个方面。一方面是原始性动机，即生理起源动机，或称作生活起源动机。这方面的动机是由人的一般性需要和动机性需要产生的，是满足身体内部生理平衡的动机，它的内容包括消除饥渴、睡眠、解决痛苦等，原始性的动机是人的比较简单、低级的最基本动机。它产生的需要是低级的需要。另一方面是社会性动机，即人的起源动机或衍生动机。它是通过学习而获得的，由人的信念、道德、理想等引起的动机，包括人们对工作、成功、交际履行社会义务，以及道德感等的需要。

根据外在的某种刺激，人的动机又可分为物质需求与精神需求两类。物质需求是指人们对衣、食、住、行等各种生活和生产必需品的需要；精神需求指的是人们对现实形态如理想、科学、文化、艺术等的需求，以及获得自尊心、成就感、荣誉等的需求。

人的需求是多方面的，是复杂的。美国著名心理学家亚伯拉罕·马斯洛曾指出关于人类五种需求的理论，即生理的需求、安全的需求、归属与爱的需求、尊重的需求、自我实现的需求。在五大需求的基础上，他又将它们分为七大层次，分别为：生理需求，即吃、喝、住、行的需要；安全需求，即躲避危险的需要；归属与爱的需要；尊重的需要，即受到别人称赞及尊重的需要；认知的需要，即求知探索的需要；美的需要；自我完善的需要。这七个层次的关系是由低级到高级递进的，人类只有在满足了生理需要的最初基础上，才逐步向更高一级的需要发展。

依据人的行为是满足人自身某种需要的理论，我们可以探讨一下，人们的什么需要刺激了人们去从事旅游活动。

首先，人们从事旅游活动是出于其对生理满足的追求。保持健康、维持身体内的生理平衡，是他们最基本的要求与愿望。人们去旅游，所追求的正是要获得生理需要的满足。例如生活在寒冷地带的旅游主体到温暖的地方去旅游，其目的之一是有效地躲避寒冷对人们的侵袭；反之，生活在炎热地方的人到凉爽的地方去旅游，也是为了免遭酷热之苦。患有各种疾病的人以及经过长期劳作、需要通过休息来恢复精力的人，希望到海滨、山地等环境优良的地方去旅游，获得那里纯净的空气、明媚的阳光和特殊矿物质等，以利于病痛的康复和疲劳的消除。现代掀起体育旅游，其参加者动机是多方面的。但其中最基本的动机就是强身健体、焕发青春。生理需要的动机占据了首要位置。同时，人们从事旅游活动不但是追求在环境方面获得满足，也是追求在物质方面满足生理需求，这主要表现在饮食方面。人们在旅游中，追求物质上满足生理需求的愿望是很强烈的。当然这种追求不是低级维持生命，而是为了更健康、更长寿。在旅游的过程中，每到一地，旅客的最大愿望之一就是希望品尝到当地的各种风味食品、名点小吃，从而一饱口福，获得物质方面的享受。此外，旅游主体通过旅游追求物质需要的动机，还表现在他们热衷于在旅途中购置各种商品等方面。

其次，人们从事旅游的动机是追求心理需求、精神需求的满足。心理、精神需求是一种深层次的需求，它是在人们满足了生理、物质需求之后所产生的新的需求。因而，社会越向前发展，旅游越是进入高级阶段，人们的旅游动机中追求心理和精神需求的成分就越多。

在心理、精神需求动机中，认知动机是引发旅游行为的最重要的动机。人生来便充满各种好奇心，充满了了解与认识世界的愿望。为了开阔眼界，扩大自己的知识领域，便想走出家门，到外部世界去旅游。古人云："读万卷书，行万里路。"在书斋里读书万卷，是为了满足从理性上认识世界的需求。而行路万里去旅游，是为了满足从感性上认识世界的需求。人们为了了解地理、地质的概貌，就会像郦道元、徐霞客那样，去游览山川；为了了解某地、某民族的地方风土人情，就会学习民俗学家，到某地去进行风俗旅游；为了了解历史文化，就会像司马迁那样，到四方去寻古查迹；为了了解宗教，就会去山间访古刹。在认知动机的推动下，各种专业、专题的旅游项目便会应运而生。在现代，为了学习外地、外国的先进经验，也可以采用旅游的方式，考察那里的一切。为了了解、认知社会，可以到工厂、农村、企业中去，通过旅游看看那里的现实。百闻不如一见，旅游对一个人的认知确实具有特殊的意义。

求美心理也是引发旅游的动机之一。所谓的求美心理，是指旅游寻求情感满足的心理。这是一种完全没有功利目的的心理。大多数旅游主体到大自然中去，并非为了学习地理、地质学等自然科学的知识，而是为了体味大自然的美好，去获取大自然给他们带来的愉悦和轻松等种种感觉。同样，多数旅游主体到有历史遗迹的地方，如中国的长城与兵马俑、埃及的金字塔等处去游览，并非为了了解历史，而是为了感受到历史的美与深邃。人们到异国他乡去旅游，绝大多数也并非为研究那里的人文民俗，而是为了体验并获得奇特、新鲜的感受。许多人从事某一专题的旅游，如探险旅游、体育旅游等，也都是为了寻求精神的刺激，获得内心的情感的满足。

满足爱的需求是引发旅游的又一动机。男女的婚恋之游就是为了爱的旅游，它充满了欢乐与浪漫的色彩。在舒适轻松的环境氛围中，婚恋中的男女既享受旅游带来的各种乐趣，彼此之间又增进了了解，培养了感情。典型的旅行结婚就属于婚恋之游。以满足爱的需求作为旅游动机的还有全家老少、亲朋好友或同事的结伴旅游。通过旅游既获得了旅游带来的乐趣，又加深了亲情或友情。近年来，随着人民生活水平的提高，家庭的集体成员以旅游的方式来欢度传统节日的做法越来越盛行。这种旅游的动机正是为了满足全家团圆、享受天伦之乐的需要。

在引发旅游的诸动机中，生理、物质、需求的动机和心理的动机并非单独存在于某个旅游者的身上，一个人去旅游，常常是两种动机并存的。同样，在心理诸动机中，也并非由一种心理动机在支配着旅游，一个人往往同时具备认知、求美、求爱等几种动机，只不过是一种动机占主要成分罢了。

三、旅游审美主题的规定

（一）旅游审美主题的丰富性

旅游审美主题是指旅游者从自身的审美心理、旅游动机出发而确立的具体的旅游审美对象。一是旅游审美主题的丰富性，源于旅游主体审美心理、旅游动机的复杂性和多样性。如上所述，旅游主体的气质、性格多种多样，他们各自的经济条件、文化水平、经历、阅历千差万别。尤其是受特定时代环境的影响，人们的思想观念也在不断发生着变化。所以人们的审美心理、旅游动机便相应地复杂多变。在不同的审美心理、旅游动机的制约下，不同的旅游主体或者不同时期的旅游主体必然选择不同的旅游对象，确定不同的审美主题。二是旅游业的不断发展为旅游主体创造了更多的审美空间与审美对象，使旅游主体的审美主题更加丰富、更趋多样性。古代的旅游，人们的审美主题大多确立在自然山川方面，此外还有园林、寺院等少量的人文景观，旅游的审美主题比较单调。现代的旅游就大不相同了，可供旅游的项目花样不断增加和翻新，例如，影视业的发展。在美国建起了迪士尼乐园这座童话的世界，随后这类乐园又移植到了欧洲和日本；在中国也建起了大观园、汉城、唐城和水浒城等用于拍摄影片、继而又为旅游主体的旅游提供观照影视情节或历史的审美主题。遍布世界各地、利用现代技术建立起来的现代游乐场为旅游主体提供了品味乐趣、经历奇险的审美主题。我国北京、深圳等地的世纪公园、民族树等景观为旅游主体提供了无须走出国门即可周游世界、游览风景名胜的审美主题。

（二）旅游审美主题的分类

旅游审美主题的分类可以从不同角度入手作不同的划分。从审美主题所反映的对象与审美主体旅游者的关系角度划分，可以将主题归结为自然类、社会类和精神类三种。

（1）自然类审美主题，是指以大自然和其中的各种自然物作为旅游和审美的对象，主要包括游览大自然的山水风光，对动物、植物、气候和地质等自然现象进行观照。自然万物是纷繁复杂、变化多端的。它能给旅游审美者层出不穷、永远率真而又新奇的美感，因而自然审美主题永远不会被人们遗忘。同时，自然万物又具有天然去雕饰的纯真美。这类美在现代人生活的环境中已经越来越少，所以它特别被现代人钟爱，是当代人旅游首选的审美主题。

（2）社会类审美主题，即把社会文化作为旅游和审美的对象。它包括对风土人情的了解，对政治、经济生活现象的观察，对文化、艺术和科学的考察，对历史、考古的研究以及与特定的人群交往等。社会类审美主题也是相对的。旅游者确立社会类的审美主题，主要是为了满足认知和发展社会的需要。

（3）精神类审美主题，是把满足精神需要的某种特殊方式作为审美的对象。例如，选择可以使精神受到高度刺激的登山、河流、滑雪、蹦极等各类旅游；表达对宗教虔诚的朝圣旅行等。这类审美主题虽然也选择了某种具体或抽象的事物作为审美的对象，但旅游者审美的核心都不在事物或过程本身，而在于它们所反映出的境界以及所折射出的精神。

习题与拓展实训题

一、思考题

1. 什么是旅游主体和旅游主体文化？
2. 如何进行旅游主体文化人格的塑造？
3. 什么是文化身份？一个人的文化身份包括哪些内涵？
4. 分析旅游主体在旅游活动中的文化角色。
5. 简述旅游审美主题的类型。

二、案例分析

游历山川，寻访胜迹，可以陶冶情操，增长知识。然而会看的看门道，不会看的看热闹。由于审美主体的修养不同，得到的审美享受也大相径庭。

"龙眼识珠，凤眼识宝，牛眼识青草。"为什么同一审美客体，会随着旅游者不同的修养，而变得"一景千面"呢，这是因为知识和修养不同，而仁者见仁，智者见智。因此遨游于美的长河，必须努力学习，有意识、有目的地加强知识修养和艺术修养，提高自身的审美能力。法国艺术家罗丹说："生活中并不缺少美，而是缺少发现美的眼睛。"要发现美，光靠直觉而无一定的审美修养和相关知识是难以奏效的。有了知识和艺术修养，还需要有健康的审美趣味。审美趣味是多样化的，有高低之分，也有健康与病态之分。每个人的审美情趣都有个性差异，这种差异除了先天高级神经活动的类型不同之外，更重要的是取决于后天的环境和教育。因此要提高旅游审美能力，就必须端正观点，培养健康的情趣。此外旅游活动还需要良好的审美心境，一个人心情的好坏，能影响他的五官感受能力，心境开朗，就会感觉敏锐，登山则情满青山，临海则意溢于海；反之，心境抑郁，感受就会迟钝，而心境愁闷，则可能失去审美兴趣。

中华民族历来有着旅游审美、寓美于游的传统意识，比如孔夫子的"智者乐水，仁者乐山"、陶渊明的"少无适俗韵，性本爱丘山"、谢灵运的"山水有清晖，清晖能娱人"等。至于近代、现代的仁人志士流连景观，披奇抉奥，探索自然、人文之美者更是不在少数，方志敏烈士说："雄伟的峨眉，妩媚的西湖，幽雅的雁荡、与夫'秀丽甲天下'的桂林山水，可以一世，令人称羡……这好像我们的母亲，她身上的每一部分，都是令人羡慕之美。"至今仍感人至深，发人深省，这就是我们中华民族旅游审美的优良传统，无疑应当弘扬光大。

（资料来源：http：//www. xtgsxxw. com/Navigation/Detail_ 592. aspx）

讨论

1. 根据材料，谈谈如何提高自身的旅游审美能力。

2. 根据材料，谈谈如何弘扬中华民族审美的优良传统。

三、实训题

举例说明近年来中国旅游中的跨文化现象。

第三章

中国历史文化

1. 了解中国文化生态环境及其对中国文化的影响；
2. 了解中国文化发展的历程；
3. 了解中国历史文化常识。

1. 能够介绍中国历史文化常识；
2. 养成强烈的中华民族自豪感和责任感。

小南海原始人遗址

1960 年 3 月，安阳人民修小南海水库，开山取石时发现一天然石洞，洞口朝东，背依大山，前为开阔地，东南距洹河近一里①。洞向西南延伸，深约 50 米，宽 2～3 米，高 2.5～3 米。1960 年 4—5 月，由中国科学院考古研究所旧石器考古专家安志敏主持了第一次试掘。1978 年又进行了第二次试掘。两次试掘都在洞口附近，内部大规模发掘任务待以后进行。据洞口两次试掘得知，文化层厚 6 米左右，可分 5 层。出土石器 7 078 件，还有多种动物化石及用火灰烬。石器一般器形较小，绝大部分为人工打制的石片。石料以燧石为主，石英次之，也有少数火石、石髓及石灰岩等，种类有石核、石片、敲砸器、尖状器和多种刮削器，也有少数装饰品。动物化石有野驴、披毛犀、水牛、野猪、斑鹿、羚羊、狗、猩猩、

———————————

① 1 里 = 0.5 千米。

鸵鸟蛋、刺猬狼等。

据放射性碳十四科学测定，上层堆积距今约13 000年，下层距今2万~2.5万年。其时代和北京周口店山顶洞人相当；从石器看，两者还有遥承渊源。小南海原始洞穴遗址是河南境内发现的第一处旧石器时代遗址，也是新中国成立后在华北地区首次发现的旧石器时代晚期的洞穴遗址，被郭沫若定名为"小南海文化"。它填补了考古研究上旧石器时代过渡到新石器时代的缺环，为人类的发展历史以及其他各方面的科学研究，提供了难得的宝贵实物资料。

思考

谈谈小南海原始人遗址的开发设想。

第一节　中国文化生态环境

中国文化是中国境内各民族的祖先所共同创造的、有史以来的、以往一切文化的总称。

任何一个民族文化的产生都是该民族在长期的社会实践中创造、积淀而成的，这种创造与积淀不是凭空制作的，而是植根于民族生活的土壤之中，都有其独特的文化生态环境。文化生态环境包括自然环境、社会经济环境与社会制度环境三个层面。

中国文化是在十分复杂的生态环境中创造并发展起来的。如果以最简练的语言来概括中国文化的生态环境，似乎可以这样说：养育中国古代文化或者说传统文化的是一种区别于开放性的海洋环境的半封闭的大陆——海岸性地理环境，是一种不同于工商业经济的家庭手工业与小农业相结合的自然经济并辅之以周边的游牧经济，是一种家国同构的宗法—专制社会。

一、中国文化的自然环境

（一）自然环境

自然环境又称地理环境，是指为人类提供文化生活的物质资源和劳动场所的自然系统。宇宙间的万物共同组成这个自然系统，它包括地球表面的岩石圈、水圈、大气圈、生物圈，以及今日人类开始接触的外层空间和对人类生活有着久远作用的宇宙因素等共同组成的整个系统。这个自然系统与人类的相互作用构成了文化的地理环境。它既是人类生活的外在客体，又日渐渗入人类的主观因素，故可称为"人化的自然"，或第二自然。

（二）自然环境与人类文化创造的关系

自然环境是人类生存的空间，是人类历史发生、发展的前提之一。文化创造是人类通过生产劳动及其他社会实践与自然环境相互作用的过程，是人类的主观能动性与客观环境的辩证统一体。因此，自然环境本身并不是文化，却是文化赖以产生的基石，对文化的发生、发展具有物质的制约力。自然环境影响着社会生产力的分布状况和发展水平、国家政权形式和政权的职能。

地理环境对文化发生影响，是通过一定的中间环节起作用的。自然地理环境只有通过人类活动这一中间环节，才能给予人类文化的发生以巨大的影响。没有人类的活动，没有人类应战、挑战的能动性，自然界是绝不能单独创造出文化来的。

但是，人类也反作用于自然环境。人类具有强大的选择能力，可以在同一自然环境内创造不同的文化事实。人类的文明程度越高，对自然环境的利用范围也越广大和深入。人类在利用自然环境中不断改变着自然环境，并获得对自然环境的新认识。

（三）中国自然环境的状况

中华大地是中国文化的载体，其自然环境状况如下。

1. 地理位置优越，幅员广大，地域辽阔

中国位于亚洲大陆的东南部，背靠大陆，面向太平洋，是一个具有广阔海域的海陆兼备的国家。考古发掘证明，中国文化的起源是多元的，不只是黄河流域，而且长江流域、辽河流域及西南崇山峻岭间，都是中国文化的摇篮。秦汉以后，形成统一的大帝国，经过唐、宋、元、明、清历代的发展，终于奠定了中国的广大领土，为中国文化的滋生繁衍提供了广阔的天地。西方殖民者东来侵华后，中国领土丧失了1/4。到1949年中华人民共和国成立前夕，中国领土面积为960万平方公里①，占世界陆地的1/15，大小相当于欧洲，是世界上领土面积最大的国家之一，仅次于俄罗斯、加拿大。

2. 地形地貌复杂，气候类型完备

中国的地形大势，以青藏高原为起点，自西向东，逐级下降。山地、高原和丘陵约占全国土地面积的2/3，中地和平原约占1/3。中国山脉按一定方向有规律地组合在一起，构成中国地形轮廓的骨架。

受位置、纬度、经度、地形等多种因素的影响，中国各地的热量、水分、光照条件有很大差异，从而产生多种多样的气候类型。从全国范围来看，中国东西两部分的气候明显不同：东部受海洋影响，属季风气候；西部地区则具有典型的大陆性气候特点。中国大部分区域属温带，其次为亚热带，南北各有一小部分地区分别伸入热带和亚寒带。温带气温适中，提供了较好的生产、生活条件，从而成为文化的发祥地。

3. 自然资源丰富多样

辽阔的土地、复杂的地形、多样的气候使中国的自然资源极为丰富。平原地区盛产小麦、水稻、玉米、粟等粮食作物和棉、麻、油料、糖料等经济作物，山区除生产粮食外，还出产茶叶、桐油和药材。有大面积草原，畜养着大量的牛羊。森林地区林型复杂，树种繁多，有较高经济价值的用材树近1 000种。野生动物资源丰富，全国各地野生动物约有2 000多种。水利资源异常丰富，领域面积1 000平方公里的河流有1 000多条，1 000平方公里的湖泊有2 800多个，水力资源蕴藏量达6.76亿千瓦，居世界首位。中国还是世界上少有的矿产资源丰富、矿种齐全、资源配套程度较高的国家，全国已发现的矿点近29万处，已发现的矿藏140种，已探明储量的达132种。

所以，中国的自然环境具有大陆—海洋型半封闭式的特点。

（四）中国自然环境对中国文化的影响

中国自然环境对中国文化的影响表现为以下几个方面。

---

① 1平方公里＝1平方千米。

1. 在大陆海岸型半封闭式的自然环境里独立产生、发展起来的中国文化，具有数千年从未中断的延续性和自我为中心的独特性

在人类文化产生之时，由于交通不便，世界四大文明古国都是在相对独立的状况下形成各自的文化。中国文化的发生期大体是在与其他文明区少有联系的情况下开始的。虽然在西汉末年佛教从印度传入、东汉末年亚欧大陆东西两端的文明也开始了接触，但中国文化在春秋战国时期就已经发展到成熟阶段。

独立产生、发展起来的中国文化有着鲜明的独特性和自主性：如文字，中国自殷商通用至今的表意方块字；文学艺术也以世俗生活为题材，不同于西方以宗教生活为题材；中国的科学技术是实用—经验型，而西方的是求智—理论型等。

中国文化独立发展的双重功能表现如下：

其一，使得中国文化较完整地保留了民族传统，获得前后递进、陈陈相因的延续性。中国文化虽然与中亚、西亚的草原—绿洲文化进行过交流，并且在相当的深度和广度上采纳南亚次大陆佛教文化的精华，明清之际又与欧洲近代早期文化有所沟通，但截至鸦片战争之前，中国文化并未经受外来文化提出的根本性挑战，从而一直保持着自己的风格和系统，如学术上的先秦诸子学—两汉经学—魏晋玄学—隋唐佛学—宋明理学—清代朴学；文学上的先秦诸子散文、诗经与楚辞—汉代的赋与散文—魏晋的诗文—唐代的诗—宋代的词—元代的曲—明清的小说，其中不乏外来文化的影响，但中国文化的特有情致和韵味却一脉相通，未坠于地。

由于中国古代文化始终保持着独立的、一以贯之的发展系统，而且长久以来其文化的总体水平明显高于周边地区，这使得中国人把黄河、长江滋润的那片沃土看作唯一拥有高度文明的"化内之区"，而周边及远方则是荒僻、简陋的教化不及的"化外之地"。作为农耕民族的中原人虽然多次在军事上被"夷狄"征服，但由于中原人拥有高度发达的农耕经济和典章制度，因而在文化上一次又一次演出"征服者被征服"的戏剧。这无疑一再强化了华夏文化的优越感，中国人即使在武力上暂处劣势，也仍然通过自己的"声明文物"表达了"光被四表"的信心。（声：指语言、音乐；明：指光彩、色彩，包括服饰、绘画；文：指文字、文法、问题、文学、文献；物：指经过人类加工的，为人所用的各种器物）。

其二，使得中国人逐级染上自我中心主义的痼疾，自认占据世界的主体，并处于地理上的中心地位，尤其是文化上的中心地位。

2. 辽阔的疆域为中国文化发展和中国文化中心的转移提供了纵深腹地，使得中国文化形成了七大古都

几千年来，中国文化的中心大体上沿着自东向西、继之又由西北向东南的方向转移。这从各朝代的文化中心——首都的迁徙轨迹中可以看出端倪。安阳、西安、洛阳、开封、南京、杭州、北京成为著称于世的中国七大古都。

安阳是目前确认的中国最早的古都，殷商、东晋南北朝时期的后赵、魏、前燕、东魏、北齐相继在与安阳互为隶属的邺城立都，因而安阳有"六朝古都"之称。

西安，自西周起，先后有十一个王朝在此建都——西周、秦、西汉、新莽、前赵、前秦、后秦、西魏、北周、隋、唐，作为都城的时间前后有 1 200 多年，故称"千年古都"。

洛阳有"九朝名都"之称，东周、东汉、曹魏、西晋、北魏、后梁、后唐七个朝代在

此建都，隋炀帝、武则天也曾迁都于此。

开封，战国时的魏国、五代时期的后梁、后晋、后汉、后周、北宋、后期金朝在此建都，故称"开封古城，七朝都会"。

南京，"江南佳丽地，金陵帝王州"，孙吴、东晋、南朝宋、齐、梁、陈，以及五代南唐、明朝前期、太平天国、中华民国在此建都。

杭州：五代的吴越、南宋以它为都城。

北京：春秋时期的燕都——蓟城，南北朝时期的前燕、金朝中都、元代大都、明、清、中华人民共和国在此建都。

3. 中国境内复杂的地理环境，是中国文化发展不平衡性和多样性的空间条件

中国文化自发生期，就因为环境的多样性而呈现出丰富的多元状态，到晚周，各具特色的区域文化已经大体形成。东临沧海、山海兼备的齐鲁文化与处在"四塞之地"的秦文化大相径庭；地处中原的三晋文化不同于南方的楚文化；同在长江流域而分处上游、中游、下游的巴蜀文化、楚文化与吴越文化又各具特色。至于在湿润的东部发展起来的农耕文化与在干燥的西部发展起来的游牧文化更是大相径庭。这些文化类型的形成当然更直接受到人文因素的作用，不过，地理环境的多样性毕竟是文化多样发展的基础。

4. 对外文化交往受到了地理条件的阻抑

中国的东南面临大海，北方是戈壁、亚寒带原始森林围护，西北是沙漠、雪山横亘，西南是高原壁立。在古代交通工具、交通设施等条件不发达的情况，这样的地理环境对中国文化的对外交往有阻碍作用。

二、中国文化的社会经济环境

（一）社会经济环境及其与文化的关系

社会经济环境是指人类加工利用自然、创造物质财富所形成的一套生产条件，包括工具、技术、生产方式等。

人与自然是双向交流的关系。一方面，人类的活动始终受到周围自然环境的影响和制约；另一方面，人类在自身的发展中又不断顺应自然、利用自然。人与自然的这种双向同构关系统一于人类的社会实践，首先以生产实践，也即经济活动为基础。因此，当我们对中国文化的生态环境和生成机制进行考察时，需要探究依托这种自然条件、地理环境，中国境内各民族的祖先们发展了怎样的物质生产方式，从而为中国文化提供了怎样的经济环境。

社会经济环境是人与自然发生直接关系的产物，人类一旦失掉经济组织及其工具，就无法生存，更谈不上创造文化。而经济环境本身是广义文化的一个基本组成部分，又是狭义文化植根的土壤和赖以发生的物质前提。

（二）中国的经济环境

1. 发达的农业

农业是利用植物的自然再生产过程获得物质资料的生产门类。中国的农业生产有着悠久的历史。在距今6 000年前的新石器时代，农耕已经出现。到了商代，农具为铜石并用，种

植业达到新的水平。战国时期，由于铁制农具的推广与使用，粮食产量增加，农业作物成为人们食物的基本来源。自秦以后，发展农业成为封建国家的基本国策，农耕区包括黄河流域、长江流域、珠江流域、云贵高原及长城内外。

2. 牧业

在河套以西及漠北地区，是广阔的草原及荒漠地带，这里的人们以放牧为生。从先秦到两汉，戎、羌、匈奴出没于黄河河套以西的广大山地和荒原间。唐时的突厥，宋时的契丹、党项以及蒙古，逐水草而居，过着游牧生活。游牧人以畜产品同农耕人交换粮食、茶叶、布帛和铁器，遇到饥荒则南下劫掠。

3. 渔猎业

在东北地区，有些民族如赫哲族、鄂伦春族以渔猎作为主要的生产活动。广西的京族也以渔猎为生。

（三）中华大地的农耕和游牧两种经济类型的对垒和互补，以及万里长城的历史地位

1. 农耕经济与游牧经济的对垒

中华大地，由于年降雨量从东南向西北递减，而形成了以400毫米年降水线为界的从自然景观到社会生产都大相径庭的经济区：从大兴安岭西坡，沿西辽河上游、燕山山脉，斜穿黄河河套，经黄河、长江上游，直抵雅鲁藏布江河谷，形成一条等降水线。这条线的东南部因为受太平洋和印度洋季风的影响，年降水量超过400毫米，属于农耕的湿润地区；这条线以西的西北因为很少受到东南季风的影响，除部分地区有冰雪融化的地下水形成的绿洲之外，多为降水量年400毫米以下的干旱地区，不宜农耕，只能从事游牧生产。也就是说，中华大地大体上形成了两种类型的经济区——农耕区和游牧区。

农耕者定居成村落，过着日出而作、日落而归的稳定的静态生活，形成一种"固土重迁"和祈求风调雨顺、无天灾人祸的文化心态。与此相反，游牧经济则是过着"逐水草而居"的动态生活。当草原遭受严重冰雪袭击、牲畜生命安全遭到威胁时，牧民们就南犯农耕经济区，给农业区的农民们带来严重破坏。以农耕人为主体建立起来的诸中原王朝，虽然国力强弱有别，但就总体而言，在军事上抗御游牧人都是相当吃力的。这与农耕与游牧两种经济类型的特点有关。

游牧民族军事组织与生产组织是二合一的统一整体，游牧与狩猎就是军事演习，战争和掠夺是他们的生产方式和生活方式。他们以迁徙为业，普通的游牧人即可变为骑兵；一个游牧部落只需稍加编组，立即可以成为所向披靡的武装，其给养可以随处获取，无须"输将之费"。

农耕民族则不然，为了发展农业生产，他们趋向实行兵农分工。如果说，春秋以前尚处在兵农相混、文武不分的阶段，到春秋五霸以后，各诸侯国则纷纷采取兵农强制分工的政策。战国时，列国竞相实行募兵制，出现了脱离农业生产的职业军人。秦汉以后的基本趋势是兵农相分，所谓"秀者必士，朴者必农，剽而悍者必兵"，按人的才性差异实行士、农、兵的分工。中原王朝主要用募兵方式来抵御"全族皆兵"的游牧民族，这就需要朝廷和民众投入大量的财力，无限的军事消费与有限的农业生产积累形成巨大矛盾，以致"赋税既竭，犹不足以奉战士"。总之，兵农相分的农耕人采取大规模军事行动时，在财政上承受着难以应付的压力，远不如兵牧合一的游牧人那样便捷，在战争生活中游刃有余。

虽然中原王朝也曾采取了一些对策，如汉代移民戍边，企图在边境地带实行兵农合一的屯垦制，以抗御游牧民族；三国时曹魏实行屯田养兵制，明初实行卫所屯田制，都有兵农合一的倾向，但屯田时日一久，即产生兵不习战的后果；同时军官变成实际上占有屯田和屯卒的农奴主，这种所有制关系较之当时全国早已普及的小农经济和地主土地所有制远为落后，故而不可能长期维持、行之久远。

此外，农耕人由定居生活养育出的饮食起居习惯，也无法与游牧人一较长短。必须经过艰巨努力，才能把"三十亩地一头牛，老婆孩子热炕头"的中原农耕人训练成粗犷无畏、驰骋八方的骑士，这要进行从生活方式到内在心态的重大调整。"匈奴未灭，何以家为"固然是农耕民族英俊男儿的壮阔情怀，但它以牺牲农耕人"安家立业""妻儿同堂"的生活常规为代价，故被视作少数豪杰的突出行为。

农耕与游牧这两种经济类型和生活方式，决定了古代的军事格局：经济、文化先进的农耕人处守势；经济、文化落后而武功强盛的游牧人处攻势。

2. 万里长城的修筑及其历史地位

在农耕经济与游牧经济的对垒中，农耕地区在军事上处于被动的防守态势。于是农耕地区的农民就在统治者的组织下，修筑长城，以形成军事上进可攻退可守的态势。这就是春秋战国以来直至明代两千多年中，屡次耗费巨大财力、物力和人力修筑长城的根本原因。诚然，用修筑长城抵御干扰，保护自己，在世界上绝非中国一国，但唯独中国的万里长城，修筑历史最长、规模最大、保存到今天的遗址最壮观。中国长城修筑于春秋战国时期，最早的是齐长城和楚长城。秦统一中国后，将秦、赵、燕三国的长城连接成为秦代长城。秦以后，除唐、元、清三代外，各代都曾修筑过长城。我们今天所讲的长城，主要是指明长城。明长城主要用于防御蒙古族和女真族（满洲族）的干扰。明长城的走向，几乎与现在的400毫米年降水线相吻合。

中国在农耕区与游牧区分界线上修筑万里长城，是历史上以农耕经济为基础的封建王朝为保证税赋来源而采取的一种保护农耕经济的措施，是护卫发达的中原文化的防线。所以，与其说长城是中国历史上若干王朝的北方边防线，毋宁说是中华文化圈中农耕与游牧这两大文明的分界线，它使农业经济免受游牧经济的破坏，保护了高度发展的文明。因此，无论从人类社会发展史还是从中国文化史来看，长城在历史上发挥了进步作用。所以，孙中山评价长城时曾说："长城之有功于后世实与大禹之治水等。"历史上看，唐、元、清三代强盛时期，疆域囊括了农耕与游牧经济区，所以长城的修筑也就没有必要。近代西方殖民者东来侵华，国防前线主要在东南沿海和远离长城的中国西北、北方和东北边疆，面对敌人的船坚炮利，长城自然失去了防御作用，退而成为历史遗存的文物古迹，成为中华民族伟大智慧和坚强团结的象征。

农耕经济与游牧经济是人类社会发展到一定阶段后，根据自然环境所形成的经济分工。这种分工是以相互进行交换为前提而存在的。所以，长城两边的农民与牧民、农耕与游牧之间，并未因长城而割断或隔绝，他们始终保持着交往，以迁徙、聚合、战争、和亲、互市等形式为中介进行接触，在接触中彼此交换信息，互相融通，历数千年，形成今天中华民族的共同文化。一方面，游牧人虽然整个社会发展水平处在较低层次，但他们也有两个明显优势：一是孔武善战，骑射为其绝技；二是流动生活，成为异域远方文化的传播载体。在古代，中原农耕人可以学习游牧人的骑射技术，吸收游牧人从远方带来的异域文化，并以粗犷强劲的游牧文化充当农耕文化的复壮剂和补强剂。另一方面，游牧人则从农耕人那里广为学习先进的生产方式、政治制度乃至改变生活习俗，促使自身的社会形态发生历史性飞跃。其间尤其引人注目的是，以征服者身份进入农耕区的游牧人在高势能的农耕文化氛围中，往往"为被征服者所同化"。

农耕与游牧作为东亚两种基本的经济类型，是中国文化的两个彼此不断交流的源泉。在一定意义上可以说，中国文化是农耕人与游牧人共同创造的，是农耕人与游牧人在长期既相冲突又相融汇的过程中整合而成的。而长城正是实现这个整合过程的交汇线，迁徙、聚合、战争、互市都在这条交汇线上波澜起伏地展开。

（四）中国前资本主义生产方式的主要形态

1. 小农经济与家庭手工业相结合的自给自足的自然经济

古代中国有农耕与游牧两大经济类型，而农耕又占据优势，它是中国文化赖以生存和发展的主要经济基础。所以，中国前资本主义生产方式的主要形态是小农业与家庭手工业相结合的自给自足的农业自然经济。这种经济结构形成完备的自给自足的封闭系统，拥有自发的调节能力，特别是因其大大缩短了原材料与生产过程的距离，也缩短了产品与消费过程的距离，从而产品具有廉价性，对商品经济有着强劲的抗御力，因而显得十分坚韧、稳固。

2. 城乡经济的同一性，城市对乡村的经济依赖

中国前资本主义生产方式的另一个特点是，城市不具备自主的经济，而与乡村在经济上是同一的。这种同一性的基础是，城市在政治上统治乡村的同时经济上却依赖乡村，没有发展成独立于乡村的经济中心。中国的城市虽然出现较早，但是中国古代的城乡关系中，政治上城市是宗主，乡村是附庸；经济上乡村是财富的来源，城市则是财富的消耗处。这对中国文化特色的形成及其走向影响十分深远。正因如此，我们称中国文化的主体为"农业文化"。

3. 生产资料生产和直接生产者人口的再生产比例的周期性的协调与失调

作为历史决定性因素，同时作为文化发展终极动力的生产活动，应包括两个相互关联的方面：一是生产资料、生活资料的生产，包括衣食住行以及为生产这些东西而必需的原料和工具的生产；二是人类自身的生产，即人口的再生产。人类自身的生产与物质资料的生产相适应是文化健康发展的重要前提，这是一个不争的事实。而两种生产相适应则意味着：①消费者人口总量要同消费资料生产总量相适应，人口增长速度不能超过消费资料生产增长速度；②生产者劳动人口数量和构成要与当时社会所拥有的劳动手段和劳动对象相适应，劳动人口的质量要同当时的生产技术水平相适应。人类自身生产与物质资料生产的比例，是社会生产过程中各种比例关系中最基本的比例关系，这种比例关系的协调或失调，直接影响文化的发展。

中国历史上两种生产比例的协调或失调，与王朝的盛衰兴替相对应，二者间互为因果，周期性出现。以自然经济为主体的前资本主义社会，扩大社会再生产的能力是有限的，经济发展规模经过几十年、百余年的"休养生息"，便大体接近极限（这首先由耕地面积的有限性所决定）。然而小农经济的一大特点是，个体小生产主要不是通过科学技术的提高来维持及增加生产量；二是依靠扩大劳动量的投入，农民不仅关心自己的劳动成果，也关心劳动力的再生产。所以人们就用早婚、多育的方法来缩短人口再生产的周期，早婚多育特别是多生儿子便成为以农民为主体的中国人的传统心理。于是，随着人口增长率高于物质资料的增长率，便发生了两种比例失调，由此带来了一系列社会问题，如土地问题、赋役问题、流民问题等，当这些问题的危机发展到极点时，便发生了诸如秦末、汉末、隋末、唐末、元末、明末的农民战争，或导致北方游牧民族的大规模南下，长达十几年、几十年乃至几百年的战乱使人口锐减，从而自发地调节两种生产的比例关系，使中国人口在 2 000 万～6 000 万周期性地徘徊。直到清代康熙、雍正、乾隆时代，中国人口总数大幅度地上升，乾隆年间（1735—1796 年），人口增加到 2 亿左右。总之，前资本主义时期，中国的两种生产都只是处于自发性的阶段，物质资料的生产受到局限，而人口却无限地增长，因此两种生产的比例很容易失调，对这种失调的人为控制作用毕竟有限。经过战争、瘟疫、饥荒等方式使两种生产关系比例失调的现象重新得以缓和。然而，这种解决形式对经济、文化造成的损失无疑是惨重的，它对中国社会进程造成了周期性破坏，成为中国文化健康发展的严重障碍。

4. 中国前资本主义生产方式所达到的经济发展水平

经济发展水平是一个民族或国家的文明程度最基本的标志。中国古代科学技术发展的水平主要表现为以下几个方面。

第一，在中国古代的经济门类中，农业种植是基础性行业。中国古代农业经济种植是世界上最先进、最优越的。农学成了中国科学技术中的首门学科。

第二，中国的中医药自成体系，是中国传统文化中与京剧、国画并列的三大国粹之一，在国际上影响很大。

第三，中国古代的天文学和数学等基础学科自成理论体系，处于世界领先地位。

第四，中国的物理、化学等学科长期停滞于实用阶段，无法形成理论体系，但其成绩也很巨大。

第五，中国的指南针、造纸、印刷术、火药等四大发明曾处于世界领先地位，并对人类历史进程发生过革命性的作用。

总之，中国文化的灿烂辉煌是建立在农耕经济充分发展的基础上的，中国文化近代的落伍又恰好是小农业与家庭手工业相结合的自然经济向工业文明——商品经济转型迟缓而造成的。中国经济到宋代以后大体上已达极限，中国的资本主义萌芽发展迟缓，使转型前生产力水平不可能出现飞跃，使整个文明只能在原有小农经济的格局内缓慢发展；而此时的欧洲相继发生了文艺复兴、资产阶级革命和产业革命，生产力、科学技术、经济呈现出加速发展的态势，于是中国相对落后了。

（五）中国农业社会经济给中国文化带来的文化特征

古代中国虽然有农耕、游牧两大主要经济类型，但农耕经济一向为中国立国之本，中国文化的特征都植根于农耕经济的土壤中。所以，人们常常将中国文化定位为以农耕经济为主体的文化。

中国古代农业经济给中国古代文化带来了下列特征。

1. **群体趋向的务实精神**

华人的主体——农民在农业劳作过程中领悟到一条朴实的真理：利无幸至，力不虚掷，说空话于事无补，实心做事必有收获。这种农人的务实之风使中国各民族的民族性格是"重实际黜玄想""大人不华，君子务实"。正是这种性格使中国人发展了实用的经验理性，而不太注重纯科学性的玄想；在宗教问题上没有陷入全民族的宗教迷狂的误区。就主体而言，中国人的"终极关怀"，即对生命终极意义的追求，并未导向去彼岸世界寻求解脱，而是在此岸世界学做圣贤，以求得人生的"三不朽"（立德、立功、立言）。这正是中国传统文化的主体——儒学不是宗教的根本原因。

2. **思维方式上的循环论、恒久意识、变易观念**

思维方式上的循环论、恒久意识、变易观念与农业经济存在着深刻的内在联系。中国农业民族受农业生产的播种、生长到收获的周期性往复和一年四季周而复始现象的启示，产生了一种循环论的思维方式。这种思维方式在中国历史上政治的周期性盛衰更替、治乱分合的往复交替中得到了更进一步的强化。阴阳五行"金木水火土"相生相克的公式更是循环论自然观和社会观的哲学表征。

农业社会中的人们满足于维持简单再生产，缺乏扩大社会再生产的动力，因而社会运行缓慢迟滞，大体呈静态。在这样的生活环境又容易滋生永恒意识，认为世界是悠久的、静止的。董仲舒的"道之大原出于天，天不变，道亦不变"，反映在民间心态中，便是对用具追求"经久耐用"，对统治方式希望"稳定守常"，对家族祈求"延绵永远"，这都是"恒久"意识的表现。

当然，农业生产也向人们反复昭示着事物的变化和生生不已，因此，与恒久意识观念相辅相成，变易观念在中国也源远流长，影响深远。这种恒久观与变易观在中国文化内部统一的主要形态是——寓变易于保守之中。如汉武帝的"复古更化"（复古是承继尧舜禹三代道统，更化是以儒学哲理改变秦代遗留的恶俗）、王安石变法、张居正改革、康有为变法，都是某种程度上的"托古改制"。这种复古以变今的思路，正是农业经济养育的中国文化在古与今、常与变问题上的独特表现。

3. **中庸之道与注重自然节奏的少走极端的基本处事心态**

汉人崇尚中庸，少走极端，是安居一处、企求稳定平和的农业型自然经济造成的人群心态趋势，集中到政治家和思想家那里，中庸之道就成为一种调节社会矛盾使之达到中和状态的高级哲理。这种中庸之道施之于政治，是裁抑豪强、均平田产、权利；施之于文化，则是多种文化相汇时，能够异中求同，求同存异，万流共包；施之于风俗，便是不偏颇、不怨尤、入情入理、内外兼顾。而这种中庸精神既发端于农业社会，又效力于农业社会——替这个社会赢得所必需的稳定与祥和。

与中庸之道密切相关，农业社会的理想人格，不是强烈的自我表现，而是执两用中、温顺谦和的君子风，这甚至发展到对于"辩才"的猜忌。农业型自然经济对商品交易的排拒，对社会公共关系的疏远，导致人们普遍推崇诚信，鄙弃口辩，所谓"君子敏于事而讷于言"，就是这类意向。能言善辩往往被视作"巧舌如簧"，被认为是狡猾的别名。

尚调和、主平衡的中庸精神也是一种顺从自然常规节律的精神，这同农业社会的运行机制直接联系着。农业生产必须顺应并尊重自然规律，起码要按季节行事，这使得中国人在潜意识里就注重与自然节奏合拍，并形成一种类似于候鸟那样对自然节奏的敏锐感受。一个有经验的农夫可以从一朵云彩推测天气，从一颗嫩芽估算收成。这种"农夫式"的智慧，对文化人也有所熏陶，中国不少文学家在观察和描述自然景象时，常常自觉不自觉地与农业生产周期联系起来。

4. 尚农、重农

在以农业为生产基础的中国，农业生产的节奏早已与国民生活的节奏相通，华夏的传统节日，包括最隆重的春节，往往来源于农事，是由农业节气演化而成，不像许多其他民族那样，节日多来源于宗教。在这样的文化氛围中，重农主义的产生便是顺理成章的事情。统治者要求得社会稳定，首先必须懂得农耕的重要和农人的艰辛。

5. 集权主义的大一统与民本主义的民重君轻思想相反相成，个体构成中国农业社会的政治思想主体

集权主义与民本主义相辅相成，彼此既相抗衡又互为补充，这是中国式农业文明在政治意识上富于特色的表现。中国农业社会由千百个彼此雷同、极端分散而又少有商品交换关系的村落和城镇组成。但是，对外抗御游牧人的侵袭、对内维持社会安定又是这个农业社会的全民性需要，这就有建立统一的权威巨大的帝国的必要。然而，农业型的自然经济决定了，不能指望以商品交换形成的纽带来维系国家的大一统，只能依靠政治上和思想上的君主集权主义将国家大一统变为现实。

中国农业社会需要并且养育了一个君主集权政体，而这种君主集权一经形成，又成为超乎社会之上的异己力量，它剥夺了人民群众的一切权利，将军、政、财、文及思想大权全部集中到朝廷以至皇帝个人手中。中国早在两千多年前的秦汉时代，就确立了专制主义的中央集权的君主政体。

总之，有一个形成甚早、延续甚久的君主集权政体，以及发达的专制主义思想，是以农业文明为本的中国历史及中国政治文化的一大特点。

与集权主义相伴而生，中国的农业社会又培育了另一影响深远的政治意识，这便是"重农主义"的孪生兄弟"民本主义"。

农业社会存在和发展的前提，是农业劳动力——农民的安居乐业。农民得以安居乐业，农业生产才能稳定有序，朝廷的赋役就可以源源供给，"天下太平，朝野康宁"的"盛世"便有了保障。反之，如果以农民为主体的广大民众失去起码的生产条件，出现"民不聊生"的状况，"民溃""民变"就会层出不穷，"国消君亡"就难以避免。当饥寒交迫的民众揭竿而起之时，专政手段再强大的王朝也将土崩瓦解。这类事实的反复出现，使得统治者中富于远见的人们认识到民众不可侮，认为君主只有礼遇臣民，臣民才会追随君主。

时至晚周，民本思想渐趋兴盛，老子、孔子、孟子、荀子等都提出了重民的言论、主张。"民为邦本""使民以时""民贵君轻"等民本思想是中国农业社会的一种传统政治思想。

民本主义与君主专制主义是矛盾的统一体，它们共同组成中国农业社会政治思想的主体。

6. 安土乐天的生活情趣

在以农业为生存根基的古代中国，农民固守在土地上，起居有定、耕作有时；历代政权以农业为统治基础，将农民固定在土地上。所以，安宁、稳定的社会环境和统治秩序，是古圣先贤和庶民百姓的共同理想和企求，安土重迁，已成为古代中国人的固有观念。他们以"耕读传家"自豪，以穷兵黩武为戒。这种一往情深的追求和平、宁静的思想情感，在中国千古不衰，形成了直接从农业文明产生出来的"安天乐土"与和平主义的生活情趣。

三、中国文化社会制度环境

（一）社会制度环境及其与文化的关系

任何一个国家、民族的文化，其产生与发展都是在特定的地理环境—经济条件—社会结构的三维空间中进行的。

社会政治结构是文化所依托的社会制度环境，它是指人类创造出来的并为其文化活动提供协作、秩序、目标的组织条件（包括各种社会组织、机构、制度等）结合而成的体系。社会制度环境作为人际关系所形成的现实社会的基本态势，既是广义文化的组成部分，又是狭义文化赖以生长发育的社会组织前提。

（二）中国文化所依托的社会结构是"家国同构"的宗法——专制社会政治体系

在漫长的中国历史进程中，中国社会发生过种种变迁，然而由血缘纽带维系的宗法制度及其遗存和变种却长期保留着。中国产生国家后，就国体而言，出现过奴隶主专政、地主阶级专政、地主买办阶级专政等几种形态，其间以地主阶级专政时间最长；就政体而言，出现过神权制、贵族制、君主制等几种形态，其间以君主制历时最久，并与上述国体中的地主阶级专政大体相对应。所以，在中国延续时间甚长，获得完备形态的君主专制制度，与宗法制度的遗存互为表里，形成一种"家国同构"的宗法——专制社会系统。这种社会系统与中国的农耕型自然经济相适应，深刻影响着中国历史文化的外在风貌和内在品格。因此，在分析中国文化发生的环境时，必须对社会结构进行分析，并进而直接逼近文化生成的机制内层。

1. 宗法制度

（1）宗法制的由来和确立。

所谓宗法就是指规定嫡庶系统的法则。以始祖的嫡长子递承而下的嫡子为大宗，其余次子为小宗，由此而分别系统。它是中国古代社会赖以保持等级制度的重要思想支柱。

宗法制度是原始社会父系家长制家庭公社成员间的牢固的亲族血缘联系与社会等级关系密切交融、渗透、结合而成的产物，是一个庞大复杂却井然有序的血缘政治社会结构体系。

宗法制形成于西周时代，其标志有以下三点。

1）嫡长子继承制。

嫡长子继承制是宗法制的核心。如果不规定嫡长子继承王位的特权，不严格区分嫡长子与非嫡长子，那么大、小宗的关系便无从确定，全部宗法制也无从谈起。为防止诸子争位，于是规定了立子以嫡不以长、立嫡以长不以贤的王位继承制度。

在殷商时期，嫡长子继承制就已经出现。商代共31个王，其中兄终弟及者十四，父死子继者十六。

2）分封制。

宗法与封建相辅宗法制直接导致分封制。

嫡长子继承王位，也就意味着继承天下的全部土地、人民和财富。为了处理好与诸弟的关系，嫡长子又分别将若干土地连同土地的居民分封给诸弟，并允许诸弟享有对这一部分土地、居民的统治特权和宗主地位。这在政治上是"授土授民"，在宗法上是"别子为祖"。二者合一，就是分封制度。分封制"建母弟以藩屏周"，处理好嫡长子与别子的关系，对于巩固嫡长子的最高统治权力和天下宗主地位大有裨益。就此而言，"宗法即兄弟之法"的意蕴，在分封制中表现得最为充分。

3）严格的宗庙祭祀制度。

宗法的"宗"是指供奉神主之位的庙宇，其原始意为"尊祖庙也"。宗法制度以血缘的嫡庶亲疏来辨别同宗子孙尊卑关系，十分强调"尊祖敬宗"，以维系宗族的团结。而实现这一目的的极好形式就是隆重而庄严的宗庙祭祀制度。按照西周宗法制度的规定，祭祖是大宗的特权，小宗则无此权力。大宗的尊贵地位以及重大责任通过隆重庄严的宗庙祭祀制度鲜明地体现出来，这就是所谓"大宗者，尊之统也；大宗者，收族也"。"收族"就是"别亲疏，序昭穆"，组织团结族人。周代严格的宗庙祭祀制度对于维系以家族为中心的宗法制度和巩固政权发挥过显著作用。这一传统为后代王朝所继承，将祖庙与社稷并重，共同作为国家权力的象征（左祖右社：左祖是宗法的标志；右社是国土的象征）。

（2）中国古代社会结构定势。

宗法制度长期在中国古代社会中发挥着作用。宗法制度兼备政治权力和血缘道德制约的双重功能，长期笼罩着中国社会，从此奠定了中国传统社会结构的定势。具体表现在以下三个方面。

1）父系单系世系原则的广泛实行。

所谓父系单系世系，是指在血缘集团世系排列上完全排斥女性成员的地位。严格的父系单系世系原则，在西周以后的悠悠岁月中得到了广泛的实行。就政治权力继承而言，不仅绝不允许母系成员染指，而且绝不传女性后裔。在家庭财产继承方面，也没有女性地位，女儿出嫁后连姓氏都得随夫，当然无权继承父系遗产。甚至某些专业特技，在传授方面也有"传媳不传女"的家规。

2）家族制度的长盛不衰。

家族是由一个男性先祖的子孙团聚而成的，它因经济利益和文化心态的一致，形成稳固的、往往超越朝代的社会实体，成为社会机体生生不息的细胞。周代以前，中国社会历经动乱，社会经济形态、国家政权形式多有变迁，但是构成中国社会的基石始终是由血缘纽带维系着的宗法性组织——家族。

家族制度得以维系，往往依赖于祠堂、家谱、族田三要素，这是因为：

第一，祠堂供奉祖先的神主牌位，是全族成员隆重祭祀祖先的场所和建筑物。祠堂之设，在强化家族意识、延续家族血脉、维系家族成员团结方面发挥着巨大作用。

第二，族谱是详细记载全族的世系源流、子嗣系统、婚配关系、祖宗墓地、族产公田、族规家法的家族档案、法规。家谱的作用首先是防止家族的瓦解，同时它还是解决族内纠纷、惩治不肖子孙的文字依据。

第三，族田是家族制度的物质基础，是家族公共的田产，又可分为祭田、义田和学田几类。

中国家族制度长盛不衰的显著标志是族权在社会生活中的强大影响。族权是以血缘关系为纽带而形成的一种特殊的社会权力，它从氏族社会家庭公社的父权中引申出来，随着家族制度的完善而膨胀起来，成为与政权、神权、夫权并立的强劲的社会维系力量。

3）家国同构。

家国同构是宗法社会最鲜明的结构特征，贯彻于数千年的中国封建社会。家国同构是指家庭——家族与国家在组织结构方面的共同性，无论家与国，其组织系统和权力配置都是严格的父系家长制。国与家一致，致使中国奴隶社会、封建社会政治等级制度始终未能独立于血亲宗法关系之外而存在，中国历史上的奴隶制国家和封建制国家始终是由父系家长制延伸扩大而来。

2. 专制政体

（1）专制政体的概念。

所谓专制政体是指剥削阶级统治的国家中由个别独裁者独揽国家大权、实行专横统治的政治体制。

（2）中国君主专制政体的特点。

1）出现早，延续时间长。

春秋战国时已经出现，秦汉时专制主义中央集权形成，三国、两晋、南北朝、隋、唐时期明显加强，宋、辽、金、元时期进一步发展，明、清时至于极端，体现为君主个人专权，相权被废止，明内阁、清军机处不过是皇帝的办事机构。

2）经济基础深厚稳固。

绵延两千余年的君主专制，其上层建筑是植根于厚实、稳固的自给自足小农经济结构基础上的。封建国家可以获得稳固可靠的赋税、徭役来源；而地主、自耕农、佃农分别从君主专制政治中得到经济地位的保护。自给自足的小农经济与君主专制政治相互为用，这就是中国封建社会小农经济与专制政治长期协调共存的秘密所在。

3）与宗法制紧密结合。

中国的君主专制与宗法制之间存在着血肉相依的密切关系。最早的君主便是由氏族家长演变而来。宗族社会内，社会成员的政治关系与血缘关系混一，君权与父权合而为一，"家无二主，尊无二人"是同样绝对的原则。由于与宗法制度紧密结合，君统与宗统、血统直接相关，围绕着专制君权的"血脉"传承，中国封建社会发生过多次父子加害、母子相残、兄弟兼并的惨剧。也正是为了保证专政皇权血统的"纯洁"，中国封建专制制度派生出一种极不人道、极其腐败的宦官制度。中国君主专制政治滋生的两种特殊政治危机现象——宦官干政与外戚专政，是中国君主专制与宗法制结合的并蒂毒瘤，为祸千古，成为中国封建政治的顽症。

4）君主专制中央集权至于极端。

中国封建社会君主专制的集权程度，总趋势是越往后期，越益强化。从秦始皇开始直到清末，皇帝本人集立法、司法、行政、军事指挥大权于一身，将中央集权推至极端。"天下之事无大小皆取决于上"，口含天宪，言出法行。于是一言兴邦，一言丧邦，全在皇帝意志的一念之中。皇帝这种"没有根据的""任性的""个人意志"以法律的严整形式表达出来，使法律失去了原来意义，成为皇帝手中随意捏搓的面团。这种"人治"压倒"法治"、取代"法制"的行径，是中国君主专制政治的重要特征。历代帝王也注意选拔贤能帮助天子日理万机，设立丞相一职以统理中央行政，调度各方机构协调运转，但中国历史上削弱相权、强化皇权的趋势不断加强。再加上削弱地方权力，加强中央皇权，使得无论是中央官吏还是边疆大吏或地方官吏，都不过是为皇帝管理其国家的家臣而已。

（三）中国古代宗法——专制社会政治对中国文化的影响

中国的社会政治环境对中国文化造成极大的影响，宗法社会易于形成伦理型文化，而专制社会易于形成政治型文化，这正是社会存在决定社会意识的原理在文化学上的具体体现。

1. 社会结构的宗法特征，导致中国文化形成伦理型特征

在氏族社会，血统联盟构成生活制度的基础，而血统联盟得以运转，不是依凭法治，而是遵循以血亲意识为主体的风俗习惯。与之相随，血亲意识，即所谓"六亲"（父子、兄弟、夫妇）、"九族"（父族四、母族三、妻族二）观念继承构成社会意识的轴心，而且其形态愈益精密化。经过历代统治者及其士人的加工改造，宗法制度下的血亲意识有的转化为法律条文（如"不孝"成为犯法的"首恶"），更多的是形成宗法式的伦理道德，长久地左右社会心理和行为规范。

在社会心理方面，宗法结构给中华民族打上了深刻的烙印。

第一，表现为对于血缘关系的格外注重。这一社会心理的外化，突出体现在亲属称谓系统的庞杂精细。在亲属称谓方面不厌其烦地"正名"，是着意强调血缘亲疏、系别的宗法社会的派生现象。

第二，表现为浓烈的"孝亲"情感。这种情感不仅体现为对死去先祖的隆重祭奠，以祈求他们保佑后代人丁兴旺、家族昌盛，更体现为对活着的长辈的绝对顺从、孝敬。与"万恶淫为首"对称的，是"百善孝为先"。"孝亲"成为中华民族的道德本位。

第三，表现为对传统的极端尊重。"离经叛道"是传统社会最严厉的贬词。"奉天承运"，国运正统是历代帝王、政客的头等政务；而学者思想家讲究学说的承传性；艺术流派和工艺行帮更讲究"家法""师法"，把"无一字无出处""无一笔无来历"视作艺术和技能的极致；"家传秘方"更是医家招徕患者、祛邪扶正的法宝。从积极方面而言，对冲突的极端尊重大大强化了中国文化的延续力，使之成为世界罕见的不曾中断的文化系统；从消极方面看，它又造成中华民族惯于向后看的积习和因循守成的倾向，保守知足，厚古薄今，消磨了进取、创新精神。

宗法社会结构不仅影响社会风俗、社会心理，而且作用于中国文化的意识形态领域，如伦理学说、道德观念、宗教信仰、价值标准等诸多方面，从而形成有别于世界其他民族文化的独特的"伦理型"范式，三纲五常伦理观念是中国文化观念的核心。

所以，中国文化可以称之为"德性文化"。在这种"求善"的德性文化范式制约下，中国的"治道"要点不在法治，而在人治，而"人"治又特别注重道德教化的作用。"以身训人是之谓教，以身率人是之谓化。"尊者、长者尤其要讲究以表率服人。所谓"父不慈则子不孝，兄不友则弟不恭，夫不义则妇不顺"，这一思想的通俗化、大众化的表达，则是"上梁不正下梁歪"。人治先于法治，身教重于言教，都是氏族社会的传统。氏族社会没有成文法，氏族长老靠"榜样"的力量和道德感召来团结、调动全社会。他们常常向氏族成员检讨工作，并进行道德上的自我批评，以求得谅解和支持。后来，奴隶制国家和封建制国家建立，相继颁布无数成文法，但在宗法社会里，道德的威力始终被看得比法律更有效。

宗法社会所导致的德性文化，自有其积极作用。在中国文化系统里，强调在道德面前人人平等。孟子曰"人皆可为尧舜"，表明普通人可以在道德修养方面达到最高境界。对于统治者，包括最高统治者，在中国政治体制中虽然缺乏制约因素，但在道德方面却有严格要求。自周代开始，天子死后有谥号，群臣根据其德行政绩加一概括语，褒者如成康，贬者如幽厉，这便是一种人格评判。这种道德的评论对于现任统治者当然能够起到一种诱导作用。同时，中国德性文化在特定历史条件下，还能够鼓舞人们自觉维护正义，忠于国家民族，抵御外来侵略，保持高风亮节。千百年来，无数"杀身成仁""舍生取义"的民族英雄都从传统伦理思想中汲取积极的营养，立功、立德，彪炳千秋。

另外，德性文化也有其消极方面。它将伦理关系凝固化、绝对化，以致在某种程度上又成为人身压迫、精神虐杀的理论之源，制约着全民族的思想方式和生活方式。

2. 社会结构的专制特征，导致中国文化形成政治型范式

在两千余年专制社会结构中，中国文化始终受到强大的中央集权政治力量的控制、支配，从而形成以求治为目标的鲜明的政治型范式。

文化政治型范式的体现之一，是君主专制政治统摄之下的两千年一贯制的"思想大一统"。如秦始皇的"焚书坑儒"、董仲舒的"罢黜百家、独尊儒术"等。体现之二，是专制主义的政治论高度发达与成熟。如韩非的《韩非子》讲究法（法术）、术（策略）、势（权势）。体现之三，是知识阶层"入世"的人生态度、"经世"的社会抱负与君主专制政治对知识阶层的笼络利用、恫吓镇压之间的统一。如利用科举考试制度进行笼络，利用文字狱进行恫吓镇压。

3. 内圣外王：伦理—政治型文化范式的架构

政治事功与伦理劝导是中国文化所追求的并行不悖的两大核心内容，支撑起中国文化两千多年一贯的伦理—政治型文化范式。

儒学作为一种伦理—政治型学术体系，包括内在的人的主观伦理修养和外在的客观政治论这样两个彼此联系着的组成部分，前者即所谓仁学，或内圣之学，后者即是所谓礼学，或外王之学。在孔子那里，这两个方面浑然一体，他强调修己与安人、安百姓相贯通。孔子之后，孟子发展儒学中的内圣之学，荀子发展儒学之中的外王之学。当然，孟、荀两派都追求内圣与外王的统一，并非只是孤立地发展一个方面。

第二节 中国历史文化的发展历程

一、原始社会

据考古发掘，我国境内在猿人阶段有距今约170万年的云南元谋人，60万~80万年的陕西蓝田人，50万~60万年的北京人。古人阶段有距今约20万年的陕西大荔人、山西丁村人、广东马坝人。这些原始人过着群居的生活，使用打制石器工具，靠采集和渔猎为生。北京人已能控制火的使用，婚姻由乱婚逐渐转变为血缘群婚。

约在5万年前，我国古人类进入了氏族社会时期，北京山顶洞人已使用磨制石器、人工取火、弓箭和骨针等。6 000~7 000年前，进入母系氏族公社时期，西安半坡氏族是黄河流域的典型（小麦文化），人们已能建造房屋，过定居生活，学会了纺织、制陶，学会了种植粟、麻、菜和饲养家畜。浙江余姚河姆渡氏族是长江流域的典型（水稻文化），建造的房屋运用榫卯结构，学会了打井、饲养家畜、种植水稻。妇女在社会生活和生产中起主导作用，按母系血统确定亲属关系，氏族成员之间是平等的。婚姻制度是族外群婚制。

约从公元前5 000年起，父系氏族公社出现，由氏族发展到部落，并出现了部落联盟。山东大汶口、龙山和浙江良渚文化是父系氏族的典型代表。男子在社会生活和生产中居于支配地位，以父系血统确定亲属关系，婚姻由对偶婚过渡到一夫一妻制，随葬品反映出财产私有和贫富差别。随着私有制的出现，氏族公社被阶级社会取代。这一转变在父系氏族社会时期逐步实现。

在文字发明前，人们只能辗转传述自己的历史，这些转述往往和神话传说混杂在一起，其中很多与中华先民生存空间的拓展转换相关联，反映出蒙昧时代孕育中华古代旅游文化萌芽的最初状态。中国传说最早的人物是盘古，他将一个混沌世界开辟成天地身躯化作万物，后来有巢氏发明造房子，女娲氏抟土造人，燧人氏发明钻木取火，神农氏教人种植五谷，发明农业。父系氏族时期又有炎帝、黄帝、尧、舜、禹的故事。有"三皇""五帝"之说。燧人（女娲）、伏羲、神农称三皇，通常也指上古的三个时代，分别是燧人氏所代表的文明启蒙时代，伏羲氏所代表的文明时代，神农氏所代表的农耕时代。这三个时期历史久远，相当于三个朝代，时间跨度至少有几千年之久。五帝是神农氏之后夏禹之前出现的五个帝王，属于轩辕一族，应属于一个独立的朝代，时间跨度四五百年，其开朝之祖当属黄帝。《史记·五帝本纪》列黄帝、颛顼、帝喾、尧、舜为五帝。《尚书序》列少昊、颛顼、帝喾、尧、舜为五帝。

二、先秦时期

夏、商、周即先秦三代，属奴隶社会时期。我国的奴隶社会经历了夏商奴隶制形成和发展时期、西周奴隶制完善时期、春秋奴隶制衰落时期三个阶段。

1. 夏商时期（前21世纪—前11世纪）

公元前21世纪，禹的儿子启破坏了禅让制度，建立夏王朝，定都阳城。我国奴隶社会自此开始。公元前16世纪，商部落首领汤推翻了夏桀的统治，建立了商朝，至盘庚时迁都殷，商王朝是当时世界上疆域最大的国家。

2. 西周时期（前 11 世纪—前 771 年）

公元前 11 世纪中期，周武王灭商，建立周朝，定都镐京，史称西周。周王室封邦建国，分封了大量同姓和一些异姓诸侯，推行宗法制。周公旦制礼作乐，规定了奴隶制统治等级秩序。农业上推行井田制度，手工业实行工商食官。西周青铜器的铭文，是极其珍贵的史料。公元前 841 年发生了国人暴动，周厉王被逐，由周、召二公"共和"执政，是年为我国历史上有确切的不间断的纪年的开端。周幽王烽火戏诸侯，终于在公元前 771 年，犬戎攻破镐京，幽王被杀。公元前 770 年，周平王东迁洛邑，史称"东周"。东周时，王权衰弱，前期称春秋，后期称战国。

3. 春秋战国时期

前 770—前 221 年的春秋战国时期是奴隶制度向封建制度转变的时期。前 770—前 476 年是春秋时期。平王东迁后，周天子地位衰落；诸侯和卿大夫势力崛起，出现了大国争霸的局面，产生了春秋五霸。春秋五霸有两种说法，一为齐桓公、晋文公、宋襄公、秦穆公、楚庄王。另一为齐桓公、晋文公、楚庄王、吴王阖闾、越王勾践。争霸促进了奴隶制瓦解、封建制的成长和民族交流融合。公元前 475—前 221 年是战国时期。战国时期，主要诸侯国有秦、楚、齐、燕、韩、赵、魏，史称"战国七雄"。为增强国力，各国先后实行变法。魏国变法最早，秦国商鞅变法最彻底。变法使各国封建君主制度逐步完善，封建经济发展，封建等级关系确立。大国之间不断发生兼并战争，至公元前 221 年，秦统一中国。

三、秦汉时期

公元前 221 年，秦王嬴政翦灭六国，建立了我国多民族的中央集权的封建国家，定都咸阳。为巩固统一，确立了皇帝制度，嬴政自称始皇帝。设立"三公九卿"制。地方上推行郡县制，长官由皇帝任命。统一度、量、衡，统一文字、车轨、货币，为"五同政策""焚书坑儒"。北击匈奴，修筑长城，南击百越，开凿灵渠。由于苛政无道，爆发了陈胜、吴广领导的中国历史上第一次大规模农民起义，秦亡。秦朝是我国统一的多民族国家的开始。

经过四年楚汉战争，公元前 202 年，刘邦战胜项羽，建立汉朝，定都长安（西安），史称西汉。其后文帝、景帝推行与民休息政策，出现"文景之治"。汉武帝时，尊儒术，兴太学，击匈奴，通西域，开辟了丝绸之路，国力强盛。后期土地兼并严重，王莽废汉建立新朝，实行复古改制，激起了绿林、赤眉农民起义，"新"亡。公元 25 年，西汉皇族刘秀重建汉政权，都洛阳（今洛阳东），史称东汉。一度出现"光武中兴"。由于豪强地主大肆兼并土地，广建田庄，农民失去土地。宫廷内部外戚宦官交替专权，政治腐败，爆发了黄巾军起义，东汉政权崩溃。

四、三国、两晋、南北朝时期

东汉末年，军阀割据混战。曹操、孙权、刘备三分天下，曹操在 200 年经官渡之战打败袁绍后，统一了北方。208 年，赤壁之战曹操败北后，遂成三国之势。220 年，曹丕称帝建魏，建都洛阳；221 年，刘备称帝建汉，定都成都；222 年，孙权称帝建吴，置都建业。形成了魏国、蜀汉、吴国，三国鼎立，史称三国。

公元263年，魏灭蜀。公元265年，司马炎废魏称帝建晋，定都洛阳，史称西晋。公元280年，西晋灭吴，南北统一。公元316年，匈奴灭西晋。公元317年，皇族司马睿称帝，设都建康（南京），史称东晋。西晋灭亡后，北方的匈奴、鲜卑、羯、氐、羌等各少数民族先后建立了十六个政权，史称五胡十六国。公元420年，东晋大将刘裕代晋建宋，史称刘宋。公元489年，萧道成废宋，建齐。公元502年，萧衍进兵建康称帝，建梁。公元557年，陈霸先废梁称帝，建陈。宋、齐、梁、陈均立都建康，史称南朝。公元386年，鲜卑拓跋部建立北魏，逐步统一北方。后分裂为东魏和西魏。东魏后被北齐所代，西魏后被北周所代。北周又灭北齐，史称北朝，与南朝合称南北朝。

五、隋唐时期

公元581年，杨坚废北周建立隋朝，定都长安，公元589年灭陈，统一中国。杨坚在中央建立"三省六部制"，在全国实行均田制，推行科举取士制，社会安定，经济发展，史称"开皇之治"。但其子杨广统治残暴，奢侈腐化，三征高丽，在隋末农民大起义中被杀于扬州，隋亡。公元618年，李渊在长安称帝，建唐。唐太宗李世民继位后，政治清明，纳谏任贤，推行均田法、租庸调制，完善科举制度。经济发达，国力强盛，史称"贞观之治"。武则天统治时，改国号为周，史称武周。其后重新称唐。唐玄宗李隆基时，励精图治，使唐达到全盛时期，出现"开元盛世"，史称"开元之治"。由于玄宗后期耽于女色，重用奸佞，政治腐败，引发"安史之乱"，唐由盛转衰。此后，内有宦官专权，外有藩镇割据，土地兼并严重，爆发了王仙芝、黄巢农民大起义。公元907年，朱温废唐自立，建后梁，唐亡。

六、宋元时期

从907年到960年，黄河流域先后经历了后梁、后唐、后晋、后汉、后周五代。同时，在山西和南方先后出现北汉、前蜀、吴、闽、吴越、楚、南汉、南平、后蜀、南唐十个割据政权，史称"五代十国"。

公元960年，赵匡胤通过"陈桥兵变"建立宋，建都开封，史称北宋。公元979年，结束了五代十国的分裂局面。北方由契丹族在公元916年建辽，西北由党项族在公元1038年建立了大夏国，与宋长期对峙。宰相王安石在神宗支持下进行以"富国强兵"为宗旨的改革，成效显著。宋神宗死后，新政全部被废。公元1115年，东北女真族完颜阿骨打建立金国。公元1125年宋金联合灭辽。公元1127年，金灭北宋。同年，赵构在河南商丘即位称帝，后迁临安（今杭州），史称南宋。宋金长期对峙期间，岳飞是最著名的抗金将领。公元1141年，宋向金称臣。公元1206年，蒙古族铁木真统一各部，建立政权，尊称"成吉思汗"，先后灭西夏和金。公元1271年，成吉思汗孙子忽必烈建立元朝，建都大都（今北京）。公元1276年，元攻占临安，南宋亡。元朝实现了中国历史上规模空前的大统一。其疆域"北逾阴山，西极流沙，东尽辽左，南越海表"，版图超过汉唐，初步奠定了现代中国疆域的基本轮廓。元对地方实行"行省制度"。西藏成为正式行政区。元统治者实行"四等人制"的民族分化政策，但大一统的局面促进了民族大融合。元末政治黑暗，民不聊生。公元1368年，红巾军起义。

七、明清时期

公元 1368 年，朱元璋在南京称帝，建立明朝。明太祖为加强中央集权，分中书省和丞相的权力于六部，六部尚书直接对皇帝负责。后设殿阁大学士辅政。颁布了大明律，设学校、行科举；兴文字狱，设立特务机构——厂、卫。在经济上采取休养生息政策，鼓励垦荒，减免赋役，实行军屯，使社会经济得到恢复和发展。朱元璋死后，其皇孙建文帝即位。公元 1399 年，燕王朱棣发动"靖难之役"，夺取帝位，改元永乐，迁都北京。明成祖派郑和七次下西洋，曾到达亚非 30 多个国家和地区，是世界航海史上的壮举。明中期，江南丝织业中出现资本主义萌芽现象。为防御北方瓦剌、鞑靼南侵，明代重视长城修筑。现存东起山海关，西达嘉峪关的长城，是明长城遗存。东南沿海地区由于日本倭寇骚乱不断，涌现了戚继光等抗倭英雄。

公元 1553 年，澳门成为葡萄牙在中国占据的第一块土地。公元 1626 年，西班牙侵略者侵占了我国台湾的基隆和淡水。公元 1641 年，荷兰战胜西班牙，占领我国台湾。16 世纪 80 年代，西方传教士利玛窦来广东传教，公元 1601 年，进京朝见明神宗，献上自鸣钟、万国图等，取得在北京传教的特权。他和徐光启等合译西方科技书籍，对促进中西文化交流、开阔人们的科技视野有积极作用。明后期，政治腐败，宦官专权，党锢之祸，连年灾荒，爆发了李自成、张献忠领导的农民起义。公元 1644 年，李自成军进北京，崇祯皇帝自缢于万岁山（景山），明亡。

公元 1616 年，东北女真族首领努尔哈赤建金。公元 1636 年，其子皇太极称帝，改国号为清。公元 1644 年，清军击败李自成军进北京，由盛京迁都北京，建立对全国的统治。清康熙年间，公元 1673—1681 年，平定"三藩之乱"。公元 1684 年，清朝设台湾府，加强对台湾等地的管辖，设立驻藏大臣，确立了中央政府册封达赖、班禅的制度。进行了雅克萨之战，击退了沙俄对东北地区的侵略。公元 1689 年，中俄签订《尼布楚条约》，正式划定边界。康、雍、乾三代，是清朝的繁荣时期，并平息粉碎了各地叛乱，史称"康乾盛世"。至此，清政府统一中国的任务基本完成。与此同时，清政府大兴文字狱，实行思想文化钳制。

八、近现代半殖民地半封建社会时期

1. 鸦片战争至五四运动时期

1840 年，英国对中国发动了鸦片战争，1842 年签订《中英南京条约》，中国开始进入半殖民地半封建社会。1894 年，日本发动甲午中日战争，1895 年订《中日马关条约》；1900 年，八国联军侵华，1901 年在北京订《辛丑条约》。中国人民奋起抵抗外国侵略者和腐败的清政府，先后有广州三元里抗英斗争、太平天国运动、义和团反帝爱国运动等发生。第二次鸦片战争后，以曾国藩、左宗棠、李鸿章、张之洞等为代表发起的洋务运动，对中国社会的进步具有促进意义。

资产阶级维新派康有为、梁启超、谭嗣同、严复等人和光绪皇帝发动"戊戌变法"，但只经历了 103 天便告失败，史称"百日维新"。以孙中山为代表的资产阶级革命派在 1911 年发动了武昌起义，1912 年 1 月 1 日，中华民国临时政府在南京成立，宣告清政府统治的结束。1915 年，陈独秀在上海创办《新青年》杂志，开始新文化运动。俄国十月革命后，一些民主主义者开始在中国传播马克思主义，代表人物有陈独秀、李大钊等。1919 年 5 月 4 日，五四运动爆发，标志着中国旧民主主义革命阶段的结束。

2. 新民主主义革命时期

1919 年五四运动开始，中国转入新民主主义革命时期。1921 年，中国共产党在上海成立。1924 年，中国共产党与孙中山领导的国民党实现了第一次国共合作。1927 年，国民党右派蒋介石在上海发动反革命政变，汪精卫在武汉进行大屠杀，第一次国内革命战争失败。1927 年 8 月 1 日，中国共产党发动南昌起义，随后又发动秋收起义、广州起义等，开创了以农村包围城市、最后武装夺取全国政权的新民主主义革命道路。1931 年，"九·一八"事变爆发，日本侵占中国东北。1932 年，"一·二八"事变爆发，日军突然袭击驻守上海的十九路军。蒋介石实行不抵抗政策，倾全力攻打红军革命根据地。1934 年，中国工农红军被迫长征。1935 年的遵义会议，确立了以毛泽东为代表的中央正确领导。经过二万五千里长征，中共中央和中央红军胜利到达陕北，延安成为中国革命的圣地。1936 年 12 月 12 日，"西安事变"发生，蒋介石被迫接受了停止内战、联共抗日的条件。1937 年 7 月 7 日，"卢沟桥事变"发生，国共两党实行第二次国共合作，抗日战争开始。中国各族人民经过八年浴血抗战，取得了抗日战争的胜利。1946 年 6 月，蒋介石撕毁和谈协议，向解放区发动进攻，全面内战爆发。经过三年战争，1949 年 10 月 1 日，中华人民共和国成立，中国历史开始了崭新阶段。

第三节　中国传统历史文化简述

我国不仅历史悠久，而且文化灿烂。无论是文学、哲学、艺术，还是地理学、天文学、农学、科学技术等方面，都是成果丰硕，为后人留下了宝贵的精神财富，在世界上也有着突出的地位和影响。

一、文学

我国古典文学非常发达。《诗经》是我国第一部诗歌总集，分风、雅、颂三部分。战国时爱国诗人屈原创造"楚辞体"，著有《离骚》。汉代著名的文学形式是"赋"和"乐府"，其中《孔雀东南飞》是我国古代长篇叙事诗的典范。唐代诗歌空前繁荣，李白、杜甫等都有不朽名篇，传奇小说也在唐代产生。宋代以"词"的文学成就最突出，代表人物有苏轼、辛弃疾、陆游。元代文学的突出成就是散曲和杂剧，关汉卿、马致远、郑光祖、白朴合称元曲四大家，《窦娥冤》《汉宫秋》《倩女离魂》和《梧桐雨》分别是其代表作。明代清以小说成就最高，明代有《三国演义》《水浒传》《西游记》，清代有《儒林外史》《聊斋志异》《镜花缘》和《红楼梦》等。

二、学术思想

我国的学术思想浩繁。春秋战国之际，学术思想就已非常活跃。西汉武帝始，儒家成为正统，到宋、明时期，理学成为主导思想。明末清初出现了民主、进步思想的萌芽。

早期的学术思想集中表现在"三教九流"。三教即儒教、道教、佛教。九流，始见于《汉书》，又称九家，均出现于先秦。儒家代表人物是孔子、孟子，主张读书入仕，忠君、报国、爱民和修身、齐家、治国、平天下等；道家代表人物有老子、庄子，主张清净自然、无为而治和返璞归真；法家代表人物是韩非子，主张明刑罚，行权术；墨家代表人物主要是墨子，重科学，主张"兼爱"、节用；其他如阴阳家，代表人物邹衍；名家，代表人物公孙龙、惠施；纵横家，代表人物苏秦、张仪；杂家，代表人物吕不韦；农家，代表人物许行；兵家，代表人物孙武、孙膑等。

宋兴理学，以儒家之"理"，融合佛、道，因自命儒家道统，故称"道学"。周敦颐是宋明理学的先驱，朱熹则是宋明理学的集大成者。理学实质上是儒家学说的体系，它使儒家理论得到了升华，但思想禁锢日趋突出。理学发展到明代称"心学"，代表人物是王守仁，他提出了"心外无物""知行合一"，创建了"心学"之说。儒家思想是中国传统文化的核心。

明清之际的学术思想具有民主色彩的特征，代表人物有明末李贽和明末清初的黄宗羲、顾炎武、王夫之等。他们对君主专制统治进行了一定批判，具有一定的思想先进性和启蒙作用。清代的龚自珍、魏源也是具有一定先进思想的著名学者。龚自珍提出了"不拘一格降人才"的思想；而魏源则提出了"师夷之长技以制夷"的变革思想。

三、史学

史学在世界各国中，唯中国最发达。早在夏商时期，随着文字的出现，史学就开始萌芽。我国历史的典籍主要有编年体、纪传体、纪事本末体三类。编年体按时间顺序记史，查某一年发生过哪些事最易，但记事先后割裂，记人不能连贯。如鲁国史书《春秋》、北宋司马光的《资治通鉴》等。司马迁创纪传体之《史记》，分本纪、世家、列传三大体裁，因记载了上古至西汉初三千年的历史，称通史。班固的《汉书》不再设世家，仅用纪、传，记西汉一朝的历史，创断代体史书。纪事本末体以历史事件为篇，如南宋袁枢《宋史纪事本末》。

二十四史是我国古代各朝撰写的二十四部史书的总称，是被历朝纳为正统的史书，包括《史记》（汉·司马迁）、《汉书》（汉·班固）、《后汉书》（南朝宋·范晔）《三国志》（晋·陈寿）、《晋书》（唐·房玄龄等）、《宋书》（南朝梁·沈约）、《南齐书》（南朝梁·萧子显）、《梁书》（唐·姚思廉）、《陈书》（唐·姚思廉）、《魏书》（北齐·魏收）、《北齐书》（唐·李百药）、《周书》（唐·令狐德棻等）、《隋书》（唐·魏征等）、《南史》（唐·李延寿）、《北史》（唐·李延寿）、《旧唐书》（后晋·刘昫等）、《新唐书》（宋·欧阳修、宋祁）、《旧五代史》（宋·薛居正等）、《新五代史》（宋·欧阳修）、《宋史》（元·脱脱等）、《辽史》（元·脱脱等）、《金史》（元·脱脱等）、《元史》（明·宋濂等）、《明史》（清·张廷玉等）。加入《新元史》（民国·柯劭忞）、《清史稿》（民国·赵尔巽）则为二十五史或二十六史。

四、图书文献

我国古代的图书分类法，经历了一个提出、完善和定型的过程。三国时已出现"四部"

之名，但其确切的含义并非后来的"经""史""子""集"四部分类法。隋唐起，图书的四部分类法已经基本定型，成为人们遵循的最基本的图书分类法。明永乐时编的《永乐大典》，辑录古籍篇段，分门别类编排，便于检索征引，是我国最大的类书，约三亿七千万字，现仅留残篇3%左右。清康熙时编的《古今图书集成》是我国现存最大的一部类书，约一亿六千万字。清朝乾隆年间，组织编成了我国历史上最大的一部丛书《四库全书》。内容按"经""史""子""集"四部划分（可简释为圣贤经典、历史要籍、诸子要著作、汇辑文集四库），是当时世界上最大的一部丛书，近十亿字，二百二十余万页，抄成七套，分藏七阁。因所载内容空前，故名《四库全书》，其史料价值和社会影响巨大，对保存和整理我国古代文献起到了极大作用，也是我国历史上图书四部分类法代表之作。

"经"是古代社会中的政教、纲常伦理、道德规范的教。主要是十三部儒家经典，称十三经，经过汉、唐、（南）宋形成，分别是《诗经》《尚书》《周易》《周礼》《仪礼》《礼记》《公羊传》《谷梁传》《左传》《孝经》《论语》《尔雅》《孟子》。其中，《周礼》《仪礼》《礼记》合称"三礼"，《周礼》居首，偏重政治制度。《仪礼》是记载古代礼仪制度的专门书籍。《礼记》主要阐明礼的作用和意义。《公羊传》《谷梁传》《左传》合称"春秋三传"。四书五经中，四书是《大学》《中庸》《论语》《孟子》的合称，为宋代所定。朱熹著《四书章句集注》，始有"四书"之名。五经是《诗》《书》《礼》《易》《春秋》五部儒家经典的合称，也是封建社会知识分子科举考试的必读书。

"史"部收录史书，包括正史类、编年类、纪事本末类、杂史类、别史类、诏令奏议类、传记类、史抄类、载记类、时令类、地理类、职官类、政书类、目录类、史评类等15个大类，其中诏令奏议类又分诏令、奏议二属，传记类又分圣贤、名人、总录、杂录、别录五属，地理类又分宫殿疏、总志、都会郡县、河渠、边防、山川、古迹、杂记、游记、外记十属，职官类又分官制、官箴二属，政书类又分通制、典礼、邦记、军政、法令、考工六属，目录类又分经籍、金石二属。

"子"收录诸子百家著作、释道宗教著作和类书，分为儒家、兵家、法家、农家、医家、天文算法、术数、艺术、诸录、杂家、类书、小说家、释家、道家十四类，如《荀子》《孙子兵法》《韩非子》《老子》等。

"集"收录诗文词总集和专集等，包括楚辞、别集、总集、诗文评、词曲等五个大类，如《楚辞》《全唐诗》《李太白集》《柳河东集》等。

五、地理学

《禹贡》是《尚书》中的一篇，提到大禹治水后分天下为九州：冀、兖、青、徐、扬、荆、豫、梁、雍。《山海经》约成书于战国，记述了民间地理知识，保存了大量神话传说，是世界上最早记录矿物的文献。《水经传》为北魏郦道元所著，记载大小水道1 000多条，并对有关的地理、历史、人物详加考订。《徐霞客游记》记述了徐霞客30多年旅行观察所得，对地理、人文、地质、植物等均有详细记录，其中有关岩溶地貌的研究早欧洲200年。《读史方舆纪要》为清顾祖禹所著，记述了清初各地疆域的历史沿革、山川关隘形势，着重考订古今郡县变迁等。

六、农学

从先秦开始，我国就已经出现了总结农业技术的农书，流传至今有《吕氏春秋·上农》四篇。汉代出现了《氾胜之书》和《四民月令》两部农书。北魏时贾思勰著的《齐民要术》是我国历史上最伟大的农学著作，内容包括农业生产、生活等多方面，被称为"中国古代的百科全书。"唐代陆羽的《茶经》是世界上第一部茶叶专著。南宋时陈旉的《农书》是第一部反映南方水田农业技术的农书。元代司农司主编《农桑辑要》等，而王祯《农书》则第一次系统地兼论南北农业技术，并首创了"农器图谱"，集中国传统农具之大成。明代宋应星所著的《天工开物》，是中国古代一部综合性的科学技术著作，是世界上第一部关于农业和手工业生产的综合性著作，被欧洲学者称为"技术的百科全书"。明代徐光启所著的《农政全书》分农本、田制、水利、农器、农事等12门，体现了该书的科学性、创新性和先进性。

七、天文历法

（一）天文观测

殷墟甲骨文中有世界上关于日食的最早记录。《诗经·小雅》载：公元前776年9月6日，"十月之交，朔月辛卯，日有食之。"这是我国历史上第一次有确切日期的日食记录。《春秋》保存了世界上关于哈雷彗星的最早记录。战国的《甘石星经》是世界最早的天文学著作。东汉张衡发明了世界上最早地动仪。唐代张遂（僧一行）在世界上测出了地球子午线（经度）的长度。

（二）历法

中国历史悠久的农业与四时交替的自然节律息息相关，观测物候、天象，制定历法，排定节气，对先民生产生活尤为重要；中国古代天文学家对天象的长期观察和记录使我国能够产生世界一流的历法。

夏代历法《夏小正》，又称《夏历》，是我国最早的历法。它按夏历12个月顺序，分别记述每个月的天象、物候和农时节令。春秋末年，又出现了四分历，即以一回归年为365.25日，这比罗马人采用的儒略历早了近400年。四分历规定19年中置7个闰月以调整阴阳历，这是具有世界意义的贡献。宋代沈括提出按节气来定历法的"气历"，一年为四季，每季分孟、仲、季3个月，按节气定月份，大月31天，小月30天，取消闰月。于是，月份与季节变化完全吻合，没有闰月的麻烦，堪称当时最进步的历法，可惜未能得以推行。元代郭守敬集先代历法之大成，制定授时历，这是中国古代使用时间最长，也是最精确的历法。它以365.2425天为一年，比地球绕太阳公转一周的实际时间仅差26秒，经过3320年后才相差一天，与当今国际通行的公历完全相同。但格里哥利历到公元1582年才开始使用，比授时历晚了300年。

（三）四时节气

1. 四时

四时又称"四季"。早在距今3000年前的西周，就有了春夏秋冬四季名称。后来人们按夏历把 12 个月作了划分，正月、二月、三月为"春"，分别为孟春、仲春、季春；四月、五月、六月为"夏"，分别为孟夏、仲夏、季夏；七月、八月、九月为"秋"，分别为孟秋、仲秋、季秋；十月、十一月、十二月为"冬"，分别为孟冬、仲冬、季冬。

2. 节气

农历一年分 24 个节气，基本上半个月一个节气。春秋时期测定了冬至、夏至日期。战国末年，《吕氏春秋》中出现了立春、春分、立夏、夏至、立秋、秋分、立冬、冬至 8 个节气。至西汉初年，《淮南子·天文训》就出现了全部的二十四节气：立春、雨水、惊蛰、春分、清明、谷雨、立夏、小满、芒种、夏至、小暑、大暑、立秋、处暑、白露、秋分、寒露、霜降、立冬、小雪、大雪、冬至、小寒、大寒。其名称与顺序已与今天完全一致。

二十四节气的含义如下。

立春：立是开始的意思，立春就是春季的开始。

雨水：降雨开始，雨量渐增。

惊蛰：蛰是藏的意思。惊蛰是指春雷乍动，惊醒了蛰伏在土中冬眠的动物。

春分：分是平分的意思。春分表示昼夜平分。

清明：天气晴朗，草木繁茂。

谷雨：雨生百谷。雨量充足而及时，谷类作物能茁壮成长。

立夏：夏季的开始。

小满：麦类等夏熟作物籽粒开始饱满。

芒种：麦类等有芒作物成熟。

夏至：炎热的夏天来临。

小暑：暑是炎热的意思。小暑就是气候开始炎热。

大暑：一年中最热的时候。

立秋：秋季的开始。

处暑：处是终止、躲藏的意思。处暑表示炎热的暑天结束。

白露：天气转凉，露凝而白。

秋分：昼夜平分。

寒露：露水以寒，将要结冰。

霜降：天气渐冷，开始有霜。

立冬：冬季的开始。

小雪：开始下雪。

大雪：降雪量增多，地面可能积雪。

冬至：寒冷的冬天来临。

小寒：气候开始寒冷。

大寒：一年中最冷的时候。

二十四节气是中国历法的独特创造，是我国宝贵的文化遗产，对农业生产有着重要的指导作用。

（四）干支

十天干，十二地支，意即天地之间的顺序。

1. 十天干的含义

甲：像草木破土而萌，阳在内而被阴包裹。

乙：草木初生，枝叶柔软屈曲。

丙：炳也，如赫赫太阳，炎炎火光，万物皆炳燃着，见而光明。

丁：草木成长壮实，好比人的成丁。

戊：茂盛也，象征大地草木茂盛繁荣。

己：起也，纪也，万物抑屈而起，有形可纪。

庚：更也，秋收而待来春。

辛：金味辛，物成而后有味，辛者，新也，万物肃然更改，秀实新成。

壬：妊也，阳气潜伏地中，万物怀妊。

癸：揆也，万物闭藏，怀妊地下，揆然萌芽。

2. 十二地支的含义

子：孳也，阳气始萌，孳生于下也。

丑：纽也，寒气自屈曲也。

寅：髌也，阳气欲出，阳尚强而髌演于下。

卯：冒也，万物冒地而出。

辰：伸也，万物舒伸而出。

巳：巳也，阳气毕布已矣。

午：仵也，阴阳交相愕而仵。

未：昧也，日中则昃，阳向幽也。

申：伸束以成，万物之体皆成也。

酉：就也，万物成熟。

戌：灭也，万物灭尽。

亥：核也，万物收藏，皆坚核也。

3. 干支

天干和地支合称干支，可以配组成60对，称甲子，如表3-1所示。周而复始，用以记录年、月、日、时。

表3-1　天干和地支

序　数	1	2	3	4	5	6	7	8	9	10	11	12
天干	甲	乙	丙	丁	戊	己	庚	辛	壬	癸		
地支	子	丑	寅	卯	辰	巳	午	未	申	酉	戌	亥
生肖	鼠	牛	虎	兔	龙	蛇	马	羊	猴	鸡	狗	猪

干支如同树干与树枝的配合。10干与12支的循环相配，最小公倍数是60，可分为60组，用以纪年，称为60花甲字，如表3-2所示。

表3-2　干支纪年（60年）

甲子	乙丑	丙寅	丁卯	戊辰	己巳	庚午	辛未	壬申	癸酉
甲戌	乙亥	丙子	丁丑	戊寅	己卯	庚辰	辛巳	壬午	癸未
甲申	乙酉	丙戌	丁亥	戊子	己丑	庚寅	辛卯	壬辰	癸巳
甲午	乙未	丙申	丁酉	戊戌	己亥	庚子	辛丑	壬寅	癸卯
甲辰	乙巳	丙午	丁未	戊申	己酉	庚戌	辛亥	壬子	癸丑
甲寅	乙卯	丙辰	丁巳	戊午	己未	庚申	辛酉	壬戌	癸亥

干支纪年法是中国文化的一大特色，对中国人的生活、生产有着广泛而深远的影响，中国数千年文明史的所有年代和日月皆可用干支法准确地记录或推算出来。各地旅游景点中的楹联、碑刻和古今书画，据其干支，可推其年份。

（五）年、月、日、时辰及其记录方法

1. 纪年法

地球绕太阳一周为一年，古人测出365.25日为一太阳年。我国历史上使用的传统纪年法有王公在位年次、皇帝年号纪年和干支纪年。

用王公在位的年次纪年通行于西汉武帝之前，如"周平王元年""鲁孝公二十七年"等；从汉武帝（公元前140年）开始用年号纪元，皇帝更迭要换年号，同一个皇帝也可以有几个年号，如汉武帝就有"建元""元光"等11个年号，唐玄宗有"开元""天宝"等3个年号。明清时期，每一个皇帝都仅有一个年号，如"永乐""道光"等。以干支纪年萌芽于西汉，东汉元和二年（85年）以政府命令的形式在全国通行。如黄巾起义口号"岁在甲子，天下大吉"，当时民间已普遍流行这种纪年方式。近代史上"甲午战争""辛亥革命"等重大事件就是用干支纪年来表示的。

2. 月

古代计算月亮绕地球与太阳一个"合朔"周期的时间为29.3059日，叫一个月。有30日的大月，也有29日的小月，一年一般12个月，闰年13个月。干支也曾用以纪月。由于12个月与12地支相等，所以每月的地支是固定的。现在所说的"夏"，正月为寅月，二月则为卯，三月为辰，依次下推，其前再配以天干。古代把每月初一叫"朔"，最后一天叫"晦"。大月十五、小月十六叫"望"（太阳和月亮此升彼落，东西相望）。"望"的第二天叫"既望"。每月初三叫"朏"（月牙出现）。每月还有"上弦"和"下弦"，即月亮如弓弦。上弦指初七或初八，下弦指二十二或二十三日。一个月又分为三部分，10天为一旬，共三旬，即上、中、下旬。

3. 日

一昼夜为一日。用干支纪日在殷商甲骨文时代就实行了。因为两个月加起来是59天，所以用干支纪日可依次下推，如正月初一是甲子，三月初一是癸亥，五月初一是壬戌，七月初一是辛酉。

4. 时辰

大约从西汉开始，古人将一日分为 12 个辰，叫"时辰"。用十二地支记，每日 24 小时，一个时辰 2 小时。如表 3 - 3 所示。

表 3 - 3　十二时辰

子	丑	寅	卯	辰	巳	午	未	申	酉	戌	亥
23：00— 1：00	1：00— 3：00	3：00— 5：00	5：00— 7：00	7：00— 9：00	9：00— 11：00	11：00— 13：00	13：00— 15：00	15：00— 17：00	17：00— 19：00	19：00— 21：00	21：00— 23：00

5. 生肖

生肖也称十二属相，发端于战国，东汉时已有明确记载。生肖以十二种动物分配十二地支：子鼠、丑牛、寅虎、卯兔、辰龙、巳蛇、午马、未羊、申猴、酉鸡、戌狗、亥猪。以人所生年定其所属之动物。因此，中国以 12 年为一个周期，每年有一种动物相对应，每个中国人也都有一个对应的动物属相。如 2012 年属壬辰龙年，2013 年属癸巳蛇年等。

八、医学

我国古代医学在长期的实践和理论探索过程中，逐渐形成了独立的、完整的中医学科学体系，中医学是我国的国粹之一，是中华民族的骄傲，是世界珍贵的文化遗产。

西周时，就有食医、疾医（内科）、疡医（外科）、兽医等科。战国的扁鹊首创望、闻、问、切四诊法，成为中医诊断的基本方法。西汉《黄帝内经》是我国现存最早的一部医书。东汉出现我国第一部完整的药物学著作《神农本草经》，还诞生了三位杰出的医学家，即史称"建安三神医"的董奉、张仲景、华佗。其中张仲景因撰写《伤寒杂病论》被后世誉为"医圣"；华佗尤以创麻沸散（临床麻醉药）、行剖腹术闻名于世，后世每以"华佗再世""元化重生"称誉医家。西晋王叔和著的《脉经》把脉象归纳为 24 种，是我国现存最早的脉学专著。唐太宗创办世界上第一所医校，比欧洲早 200 年，而唐朝政府编写的《唐本草》药典则比欧洲早 800 多年。唐孙思邈的《千金要方》和《千金翼方》，被誉为"东方医学圣典"，其人被尊为"药王"。南宋宋慈的《洗冤录》（又称《洗冤集录》）则是我国第一部法医学著作，比西方早 300 年。明代李时珍的《本草纲目》，是当时世界上内容最丰富、考订最周详的药物学著作。清代的陈梦雷搜集 18 世纪前全部医学文献编成《医部全录》（全名是《古今图书集成·医部全录》），是我国古代最大的医学类书、医学百科全书。

九、数学

我国是世界上最先发明数字十进位制的国家。甲骨文中就有歼敌"二千六百五十六人"的记载。西汉《周髀算经》提出了勾股定理，比西方早 500 年。东汉《九章算术》中就有负数、分数的计算和二元一次方程解法等，当时处于世界领先水平，是我国古代最重要的数学著作。南朝的祖冲之对圆周率精确计算到小数点后第七位，早于西方 1 000 多年。南宋秦九韶在《数学九章》中阐述了高次方程的数值解法，最高为十次方程，而欧洲 19 世纪才有高次解法。珠算则于 13 世纪元朝时由我国劳动人民创造。

十、发明创造

我国是四大文明古国之一，创造发明较多。英国学者李约瑟博士在《中国科学技术史》中列举了从中国传播到西方的26个机械和技术项目；英国学者坦普尔的《中国——发现和发明的国度》中则介绍了中国的100个"世界第一"。当然，在无数的发明创造中，最著名的还是四大发明——造纸术、印刷术、火药和指南针。它们既代表了我国在当时世界上的技术领先水平，也为世界文化发展做出了巨大的贡献。

十一、对外文化交流

博大宽容是中国文化的典型特征之一。正因博大，中华文明才能在面对外来文明冲击时，保持旺盛而坚韧的生命力；因为包容，中华文明才能在数千年演进历程中吸纳域外文明精华，并开放性地走向世界。

西汉张骞两度出使西域，开通"丝绸之路"，开辟了中西交流的新纪元。东汉班固出使西域，成为继张骞后为促进中西文化交流做出杰出贡献的人物。东晋法显以60岁高龄到印度寻法，辗转尼泊尔、斯里兰卡等地，并到达南洋群岛和印尼一些地区，回国后著有《佛国记》。唐玄奘西游天竺取经，历时19年，回国后著《大唐西域记》，为研究佛经和南亚诸国历史、地理提供了丰富资料，为取经中成就最卓著者。唐朝鉴真应邀东渡日本，成为日本佛教律宗的开山祖师，还把中国的建筑、雕塑和医学带到日本，为中日文化交流做出了极大贡献。明朝郑和七次下西洋，是世界航海史上的壮举，是中国对外交往的重大事件。

十二、科举文化

科举制度是历代封建王朝通过考试选拔官吏的一种制度。它始于隋代，成制度于唐代，至清朝后期，即光绪三十一年（1905）结束，历时1 300余年。

秦朝以前，采用"世卿世禄"制度，后来逐步引入军功爵制。西周时由天子进行分封。周礼之下，社会阶级分明，管理国家由天子、诸侯、卿、士分级负责，而各阶层依照血缘世袭。到了东周，稳定的制度开始崩溃，于是有"客卿""食客"等制度以外的人才为各国的国君服务。汉朝分封制度逐渐被废，皇帝中央集权得以加强。皇帝为管理国家需要提拔民间人才。当时采用察举制与征辟制，前者是由各级地方推荐德才兼备的人才，后者是中央和地方官府向社会征辟人才。由州推举的称为秀才，由郡推举的称为孝廉。魏晋以来，采用九品中正制，由中央特定官员，按出身、品德等考核民间人才，分为九品录用。官员大多从各地高门权贵的子弟中选拔。权贵子弟无论优劣，都可以做官。许多出身低微但有真才实学的人，却不能到中央和地方担任高官。

为改变这种弊端，隋文帝开始用分科考试的方法来选拔官员。令各州推举人才，参加考试，合格的可以做官。隋炀帝时正式设置进士科，考核参选者对时事的看法，按考试成绩选拔人才，中国科举制度正式诞生。到明朝，科举考试形成了完备的制度，共分四级：院试（即童生试）、乡试、会试和殿试，考试内容基本以四书五经为基础，以"四书"文句为题，规定文章格式为八股文，解释必须以朱熹的《四书集注》为准。下面以明清为例，介绍一下科举考试。

（一）院试

院试又称郡试、道试，是参加过县试、府试后的童生取得生员资格的考试。院试由各省学政主持，学政又名提督学院，故这级考试为院试。院试合格者称生员，即秀才。然后分别分往府、州、县学学习。各府、州、县学中的生员选拔出来为贡生，可直接进入国子监成为监生。同时，由各省提学官举行岁考、科考两级考试，科考列一、二等者，取得参加乡试的资格，称科举生员。

（二）乡试

乡试每三年一次，逢子、卯、午、酉年举行，又叫乡闱。考试在各省省城贡院进行，考期在秋季八月，故又称秋闱。乡试由皇帝任命的"主考"主持，本省府州县之生员（秀才）与贡生、监生均可参加，中试者为举人，第一名称解元。因八月桂花开，故乡试放榜也称桂榜。

（三）会试

会试是由礼部主持的全国考试，又称礼闱。会试于乡试的第二年即逢丑、辰、未、戌年举行。全国举人在京师会试，考期在春季三月，故称春闱。考中的称贡士，第一名称会元或"会魁"。因三月杏花开，故会试放榜也称杏榜。

（四）殿试

殿试也称"廷试"，是皇帝主持的考试，考策问。参加殿试的是贡士，取中后统称为进士。

殿试分为"三甲"（即三等）录取。一甲取三名，叫"赐进士及第"。第一名为状元（也称为殿元），第二名为榜眼，第三名为探花，三人合称三鼎甲。二甲若干名，称"赐进士出身"。三甲若干名，叫"赐同进士出身"。进士榜用黄纸书写，故叫黄甲，也称金榜，中进士称金榜题名。

三鼎甲在殿试后立即授官，状元授翰林院修撰，榜眼、探花授翰林院编修。二、三甲进士要再经过一次朝考才授官，朝考最优秀的授翰林院庶吉士，其余的分别授予京官、州官、县官。

凡乡试、会试、殿试都考第一名（解元、会元、状元），就叫"连中三元"。明代连中三元者有洪武年间的黄观和正统年间的商辂两人。

第四节　中国历史文化常识

一、中国的由来

"中国"一词最早出现于《尚书梓材》。其有云："皇天既付中国民，越厥疆土，于先王肆。"范围所指，仅是周人自己所居的关中、河洛地区而已。至春秋时，"中国"的含义逐渐扩展到包括各大小诸侯国在内的黄河中下游地区。而后，又随着各诸侯国疆域的展拓，"中国"亦不断向周边延伸，最终成为当今雄踞东方的泱泱大国之名。

我国历史上第一个朝代为夏朝。其时黄河流域所居之先民自称"华夏"，简称"华""夏"。"华夏"最早见于《左传》襄公二十六年（公元前547年），中有"楚失华夏"之语。从字义上讲，华者，美也，夏者，大也，连缀而用之，其词义雍容至美。"华夏"所指即为中原诸侯，也是汉族前身的称谓，"华夏"至今仍为中国的别称。

而"中国"一词之本义，当为中原各诸侯国，中者，居中之意；国者，诸侯之封国。华夏族人称其南北东西四境民族为蛮、夷、戎、狄，而自称为"中国"。"中国"最早见于周代文献，后来随着所指对象不同而有不同的含义。因参照体系不同，大致有以下六种概念：一指京师（首都）；二指天子直接统治的地区；三指中原地区；四指国内、内地；五指诸夏族居住的地区；六指历史上华夏或汉族所建立的政权（国家）。自汉代开始，人们常把汉族建立的中原王朝称为"中国"。因此，当各少数民族入主中原后，也多以"中国"自居，如鲜卑人建立的北魏自称"中国"，将南朝叫作"岛夷"；而同时期汉族建立的南朝虽迁离了中原，却仍以"中国"自居，称北朝为"索虏"、北魏为"魏虏"。在宋代，辽与北宋、金与南宋彼此都自称"中国"，且互不承认对方是"中国"。就是说，在古人心目中，"中国"既有地域之定位，又有文化之传承，更是具有王朝统治的正统性含义。

正因为"中国"一词带有多重含义，其所指范围也随着时代的推移而经历了一个由小到大的扩展过程。当《尚书》中出现"中国"一词时，所指仅局限于西周人所居关中、河洛一带。东周时，周的附属地区也可称为"中国"了，"中国"的含义扩展到包括各大小诸侯国在内的黄河中下游地区。秦汉以来，又把不属黄河流域但在中原王朝政权统辖范围之内的地区都称为"中国"，"中国"终于成为我国的通用名号。不过，"中国"一名虽有 3 000 年文字记载的历史，但它仅是由一种地域观念衍生而来、又带有文化本位的一个历史符号，从夏、商、周开始直至清末，从来没有一个王朝或政权曾以"中国"作为正式国名。"中国"作为国名始于 1912 年中华民国成立，至此"中国"才成为具有近代国家概念的正式名称。1949 年成立的中华人民共和国，又将"中国"概念完善、充实为今天的含义。

"中国"的别名，除"华夏"外，还有"中华""九州""四海""神州"等称呼。"中华"最初指黄河流域一带，随着版图的扩大，凡属中原王朝所管辖的地方都统称为"中华"，泛指全国。"中国"也简称"华"，中国人侨居海外称"华侨"。

"九州"之名最早见于《尚书·禹贡》，里面有"禹别九州"之语。其他如《尔雅释地》《周礼·职方》《吕氏春秋·有始览》中亦有"九州"的记载。尽管具体州名有所差异，但记载州数均为 9 个。九州包括冀、兖、青、徐、扬、荆、豫、梁、雍。而"州"成为正式行政区是在东汉。后代"州"越分越多、越分越细，辖区范围亦呈缩减之势，但中心地域大致相当于战国时"九州"的范围。"九州"之名却相沿未废，且成中国之代称一直沿用至今。

古时候，中国曾有"四海"之称，以四境均有海水环绕而得名。战国齐人邹衍得到海外交通的启发，提出"大九州"说。他认为《尚书·禹贡》中的九州合起来只能算一州，叫"赤县神州"；同样大小的州共有 9 个，但不过是被海环绕的小九州；这样的小九州共有 9 个，组成大九州；大九州四周被大瀛洲所环绕。"神州"只占天下 1/81。后代的事实证明这只是一种假说，但"神州"之名一直沿用到今天。

二、帝王的号

（一）谥号

古代帝王死后，根据死者生前事迹而给予其一种称号，以褒贬善恶。这一制度始于西周，至秦废，西汉时恢复。谥号是一些固定的字，大致分为三类：褒扬类：文、武、景、惠、烈、昭、穆、英、武、康等。如"经维天地曰文、道德博厚曰文""威强睿德曰武、克定祸乱曰武""布义行刚曰景""柔质慈民曰惠"。抑类：炀、厉、灵、幽等。如"好内远礼曰炀、逆天虐民曰炀""杀戮无辜曰厉"。同情类：有哀、怀、愍、悼等。如"恭仁短折曰哀"。谥号按理应该是死者生前业绩和品德之概括，但实际上选用谥号出于统治者的需要，往往与事实不符合，甚至完全是虚伪的。

（二）庙号

庙号始于西汉，止于清朝，是皇帝死后，其继承者在太庙立室奉祀时的名号。追尊为"某祖""某宗"的名号，即庙号。汉代以后，每一个朝代的第一位皇帝称"祖"，之后的嗣君称"宗"。但也不乏例外，如西汉仅刘邦称祖，南北朝开始至唐朝，几乎无帝不称宗。明清前几个皇帝都称祖。

（三）年号

年号是封建皇帝即位后用于纪年的称号，始于汉武帝即位之年的"建元"（公元前140年）。后历朝新君即位，次年改用新年号，称"改元"。同一皇帝在位期间遇到重大事件等也会改元。年号都有吉祥意义，大多两个字，也有三四字的，如太平兴国（宋太宗）。明清两代，每一个皇帝只用一个年号，故年号可代称皇帝，如明太祖只用洪武，明太祖就称为洪武皇帝。清高宗年号是乾隆，清高宗就称为乾隆皇帝。

（四）尊号

尊号是对帝王在生前或死后奉上的尊崇颂扬性称号，有时也称作"徽号"。如"太上皇""高皇帝"等。

（五）全称

全称是庙号、尊号、谥号的合称。如清朝乾隆皇帝全称为"高宗法天隆运至诚先觉体元立极敷文奋武钦明孝慈神圣纯皇帝"，其中"高宗"是庙号，"纯"为谥号，其余为尊号。

（六）陵号

帝皇陵寝的名号称为陵号，始于西汉，如昭陵、长陵、阳陵等。

一般来说，对隋以前的帝王一般称谥号，如汉武帝、隋文帝，因为此间的谥号大都为一个字，最多两个字，使用方便。唐至元的皇帝通常称庙号，如唐太宗、宋太祖，由于此间谥号较长，年号较乱，而用庙号最便利。明、清两代的皇帝除明英宗两次即位当皇帝用了两个年号外，其余的均用一个年号，所以常以其年号来称呼当时在位的皇帝，如"永乐皇帝""嘉靖皇帝""康熙皇帝""乾隆皇帝"。

三、帝王、皇族、皇戚称谓

我国古代的帝王、皇族及皇戚的称谓，虽在不同时期有些变化，但也有较为明确的规定。

（一）后、王、天子

奴隶社会中最高统治者可称"后""王""天子"。"后""王"的称谓起源于原始社会。

夏、商、周三代的最高统治者都称"王"。"天子"一称在西周时出现。周王室衰弱后，诸侯国的君主也有称"王"的，如"楚庄王"。战国时各大诸侯国的君主均称"王"。汉代开始，分封的诸侯称"王"，也有封爵称"王"的。

（二）皇帝

秦王嬴政统一中国后，认为自己"德兼三皇，功高五帝"，把"皇"和"帝"连起来，自称"皇帝"，后为封建社会中历代君主所沿袭。"皇帝"也简称为"皇"或"帝"，如"唐明皇""汉武帝"。有的皇帝对其父亲尊称为"太上皇"。大臣不直呼"皇帝"，而采用皇帝的别称，如陛下、万岁、天子等。

（三）太上皇、太皇太后、皇太后、皇后、嫔妃

太上皇：皇帝对其父亲的尊称。

太皇太后：皇帝对祖母的尊称。

皇太后：皇帝称母亲之谓。

皇后：皇帝的正妻。

嫔妃：皇帝诸妾的通称，诸如美人、贵人、才人、昭仪、婕妤、贵妃、贵嫔等。

（四）皇太子、皇太孙

皇太子：皇帝诸子中皇位的法定继承人，也称为"太子"。

皇太孙：由皇帝册立的有皇位继承权的嗣孙。

（五）公主、驸马

公主：皇帝的女儿。汉代皇帝的姊妹称长公主，皇帝的姑母称大长公主。后代有所不同，有的以"长"指排行。清代皇帝之女不称格格，只有亲王、郡王等人之女才称为格格。

驸马：魏晋以后指皇帝的女婿。清代则称"额驸"。

四、阴阳、五行、八卦

（一）阴阳

阴阳最初是指日光的向背，后被解释为气的属性，引申到相互对立或消长的两种现象、事物、联系等，如表3-4所示。《周易》的基础就是阳爻和阴爻。以后有多种引申。中国古代以奇数为阳数，吉；偶数为阴数，不吉。地理地名对阴阳的运用，山与水正相反：山北为阴，山南为阳；水北为阳，水南为阴。

表3-4　互为阴阳的事物和现象

阳	日	天	君	男	夫	父	刚	雄	强	上	动	暖	前	脏
阴	月	地	臣	女	妻	子	柔	雌	弱	下	静	寒	后	腑

（二）五行

古代认为构成万物的基本要素是金、木、水、火、土五种物质。木具有生长、升发的特性；火具有发热、向上的特性；土具有种植庄稼，生化万物的特性；金具有肃杀、变革的特

性；水具有滋润、向下的特性。五行原指这五种物质的运动形态，后转化为物质的五种本源。古人认为五行可化成万物，不同的两种物质在一起能够产生新的物质。五行相生又相克，五行相生为：金生水——金销熔生水；水生木——水润泽生木；木生火——木干暖生火；火生土——火焚木生土；土生金——土矿藏生金。五行相克为土克水，水克火，火克金，金克木，木克土。刚胜柔，故金胜木，因为刀具可砍伐树木；专胜散，故木胜土，因为树木可稳住崩土；实胜虚，故土胜水，因为堤坝可阻止水流；众胜寡，故水胜火，因为大水可熄灭火焰；精胜坚，故火胜金；因为烈火可熔解金属。

古代用木、火、金、水、土这"五行"分别代表东、南、西、北、中，把甲、乙、丙、丁、戊、己、庚、辛、壬、癸称为"天干"，又把"五行""天干"对应起来，组成"五方"，即东方甲乙木，南方丙丁火，西方庚辛金，北方壬癸水，中央戊己土。由此看出，东方属木，可以代表一切植物，如花草树木、庄稼等；西方属金，代表一切金属矿物，如金、银、铜、铁等；南方属火，火是一种化学现象；北方属水，水也是一种化学现象。中方的土，由于遍地皆是，以致被古人忽视。由此，只有木（植物）和金（金属矿物）最受重视，可代表一切有用的物质。于是人们就把代表"木"和"金"的两个方面连在一起，逐渐地构成"东西"，用它代表世界上形形色色的物品，如表 3-5 所示。

表 3-5　五行与五色、五方、五脏、五音等相配

五　行	五　色	五　方	五　脏	五　音
土	黄	中	脾	宫
金	白	西	肺	商
木	青	东	肝	角
火	红	南	心	徵
水	黑	北	肾	羽

（三）八卦

《周易》中的八种符号，象征八种基本的自然现象。乾代表天，坤代表地，坎代表水，离代表火，震代表雷，艮代表山，巽代表风，兑代表泽。八卦表示事物自身变化的阴阳系统，用来象征各种自然现象和人事现象。八卦源于中国古代对基本的宇宙生成、相应日月的地球自转（阴阳）关系、农业社会和人生哲学互相结合的观念。《易传》记录"易有太极，是生两仪。两仪生四象，四象生八卦"。太极即宇宙（派生万物的本源），两仪指天地（或阴阳），四象是四季，或水火木金布于四方，或指太阴太阳、少阴少阳。春是少阳，由木主持，与东方相结合，春天大地回春，万物复苏，于是东方为木、为生，颜色为青；夏季称太阳，由火主持，与南方相结合，夏天赤日炎炎，万物繁茂，于是南方为热、为火，颜色为红色；秋是少阴，由金主持，与西方相结合，秋天西风萧瑟，万物成熟，于是西方为金，颜色为白色；冬季称太阴，由水主持，与北方相结合，冬天凛冽寒风，万物收藏，于是北方为水，颜色为黑色；土则兼管中央与四季，作为地及地上皇权的代表，土在天人关系中，实际上是人的代表。四时等变化是阴阳两种势力相互作用而产生的。而八卦再分三爻，自然是指二十四节气。五行与八卦的对应关系为：乾（天）、兑（泽）为金，巽（风）、震（雷）为

木，坎为水，离为火，坤（地）、艮（山）为土。

五、姓、名、字、号

（一）姓氏

1. 姓氏的含义

寻根问祖是中华民族根深蒂固的传统观念。每一个人都有自己的姓。我国具有世界上最悠久并持续不断的姓氏传统，重人伦的炎黄子孙都很看重自己的姓。近年统计，我国现存的姓氏有 3 500 多个，历史上出现过的则有 22 000 多个。

姓氏是一个人血统的标志。姓的起源可上溯到母系氏族社会。作用是"别婚姻"，识别、区分氏族，实行族外婚。姓原本表示妇女世代相传的血统关系，由女性方面决定。目前已知的古老姓氏，如姬、姜、嬴、妊等姓中均带有"女"字偏旁，就是母系氏族社会的痕迹。"氏"原为"姓"的分支，起源于父系氏族社会。其作用一是表明父系血缘关系，二是"明贵贱"。贵者有氏，贱者无氏。黄帝轩辕氏即属于姬姓部落。氏成为古代贵族标志，宗族系统的称号，用以区别子孙之血缘。

姓和氏是人类发展的两个阶段，是文明的产物。秦始皇一统天下后，姓和氏合而为一。西汉时姓氏完全融为一体，不再区分，姓与氏都是姓，表明个人出生家族的符号，并且自天子到庶民人人皆有姓氏，姓氏的使用和发展才真正步入正轨。

总之，在先秦时期，姓和氏有不同的含义。夏、商、周三代以前，男子称氏，妇人称姓。氏所以别贵贱。故姓可呼为氏，氏不可呼为姓。姓所以别婚姻，故有同姓、异姓、庶姓之别。氏同姓不同者，婚姻可通；姓同氏不同者，婚姻不可通。三代之后，姓氏合而为一，皆所以别婚姻，而以地望明贵贱。

2. 姓氏来源

姓氏来源比较复杂，每个姓氏的形成各有不同的历史程序，同姓不一定同源，异姓也可能出自同宗。中国姓氏的由来大致有以下几种情况。

（1）以姓为氏。以远古氏族部落的标志符号为姓，如姬、姜、姒、姚等。

（2）以爵位称号及爵系为氏。有皇、王、公、候、王叔、王子、王孙、公子、公孙等姓。

（3）以出生地、居住地为姓。一般都带邱、门、乡、闾、里、野、官等字、表示不同环境的居住地点。复姓较多，春秋时齐国公族大夫分别住在东郭、南郭、西郭、北郭，便以东郭、南郭等为姓；公族大夫住在西门，便以西门为姓。

（4）以国名、封地为姓。春秋战国时期的诸侯国——齐、鲁、晋、宋、郑、吴、越、秦、楚、卫、韩、赵、魏、燕、陈、蔡、曹、胡、许等，皆成为姓。周朝时的周公名旦，本姓姬，但因封地在周，后其子孙即以周为姓。

（5）以邑名为氏。帝王及各诸侯国国君分给同姓或异姓卿、大夫的封地叫邑、采邑。卿、大夫的后代或采邑的人，有的便将邑名作为氏。有苏、上官等姓。

（6）以官职为姓。古代有五官，即司徒、司马、司空、司士、司寇，后代便以这些官职为姓。一些以官职为姓的姓氏，从字义上也可以分辨出来，如籍、谏、库、仓、军、厨等。

（7）以谥号为姓。周惠王死后追谥为惠，他的后代便姓惠。

（8）以祖辈的字为姓。出自此条的姓氏很多，如周平王的庶子字林开，其后代以林姓传世；郑国公子偃，字子游，其子孙便姓游；鲁孝公儿子子驱，字子臧，其后代便姓臧。

（9）以图腾为姓。羊、马、牛、龙、云等姓都可能是一种图腾的标志。

（10）因赐姓、避讳而改姓。如战国时代田齐襄王法章的后代本姓田，齐国被秦灭了，其子孙不敢姓田而改为姓法。汉明帝讳"庄"字，凡姓庄的都改姓"严"。

（11）以乡、亭之名为姓。常见姓有裴、陆、阎、郝、欧阳等。

（12）以次第为姓。一家一族，按兄弟顺序排行取姓，如老大曰伯或孟，老二曰仲，老三曰叔，老四曰季等。后代相沿为氏，表示在宗族中的顺序。

（13）以技艺为姓。如巫、卜、陶、匠、屠等。

（14）用祖先族号为姓。如秦始皇，姓嬴名政，嬴是他祖先的族号。

（15）古代少数民族融合到汉族中带来的姓。如慕容、宇文、呼延、尉迟等。

（二）名、字、号

1. 名

名字是一个人区别于其他人的称号。当代国人一般只有名而无字，名与名字的含义相同；古代中国人名与字有不同的含义和用途。古人幼时取名以供长辈呼唤。

2. 字

字是古人成年后取的别名。男子20岁成人，要举行加冠礼，取字，标志其人可立身于社会了；女子未许嫁时叫"待字"闺阁，到了15岁许嫁（订婚），举行笄礼，取字。字在名的基础上起，它是解释名的，叫"表字"，解释的是名的性质和含义，也叫"表德"。名和字必须有意义上的联系，如，曹操字孟德，操是操行、品德，用"德"来说明"操"；诸葛亮字孔明，"明"与"亮"同义。另外，还有在家族中依行辈规定的"字辈名"，一般其第一个字是本行辈所固有的。

3. 号

号亦称别号。古人在名和字以外的别名，一般为尊称、美称，呼人之号比呼其字更示尊重与客气。如陆游，号放翁。古人在交往中，名有"名以正体"的严肃性，一般用于谦称、卑称。上对下、长对少方可称名；下对上、平辈之间，称字不称名。一般直呼对方的名是不礼貌的。字具有"字以表德"之意，或以明志趣，或以表行第。因此，对人称呼常用字，字的使用率超过名。名人雅士"号为尊其名更为美称焉"。号比字更加让人觉得尊重、响亮。如孙中山先生，"文"是其名，"逸仙"是字，"中山"则是号。他自称是名"文"，父兄长辈直呼其名"孙文"理所当然；一般人直呼他"孙文"通常是其政敌，带有咒骂、蔑视之意；称他"逸仙"者往往是其同辈和挚友；辛亥革命后人们大都称之为"中山先生"或"孙中山先生"。

习题与拓展实训题

一、思考题

1. 中国自然环境对中国传统文化的影响有哪些?

2. 中国农业社会经济环境对中国传统文化的影响何在?

3. 论述中国传统制度环境对中国传统文化的影响。

4. 概述我国历史发展的基本脉络。

5. 概述我国古代科学技术的发展。

6. 以明清为例,说明我国古代科举考试的种类,并谈谈你对科举考试的看法。

7. 什么是谥号、庙号、年号、尊号、全称、陵号?

8. 概述一下中国的由来。

9. 说明姓氏的含义及其来源。

二、案例分析

在山东省的西南部,有一个孔姓人口占1/5的县级市,它就是有着5 000多年悠久历史的"东方圣城"——曲阜。"千年礼乐归东鲁,万古衣冠拜素王",曲阜之所以享誉全球,是与孔子的名字紧密相连的。孔子是世界上最伟大的哲学家之一,中国儒家学派的创始人,是中国春秋时期著名的思想家、政治家、教育家。在2 000多年漫长的历史长河中,儒家文化逐渐成为中国的正统文化,并影响到东亚和东南亚各国,成为整个东方文化的基石。曲阜的孔府、孔庙、孔林,统称为"三孔"。孔府是孔子世袭"衍圣公"的世代嫡裔子孙居住的地方,是我国仅次于明、清皇帝宫室的最大府第;孔庙是我国历代封建王朝祭祀孔子的礼制庙宇,是一组具有东方建筑特色、规模宏大、气势雄伟的古代建筑群;孔林是孔子及其家族的专用墓地,也是目前世界上延时最久、面积最大的氏族墓地。"三孔"是中国历代纪念孔子、推崇儒学的表征。这些景观以丰厚的文化积淀、悠久的历史、宏大的规模、丰富的文物珍藏以及科学艺术价值而著称。曲阜因其在中国历史和世界东方文化中的显著地位,联合国教科文组织于1994年12月将其列入《世界遗产名录》,被世人尊崇为世界三大圣城之一。

讨论

1. "三孔"作为历史文化遗产有何现实意义?

2. "三孔"景观中的儒家思想表现在哪些方面?

3. 你如何看待孔子的儒家思想?

三、实训题

分析中国传统文化的特征。

自然景观旅游文化（上）

1. 了解我国自然景观文化的文化特性；

2. 掌握地质景观旅游文化、大漠景观旅游文化、生物景观旅游文化和气象气候旅游文化的内涵；

3. 熟悉自然景观文化与旅游的内在关系，以此领悟我国自然景观文化的独特魅力，从而准确传达相关的信息。

通过对各类自然景观文化的分类，简洁地阐述其文化特性，并列举国内有代表性的景观加以说明，加深对其文化特征的认识。

峨眉山佛光

观赏地点：金顶景区

观赏时间：早上9：00—10：00　　下午3：00—4：00

峨眉宝光，又称佛光，看上去是一个七彩光环，人影在光环正中，而且变幻之奇，出人意料。

当游客站在峨眉山金顶背向太阳而立，而前下方又弥漫着云雾时，有时会在前下方的天幕上，看到一个外红内紫的彩色光环，中间显现出观者的身影，人动影动，人去环空。即使两人拥抱在一起，每个人也只能看到各自的身影。这就是四川峨眉山神奇的"佛光"现象。

思考

在本案例中，中国人欣赏自然景观有什么特点？

第一节　自然景观旅游文化概述

一、自然景观与文化

"自然景观"一词源于 Landscape，最原始的意思是"风景""景色""山水"等，后成为地理学科的名词之一，被解释为自然地理区划中特定类型的区域。后来人们把凡是作为人类欣赏对象的自然景物或自然现象都称为"自然景观"。近代美学研究大多把自然景观限于自然风光的审美范围，但在当代，越来越多的人提出，自然景观不仅包括自然的，也包括人文的，从而使"自然景观"一词的范畴有了很大的扩展。从旅游文化和现代旅游的角度认识和审视自然景观，可以把自然景观理解为被开发和利用的旅游资源的重要部分，是旅游吸引物的重要构成。

从自然景观含义的演变可以看出，文化概念的引入使得自然景观所涉及的范围从单纯的自然生态系统扩大到自然—经济—社会复合系统，以及人文科学的社会、心理和美学领域。文化对于自然景观有着深刻的影响，不论是半自然的农村自然景观还是全人工化的城市自然景观，都是不同程度的文化自然景观的体现，它反映了人类在自然环境影响下对生产和生活方式的选择，同时反映了人文对精神、伦理和美学价值的取向。因此，文化自然景观是人类文化与自然景观相互作用的结果，是特定时间内形成一些基本特征的自然和人文因素的复合体。

作为附加在自然景观之上的各种人类活动形态，文化自然景观由自然和人文两大因素组成。自然因素为人类物质文化自然景观的建立和发展提供了基础。自然环境本身所具有的地带性规律也使文化自然景观的许多人文因素（如居民等）具有明显的地带性。构成文化自然景观基础的自然因素包括地貌、水文、气候、植被、动物和土壤等，其中地貌因素对自然景观的宏观特征产生决定性作用，动植物则是区域文化自然景观外貌重要的影响因素，是区域文化自然景观的重要标志之一。如谈到海南岛，高耸挺拔的椰子树就会浮现在人们眼前；提及大兴安岭，人们就会联想到莽莽苍苍的原始森林。构成文化自然景观的人文因素包括物质和非物质的两类。物质因素是文化自然景观的最重要体现，包括聚落、饮食、服饰、交通、栽培植物、驯化动物等。聚落是文化自然景观的核心，集中反映了各要素之间的相互关联。非物质因素主要包括思想意识、生活方式、风俗习惯、宗教信仰等。

二、自然景观的文化特性

自然景观文化既非自然景观与文化的简单结合，也非自然景观与文化的叠加重合。自然景观文化探讨和研究自然景观生成、发展的历史文化背景，自然景观的结构特点与文化内涵，以及自然景观观赏和自然景观之间的审美与审美关系。应把自然景观文化视作现代文化家族中的一员，以文化为本体来观照自然景观，而不是以自然景观为本体，由此去寻找和探讨与文化相关联的部分。

作为旅游文化的组成部分，自然景观文化有其自身的文化特性。

（一）自然景观的"外形"

自然景观的"外形"是物质的、外露的东西，是旅游者接触自然景观文化最初获得的最直接的感受，是自然景观文化的外在表露，是自然景观文化的体现。

自然景观文化的"外形"是物理学上的"形"，它较为直观，易于感知，是自然景观的外在体现，是自然景观文化的外化与物化。

自然景观的"外形"是自然景观的形状与构制，包括自然景观的色彩、形状、结构、相貌、质地、材料和工艺等。就山水而言，高山的雄伟、险坡的陡峭、崖壁的直立，水面的辽阔、水势的激荡、波涛的汹涌等，都是山水的"外形"。

（二）自然景观的"内意"

自然景观的"内意"是文化的、内在的东西，是自然景观直接依托和体现的文化，是自然景观的"内涵文化"。

自然景观文化的"内意"是无形的，它是凝结在自然景观内的文化意识，是自然景观的文化内涵。没有这种无形的"意"，即文化存在的运用，就不可能有"有形"的自然景观的生成。所以，自然景观的"形"与"意"是相统一的。

自然景观的"形"是一种物质的层面，而自然景观的"意"则是精神的层面，二者使自然景观呈现在观赏者的面前。自然景观有了"意"，也就有了生命。然而，自然景观的"意"是一种内在的文化，它是无法通过强力外加的。

（三）自然景观的"背景文化"

自然景观的"背景文化"是外在于自然景观的文化、思潮和社会。不同的"背景文化"是人们不同的生活方式、宇宙观、价值观、审美习惯、思维方式和行为心理的典型反映，换言之，自然景观是社会和时代孕育的，技艺和胜景更凝聚着当时当地的文化、传统、历史和生活。因而只有对自然景观所赖以生存的社会思想文化有较为深切的了解，才能更为深刻地认识和理解自然景观。

（四）自然景观的"阅读文化"

自然景观形成以后，目的不尽相同的旅游者会对自然景观做出不同的评论，有意或无意地对其进行美学鉴赏。因为每个人的文化背景和知识结构不同，形成了不同的美学趣味、评论标准，所以对同一自然景观往往会品出许多不同的"味道"，得出不同的结论。这样，就有了自然景观的阅读文化。事实上，自然景观的文化价值和美学价值只有通过旅游者的阅读才能真正得到体现。

中国人重意境，对意境的刻意理解当是旅游者观赏的最高追求。刘禹锡在《陋室铭》中写道："山不在高，有仙则名。水不在深，有龙则灵。斯是陋室，惟吾德馨。"国人总是赋予景观以特定的意境，以突出其最具景点特点的精神，以丰富多彩的"境"物，多侧面、多角度地渲染富有深厚内涵的审美"意"象，引起追忆和遐思。

第二节　地质景观旅游文化

地球从诞生到现在约有 46 亿年的历史，在这漫长的时期内，孕育形成的奇山秀水及保存在岩石中的生命遗迹和地质构造遗迹，都是地球历史的天然记录，是人类最宝贵的天然财产，这些都可统称为地质遗迹，是旅游开发中具有价值的旅游资源。

一、地质景观的类型

根据旅游地质资源开发利用方式的不同，借鉴杨世瑜等人于 2002 年在《三江并流带旅游地质资源开发与环境保护》中提出的对旅游地质资源进行分类的方法，本书将地质遗迹归纳为三大类。

（一）科学考察和科学普及性地质景观

（1）地壳演化——地质遗迹类。此类景观包括地质构造、地层序列、古生物和古环境等类别。

（2）环境地质——地质灾害遗迹（新构造运动）。此类景观包括地震遗迹、地面沉降、地块抬升、近代火山活动、陨石及陨石坑、滑坡、泥石流、崩塌、侵蚀沟及坡面侵蚀等类别。

（3）经济地质——人类地质活动遗迹。此类景观包括典型（特色）矿床（类型）、矿产开发遗迹、典型水利工程。

（二）观赏性地质景观

（1）第四纪——现代地质景观。此类景观包括岩类山岳地貌景观、侵蚀地貌景观和盆地谷地景观等。

（2）雪山——冰川地质景观。此类景观包括雪山景观、冰川景观。

（3）河流——湖泊景观。此类景观包括湖泊、河流、峡谷、瀑布、泉、洞、暗河、海（湖）岸、海岛及沙砾石滩等。

（4）文物性地质景观。此类景观包括摩崖字画、石雕、石窟、石质文物建筑等。

（三）商品性地质旅游资源

此类景观包括观赏石（天然）、彩石、宝玉石、观赏石材和观赏矿石矿物等主要类别。

二、中国著名的地质景观

（一）黄山地质公园

黄山地质公园雄踞于风光秀丽的皖南山区，面积约 1 200 平方千米，是以中生代花岗岩地貌为特征的地质公园，如图 4 - 1 所示。

图 4-1 安徽黄山地质公园

黄山以"雄竣瑰奇"而著称，千米以上的高峰有 72 座，峰高峭拔，怪石遍布。山体峰顶尖陡，峰脚直落谷底，形成群峰峭拔的中高山地形。黄山自中心部位向四周呈放射状形成众多的"U"形谷和"V"形谷。山顶、山腰和山谷等处，大范围地分布有花岗岩石林、石柱，特别是巧石遍布群峰、山谷。山峰的主要类型有穹状峰、锥状蜂、脊状峰、箱状峰等。黄山地质公园内奇峰耸立，巍峨雄奇；青松苍翠，挺拔多姿；峭石嶙峋，如雕如塑；云海浩瀚，气势磅礴；温泉水暖，喷涌不歇。

在距今约 1.4 亿年前的晚侏罗纪时期，地下炽热的岩浆沿地壳薄弱的黄山地区上侵。距今 6 500 万年前后，黄山地区的岩体又发生较强烈的隆升。随着地壳的间歇抬升，地下岩体及其上的盖层遭受风化、剥蚀，同时也受到来自不同方向的各种地应力的作用，在岩体中又产生出不同方向的节理。自第四纪（距今 175 万年）以来，间歇性上升形成了三级古剥蚀面，最终形成了今天的黄山。矿物成分、结晶程度、矿物颗粒大小、抗风化能力和节理的性质、疏密程度等多方面的差异造成了宛如鬼斧天工般的黄山美景。

黄山以奇松、怪石、云海"三奇"和丰富的水景以及它们的相互组合表现其特质，显示了黄山天然的完美和谐，在丰富多变中见其有机统一。立马桥、天都峰、北海等地段，因被认为具有第四纪冰川而闻名。黄山冰川存在与否的问题已争论了半个多世纪，至今尚无定论，这也是黄山地质公园又一诱人的魅力所在。

对以古桥、古登道、摩崖石刻与黄山山水画为特征的黄山地质公园来说，其底蕴深厚的文化渗透在雄奇秀美的自然山水之中。其中黄山画派在中国画坛上占有重要位置，对中国山水画的发展产生了重大的影响，是研究中国文化、中国画史的重要资料。

黄山地质公园的花岗岩地貌、第四纪冰川遗迹、水文地质遗迹等地质遗迹和地质景观资源与黄山文化等人文景观资源以及丰富的动植物资源，构成了一座集山、水、人文、动植物为一体的大型花岗岩区天然博物馆。

（二）庐山地质公园

庐山地质公园位于江西省九江市，总占地面积 500 平方千米，主要地质遗迹类型为地质地貌、地质剖面，如图 4-2 所示。

图4-2 庐山地质公园

地质公园内发育有地垒式断块山与第四纪冰川遗迹，以及第四纪冰川地层剖面和早元古代星子岩群地层剖面。迄今为止，在庐山共发现百余处重要冰川地质遗迹，完整地记录了冰雪堆积、冰川形成、冰川运动、侵蚀岩体、搬运岩石、沉积泥砾的全过程，是中国东部古气候变化和地质特征的历史记录。这与欧洲阿尔卑斯山地区及北美地区第四纪冰川活动特征有许多相似之处，对研究全球古气候变化和地质发展史具有极高的科学价值。

以伸展构造为主体，伴随庐山出现的断块山构造和变质核杂岩构造组成了庐山地学景观的又一特征。受新构造运动的作用，庐山孤山屹立，大构造巍峨壮观，小构造千姿百态。庐山变质核杂岩构造十分出众，与世界变质核杂岩具有对比性，庐山南麓的25亿年前至18亿年前的早元古代"星子群"变质杂岩地层，被载入《中国地层典》。

构造运动、冰川侵蚀、流水三种地质作用形成的复合地貌景观，是庐山地学上的另一大特征，它与生物多样性一起构成了庐山雄、奇、险、秀的绚丽画卷，体现了庐山地学景观极高的美学价值。

庐山既是中国山水文化的重要发祥地，又是以陶渊明为创始人的中国田园诗派的诞生地。历史上曾有1 500多位知名科学家、文学家、哲学家来到庐山考察旅游，留下了4 000多首著名的诗篇及近千篇（幅）学术论文、游记、画卷，集中体现了庐山是中国山水文化的精彩折射和历史缩影。

蕴含中西的庐山建筑文化闻名中外。从19世纪末到20世纪30年代，在庐山牯岭上就建有20多个国家的不同建筑类型的别墅近千栋。清凉秀美的庐山在20世纪初就被称为"万国公园""世界村"。庐山的历史遗迹与人文景观以其独特的方式触汇在具有突出价值的自然美之中，形成了具有极高美学价值，并与中华民族精神和文化生活紧密相连的文化景观。

（三）云台山地质公园

云台山地质公园位于河南省焦作市修武县北部的太行山南麓，主要以云台山园区的构造单面山体地貌和断崖飞瀑、幽谷清泉地貌为特征。公园内群峡间列、蜂谷交错、悬崖长墙、崖台梯叠的"云台地貌"景观，是以构造作用为主，与自然侵蚀共同作用形成的特殊景观，是地貌类型中的新类型，既具有美学观赏价值，又具有典型性，如图4-3所示。

图4-3　河南云台山地质公园

在全球具有一定规模的东亚裂谷体系中，云台山地质公园处在华北陆块新生代东亚裂谷系的华北裂谷带与西安—郑州—徐州近东西向裂谷转换带的交会部位。受太行山大断裂控制，在喜马拉雅造山运动过程中，于寒武系—奥陶系石灰岩地层中形成了一系列由"之"字形、线形、环形、台阶状长崖、瓮谷、深切嶂谷、悬沟等地形组合的"云台"地貌，构成了区内峡谷幽深、群山耸峙、飞瀑清泉的太行绝景，对研究新构造运动和裂谷的演化具有重要意义。

园区内有形成于距今14亿至3亿年间的中元古界蓟县系云梦山组——上石炭统太原组地层，出露系统完整；有太古界——早元古界基底，还有典型的构造遗迹，如基底太古界片麻杂岩构造、早元古界表壳岩的底辟穹窿构造、盖层的超覆构造、韧性剪切带构造、韧脆性变形构造、脆性断裂构造、单面山构造，以及盖层中的垮塌构造、滑坡构造等。

特殊的构造部位和地层岩性条件，使公园内水体和水动力作用充分发育，形成的瀑布、溪泉和河流钙化阶地、钙化瀑、钙化滩等代表了中国北方岩溶的特点，形成了一道美丽风景线。

由于公园特殊的地理位置和地形地貌，公园内保存和生长了一些如白鹤松、大果榉等古老树种和竹林等特殊植物，还有太行猕猴、金钱豹等保护动物。有些特殊植物和动物还成为在中国生长和分布的北界，因此具有重要保护价值。

目前，云台山地质公园已开发的各类自然景观共有7种，170余处，山峰100余座，陡崖十余处。峡谷中保留了大量的地质遗迹，其中较为重要的有系统独特的地层、岩石、矿物旅游资源，特征典型的地质旅游资源，险峻秀丽的剥蚀地旅游资源，奇异多样的洞府旅游资源，得天独厚的生态旅游资源及历史悠久的人文旅游资源。

（四）雁荡山地质公园

雁荡山世界地质公园主要位于中国浙江省温州市乐清市境内，部分位于永嘉县及温岭市，距杭州 300 千米，距温州 70 千米。地质公园总面积 294.6 平方千米，包括 3 个园区。主园区包括灵峰、三折瀑、灵岩、大龙湫、雁湖西石梁洞、显胜门、仙桥、羊角洞等景区，东园区包括方山、长屿硐天，西园区为楠溪江。雁荡山属大型滨海山岳风景名胜区，最高海拔 1 056.6 米，如图 4-4 所示。

图 4-4　浙江雁荡山地质公园

雁荡山是亚洲大陆边缘巨型火山（岩）带中白垩纪火山的典型代表，是研究流纹质火山岩的天然博物馆。雁荡山的山石记录了距今 1.28 亿~1.08 亿年一座复活型破火山演化的历史。雁荡山地质遗迹堪称中生代晚期亚欧大陆边缘复活型破火山形成与演化模式的典型范例。它记录了火山爆发、塌陷、复活隆起的完整地质演化过程，为人类留下了研究中生代破火山的一部永久性文献。

（五）五大连池地质公园

五大连池世界地质公园位于黑龙江省五大连池市，总占地面积 720 平方千米，主要地质遗迹类型为火山地质地貌类。

五大连池是中国境内保存最完整、最典型、年代最新的火山群。园区内有规律地分布着 14 座火山，五大连池火山群的形成，距今已有近 70 万年的历史。其中，2 座火山喷发于 1719—1721 年，占地 60 多平方米，是中国最新的火山。老期火山与新期火山相间排列，规模较大的圆台形火山与规模较小的岩渣堆、盾火山相依偎，这里还可以看到圆盆状火山口、圆椅状火山口、漏斗状火山口、破裂状火山口和复合状火山口。新期火山喷发形成的翻花熔岩、结壳熔岩交替出现，数量众多、规模宏大、保存完好的喷气锥、喷气碟世界罕见。最新的火山喷发堵塞了当年的河道，形成了五个串珠状溪水相连、倒映山色的火山堰塞湖泊——五大连池，享有"天然的火山博物馆""火山公园"的美誉，如图 4-5 所示。

图4-5 黑龙江五大连池地质公园

由于五大连池火山群各火山的熔岩岩性都基本相似，故将五大连池火山群富钾的碱性基—中基性火山熔岩都统称为"石龙岩"。

五大连池位于东亚大陆裂谷系的轴部，它很可能是在裂谷作用下的地幔柱上隆产生的。因此，五大连池火山岩对探讨地球板块活动和岩浆演化有重要的科学价值，同时对检测当地的火山地震活动也非常重要。

在辽金时代，五大连池地区并无人居住，伴随着两座新期火山的喷发、五个彼此相连的火山堰塞湖的形成和疗效神奇的矿泉水的出露，游牧民族达斡尔人才逐渐迁入，后来汉人大量迁入垦荒种地、繁衍生息，逐渐形成五大连池地区独特的民族文化与民俗风情。

园区空气清新，环境幽雅，湖光山色优美，是难得的科学旅游、休假康疗的胜地。这里有景色奇特的火山风光、丰富完整的火山地貌和疗效显著的矿泉"圣水"，是一个集游览观光、疗养休息、科学考察于一体的综合性天然风景名胜区，深受海内外游客的青睐。

（六）嵩山地质公园

嵩山地质公园位于河南省登封市，总面积450平方千米，主要地质遗迹类型为地质（含构造）剖面。

嵩山在大地构造上处于华北古陆南缘，在公园范围内，连续完整地出露35亿年以来太古代、元古代、古生代、中生代和新生代五个地质历史时期的地层，地层层序清楚，构造形迹典型，被地质界称为"五代同堂"，可以说是一部完整的地球历史石头书。

嵩山主峰地区的玉寨山、峻极峰、五指岭、尖山等，多为石英岩组成，加之构造运动所致，使诸峰在400米标高上拔地而起，壁立千仞，险峻清秀，奇峰异谷遍布全区，形成独特的地形、地貌，如图4-6所示。

图 4 - 6　河南嵩山地质公园

区内清晰地保存着发生在距今 23 亿年（命名为嵩阳运动）、18.5 亿年（中岳运动）和 5.7 亿年（少林运动）三次前寒武纪全球性地壳运动形成的沉积间断和地层角度不整合界面遗迹。中岳运动塑造了嵩山构造地质体的雏形，为风化剥蚀作用提供了原始条件；燕山运动所产生的构造格局为现今嵩山面貌提供了原形。喜马拉雅运动使嵩山在不断隆升中经受剥蚀，断层碎裂带成为隘口，破碎的节理、裂隙形成形状大小、深浅不同的峡谷，产状直立的石英岩被剥蚀为簇林地貌或壁立千仞的悬崖，最终形成了隆、陷、褶、断等地壳表面构造类型与环、线、块相间排列的构造格局。嵩山地质公园是地壳构造演化的一个缩影，是研究前寒武系沉积建造受运动影响挤压变质、褶皱造山、剥蚀夷平等过程乃至地壳演化规律的天然实验场，是向旅游者普及地球科学知识的宝库。

嵩山是我国著名的"五岳"之一——"中岳"。其人文景观众多，计有十寺、五庙、五宫、三观、四庵、四洞、三坛及宝塔 270 余座，是历史上佛、儒、道二教荟萃之地，闻名于世的少林寺便深藏于嵩山，这些丰富的人文景观和珍稀的地质遗迹相互辉映，构成了嵩山地质公园立体的、多层次的、多功能的景观特色。

三、中国著名的地貌景观

（一）张家界砂岩峰林地貌

张家界砂岩峰林地质公园位于湖南省张家界市，总占地面积 3 600 平方千米，是由张家界、索溪峪、天子山、杨家界四个主要风景区和黄龙洞等构成的一个完整的生态系统，山、水、桥、洞、瀑地貌景观齐全，是一处难得的天然博物馆和罕见的旅游胜地。

张家界砂岩峰林地貌代表了地球上一种独特的地貌形态和自然地理特征。它发育于泥盆系云台观组和黄家蹬组，峰林集中分布区面积 86 平方千米，是在特定的地质构造部位、特定的新构造运动和外力作用条件下形成的一种举世罕见的独特地貌。在园区内有 3 000 多座拔地而起的石崖，高度超过 200 米的就有 1 000 多座，其中的金鞭岩竟高达 350 米，个体形态有方山、台地、峰墙、峰丛、峰林、石门、天生桥及峡谷、峰谷等。公园以世界上独一无二的砂岩峰林地貌景观为核心，以岩溶地貌景观为衬托，兼有成型地质剖面、特殊化石产地等大量地质遗迹，构成独具特色的砂岩峰林地貌组合景观，如图4-7所示。

图4-7 湖南张家界砂岩峰林地貌

公园内另一富有特色的地貌是岩溶洞穴地貌。地貌形态有漏斗、洼地、溶丘、石芽、石林、穿洞、溶洞、伏流、暗河等。溶洞以黄龙洞为典型，洞内景观引人入胜，有洞穴迷宫、卷曲状钟乳石、鹅管、歪斜钟乳石，以及色彩绚丽、晶莹剔透、形态各异、精妙绝伦的滴水石，如石钟乳、石笋、石柱、石瀑、石幔、石帘、石花等，是世界上已发现的石笋最集中、神态最逼真的溶洞之一。此外，园内森林茂密，有银杏、珙桐、红豆杉、鹅掌楸等珍稀植物，为研究生物演化提供了实物例证。

在公园及其外围地区，人类历史活动久远，古遗迹、古遗址分布广泛。在"云台村遗址"距地表1.5米的第四纪土层内采集到很多石器、石核等，皆为砾石原料，体现了从旧石器到新石器时期文化的延续；另外，公园内有"朱家古商周遗址""白公城""西汉至南北朝遗址以及战国石壁""战国铜剑""唐代铜剑""唐代铜塑"以及"云朝山金顶佛殿"等一大批古庙、古建筑，充分展示了悠久的古代文化历史，加上当地深厚的少数民族风俗风情，令游人流连忘返。

（二）云南石林地貌

云南石林地质公园位于云南省，总占地面积400平方千米，主要地质遗迹类型为岩溶地质地貌。

云南石林地质公园是一个以石林地貌景观为主的岩溶地质公园。在晚古生代，这里沉积了上千米的石灰岩、白云岩，为形成本区石林地貌奠定了基础。经后期地壳运动的抬升、作用成为陆地，加之多期次遭受地下水、地表水沿岩石裂隙进行的溶蚀，最后形成了组合类型多样的石林地貌景观。最早一期的石林形成于两亿五千多万年前的早二叠世晚期，而最新一期还正在形成。其间经历了玄武岩和湖泊碎屑沉积的覆盖以及多次的抬升剥蚀。在独特的地质、气候、水文条件下，多期石林继承发展，相互叠置，层次分明，如图4-8所示。

图 4-8　云南石林地貌

　　这里具有我国最为多样的石林喀斯特形态，世界上其他地区最为典型的石林喀斯特形态在这里都可以找到，不仅有发育完美的剑状、刃脊状喀斯特，还有蘑菇状、塔状等形态，可谓集石林景观之大成，堪称"石林喀斯特博物馆"，具有极高的科学和美学价值。

　　它也是目前唯一位于亚热带高原地区的石林，是研究区域地质演化和喀斯特作用的理想之地。在保护区内，低矮的石牙与高大的石柱成簇成片地广布于山岭、沟谷、洼地等各种地形，并且与喀斯特洞穴、湖泊、瀑布等共生，组成一副喀斯特地貌全景图。特别是这里连片出现高达 20～50 米的石柱群，远望如树林，人们望"物"生义，称为"石林"，"石林"这一术语即源于此地。

　　彝族撒尼人已在石林地区居住了 2 000 多年，他们的生活已与石林喀斯特密不可分。脍炙人口的《阿诗玛》史诗、热烈的火把节、欢快的《阿细跳月》舞、深情的《远方的客人请您留下来》歌曲早已广为人知。多姿多彩的民族文化和浓厚的民族风情与环境宜人的石林地貌相配合，形成了天人合一的和谐美景，更增添了石林景观的吸引力。

（三）丹霞地貌

　　丹霞山地质公园位于广东省韶关市东北的仁化、曲江两县交界地带，总面积 390 平方千米。世界上由红色陆相沙砾岩构成的以赤壁丹崖为特色的一类地貌均被称为丹霞地貌，丹霞山便是这一类特殊地貌的命名地。

　　丹霞山位于南岭山脉南侧的一个山间盆地中，整体为红层峰林式结构，有大小石峰、石堡、石墙、石柱 380 多座。主峰巴寨海拔 618 米，大部分山峰在 300～400 米，错落有致、形态各异、气象万千。丹霞山由红色沙砾岩构成，以赤壁丹崖为特色，看去似赤城层层，云霞片片，古人取"色如渥丹，灿若明霞"之意，称为丹霞山。丹霞山又称"中国红石公园"，自古为岭南第一奇山。各种形态、组合的丹霞地貌若千年石堡。丹霞的山石似人似物、似兽似禽，宛如雕塑大师的一尊尊艺术杰作，却无一不是大自然的鬼斧神工，如图 4-9 所示。

图4-9　广东丹霞地貌

　　丹霞盆地形成和发展于中生代，被改造于新生代，其地质历史包含了从地槽—地台—地台活化（地洼）等三个阶段的完整旋回。构成丹霞地貌的物质基础是形成于距今9 000万至7 000万年前的晚白垩纪的红色河湖相沙砾岩。在距今约6 500万年前，这一地区受构造运动的影响，产生许多断层和节理，同时使整个丹霞盆地变为剥蚀地区。在距今约2 300万年开始的喜马拉雅运动使该地区迅速抬升。在漫长的岁月中，间歇性的抬升作用该地区的地貌发生了翻天覆地的变化，地质作用将本地区塑造得更加秀丽多姿。

　　除了美不胜收的自然风貌外，该地区尚有保存完好的生态环境和片状分布的山顶、山谷原始生态群落、古树名木及野生动物。

　　丹霞山开发历史悠久，人文景观颇为丰富。很久以前，丹霞山附近就有先民居住生息，丹霞盆地西南还有著名的马坝人头骨化石遗迹，是研究早期智人的重要线索。狮子岩的石峡文化遗址是距今6 000年前的新石器时代晚期的古人类文化遗存。在这里，从古到今流传着许多奇闻异事和民间传说，如女娲造人补天、舜帝登韶石奏韶乐等，这些轶事、传说既是一段段历史佳话，又影响了一方文化，这一切吸引着无数海内外游客纷至沓来。

第三节　生物景观旅游文化

　　随着旅游业的蓬勃兴起，旅游者的旅游经验日渐丰富，其价值观念与生活方式发生了改变，山水风光已经不能满足人们更高层次的旅游需要，生物开始成为人类旅游活动的利用对象。它们以自身独有的美学观赏性吸引着旅游者，并与地理环境中的地质、地貌、水文、气候诸要素共同组成自然景观总体系。那些具有旅游观赏和科考价值、能吸引旅游者以及能为旅游业所利用，并能由此而产生经济和社会效益的动植物称为生物景观。它是自然景观总体系中最富有特色、极具生命力的自然景观，以其自身生命节律周期性所表现出的变化多端的形态构成风景景观的实体。

一、森林景观文化

（一）西双版纳热带雨林

　　西双版纳自然保护区是国家重点自然保护区之一，总面积2 420.2平方千米，它的热带雨林、南亚热带常绿阔叶林、珍稀动植物种群以及整个森林生态都是无价之宝，是世界上唯一保存完好、连片大面积的热带森林，深受国内外瞩目，如图 4 - 10 所示。

图 4 - 10　西双版纳热带雨林

　　西双版纳地理位置特殊，是欧亚大陆至中南半岛、南亚热带向北热带的过渡地区。它的北面有高原，南面有南亚热带，形成独特的南亚季风气候，加上复杂的地形和不同的地热条件，又形成了多种气候，交错分布着多种的类型森林。整个西双版纳有 8 个植被类型，11 个亚型，高等植物有 3 500 多种，国家级保护动物有 99 种。西双版纳自然保护区又分为五片：勐养、勐仑、勐腊、尚勇、曼稿，范围达 2 400 平方千米。其中勐养在景洪市，曼稿在勐海，其余都在勐腊县。勐腊地区由于幸免于第四纪冰川袭击，保存有古生代和中生代繁盛蕨类植物、裸子植物 30 多种，它们被称为一亿年前的植物化石。在此，可欣赏到原生状态的森林景观。勐养是离景洪最近的自然保护区，当天可以来回。在勐养镇路边，可以见到两棵造型绝妙的榕树，榕树的一条气根伸展出去，好像大象卷曲的鼻子，其他的气根居然配合默契，构成了大象的身子和腿。更为奇特的是，勐养三岔河地区恰好是野象出没的地方。科研人员为了观测野象在勐腊保护区的纵深地段，于数十米高的树上架起数百米长的铁索链，让人可在"空中"走动，便于追踪观测到野生动物的活动而不至于受到伤害。

　　西双版纳自然保护区内包括很多景点，如三岔河森林公园、小勐养象形榕树、空中走廊、勐仑石灰山季雨林等，它们都各具特色。

（二）新疆雪岭云杉

　　雪岭云杉是天山林海中特有的一个树种。在巍巍天山深处，它苍劲挺拔、四季青翠、攀坡蔓生、绵延不绝，犹如一道沿山而筑的绿色长城。风吹林海，松涛声声，绿波起伏，其势如期。雪岭云杉属常绿乔木，叶呈针形，略弯曲，果球为长椭圆形，褐色。天山林区中 90% 以上的林地都有雪岭云杉生长。在海拔 1 400 ~ 2 700 米的中山带阴坡，雪岭云杉连峰续岭、蜿蜒东西。其下缘常与高大的阔叶林混交，郁郁葱葱，五彩纷呈，形成瑰丽的美景，如

图 4-11 所示。

图 4-11 新疆雪岭云杉

伊犁河畔的那拉提山是雪岭云杉生长最为繁茂的地区。温暖湿润的独特气候，促使云杉生长快、密度大、成材率高。这里的雪岭云杉，树高 50~60 米，年轮都在 300~400 年以上。树冠狭长，主干粗壮笔直，犹如收拢的巨伞拔地而起，层层叠叠。如此高大广阔的原始森林，就是在全世界也很罕见，堪称天山森林的精华。

以恰特布拉克山峡谷为核心的西天山国家级自然保护区堪称雪岭云杉的王国。这里高山冰雪覆盖，山坡林木高大，博大的山岭蕴藏着连绵浩瀚的云杉，海拔在 1 500~2 000 米，云杉的面积达 280 平方千米。保护区内的云杉涵养着水源，独特的逆温带气候也为山区带来完整的原始森林植被类型，使这里成为整个天山森林生态系统的典型代表。这里青衫如浪，果林缤纷，绿草如茵，溪流处处，草原与森林交织，深峡与旷谷错落；清秀妩媚处若江南水乡，巍峨险峻处则尽显大西北的粗犷。其迷人的景致是任何地方都不可比拟的。

（三）蜀南竹海

蜀南竹海位于四川长宁、江安两县毗连的南部山中，距长宁县城 50 千米，距宜宾市 81 千米。景区内 28 座山岭全是茂密的竹林，竹波荡漾，连片成海，绿透了天府之国的南端。如此广阔无际的竹海洋，实为国内外所罕见。1988 年，蜀南竹海被国务院列为全国重点风景名胜区，1991 年荣获"中国旅游胜地四十佳"和"中国自然风景区十佳"的称号。

相传北宋诗人黄庭坚曾来此一游，当他登上峰顶，看到如此秀美成片的竹海时，情不自禁地赞道："壮哉！竹波万里，峨眉姊妹耳！"乡人闻讯纷纷前来献酒，诗人激动地说："秀色已使我醉了！"他兴奋地在石壁上书写了"万岭箐"三个大字。至今竹海内有两个乡仍名"万岭乡"和"万里乡"。

蜀南竹海景区面积 120 平方千米，海拔 600~1 000 米，是以竹景为主要特色、兼有文物古迹的风景名胜区。此地竹林成片，茂密苍翠，郁郁葱葱，涛声阵阵。登高眺望，烟波浩渺，犹如绿色的海洋，甚为壮观，为国内外罕见。前国家总理李鹏曾题词"蜀南竹海天下翠"，为蜀南竹海景区增辉添彩。因竹海枝繁叶茂，许许多多的竹子各显风姿而又同明相照，它们或互抱成丛，如绿竹坠地；或相依相扶，翠接云天；或纵横交错，形成翠玉般的迷宫；或密集路边，交织成翠玉似的拱廊；或挺立在湖光山色之中，别有波光倩影的佳趣。转过曲折幽径，进入竹荫深处，更见绿烟蔼蔼、青气浮浮。清风徐来，只见群竹婆娑起舞，摇曳万里，真是处处有美景，处处有诗意，处处包含着竹的清香。一望无际的竹海连川连岭，其情其景，都会使人陶醉。

竹海山清水秀，景色迷人，除了竹的海洋之外，山、林、洞、泉、瀑、湖俱全，此外还有仙寓洞、龙吟寺、天皇寺等人文景观，这些景观与竹海结合在一起，就成为一处颇有吸引力的旅游胜地，如图 4 - 12 所示。

图 4 - 12 蜀南竹海

（四）云南白马雪山高山杜鹃林

白马雪山位于云南省德钦县境内，地处横断山脉中段，群峰连绵，白雪皑皑，远眺终年积雪的主峰犹如一匹奔驰的白马，因而得名"白马雪山"。这里的高山杜鹃林不仅是一种重要的矮曲林类型，而且是最娇艳的一种森林类型。其植株低矮，形态自然，极具观赏性，是滇西广泛分布的植被类型之一。

滇西杜鹃林的分布与森林植被垂直带谱密切相关。海拔在 2 600 ~ 3 000 米的阴坡杜鹃分布在云南松林中，有大白花杜鹃、小粉背杜鹃等；海拔在 3 000 ~ 4 000 米的阴坡、半阴坡的杜鹃分布在冷杉林中，有锈斑杜鹃、枇杷叶杜鹃、短柱杜鹃等；海拔在 4 000 ~ 4 200 米的高山灌丛草甸带，杜鹃多以群落状分布。上述三类杜鹃共同组成云南西部高山杜鹃林。在春季或春夏之交，杜鹃花盛开时节，花朵奇异，色彩艳丽，具有极强的观赏性。

在云南西部的高山杜鹃林，杜鹃科植物种类丰富，有密枝杜鹃、金背杜鹃、银背杜鹃、韦化杜鹃、小叶杜鹃等 200 余种。杜鹃花盛开时节，奇异的花朵、纷繁的色彩把山峦装点得瑰丽艳美。在初夏冰雪消融时，高山杜鹃漫山遍野灿然绽放，给荒凉的山野披上一件瑰丽的外衣，如图 4 - 13 所示。

图 4 -13　云南白马雪山高山杜鹃林

（五）神农架

古老而洪荒的神农架位于湖北省西部边陲，由房县、兴山、巴东三县边缘地带组成，面积 3 250 平方千米，林地占 85% 以上，森林覆盖率 69.5%，是我国内陆保存完好的唯一一片绿洲和世界中纬度地区唯一的一块绿色宝地。相传上古时代神农氏曾在此遍尝百草，为民除病。由于千峰陡峭，珍贵药草生长在高峰绝壁之上，神农氏就伐木搭架而上，采得药草，救活百姓，神农架因此而得名。神农架最高峰神农顶海拔 3 105.4 米，最低处海拔 398 米，3 000 米以上的山峰有 6 座，被誉为"华中屋脊"。它所拥有的亚热带森林生态系统，是最富特色的垄断性的世界级旅游资源。在地球生态环境日益遭到破坏、环境污染日趋严重的今天，神农架拥有野生植物 2 000 多种，其中属于世界稀少的和我国特有的植物有 30 多种，野生动物 500 多种，列入国家保护的珍贵动物就有 20 多种，几乎囊括了北自漠河、南至西双版纳，东自日本中部、西至喜马拉雅山的所有动植物物种。这里山峰瑰丽，清泉甘洌，风景绝妙。"山脚盛夏山顶春，山麓艳秋山顶冰，赤橙黄绿看不够，春夏秋冬最难分"是神农架气候的真实写照。这里又是地质博物馆，不仅有喀斯特地貌和古冰川侵蚀遗迹，还能在崇山峻岭中找到地球历次造山运动的痕迹，是最具特色的地质地貌景观汇集地，如图 4 - 14所示。

图 4 - 14　神农架

二、草原景观文化

（一）呼伦贝尔草原

呼伦贝尔草原位于内蒙古呼伦贝尔市，因其旁边的呼伦湖和贝尔湖而得名，是内蒙古主要的畜牧区，出产著名的三河马、三河牛。内蒙古地势高而平坦，境内有上千个大小湖泊。在广阔平坦的蒙古高原上，没有黄土高原的深沟、壑、峁等地貌。除了大兴安岭和大青山山脉之外，大部分是平缓的原野。"天苍苍，野茫茫，风吹草低见牛羊。"呼伦贝尔大草原绿波千里，一望无垠，微风过，羊群如流云飞絮，点缀其间，草原风光极为绚丽，令人心旷神怡，如图4-15所示。

图4-15 呼伦贝尔草原

呼伦贝尔草原是世界著名的天然牧场，呼和诺尔可称作是呼伦贝尔草原风光的代表。坦荡无垠的草原环抱着波光潋滟的呼和诺尔湖，草原绿茵如毯，鲜花烂漫，蒙古包点点，犹如绿海中的白帆。呼和诺尔旅游点的活动项目丰富多彩。游客可以穿着民族服装，骑着骏马奔驰，也可以骑着双峰驼漫步或乘坐原始的勒勒车漫游，还可以划着小舟在呼和诺尔湖中垂钓或背着猎枪到附近的林中草地狩猎。旅游点为游客准备有手扒肉、烤羊腿、涮羊肉、奶食等具有当地民族特点的风味食品，还设有旅游纪念品商店为游客服务。

（二）川西高寒草原

川西高寒草原位于阿坝藏族羌族自治州东北部的若尔盖、阿坝、红原、壤塘四县境内。这里有四川省最大的草原，面积近3万平方千米，由草甸草原和沼泽组成。草原地势平坦，一望无际，人烟稀少。红军二万五千里长征曾通过这里，留下了许多可歌可泣的动人故事和革命遗址，使草地声名远播海内外。

夏季是草原的黄金季节，这里天高气爽，天地之间，绿草茵茵，繁花似锦，芳香幽幽，一望无际。草地中星罗棋布地点缀着无数的大小湖泊，如藤蔓般的小河将这些湖泊串连起来，河水清澈见底，游鱼可数，如图4-16所示。

图4-16 川西高寒草原

草原游览内容十分丰富，可赏草地风光，听牧歌悠扬，可垂钓黄河鱼，可骑马驰骋草原，可观梅花鹿牧场，可去黄河九曲第一弯览胜，可住帐篷宾馆，可去森林采撷野菇，也可去寺庙参观朝拜。

第四节　气象景观旅游文化

气象是指大气中风、云、雨、雪、霜、雾、雷电等各种物理现象和物理过程的统称。这些气象因素常常与其他自然或人文景观相融合，形成奇妙的气象景观。常见的气象景观类型很多，主要分为云雾冰雪景观文化和光学景观文化，具体包括云雨雾景、冰雪凇景、日月霞光景和佛光蜃景。

一、云雾冰雪景观文化

（一）云

我国有很多山地是欣赏云海的佳境，黄山就以云海（黄山"四绝"之一）而闻名，其他知名的云海观赏地有庐山、峨眉山、阿里山、泰山等。古诗云"曾经沧海难为水，除却巫山不是云"。这只是诗人的偏爱，其实我国湿润、半湿润地区的山地，甚至一些海拔较高的丘陵，都可以欣赏到云海奇观，只是云海的气势、形态、浓淡等有差别。

（二）雾

我国雾日较多的地方有关中平原、四川盆地和长江中下游平原等。"草堂烟雾"为关中八景之一。处于四川盆地的重庆，是我国有名的"雾都"。雨季时的江南水乡，常常烟云笼罩，一片迷蒙，给人朦胧的美感。正像王维诗中所云："江流天地外，山色有无中。"

（三）雨

雨景在我国不同的地方、不同的季节，给人的感觉是不同的。有"大雨落幽燕，白浪滔天"的大雨；有"斜风细雨不须归"的小雨；有"巴山夜雨涨秋池"的秋雨，有"清明时节雨纷纷"的春雨。在古今诗人的笔下，不管是哪一种雨，都有它不同的美。在我国各地的雨景中，江南春雨、巴山夜雨、潇湘烟雨、峨眉山的洪椿晓雨等，都是著名的雨景，极为国内外游人所称道。

（四）冰雪

"北国风光，千里冰封，万里雪飘"，冰雪在我国北方，尤其是东北地区的冬季极为常见。在其他地区较高的山地中，也有雪景出现。在我国，著名的雪景有东北的林海雪原，还有"太白积雪""西山晴雪""玉山积雪"等，甚至处于我国亚热带的杭州还有"断桥残雪"，其为"西湖十景"之一。

（五）凇

凇分雨凇和雾凇，也是我国北方和各地山地冬季常见的一种美景。雨凇是寒冷时过冷的雨滴或毛毛雨碰到物体上后很快冻结起来的冰层。雨凇常见于冬季南方湿润的山区，如峨眉山、九华山、衡山、庐山、黄山等都是雨凇的多发地。

雾凇又名树挂，是在潮湿低温条件下，雾气遇到寒冷的物体直接凝华而成。雾凇可分为两类：一类是雪似的粒状冻结物；另一类是霜似的晶状冻结物。"吉林树挂"是我国最著名的雾凇奇景，它属于晶状凝结物，多在每年1—2月份出现，如图4-17所示。

图4-17　吉林雾凇

二、光学景观文化

日、月、霞光属于天象景观，但由于人们对它们的观赏常常不是单独进行的，而是和气候、气象、地理环境等因素结合在一起，尤其是气象因素直接决定了日、月、霞光的观赏条件和观赏效果，因此在这里也把它们列入气象景观。

（一）日

观日出是我国一项传统的旅游活动。最美丽的日出景观有两种：一是海上日出；二是山地日出。我国最有名的观日出景点大多位于东侧山崖上，远近无高山遮挡，眼界开阔便于观日，如泰山的日观峰、荣成的成山角、蓬莱的丹崖山、北戴河的鹰角石、庐山的五老峰、华山的朝阳峰、衡山的祝融峰等。

（二）月

在我国各地景观中，以月景著称的诗句不胜枚举。如泰山的"云海玉盘""平湖秋月"，桂林的"象山夜月"，峨眉山的"象池夜月"，北京的"卢沟晓月"等。我国三大传统节日之一的中秋节，就是观月、赏月的节日。

（三）霞光

霞光多出现在日出与日落时分。无论朝霞还是晚霞，都是色彩艳丽，常呈红、黄、橙等颜色，而且随日出或日落变幻无穷。霞光与周围其他景致交相辉映，常常构成一幅绚丽壮美的画卷。像"落霞与孤鹜齐飞，秋水共长天一色"，既是千古名句，又是天下绝景。而泰山四大自然美景中，就有"旭日东升"和"晚霞夕照"。

（四）佛光

佛光和蜃景都是气象中最神奇的景观，都是阳光在一定的地形和湿度条件下，经过大气折射而产生的自然现象。

佛光又称为"宝光"，以峨眉山的金顶佛光最为有名，又称为"峨眉宝光"。每年可欣赏的天数达80天之多，以12月至次年2月的冬季为多。此景常发生在下午三四点钟，风静云平，阳光斜射，人站峰顶，可见道道光环，浮在白云下面，光环色彩缤纷，人影浮动，人动环移，互不相失，如图4-18所示。

图4-18 峨眉山佛光

（五）蜃景

蜃景是在晴空条件下，阳光穿透不同密度的大气层，在远距离折射和全反射时，将远处景物显示在空中或地面而产生的一种幻景。

蜃景以海面上多见，称"海市"或"海市蜃楼"，在干旱的内陆沙漠荒原上也常出现。我国山东蓬莱和浙江普陀山是此景出现概率较大的两个地方。庐山的五老峰，因东邻鄱阳湖，也会出现海市蜃楼。海上蜃景奇观古人早有觉察，因做不出解释，便附会出蛟龙一类的"蜃"吐气为楼，构成海上神仙住所的传说。因此，这种奇观就得名为"海市蜃楼"，如图4-19所示。

图 4 - 19 海市蜃楼

第五节 大漠景观旅游文化

一、我国的大漠景观

中国沙漠总面积约 71.29 万平方公里，集中分布在西北、北方 9 个省区。著名沙漠包括塔克拉玛干沙漠、古尔班通古特沙漠、库姆塔格沙漠、腾格里沙漠、巴丹吉林沙漠等。沙漠地区容易形成风积地貌景观，即沙丘。沙丘可以具体分为流动沙丘、固定沙丘和半固定沙丘。内蒙古、甘肃、新疆等地是我国流动沙丘的主要分布地区。沙丘的形态种类繁多，有新月形、沙丘链、复合型沙丘链、纵向沙垄、金字塔形沙丘、蜂窝状沙丘、穹状沙丘以及树枝状沙丘等。沙丘不仅形态各异，而且连绵不断，像天一样浩渺无际，适合开展沙漠探险、观光等旅游项目。如位于罗布泊东南的库姆塔格沙漠，面积为 2.28 万平方公里，由于覆盖在低山丘陵台地上，形成巍峨的沙山，而山体对风的折射，则使高大的金字塔形沙丘大面积分布，而且还形成面积约 4 000 平方公里的羽毛状沙垅，构成了库姆塔格沙漠的独特景观。再如我国第一大沙漠塔克拉玛干沙漠，它以裸露的高大流动沙丘为主体，沙漠内部的沙丘一般为 50~80 米高，最高达 150 米以上。沙丘形态复杂，包含了我国沙漠几乎所有的沙丘类型，其复合型沙丘长可达 10 余公里，观赏价值极高。

除沙丘外，鸣沙也是沙漠中特色鲜明的资源，极具旅游价值。我国是世界上鸣沙旅游资源分布最多的国家。著名的鸣沙包括甘肃敦煌鸣沙山、宁夏沙坡头、内蒙古响沙湾、新疆伊吾鸣沙以及古尔班通古特沙漠的鸣沙等。古尔班通古特沙漠鸣沙分布非常广泛，走进沙漠，几乎到处可以听到如飞机掠过天空而发出的轰鸣声，有时因风而唱，有时无风自鸣，音调悦耳动听。甘肃鸣沙山东西长 40 公里，南北宽 20 公里，高数十米，为红、黄、绿、白、黑五色流沙堆积而成，也因鸣沙而声名远扬。史书记载，天气晴朗时，山有丝竹管弦之音，犹如吹奏乐器。位于宁夏中卫县城西 20 公里处腾格里沙漠南缘的沙坡头，是中国著名的四大响沙之一。百米沙坡，倾斜 60 度，天气晴朗时，人从沙坡向下滑动，沙坡内便发出一种"嗡、嗡"的轰鸣声，犹如金钟长鸣，悠扬洪亮，故得"沙坡鸣钟"之誉。站在沙坡下抬头仰望，但见沙山悬若飞瀑，人乘沙流，如从天降，无染尘之忧，有钟鸣之乐，所谓"百米沙坡削如立，碛下鸣钟世传奇，游人俯滑相嬉戏，婆娑舞姿弄清漪"正是这一景观的写照。

目前，我国沙漠景区开发逐年增多，其中开发得较好的是宁夏沙坡头。它在2000年被国家评定为AAAA级旅游区，经营项目较多，包括沙雕、沙疗、沙浴和沙漠球类、沙漠田径等形式多样的"沙"字号体育健身竞技项目，融智慧、趣味、知识、健身为一体。此外，沙坡头景区还有民族风情演出、黄河梨花节、大漠黄河国际旅游节等形式新颖、内容独特的节庆活动，受到中外游客的欢迎。

二、大漠景观旅游文化的旅游价值

（一）大漠探险

探险旅游应该说是旅游的最高级形式，沙漠历来被视为生命的禁区，博大而神秘。除登山以外，沙漠是探险旅游的最佳资源。我国沙漠探险的资源主要有以下两个。

1. 罗布泊

罗布泊在若羌县境内东北部，位于塔里木盆地东部。它曾是我国的一个湖泊，海拔780米，面积为2 400～3 000平方公里，因地处塔里木盆地东部的古"丝绸之路"要冲而著称于世。现在罗布泊是位于北面最低，并且最大的一个洼地，曾经是塔里木盆地的积水中心，古代发源于天山、昆仑山和阿尔金山流域的水系，源源不断地注入罗布洼地，形成巨大的湖泊。1942年测量时湖水面积达3 000平方公里。1962年湖水减少到660平方公里。1970年以后干涸，主要原因是塔里木河两岸人口突然增多，不断向塔里木河要水，使其长度急剧萎缩至不足1 000公里，使300多公里的河道干涸，导致罗布泊最终干涸。

自20世纪初瑞典探险家斯文·赫定首次进入罗布泊，它才逐渐为人所知。为揭开罗布泊的真面目，古往今来，无数探险者舍生忘死深入其中，不乏悲壮的故事，更为罗布泊披上神秘的面纱。有人称罗布泊地区是亚洲大陆上的一块"魔鬼三角区"，古代丝绸之路就从中穿过，古往今来很多孤魂野鬼在此游荡，枯骨到处皆是。东晋高僧法显西行取经路过此地时，曾写道"沙河中多有恶鬼热风，遇者则死，无一全者……"许多人竟渴死在距泉水不远的地方，不可思议的事时有发生。

现在罗布泊出现了探险旅游热，罗布泊的景观特色是雅丹地貌与楼兰古城，如图4-20所示。

图4-20 罗布泊

2. 塔克拉玛干

塔克拉玛干面积33万平方公里，为世界第二大流动沙漠。乘车于沙漠公路犹如荡舟大洋，遗憾的是人们的视线过早落到地平线上。苍茫天穹下的塔克拉玛干无边无际，它能于缥缈间产生一种震慑人心的奇异力量，令面对此景的每一个人都感慨人生得失的微不足道。

塔克拉玛干最初的探险旅游项目是沿和田河乘吉普车穿越，这条线路20世纪90年代初首推，尤其受到德国游客的欢迎，至今仍是一条沙漠经典线路，如图4-21所示。

图4-21　塔克拉玛干

（二）大漠观光

大漠将"广"字发挥到了极致，游客亲临其境，骑驼踏沙，体验沙海轻舟之浩渺，观大漠日落日出之壮美，"大漠孤烟直，长河落日圆"的古诗意境将得到最完美的体现。

大漠将"奇"字发挥到了极致。大漠中生活着大量的沙生植物，不由得让人感叹生命的神奇。例如胡杨，是世界珍奇树种之一，被列为国家二类二级保护植物。胡杨上中下各部分树叶各异，有杨、柳、榆、枫、杏、桃多种叶型，给人以妙趣天成之感。人们这样形容胡杨树顽强的生命力："一千年生而不死，一千年死而不倒，一千年倒而不朽。"胡杨被称为"活着的植物化石"，具有很高的讲究、保存和观赏价值。其他沙生植物，如四合木，被学术界称为珍贵的"活化石"，被誉为"植物大熊猫"。

除了美丽壮观的自然旅游景观，大漠中更有引人注目的奇特的人文景观。楼兰古城遗址位于羌县罗布泊西岸距孔雀河7公里处，整个遗址散布在罗布泊两岸的雅丹地形之中。楼兰古城是昔日楼兰王国的国都所在地。在人类历史上，楼兰是一个充满神秘色彩的名字，它曾有过的辉煌，形成了它在世界文化史上的特殊地位。尽管中外学者为它付出巨大心血，但楼兰古城的兴衰与消失至今还是个谜。

习题与拓展实训题

一、思考题

1. 自然景观具有哪些文化特性？

2. 地质景观可分为哪几种类型?

3. 如何赏析草原景观文化?

4. 蜃景是如何形成的?

5. 大漠景观旅游文化的旅游价值何在?

二、案例分析

地质遗迹人为损害应警惕

我国有 24 个经联合国认定的世界地质公园,占全球 77 个世界地质公园的近 1/3,是世界地质公园最多的国家;我国有 139 个国家级地质公园,其中相当一部分是向联合国申报世界地质公园的候选园。由于地质公园是以一定规模和分布范围的地质遗迹景观为主体,并融合其他自然景观与人文景观而构成的一种独特的自然区域,所以它除了一般景区所具有的休闲旅游、拉动地方经济的功能之外,还具有重要的科学价值、科普价值以及保护自然遗迹的目的。

近年来,在我国旅游业快速发展的形势下,各地各级地质公园在管理中普遍存在重经济效益、重旅游功能和设施的开发建设,而对地质公园科学价值严重忽视的问题,这不仅造成了地质公园资源的浪费,而且危及地质遗迹的保护。这些现象已引起我国旅游地质学专家们的高度关注。

为科研投入经费的地质公园寥寥无几

2010 年 6 月,我国许多地区发生强降雨,暴雨使福建泰宁世界地质公园和列为世界双遗产目录的武夷山都遭受很大损失。中国地质科学院水文地质环境研究所专家卢耀如认为:对这些地方,今后必须加强专门的灾害地质学的研究,防患于未然,以最大限度地保护地质遗迹资源和旅游者的安全。

但是在现实中,除了内蒙古克什克腾、内蒙古阿拉善、湖南张家界、河南云台山和安徽黄山等少数几个世界地质公园有经费用于科研立项外,大部分地质公园从无此投入。

中国地质大学旅游地学教授田明中对记者说:"地质公园是科学的公园,需要研究的内容非常多。近年来,中国地质大学地质遗迹(地质公园)调查评价中心在所承担的地质公园项目中推动了三类研究:第一类是地质遗迹研究,尤其是地貌现象对比研究,如阿拉善沙漠鸣沙研究、沙漠湖泊研究、克什克腾的生态环境与新构造运动研究等;第二类是资源评价保护与利用研究,如黄河壶口瀑布旅游资源评价、克什克腾地学多样性评价等;第三类是地质公园管理研究,如地质公园规划、地质公园解说、地质公园信息化建设等。"

人为损害不可忽视

除了自然灾害对地质遗迹的损害,人为的损害也引起了专家们的高度警惕:云南某国家地质公园有宝贵的沉积岩层面构造,但管理者没有在上面建木栈道,大批游人在上面行走踩踏,如今表层已基本被踩平,失去了科学价值和独特的观赏价值。

由于一些核心景区在游客承载量、开发程度方面受到限制,所以有些地方为了扩大旅游收益,在整修核心景区时,就把核心景区的范围缩小,使某些本来应该受到高等级保护的自然资源失去了应有的保护措施。

博物馆往往成点缀

按照国家有关规定,建立地质博物馆是申报地质公园的基本条件之一,问题是很多地质公园只把博物馆当点缀，根本不关心其是否发挥作用。田明中教授说："绝大部分地质公园在发挥科普功能方面都是被动而为。有人参观就接待，有学校过来就安排。从不主动策划，主动与学校联系开展以地质科普为主题的夏令营、研究性学习、综合实践课，或是与高等院校联系建立专业实习基地。"

明明是以地质遗迹为主体的科学公园，但不少解说员在解释地质现象时还是用一些不着边际的故事蒙人。例如："海龙王的无边法力造就了雁荡山""乾隆下江南，在这个猿人洞中与仙女幽合生下一个猿人"……这种情况在我国地质公园的解说词中相当普遍。日本观光学会的德村志成先生说："如果不能通过解说员将地质遗迹的价值正确展现，即便是价值连城的地质景观，在游客眼中也不过是个一般景点而已。而写好地质公园的解说词，要有学问高深的旅游地质学家的介入，方能做到深入浅出。问题是，如果只把地质公园当摇钱树，还会做这方面的投入吗？"

（资料来源：www.Chinanews.com）

讨论

由上述案例出发，分析我们在当今世界旅游发展的态势下如何才能保证地质景观向正常方向发展。

三、实训题

到学校或家乡周围观看云海或日出，并交流观看感悟。

第五章

自然景观旅游文化（下）：
山水景观旅游文化

教学目标

1. 了解我国山水主要的审美思想；
2. 熟悉我国自然山水的文化特征。

能力目标

1. 能够列举国内有代表性的自然山水景观并加以说明，加深对其文化特征的认识；
2. 具有鉴赏山水美的能力。

导入案例

九溪烟村

九溪烟村并非以名胜古迹见长，而是以意境深幽的自然景观取胜。进入九溪（杭州西湖），初觉风光平平，然而越走路越曲，愈行景愈深。攀缠的老树投下浓重的绿色，潺潺溪流不禁使人想起"草密泉暗咽"的诗句，心地也随之悠然淡远开来。九溪一带的翠崖不仅以它的岚烟雾气使人恍惚，更以古冰川的遗迹引人遐思。

从潜淙暗咽的溪流声到一片飞瀑哗哗声，九溪呈现了它与众不同的诱人一面。由青湾、宏发、方家、百丈、唐家、佛手、云栖、渚头、小康组成的九溪汇成了许多涓涓细流，其中"十八涧"尤为人所称颂："春山缥缈白云低，万壑争流下九溪。拟溯荷花寻曲径，桃源无路草萋萋。"清寂之中，一线泉淙，三二鸟啾，几处虫鸣，令人久坐而不愿离去。

（资料来源：http://www.zwuoo.com）

思考

结合实际，谈谈在欣赏自然山水景观过程中会产生哪些心境。

第一节　我国山水主要审美思想

中国人在对自然山水认识与审美的历史长河中，积淀了大量经典的审美观念与认知，而"君子比德""崇尚自然""科学认知"则是其中的精髓。

一、君子比德

"君子比德"一说最早见于《礼记·聘义》中记载的孔子的一段话："夫昔者，君子比德于玉焉。温润而泽，仁也；缜密以栗，知（智）也；廉而不刿，义也；垂之如队，礼也；叩之，其声清越以长，其终诎然，乐也；瑕不掩瑜，瑜不掩瑕，忠也；孚尹旁达，信也；气如白虹，天也；精神见于山川，地也；圭璋特达，德也。天下莫不贵者，道也。"所谓"比德"，就是在对自然山水的审美把握中，着重去发掘自然山水与人的品德之间类似的性质，通过审美主体的联想，把自然山水与人的精神生活、道德观念联系起来，使美与伦理的善相关。自然山水之所以引起人的喜爱，是由于它们具有人的某些精神属性（主要是伦理道德），或者说是与这些精神属性有类似之处。自然山水能否成为审美对象，取决于人的道德观念和精神品格。

范能船先生对孔子的比德说进行了系统归纳，认为孔子赋予山水以人的德行的表现，主要包含三个方面：①将山水与德行联系起来。比如，孔子说："为政以德，譬如北辰，居其所而众星共之。"（《论语·为政》）孔子认为，北辰是最亮、最稳的，好似具有最善而不变的德行一般，所以众星环绕而拱围之；如果为政者像北辰那样，那么天下仁人志士和黎民百姓就必将归附之。可见在孔子的山水意识中，山水已成为德行化的山水。②将山水与言志联系起来。比如，孔子说："岁寒，然后知松柏之后凋也。"（《论语·子罕》）身处逆境而不改其志，孔子将这种顽强的意志赋予岁寒之松柏，使松柏也具有人特有的意志，山水意识已与人的言志浑然一体了。③将山水与智仁联系起来。如孔子的著名语录："知者乐水，仁者乐山。知者动，仁者静。知者乐，仁者寿。"（《论语·雍也》）首两句，说明知者和仁者有不同的山水意识。次两句，说明知者与仁者所具有的不同的山水意识的个体特征。后两句，说明不同的山水意识形成不同的后果。显而易见，将山水意识与知、仁联系起来，实际上是将山水与人的不同思想修养、气质特点和个性品格联系起来，使山水人格化、气质化。在孔子看来，山水不再是统治人类的神秘的异己力量，而是与人类处于同等地位的可理解的知己力量。所以，他对山水的欣赏赞美实际上是对人自身理想人格的欣赏赞美。凡山水具有的美德，皆为人具有的美德。山水的人格化、哲理化，反映出孔子的山水意识已经完全摆脱了对山水的畏惧，从理论和实践的结合上开创了我国人本主义的儒学山水观，同时开创了人与山水融合寄寓的崭新境界。

二、崇尚自然

崇尚自然、追求人的自然天性是道家学派的思想精髓和最高法则。"自然"一词，是老庄论著中一个抽象的哲学概念，是道家思想中的一个重要命题，而道家的审美理想也是建立在崇尚自然的基础上的。老子以"道"为最高范畴，认为"人法地，地法天，天法道，道法自然"，"道"是宇宙的本原，亦是万物存在的根据。他指出"道生一，一生二，二生三，三生万物"，同时主张"大地以自然为运，圣人以自然为用，自然者道也"。后来，庄子继承并发展了老子"道法自然"的思想，从自然为宗，强调无为。以《逍遥游》为代表作的《庄子》，美文十万言，仪态万方，"原天地之美，达万物之理"，表达了追求物我合一的自然天性。他认为自然界本身是最美的，即"天地有大美而不言"。在老庄看来，大自然之所以美，并不在于它的形成，而恰恰在于它最充分、最完全地体现了这种"无为而无不为"的"道"，大自然本身并未有意识地去追求什么，但它却在无形中造就了一切。由此可见，道家的自然观表现为崇尚自然、逍遥虚静、无为顺应、朴质贵清、淡泊自由、浪漫飘逸。

老庄崇尚自然的山水审美观在以后的各个朝代都得到了很大的发展。正是受到这一审美观的精神力量的鼓舞，人们主动发现并欣赏自然山水中内涵深沉的真美，促进了自然山水审美文化的勃兴。尤其是在魏晋南北朝时期，山水田园诗歌的成熟、自然山水审美文化又为名山胜水增添光彩，大大提高了自然山水的知名度，使古代山水旅游高潮迭起。因此，笔者认为，老庄崇尚自然的山水审美观是中国古代自然山水审美文化的源泉。

三、科学认知

自然山水之美千姿百态，但最动人心魄的是它的壮丽、深邃、玄妙和精致。这是文学和艺术用言语难以描绘的。科学理论，不但要描述自然山水美的本原，而且还要直接去触摸、去解读它的内在规律，使人们了解自然山水何以如此壮美。科学家用科学理论描述自然山水，揭开自然山水神秘的面纱。科学理论所展现的一幅幅生动、绚丽的山水图景，与人们从诗画里所感受到的美具有完全不同的形式，是人的感官所不能及的。科学所描述的自然山水是美的，因为科学发现的自然山水是如此和谐，这就是自然山水在科学探索中被发现的至高无上的美。从宏观到微观，科学描述了宇宙的生成和演化，描述了一切生命的起源和构成，显示了自然山水的真谛。科学使我们对自然山水有了更丰富的感受和认识。

对于自然山水成因规律的科学探索，早有许多科学家做出过卓越的贡献。如宋代科学家沈括曾考察雁荡山风景地貌的成因，认为是流水对地形的侵蚀作用形成的。明代地理学家徐霞客前后用了30年时间，遍历中国名山大川，考察自然山水的美学特征，并探究其成因，尤其对岩溶地貌的考察研究，遥遥领先于世界岩溶地貌科学。用现代自然科学来研究自然山水始于20世纪初，而全面广泛地研究山水自然科学，如地质、地貌、植被、水文、气候、生态等科学，则是新中国成立以后的事。可见，我国的自然山水不仅是审美的对象，而且是研究和了解地球演变的天然博物馆。随着人与自然山水的精神交往的深化以及山水文化的丰富和发展，自然山水的功能也在不断地丰富和发展，形成今天以审美和科学教育为主的多功能精神文化活动中心。

第二节　自然山水的文化特征

中华大地的名山胜水，千姿百态，各具风韵。它们总能够给人的感觉器官带来不同的感受。自然山水的特征主要包括形态特征、色彩特征、声音特征、动感特征、朦胧特征、气味特征等，古往今来，所有这些特征组合成丰富多彩的自然山水景观，令人遐思神往，吸引了无数游客。把握自然山水的这些特征，就是要从不同的视角去审视其文化内涵。

一、形象特征

形象特征是自然山水文化特征的基础，指的是其总体形态和空间形式。综合古今诗人、画家、旅行家等对山水自然美的评价，可将自然山水的形象特征概括为：雄、奇、险、秀、幽、奥、旷等。

（一）雄伟壮美

如果山地体态高大（包括其绝对高度、相对高度、均高和体量）、岩石陡峭，则会产生雄伟壮美之感。以"雄壮"为美的自然山水景观，其特点表现为巨大的空间形象和亘古难移的永恒之感，显现为雄伟、雄奇、雄浑、壮观，给人以崇高、气势磅礴之感，而使赏析者的灵魂受到震撼、精神获得升华、心胸得以开阔。泰山便是典型的例子。作为五岳之首的泰山，素来以雄伟壮观著称。"泰山天下雄"，主要是因泰山位于华北平原的东缘，其相对高度大，而绝对海拔高度并不高（天柱峰极顶 1 545 米）。此外，其磅礴的气势凌驾于齐鲁丘陵之上，巍峨壮观，有"拔地通天"之势，给人以"稳如泰山"之感，这样就显得格外高大雄伟。唐朝诗人杜甫《望岳》一诗中"会当凌绝顶，一览众山小"的惊叹，形象地道出了泰山巍峨挺拔、雄伟壮观的审美形象。

如果说泰山是以雄伟赢得世人的赞誉的话，那么长江三峡则是以壮美而闻名遐迩，其中尤以瞿塘峡为最。瞿塘峡全长 8 千米，江面窄处不足百米，两岸的主要山峰高达 1 000 ~ 1 500 米。自白帝城南入处，两岸赤甲、白盐二山绝壁对立，紧缩河道，形成号称"天下雄"的夔门之后，江水奔腾，水势湍急，大有"镇全川之水，扼巴鄂咽喉"之势。最窄为倒吊和尚处，船行期间，仰望两岸，重岩叠嶂，隐天蔽日，峭壁紧逼，不见曦月；俯视江流，波涛翻涌，泡漩旋转，吼声震天，给人以"峰与天关接，舟从地窟行"的巨大震撼。而随着世界上最大水利枢纽工程三峡大坝的兴建，高峡平湖景观的出现，使得三峡愈显壮美。

瀑布同样是壮美的，给人以奔放勇猛之感。李白的诗句"飞流直下三千尺，疑是银河落九天"描绘了庐山瀑布的美学神韵。当然，我国的瀑布除了庐山瀑布外，黄果树瀑布、壶口瀑布等也都能给人以壮美之感。

（二）奇异幻景

自然山水的景观形态如果唯其独有，且独具一格，则会产生奇异幻景之美感。以奇为美的山水景观，其特点表现为高度的独特性、稀有罕见，甚至还有些神异，显现为奇特、奇怪、奇异，能激起人的丰富联想和浓厚兴趣。如有"震旦国中第一奇山"之称的黄山的奇松、怪石、云海、温泉等构景要素的变幻莫测，给人一种异乎寻常的感觉，它同时兼有其他名山之雄伟、峻峭、烟云、飞瀑、清凉、怪石等特点。游黄山如赏画卷，步步有景，移步换景。故有"五岳归来不看山，黄山归来不看岳"之说。

坐落于四川西北部岷山山脉茫茫林海、层层雪峰之中的九寨沟风景区，更是一个云腾雾遮、虚无缥缈、水光浮翠、倒映林岚的人间仙境。九寨沟是由大小不一的高山湖泊（当地人称为"海子")组成,其中水景变幻最为神奇的要数卧龙海、树正群海和五花海了。万里晴空之际,蓝天、白云、翠峰倒映碧波,呈现出淡蓝、湛蓝、浅蓝、墨绿、乳黄、粉红等各色光影。更奇妙的是,由于各个"海子"的水域深浅不一,湖底沉积物及水生植物又各不相同,因而在阳光照耀下就会呈现出不同的形态和色彩。卧龙海水碧波荡漾,清澈见底。水下由碳酸钙沉积而成的乳黄色堤埂,宛如一条黄龙隐伏水中。微风吹动湖面,掀起层层涟漪,黄龙仿佛摇首摆尾,意欲飞去。五花海的水面色彩更加斑斓奇妙,微波荡漾,色调变幻,恰似海底田园,如诗如画。

张家界的奇石异峰,一步一观景,千峰千造型。石峰所模拟的宇宙万物,无不形态逼真,惟妙惟肖,栩栩如生,呼之欲动。更为奇绝的是,张家界的松树,生长在岩石缝中,不择地势随处茁壮挺立,或屹立于山顶,或扎根于悬崖,有的如撑天的巨伞,有的如矮小的蒲团,有的如孔雀开屏……一阵山风吹来,风吹松摇,甚或嘶喊咆哮,尽情地抒发着生命的灵性。而风霜雨雪,更铸就了它不朽的生命,霹雳雷霆,更赋予了它不屈的灵魂。

此外,人们也往往会编织许多美丽的神话,使自然山水景观有了文化意蕴。巫峡神女峰的动人传说曾使无数文人墨客为之倾倒,云南的石林、雁荡的夫妻峰等都有动人的故事。

(三)险峻独特

自然山水中,许多山岳会给人以险峻之感。如果山体高陡,山脊狭窄,断层和垂直节理发育,则产生险峻独特之美感。以险峻为美的山水景观的审美特点表现为形状陡峭、气势险峻,既让人感到害怕,又因其强大的吸引力而渴望征服它。这种情况以华山最为典型,人们常说"自古华山一条路",说的就是华山的险峻。早在《山海经》中就记载了"太华之山,削成四方,其高五千仞"的耸天英姿。由于华山东西两侧都有节理发育,并受到河谷的深切,南北两侧各有一条断层线,华山断裂上升的角度近90度,且断裂上升的幅度又很大,造成谷底至峰顶的高差达千米以上。更有长达1.5千米的苍龙岭等山脊,径宽不足1米,两旁深渊不可见底,十分险峻。游人登华山时,必须手攀铁索,经"千尺幢""百尺峡""擦耳崖""上天梯"等险径,才能到达顶峰,领略其无限风光,无一人不为其险峻惊心动魄。险峻不但可以给游人带来美感,而且可以激起游人探险的好奇心和征服险峰的欲望,这对游人的心灵是一种巨大的震撼。

除华山外,峨眉山的金顶、黄山的天都峰、九华山的天台、武夷山的大王峰,都是我国极为险峻的山体风光。庐山的险峻与其他的山体有所不同。由于它是座断块山,千百万年来一直在不断上升,而其东侧则断陷下沉为鄱阳湖。因此,襟江带湖之势使庐山显得更加高耸壁立。站在鄱阳湖畔仰视五老峰,悬崖万仞,壁立蓝天,令人望而生畏。庐山的另一处险境为仙人洞。站在仙人洞外凭栏远眺,但见绝壁危峰,千岩飞峙,万壑生烟。离仙人洞不远处的龙首崖,景色更为险绝。只见一块巨石横空出世,上有劲松,下临深渊,如苍龙昂首欲飞。站在龙首崖上,只听脚下松涛阵阵,瀑布轰响,恰似万马奔腾而来、金鼓齐鸣远去,令人惊心动魄。

(四)秀丽柔美

如果山势起伏蜿蜒,山体线条柔和,植被葱郁,水色净美,则会产生秀丽柔美之感。自然山水的秀美表现为温柔、优美、秀丽,与阳刚之壮美不同,它属于阴柔之美的范畴,可以给人舒适、恬静、安逸和幸福的美好享受。我国南方雨量充沛，植被繁茂，自然山水景观都以秀色著称，如峨眉之雄秀、西湖之娇秀、富春江之锦绣，等等。峨眉山山形绮丽，景色秀美，飞瀑幽谷，苍松翠柏，山势逶迤，云雾缥缈，变化莫测，素有"峨眉天下秀"之说。其山脉波澜起伏，轮廓状如眉，茂密的植被覆盖其上，山间云雾缭绕。李白曾在其《峨眉山月歌》中描述"峨眉山月半轮秋，影如平羌江水流"。

"水光潋滟晴方好，山色空蒙雨亦奇。欲把西湖比西子，淡妆浓抹总相宜。"苏东坡的这一著名诗篇之所以广为传颂，就是因为它把西湖十分贴切地比作美女西施，一语道出了西湖景色的娇美。从"苏堤春晓"到"柳浪闻莺"，从"平湖秋月"到"断桥残雪"，春夏秋冬，各有美景。

富春江是钱塘江的主要航道。自古以来，富春江江水碧透，两岸峰岭锦绣，沿江名胜古迹棋布。江两岸青山夹峙，峭壁峥嵘，中嵌碧流，风光幽深秀丽。

（五）幽深寂静

如果山地山环水绕，丛山深谷，植被茂密，则会产生幽深寂静之美感。自然山水的幽深寂静是一种典型的超然尘世的美学境界，追求的是一种对尘世的回避和忘却，希望在自然山水间追求精神解脱。幽深寂静的境界更有利于人与自然山水之间的心融神醉。幽静的自然山水景观常以崇山深谷、山间盆地为地形基础，辅以参天乔木构成半封闭的空间。这种景观常见于三面或四面环山、一方或两方出口的小盆地，尤以出口朝南为最佳。出口朝南符合我国的季风气候，即冬挡西北风，夏迎东南风，就是古代的东青龙西白虎、南朱雀北玄武的风水宝地。

在我国的名山胜水中，以青城山最为典型。这座道教名山位于四川成都境内，背靠雄伟的岷山山脉，隐匿于幽深的岷江峡谷之中。峰林峡谷相间分布，各条溪水纵横绕流，山上林木葱郁，岁寒不凋。环境既幽深又幽静，特别是在夏季，能将游人带进"蝉噪林逾静，鸟鸣山更幽"的境地。游人登上盘山石径，但见两侧苍崖吊藤，悬壁生花，清泉吐银，溪流蜿蜒，云霞缥缈之中，时见丹顶鹤成群翱翔，宛如一幅天然图画、一座人间仙境。

（六）奥秘莫测

如果自然山水景观显得很封闭，四周崖壁环列，其通道似岩隙，曲折而出，深如井底，则会产生奥秘莫测之美感。如中岳嵩山，自古就有"嵩山天下奥""奥岳嵩山"之称；嵩山之奥，除了因地形封闭、空间环境奥之外，还具有古迹众多、佛教文化内涵奥秘之含义。盛唐时王维写嵩山"荒城临古渡，落日满嵩山。迢递嵩高下，归来且闭关"。又如武陵源奇峰拔地，深谷如渊，沿金鞭溪及其支谷游览，有如深渊探秘，处处都被数百米高的峭壁悬崖、笔立奇峰所围，加之丰茂的植被，非中午时分，不见天日，真可谓天下奥区。此外，像雁荡山的灵峰观音洞、武夷山的茶洞，以及众多石灰岩溶洞，都能给人以奥秘莫测之感。

（七）旷远宏阔

如果地貌平畴无垠，或者水面坦荡、视野开阔、可极目天际，则会产生旷远宏阔之美感。旷远宏阔的山水景观分布于视野开阔的区域，自然山水景观的这种美感产生于大江大河中下游地区、大湖泊地区、大平原地区、坦荡的高原地区、低缓的丘陵地区和具有近岸、广水、旷阔而远山的环境条件下。旷，有平旷和高旷之分。平旷景观，常见于宽阔的水面，或一望无际的平原。如在岳阳楼上看"八百里洞庭水浩渺"，在黄鹤楼上看"孤帆远影碧空尽"，在大观楼上看"五百里滇池奔来眼底"，看的都是平旷景观。高旷，则是登高山而得，当我们登高远眺时，所获得的旷远意境会更加浓厚，站得高，看得远，自然使人心旷神怡。如登上泰山之巅，顿觉"登泰山而小天下""会当凌绝顶，一览众山小"。旷远宏阔的自然山水景观可以令人心旷神怡、神思浩荡，发人遐思畅想。

自然山水的这些形象特征不是孤立的，而是彼此有机地联系和变化的。特别是那些极具代表性的山水景观，宏观上可能突出某种形象特征，但在微观上会因地貌、季节、气象等因素的不同组合，往往一身兼有多种特征，是多种形象美的集合体。如泰山除宏观上的雄伟壮观特征外，还蕴含着奇、险、秀、幽、奥、旷等自然美的特色。斗母宫的三潭叠瀑雄中藏秀；百丈崖寓险于雄；仙人桥、卧龙槐造化入神，堪称奇绝；登泰山还能领略"天门一长啸，万里清风来"与"旷然小宇宙"的旷景诗趣。至于人间仙境的九寨沟、黄龙等美景，则更难以用一个字去概括各种各样的美。

二、色彩特征

大自然为我们塑造了壁立千仞的凌云高峰、小至方寸的玲珑巧石、波涛汹涌的江河大海和涓涓流淌的清泉小溪。这些景观除了展现出丰富多彩的形象特征外，还展现出多姿多彩的色彩特征。色彩在构景中起着非常重要的作用，它与山水的形象特征相比，更能够给人的感官以刺激。

（一）地理环境下的山水色彩

山的颜色指的是其混合色、调和色。观山时，近山是绿色的，而远山则呈现蓝色，山的颜色随着观赏角度的变化而变化，越远越淡，层次分明。山上岩石的颜色是相对稳定的色彩，深沉而凝重，但是在特殊的地理环境下，岩石也会有不同的色彩，因此构成了特殊的自然景观。如红色砂岩构成的碧水丹山的武夷山景观，青色石灰岩构成的路南石林，色彩斑斓的变质岩铺就的泰山桃花峪彩石溪，黑色玄武岩构成的峨眉山牛心亭的"牛心"，等等。

水本来是无色透明的，然而在不同的地理环境下，由于其所含矿物质及洁净程度的不同，而产生丰富的色彩。黄河因含沙量大，成为世界上特有的黄色巨流，在阳光下金涛滚滚，蔚为奇观。金沙江的白浪、富春江的碧波，都以不同的色彩给人留下深刻印象。九寨沟之水天下美，不仅是九寨沟的水具有湖、溪、潭、瀑等形态上的无穷变化与组合，而且九寨沟之水美在洁净。动则浪花如飞雪溅玉，静则碧如宝石，更奇者因所含矿物质不同，在透明中呈现五彩缤纷，晶莹艳丽。至于碧蓝无垠的大海和汹涌澎湃的海涛，更使人思潮迭起。

（二）光线作用下的山水色彩

在自然光线的作用下，山体可以变得色彩斑斓。如登临泰山日观峰，可尽赏旭日东升的壮丽场面，此时，霞光万道，美不胜收。清朝李兴祖诗云："才听天鸡报晓声，扶桑旭日已初明。苍茫海气连云动，石上游人别有情。"此外，亦可晴览山色、阴观云海。黄山排云亭是观赏黄山秀色的最佳位置之一，晴天阳光射入峰林，明暗不同，立体感特别强。如适逢落日沉垂、晚霞飞射，立亭前远眺，更有一番美妙景象。

透入水中的自然光线，由于受到水中浮悬物或水底沉积物以及水分子的选择吸收与选择散射的合并作用，而呈现出不同的颜色，给人以美的感受。例如，渤海、黄海呈黄色；东海呈蓝色；南海常呈深蓝色；黄河水呈黄色；黑龙江水呈黑褐色；鸭绿江水呈绿色；白龙江水多呈白色；九寨沟的五彩池、五花海和火花海等则呈现多种色彩；晴天的黄果树瀑布，由于太阳光的照射，竟产生"昼有彩虹，夜有月虹"的奇观。此外，水在灯光的作用下，能产生美妙无比的色彩，令人赏心悦目。例如，普陀山的夜晚，激荡在海浪波峰上的浪花在市区灯光的照下，不时呈现出大片红黄色的光景；站在重庆朝天门码头上观看山城夜景时，市区和江轮上的灯光倒影于长江和嘉陵江的水体之中，共同交织成大片的光的海洋，令人陶醉在梦幻般的境界。

上述各例足以说明在日光、月光等自然光线和灯光的作用下，山体、海洋、江河、湖泊、瀑布等都可以呈现出美妙与神奇的色彩。

（三）配景作用下的山水色彩

植被的色彩异常丰富，它既是植被生命之色，也是山水华丽的装饰。植被常以绿色为基调，配以五彩缤纷的鲜花，在植物配景作用下，山水自然景观显得异彩纷呈。我国不少自然山水景区都有自己的特产花卉，如云南苍山的山茶花，四川峨眉山的杜鹃花，广西左江的木棉花，等等，它们构成大片艳丽的景色。而植被随着四季交替，呈现季节变化，会带来自然山水景观四季景色的变幻。此外，由于天气的变化，雨、雪、雾等自然配景都会使自然山水景观绽放异彩。洁白无瑕、银装素裹的雪山景色，历来是诗人和画家吟咏讴歌的对象。淡云薄雾常给山体敷上一层调和色，使群山的色彩变得柔和、淡雅、协调。晨雾晓烟如薄纱，遮盖了一些繁杂的山石和枝叶，增添了峰峦的整体感，使重叠的峰峦层次分明，显得更深远。如桂林的石灰岩峰林景观，近看不如远看，逆光胜似顺光，若绕以淡云薄雾，则最为美妙。我国南方湿度大，雨雾多，在雨绵绵、雾蒙蒙或晨曦朝晖、夕阳雾霭中，别有佳景，独具风姿。

三、声音特征

水体在内力与外力的作用下，或受坡度影响而流动时，或与其他自然景物搭配，均可以奏出华丽的乐章，并通过人的听觉，使人感知它的存在，给人以不同的声音美感。其间，既有波澜壮阔式的恢宏之声，也有小桥流水般的轻柔之音。

（一）气势磅礴的江河瀑布

人们习惯于用气势磅礴之类的词语来形容我国的江河、湖泊、瀑布、潮汐等自然山水景观。我国的江河、湖泊、瀑布、潮汐景观众多，这些自然山水景观在特定的时间或由于特殊的地理环境，会发出轰鸣的巨响，有河湖的浪涛声、瀑布的哗哗声、潮汐的轰鸣声，这些都能够给人以惊世骇俗之感。"大江东去浪淘尽""滚滚长江东逝水""黄河之水天上来""禹门三级浪，平地一声雷""远若素练横江，声如金鼓，近则亘如山岳，奋如雷霆"等诗词都是自然山水景观波澜壮阔的声音之美的真实写照。

（二）轻柔婉转的小桥流水

人们习惯用小桥流水来形容自然山水间的轻柔婉转的声音。水体运动所发出的轻柔的声音，给游人造就了特定的情与境。溪流山涧、泉泻清池、雨打芭蕉、风起松涛、幽林鸟语、寂夜虫鸣等，都可以组成自然山水间美妙的交响曲。对于久居闹市的人们而言，能亲临自然山水间听听泉水叮咚、溪流潺潺和轻打芭蕉的雨声无疑是一种极大的享受。如"到处莺歌燕舞，更有潺潺流水""叮叮咚咚泉，高高下下树"。这些天籁之声、地籁之音清浊徐疾，各有节奏，终汇聚成和谐的自然协奏曲，带给人富于变化的微妙神韵，令人心驰神往。

四、动感特征

宇宙间万物都在不停地运动，山川也随着地壳运动而静静移动着，只是人们在对自然山水审美的瞬间，山、石是静止的，而水却是动的。水是山的血脉，生命之源泉，故有水能使山活之说。因此，水是自然景观中最活跃又较稳定的动态构景要素。

（一）构景要素组合下的动感特征

有流水、飞瀑、云烟和风等要素组成的自然山水景观给人以无限动感。水作为景观形态，有相对静的湖与潭，不停流动的溪水、大江以及瞬息万变的飞瀑、狂涛。汹涌奔腾的长江，赋予三峡以惊心动魄的美感。贵州的黄果树瀑布、井冈山龙潭瀑布、雁荡山大龙湫瀑布以及庐山三叠泉瀑布等，都是极具吸引力的动态美景。云烟是不稳定的动态美要素，流云飘烟，自深谷冉冉升起，峰峦在云雾中时隐时现，风起云动，云飘似山移，构成"山在虚无缥缈间"的意境，这也是自古以来自然山水审美中的动态美。云烟比水更富变化，它时而如大海波涛，汹涌翻滚，时而悠然飘逸。风是产生动态美的一种动力，为自然山水增添活力。风虽是无形的，但它能驱动浮云，掀起波澜，摇拂柳枝，激发松涛，为自然山水平添几分动感。

（二）相对位置变化后的动感特征

在对自然山水景观的动态特征进行认识时，我们应该有这样的观念，动与静是相对的。在观赏自然山水时，相对位置的变化也会使人感到自然山水的动态之美。最典型的例证莫过于李白当年的"朝辞白帝彩云间，千里江陵一日还，两岸猿声啼不住，轻舟已过万重山"的长江之旅了。苏东坡泛舟观景所得的动态美感"船上看山如走马，倏忽过去数百群"，也是一种相对位置变化之后所获得的动态美感。这种动感之美使人们从不同的角度去看待自然山水的动感特征，得到了意外的享受。

自然山水的文化特征除了上述四种表现形式外，还有朦胧特征（如"山色空蒙雨亦奇""晴湖不如雨湖，雨湖不如雾湖，雾湖不如夜湖"）、气味特征（如"满山遍野丹桂飘香""十里荷塘风送荷香"），它们共同构成丰富多彩的自然山水风光，吸引着人们去发现、去观赏。

第三节　名山景观旅游文化

名山是指知名度高的，以富有强烈美感的山地自然景观为基础，具有一定科研价值和开发历史的，渗透着人文景观的山地空间综合体。名山一般都具有"景、僧、史、宝"特征中的一个或几个。"景"是指风景优美，这是名山的基础和决定性因素；"僧"是指宗教活动中心和胜地；"史"是指与重大的历史事件和著名的历史人物有一定的联系；"宝"是说山中藏有宝藏或名贵的物产。"山不在高，有仙则名。"山地的自然条件奠定名山基础，使山出名的"仙"是人类自己和人类创造的文化。名山作为中华民族五千年文明产物之一，正如山水景观的审美（人化）过程一样，是由普通的山地景观演变而来的，原来仅仅作为衣食来源之一的普通自然之山，经过普通百姓的自然崇拜、山神祭祀，封建帝王的封禅活动，文人墨客的登临览胜，佛道的建庙修观，科学工作者的研究探索，社会组织的刻意打造（旅游开发），逐渐演变成名山，其人文内涵逐渐丰富，功能也逐步扩展开来。

一、五岳

"岳"即高峻的山。五岳始见于《周礼·春官·大宗伯》："以血祭社稷、五祀、五岳。"但不言为何山。古人认为高山"峻极于天"，把位于中原地区的东、南、西、北方和中央的五座高山定为"五岳"。五岳是远古山神崇拜、五行观念和帝王巡猎封禅相结合的产物，是封建帝王加封的。汉之前五岳之制各有不同。周建都于丰、镐，以华山为中岳，周平王东迁洛邑以后，以嵩山为中岳，华山为西岳。只有东岳泰山和北岳恒山自古未变。汉武帝时正式创五岳制度，并登礼天柱山封为南岳。据《汉书·郊祀志》载，汉宣帝神爵元年（公元前 61 年）颁发诏书，确定以泰山为东岳，华山为西岳，霍山（即天柱山）为南岳，恒山为北岳，嵩山为中岳。隋文帝开皇九年（公元 589 年）诏定湖南衡山为南岳，废霍山。北岳恒山在汉、唐、宋时皆在河北曲阳登礼。金、元、明、清均建都北京，曲阳之山在京城之南，与北岳名称不符。而恒山主峰天峰岭位于山西浑源，在京城之北，故至明代称浑源恒山为北岳，但因路途遥远，祭祀仍在曲阳。至清顺治十八年（公元 1661 年）才改诏北岳于浑源。魏晋南北朝时，佛教和道教开始在五岳修建佛寺、道观，每"岳"均尊奉一位"岳神"（"大帝""神君"）作为掌管该岳的最高神祇。唐宋以前五岳大抵是佛、道共尊，寺、观并存。明清时，南岳、北岳和中岳保持佛、道共尊的局面，东岳和西岳则以道教为主。

五岳形态各异，恒山如行，泰山如坐，华山如立，嵩山如卧，衡山如飞，早已闻名世界。景观也各具特色：东岳泰山雄，西岳华山险，中岳嵩山峻，北岳恒山奇，南岳衡山秀。

（一）东岳泰山

泰山古称"岱山""岱宗"，春秋始称"泰山"，自汉代确立五岳以来，就居于"五岳独尊"的地位。泰山位于山东省的中部，起伏绵延 200 多千米，总面积为 426 平方千米。通常把泰安境内的泰山主峰及其邻近的山地称为"泰山"，而把泰山及其外围的低山丘陵总称为"泰山山区"。按地质构造来看，泰山属于"断块山"，是在中生代由地壳断裂上升作用形成的。泰山主峰玉皇顶海拔 1 545 米，又称"天柱峰"，其相对高度为 1 391 米。泰山山体高大，气势磅礴，形象雄伟，拔地通天，蕴藏着奇、险、秀、幽、奥、旷等自然景观特点。泰山如图 5－1 所示。

图 5－1　泰山

　　人文景观布局重点从泰城西南祭地的社首山、蒿里山至告天的玉皇顶，形成"地府""人间""天堂"三重空间。岱庙是山下泰城中轴线上的主体建筑，前连通天街，后接盘道，形成山城一体。由此步步登高，渐入佳境，由"人间"进入"天庭仙界"。从秦皇汉武，到清代帝王，多为帝王来泰山或封禅，或祭祀，在泰山上建庙塑神，刻石题字。文人墨客更是接踵而至，纷纷前来游历，作诗记文，从山脚到山巅，遍布历史文物古迹，泰山现存古遗址 97 处，古建筑群 22 处，2 200 余处碑碣石刻，被誉为"历史的画卷""东方文物的宝库"。泰山脚下的岱庙创建年代久远，历经唐、宋、元、明、清扩建和重修，形成了规模宏大的古建筑群。天贶殿是岱庙的主体建筑，它与北京故宫的太和殿、曲阜孔庙的大成殿共称我国三大宫殿式建筑。殿内巨幅壁画《泰山神启跸回銮图》，形象生动地描绘了东岳大帝出巡和回銮的情景，是稀见的艺术珍品。岱庙中古碑石刻如林，书法遗迹密布，其中最为珍贵的要数秦李斯小篆《泰山刻石》，它是秦二世于公元前 209 年下的诏书，现仅残存 10 个字。

　　泰山宗教发祥久远，佛教于公元 4 世纪中叶传入泰山。公元 351 年，高僧朗公首先到泰山岱阴创建了朗公寺和灵岩寺。魏晋南北朝时期，泰山较大的寺院有谷山玉皇寺、神宝寺、普照寺等。著名的泰山经石峪是北齐人所刻的佛教经典《金刚经》。唐宋时，灵岩寺极为鼎盛，灵岩寺的宋代彩塑罗汉像是稀世珍品。泰山道教早在战国时就有方士隐居岱阴岩洞；秦汉后祠庙林立，保留至今的有王母池（群王庵）、老君堂、斗母宫（龙泉观）、碧霞祠、后石坞庙、元始天尊庙等。其中以王母池为最早，创建于公元 220 年以前；以碧霞祠影响最大。

　　登泰山极顶，可尽赏"旭日东升""晚霞夕照""黄河金带""云海玉盘"四大奇观。孔子游泰山时曾有"登泰山而小天下"的赞誉。杜甫的"会当凌绝顶，一览众山小"更是脍炙人口。

（二）西岳华山

　　华山古称"太华山"，位于陕西省华阴市境内，是秦岭支脉的一座花岗岩山，以险峻著称，素有"华山自古一条路""奇险天下第一山""华山天下险"之誉。因周平王迁都洛阳，华山在东周京城之西，故称"西岳"。因东峰朝阳峰、北峰云台峰、西峰莲花峰、南峰落雁峰、中峰玉女峰五峰环峙状如莲花，故名华山。其中，落雁峰是华山主峰，海拔 2 083米，是华山最险峰，峰东有长空栈道。中峰玉女峰是通往东、西、南三峰的咽喉。华山是道教名山，称第四小洞天，山上现存七十二个半悬空洞。华山脚下西岳庙创建于西汉，至今仍保存着明、清以来的古建筑群，山上有玉泉院、东道院、镇岳宫等道观 20 余座。自隋唐以来，李白、杜甫等文人墨客咏华山的诗歌、碑记和游记不下千余篇，摩崖石刻多达上千处。自汉杨宝、杨震到明清冯从吾、顾炎武等不少学者，曾隐居华山诸峪，开馆授徒，一时蔚为大观。而在华山诸多故事中，流传最为广泛的有神话故事"巨灵劈山""沉香劈山救母""吹箫引凤"等。华山的著名景点多达 200 余处，如凌空架设的长空栈道，三面临空的鹞子翻身，峭壁绝崖上凿出的千尺幢、百尺峡、老君犁沟等。华山如图 5 - 2 所示。

图 5 - 2　华山

（三）南岳衡山

南岳衡山主峰坐落在湖南省衡阳市境内，有祝融峰、天柱峰、芙蓉峰、紫盖峰和石廪峰等 72 群峰，层峦叠嶂，气势磅礴。主峰祝融峰海拔 1 290 米，自然风光秀丽多姿，人文景观丰富多彩，素以"五岳独秀""宗教圣地""文明奥区""中华寿岳"著称于世。自晋以来南岳佛道共存，历代不衰，现存庙宇 26 所。南岳大庙规模宏伟，集宋元以来古建筑之大成，庙由南至北共分九进，中间是祭祀祝融神殿堂，东西两厢分别是道教八观和佛教八寺。祝圣寺为南岳最大的丛林佛寺，由五进八群院落组成，内有五百罗汉石刻。山上有晋代封为"南岳夫人"的女道士魏华存修道成仙的黄庭观和飞仙石；有规模宏大的玄都观；有"六朝古刹、七祖道场"的福严寺；有日本佛门曹洞宗视为祖庭的南台寺；有道家称为二十二福地的光天观；有祝融峰上先道后佛的上封寺。南岳还是湖湘学派的发源地。自唐代宰相李泌的儿子李繁为纪念其父在南岳隐居十二年修建的邺候书院以后，先后在此出现了文定书院、甘泉书院、集贤书院等 20 余所书院。南岳为历代帝王、名人所仰慕。尧、舜、禹均到过南岳祭祀。乾隆、康熙皇帝曾为南岳题词；李白、杜甫、柳宗元、朱熹、魏源、王船山、谭嗣同等名人以及周恩来、叶剑英、胡耀邦、陶铸、郭沫若等均到过南岳，并留下 3 700 多首诗词、歌、赋和 375 处摩崖石刻。南岳有"祝融峰之高、藏经殿之秀、方广寺之深、水帘洞之奇"四绝;春观花、夏看云、秋望日、冬赏雪,四时景色各异;麻姑仙境之幽、穿岩诗林之趣、龙凤清溪之野、禹王山城之古,融人文景观与自然景观为一体。飞瀑流泉,茂林修竹,奇峰异石,古树名木,亦是南岳佳景。衡山如图5-3所示。

图5-3 衡山

(四) 北岳恒山

恒山位于山西省浑源县境内,由东北向西南绵延500里,锦绣一百单八峰,主峰玄武峰海拔2 017米,是五岳中最高的山峰,为北国万山宗主,主峰之东为天峰岭,西有翠屏峰,双峰对峙。相传4 000年前,舜帝巡狩四方,遥望恒山奇峰耸立,山势巍峨,遂封为北岳。恒山集"雄、奇、幽、奥"特色为一体,以"奇"而著称,素有"人天北柱""绝塞名山""道教第五洞天"之美誉。果老岭、姑嫂岩、飞石窟、还元洞、虎风口、大字湾等充满了神秘色彩;苍松翠柏、庙观楼阁、奇花异草、怪石幽洞构成恒山十八景,犹如十八幅美丽画卷。现有人文景观十余处,以悬空寺为最,矗立在恒山金龙口西崖峭壁上,由40间殿宇楼阁组成。悬空寺始建于北魏晚期,在陡崖上凿洞插悬梁为基,楼阁间以栈道相通,风景优美,别具一格。恒山如图5-4所示。

图5-4 恒山

（五）中岳嵩山

嵩山位于河南省登封市境内，属伏牛山系，山体从东至西横卧，蜿蜒70千米，有"中岳如卧"之说，由太室、少室二山组成，太室山主峰峻极峰为嵩山之东峰，海拔1 492米，少室山连天峰为嵩山之西峰，海拔1 512米，为嵩山最高峰。周平王东迁洛阳后定嵩山为中岳。禅宗祖庭，道教洞天，儒学圣地，武林盟主，天地之中，五世同堂，齐集嵩山。嵩山风景优美、文化繁荣，道佛儒荟萃。太室山下的中岳庙始建于秦朝，是我国最早的道教庙宇。南麓的嵩阳书院是儒家的象征，中国古代四大书院之一。西峰少室山北麓五乳峰下少林寺是释家的象征，以禅宗和武德著称于世。嵩岳寺塔始建于北魏，为我国现存最古老的砖砌佛塔，塔林是自唐朝以来历代少林寺住持的墓地，是我国最大的塔林。中岳石碑是嵩山分布较广的文物，嵩山碑刻作品多达2 000余件，颜真卿、苏东坡、黄庭坚、米芾、蔡京等历代的大书法家都在山上留有墨宝。嵩山观星台大约建于1276年，设计者是元代著名科学家郭守敬，是我国仅存的一座最古老的天文台。嵩山如图5-5所示。

图5-5　嵩山

二、佛教名山

佛教是我国重要的宗教之一。我国佛教名山众多，其中五台山、峨眉山、普陀山、九华山合称四大佛教名山。通常有"金五台、银普陀、铜峨眉、铁九华"之称。

（一）五台山

五台山亦称清凉山，位于山西省五台县，由一系列大山和高峰组成，其中，有五座环抱高峰，峰顶平坦宽阔，"有如垒土之台"，故名五台山。五台各有其名，东台望海峰，西台挂月峰，南台锦绣峰，北台叶斗峰，中台翠岩峰，北台最高，海拔3 058米，素有"华北屋脊"之称。五台山位列我国四大佛教名山之首，是文殊菩萨的道场。其寺庙建筑始于东汉，此后历代陆续增建，现存汉地佛教和藏传佛教寺庙58座，建筑雄伟壮观、雕刻精美，是我国最大、最多的佛寺建筑群。最著名的寺庙有南禅寺、佛光寺、显通寺等。其中南禅寺内的长寿大佛殿是我国现存最早的唐代木结构建筑。显通寺内的大白塔称为"舍利塔"，是五台山的标志。五台山如图5-6所示。

图5-6 五台山

（二）峨眉山

峨眉山位于四川峨眉山市，是大峨山、二峨山、三峨山的总称，通常说的峨眉山大多指的是大峨山。峨眉山以其秀丽的自然风光和神话般的佛教胜迹闻名于世。峨眉山是峰峦奇绝、千姿百态的名山，有"峨眉天下秀"之美称。佛光、云海、日出、圣灯是峨眉山的四大奇观，其中"佛光"被称为"奇中之奇"。峨眉山相传为普贤菩萨道场，从晋代起至清末1 700余年间，寺庙建筑多达170座。佛教鼎盛的明代中期，有僧众达3 000余人。峨眉山现有佛教、道教大小寺院73座，主要有报国寺、伏虎寺、万年寺、雷音寺、洗象池等。峨眉山如图5-7所示。

图5-7 峨眉山

（三）普陀山

普陀山是浙江省舟山群岛中的一个小岛，是我国唯一的海岛佛教名山，素有"海天佛国"之称。相传普陀山是观音菩萨的道场。传说五代时日本僧人慧锷从五台山得观音像乘船返国时，途经此处因风浪所阻，留像建寺，成为普陀山第一座寺院——"不肯去观音院"，并把原山改名为"普陀山"。后寺名改为"普济寺"，从此佛教大兴。最繁盛时期有寺庙300余座，3 000名僧人。现存主要寺庙有普济寺、法雨寺、慧济寺等30余处禅院，此外，岛上还有潮音洞、观音洞、梵音洞、朝阳洞等海蚀洞，可谓洞、亭、桥、池、泉、碑、石等古迹和景点比比皆是，自然与人文相映成趣，梵音与涛声交相融合。普陀山如图5-8所示。

图5-8　普陀山

（四）九华山

九华山又称"九子山"，位于安徽省青阳县境内。唐代诗人李白曾三次游历九华山，写有"昔在九江上，遥望九华峰；天河挂绿水，秀出九芙蓉"的美妙诗句，将九子山比作九朵芙蓉，故后人改称"九华山"。九华山成为佛教圣地与新罗国王族金乔觉渡海来九华山修行有关。唐开元年间，新罗国（今韩国）国王近亲金乔觉来九华山，潜心修持75年，99岁圆寂，圆寂后葬于神光岭月身宝殿，俗称"肉身塔"。因其生前笃信地藏菩萨，佛门认证他是地藏菩萨化身，九华山由此被辟为地藏道场，是中国存放真身（肉体）和尚的名山。现存寺庙道宫有化成寺、东岩寺、祇园寺、甘露寺、百岁宫、回香阁等。其中，化成寺始建于东晋年间，距今已有1 500多年的历史，寺内还保存着一部明朝印刷的全套藏经，共677卷。九华山有九十九峰，山势雄伟，群峰竞秀，植被繁茂，瀑飞泉涌，素有"东南第一山"之称。九华山如图5-9所示。

图5-9　九华山

（五）天台山

天台山位于浙江天台县境内，面积达 150 平方千米，以"佛宗道源、山水神秀"为特色，以佛教天台宗发祥地和济公活佛的故乡而著称于世。天台山多奇峰、怪石、幽洞、异瀑，尤以佛教天台宗总道场国清寺和巨梁横空、雪瀑奔雷的石梁飞瀑为最。此外，著名的景点还有道教南宗的发源地桐柏宫，"活佛"济公故里，赤城山济公院，书圣王羲之拜师学书法留下的黄经洞、墨池、鹅字碑等古迹。明代大旅行家徐霞客三上天台山，并将《游天台山日记》置于《徐霞客游记》篇首。清朝乾隆帝曾御批"天台十景图"：赤城栖霞、双涧回澜、螺溪钓艇、石梁飞瀑、华顶归云、琼台夜月、桃源春晓、寒岩夕照、清溪落雁、南山秋色。天台山如图 5-10 所示。

图 5-10　天台山

（六）鸡足山

鸡足山位于云南省宾川县西北隅，因其山势顶耸西北，尾迤东南，前列三峰，后拖一岭，形似鸡足而得名，是我国的佛教名山。相传，释迦牟尼十大弟子之一的迦叶抱金缕袈裟、携舍利佛牙，来此设置宣讲佛法的道场，并守衣入定于鸡足山华首门，奠定了它在佛教界的崇高地位。鸡足山佛教建筑始于唐，继于宋元，盛于明清，直至民国仍有增修。元明两代形成以迦叶殿为主的 8 大寺 71 丛林。鼎盛时期发展到 36 寺 72 庵，僧尼达数千人。鸡足山寺庙中最负盛名、保存最好的寺是清代高僧虚云和尚得到慈禧太后资助而建的祝圣寺，光绪皇帝赐名为"护国祝圣禅寺"。海拔最高的是金顶寺，位于天柱峰顶，寺内楞严塔是 1929 年龙云登山游览时应僧人请求拨资兴建的。目前修复规模最大的是迦叶殿，殿有四重，迦叶殿中供奉香檀木雕迦叶坐像，高 3.3 米，重 1.6 吨。徐霞客曾两次登山览胜，赞叹鸡足山"奇观尽收古今胜"。鸡足山主峰天柱峰，海拔 3 240 米，登上山顶可东看日出、南观祥云、西望苍洱、北眺玉龙雪山，徐霞客为一座峰顶集中日、海、云、雪"四观"感叹不已。此外，鸡足山还有"天柱佛光""华首晴雷""洱海回岚""苍山积雪""万壑松涛""飞瀑穿云""悬岩夕照""塔院秋月"八景，为历代骚人墨客所吟咏。鸡足山如图 5-11 所示。

图 5-11 鸡足山

三、道教名山

道教名山风景绮丽，道教文化源远流长，底蕴深厚，并且因其地理环境形成各自的独特风格。我国道教名山众多，有十大洞天、三十六小洞天、七十二福地等一大批道教名山。其中，青城山、龙虎山、武当山、齐云山合称道教四大名山。五岳也归入道教名山。

（一）武当山

武当山又名"太和山"，位于鄂西北的丹江口市境内，是我国的道教名山，位列中国"四大道教名山"之首，又是武当武术的发源地。山上祭奉"真武大帝"，称为"非真武不足当之"，故名"武当"。唐代吕洞宾、明代张三丰等历代著名道家都曾进山修炼。武当山山势奇特，雄浑壮阔，有 72 峰、36 岩、24 涧、3 潭、9 泉构成"七十二峰朝大顶，二十四涧水长流"的秀丽画境。主峰天柱峰海拔 1 612 米，被誉为"一柱擎天"，四周群峰向主峰倾斜，形成"万山来朝"的奇观。武当山古建筑群规模宏大，气势雄伟。据统计，唐至清代共建庙宇 500 多处，庙房 20 000 余间，明代达到鼎盛，历代皇帝都把武当山道场作为皇室家庙来修建。明永乐年间，大建武当，有"北建故宫，南建武当"之说，共建成 9 宫、9 观、36 庵堂、72 岩庙、39 桥、12 亭等道教建筑群。明嘉靖三十一年（1552 年）扩建形成"五里一庵十里宫，丹墙翠瓦望玲珑。楼台隐映金银气，林岫回环画镜中"的建筑奇观，达到"仙山琼阁"的意境。现存较完好的古建筑有 129 处，庙房 1 182 间。主要景点有金殿、紫霄宫、遇真宫、复真观、天乙真庆宫、"治世玄岳"石牌坊、南岩宫、玉虚宫遗址等近百处。天柱峰顶端的金殿是武当山最突出、最有代表性的道教建筑群，也是我国现存最大的铜建筑群。武当山如图 5-12 所示。

图 5-12 武当山

（二）龙虎山

龙虎山，原名"云锦山"，位于江西省鹰潭市西南，是中国道教中正一派的发祥地。东汉时的道教第一代天师张道陵曾在此修道。龙虎山鼎盛时曾建有 10 座道宫、81 座道观、50 座道院。山岩中所建"正一派"重要道观如今仅存残迹。龙虎山包括上清宫、正一观、仙水岩、应天山、马祖岩、洪五湖六大景区，景区内共有 99 峰、24 岩、108 处自然和人文景观。源远流长的道教文化、秀美多姿的碧水丹山和千古未解的崖墓之谜是龙虎山人文景观和自然景观的三大特色。龙虎山是我国典型的丹霞地貌。龙虎山如图 5 - 13 所示。

图 5 - 13　龙虎山

（三）青城山

青城山位于四川都江堰西南 20 千米处。全山以幽洁取胜，与剑门之险、峨眉之秀、夔门之雄齐名。青城从天师洞周围青山四合，俨然如城，四季常青，故名"青城"。满山古木苍翠欲滴，树木茂盛，峰峦、溪谷、宫观皆掩映其中，在中国名山之中以幽古闻名，所以素有"青城天下幽"之称。自东汉末道教创始人张道陵在此设坛布道，宫观逐渐兴起。现存道观 38 处，著名的有建福宫、天师宫、朝阳宫、上清宫等。其中上清宫三个金字为蒋介石所题。天师洞中有"天师"张道陵及其三十代孙虚靖天师像，天师洞现存殿宇建于清末，规模宏伟，雕刻精致，其主殿——三皇殿中供有唐朝石刻三皇，殿内现存历代石木碑刻中最著名的有唐玄宗旨书碑、岳飞手书的诸葛亮前后《出师表》等。青城山如图 5 - 14 所示。

图 5 - 14　青城山

（四）齐云山

齐云山位于安徽休宁县境内，因"一石插天，直入云端，与碧云齐"，故名"齐云"。乾隆皇帝巡游江南时，曾誉齐云山为"天下天双胜境，江南第一名山"。齐云山古称"白岳"，以山奇、水秀、石怪、洞幽著称。自唐代元和年间，道教开始传入齐云山，明代嘉靖和万历年间，江西龙虎山嗣天师正一派张真人祖师三代奉旨驻留齐云山，建醮祈祷、完善道规、修建道院，齐云山香火日盛，渐渐成为江南道教活动中心。以嘉靖皇帝敕建的"玄天太素宫"为主体的月华街一带是道士和香客向往的圣地。齐云山千余年来，文化遗迹留存极为丰富。除了道教的宫、殿、院、坛、阁等 108 处外，尚有摩崖石刻和碑刻 537 处，主要分布于真仙洞府、石桥岩和紫霄崖一带，构成了令人向往的人文景观系列。齐云山如图 5 – 15 所示。

图 5 – 15　齐云山

（五）崂山

崂山在山东青岛市东部，主峰名为"巨峰"，又称"崂顶"，海拔 1 133 米，气势雄伟，是我国海岸线第一高峰，有海上"第一名山"之称。崂山奇峰怪石，姿态各异，自古即有"神仙之宅，灵异之府"的称赞。秦始皇、汉武帝曾先后登临，访求仙药。丘处机、刘志坚、张三丰等均曾在此修道，崂山很早便发展成为一座道教名山。崂山上历史最悠久、规模最大的道场是太清宫，它始建于公元前 140 年，现存三宫殿、三清殿及三皇殿等主建筑。三清殿前有一泉，大旱不涸，称为"神水泉"。三皇殿内壁嵌有成吉思汗所颁金虎符文及元世祖忽必烈护教文碑。太清宫的夜景特别秀美，"太清水月"是崂山二十四景之一。太平宫原名"太平兴国宫"，又称"上苑"，位于崂山上苑山北麓仰口湾畔，是宋太祖赵匡胤在北宋初年特别为华盖真人刘若拙修建的道场，周围满植苍松翠柏。崂山如图 5 – 16 所示。

图 5 – 16　崂山

（六）三清山

三清山位于江西省东北部上饶市境内，因玉京、玉华、玉虚三峰如三清（即玉清、上清、太清）列坐其巅得名。三清山以自然山岳风光称绝，其中有"巨蟒出山""女神峰"和"观音听琵琶"三大奇景。三清山是一座具有1 600余年历史的道教名山，素有"江南第一仙峰"之名，现完好保存着三清宫道观及古建石刻220余处，有"露天道教博物馆"之称。三清山如图5－17所示。

图5－17　三清山

（七）甘肃崆峒山

崆峒山位于平凉市西，相传黄帝曾来此求教于广成子。山中峰峦起伏，林木葱茏，有许多险峰危栈，楼阁庙宇。著名胜迹有月石峡、子丈崖、插香台、归云洞、黄龙泉等。由东峰而上为问道宫，是黄帝问道于广成子的地方；由问道宫向上有大降差，过去原有石磴千百级，现在还存有300余级。登上主峰翠屏峰，可鸟瞰全山各处胜景和垂珠峰、香炉峰、蜡烛峰、雷神峰等。崆峒山如图5－18所示。

图5－18　崆峒山

（八）湖北九宫山

九宫山位于通山县境内。景区内层峦叠嶂，森林茂密，溶洞遍山，湖水清碧，共有天然溶洞27个，溪谷170余条，飞瀑流泉50余处，山下还有云中湖。九宫山为道教圣地，相传南宋时期名道张道清入山辟道场，建了九座宫殿，以应九宫之数。现存建筑有九王庙、真牧堂、石城门、一天门等多处古迹。九宫山西麓还有明代农民起义领袖李自成之墓。九宫山如图 5-19 所示。

图 5-19　九宫山

四、革命名山

在中国共产党领导的革命史上，无论是反对蒋介石的独裁统治，还是抗击日本帝国主义的侵略，共产党人与许多大山结下了不解之缘，由此形成许多革命名山，它们是进行爱国主义教育和开展红色旅游的基地。

（一）井冈山

井冈山位于湘赣边界的罗霄山脉中段，山高林密，地势险峻。1927 年秋，毛泽东、朱德等共产党人率领中国工农红军，在井冈山创建了第一个农村革命根据地，为中国革命开辟了一条农村包围城市的道路，井冈山因而被称为"革命摇篮"。山中现存有 30 多处革命遗址，属国家级保护的遗址有 10 处。井冈山如图 5-20 所示。

图 5-20　井冈山

（二）沂蒙山

沂蒙山位于山东省临沂市，是著名的革命名山和红色旅游胜地。八路军 115 师从延安挥师挺进沂蒙山，创建了沂蒙革命根据地，建立了山东抗日政权，刘少奇、陈毅、罗荣桓、徐向前、粟裕等老一辈无产阶级革命家曾在这里战斗、工作过，留下许多革命遗迹，如山东分局旧址、山东省政府成立纪念地、115 师司令部旧址、大青山战斗遗址、沂蒙红嫂纪念地、孟良崮战役纪念地等。沂蒙山如图 5-21 所示。

图 5-21　沂蒙山

（三）太行山

太行山位于山西、河南与河北三省交界，又名五行山、王母山、女娲山，是中国东部地区的重要山脉和地理分界线。山中多雄关，著名的有河北紫荆关、山西娘子关等。在太行山深山区河北赞皇县，有世界最大的天然回音壁。太行山形势险峻，历来被视为兵要之地。抗日战争时期，八路军 129 师在刘伯承、邓小平的领导和指挥下，创建了太行区（晋冀豫边区）。太行山如图 5-22 所示。

图 5-22　太行山

五、风景名山

中国风景旅游名山众多，它们以俊秀的英姿、绚丽的风采吸引着各地的游客。

（一）黄山

黄山原称"黟山"，传说中华民族的始祖轩辕黄帝曾在此修炼升仙。唐天宝六年（公元747年）改为现名。黄山位于安徽省黄山市，南北约40千米、东西宽约30千米，面积约1 200平方千米，精华部分有154平方千米，有大小72峰，莲花峰、天都峰、光明顶是黄山三大主峰，最高峰莲花峰海拔1 864.8米，号称"五百里黄山"。黄山在中国历史上文学艺术的鼎盛时期曾受到广泛的赞誉，以"震旦国中第一奇山"而闻名。黄山以其壮丽的景色——生长在花岗岩石上的奇松和浮现在云海中的怪石而著称。黄山自然景观与人文景观俱佳，以其奇伟俏丽、灵秀多姿著称于世，山中的温泉、云谷、松谷、北海、玉屏、钓桥六大景区，风光旖旎，美不胜收。黄山集中国各大名山的美景于一身，尤以奇松、怪石、云海、温泉"四绝"著称，是大自然造化中的奇迹。黄山寺庙、石刻众多，还是众多艺术家创作灵感的源泉。"五岳归来不看山，黄山归来不看岳"，反映了黄山在中国名山中的地位。黄山如图5-23所示。

图5-23　黄山

（二）雁荡山

雁荡山坐落于浙江省温州乐清境内，又名雁岩、雁山，因"山顶有湖，芦苇丛生，秋雁宿之"，故名雁荡，是中国十大名山之一。雁荡山根植于东海，史称"东南第一山"，素有"海上名山""寰中绝胜"的美誉。雁荡山山水形胜，以峰、瀑、洞、嶂见长，灵峰、灵岩、大龙湫被称为"雁荡三绝"。雁荡山文化内涵丰富，是闻名中外的游览观光、度假休养胜地。雁荡山如图5-24所示。

图 5-24 雁荡山

（三）武夷山

武夷山位于福建省武夷山脉北段东南麓。相传唐尧时代的长寿老翁彭祖菇芝饮瀑，隐于此山，生有二子，长曰"武"，次曰"夷"，二人开山挖河，疏干洪水，后人为纪念他们称为武夷山。又传，此地为古代闽越族居住地，其首领名武夷君，由此得名。武夷山属于典型的丹霞地貌，素有"碧水丹山""奇秀甲东南"之美誉。武夷山有"三三水、六六峰"，分为九曲溪、天游峰、水帘洞、一线天、武夷宫、虎啸岩等景区。"东周出孔丘，南宋有朱熹，中国古文化泰山与武夷"，作为一座历史文化名山，其地位可见一斑。武夷山如图 5-25 所示。

图 5-25 武夷山

（四）庐山

庐山地处江西省北部，紧临鄱阳湖和长江，最高峰汉阳峰海拔 1 474 米。庐山以雄、奇、险、秀闻名，大江、大湖、大山浑然一体，雄奇险秀，刚柔并济。庐山兼集教育名山、文化名山、宗教名山、政治名山于一身，具有极高的历史、文化、科学和美学价值。诗云"横看成岭侧成峰，远近高低各不同。不识庐山真面目，只缘身在此山中"，是庐山风景的写照。庐山如图 5 - 26 所示。

图 5-26　庐山

（五）清源山

清源山地处福建东南部，主峰海拔 498 米，与泉州市山城相依。历史上因泉眼多而名"泉山"。唐代逐步发展为多种宗教兼容并蓄的文化名山。山内流泉飞瀑、奇岩异洞、峰峦叠翠、万木竞秀，宗教寺庙宫观、文人书院及石雕、石构、石刻等人文景观遍布，现存完好的宋、元时期道教、佛教大型石雕共 7 处 9 尊，历代摩崖石刻近 500 方，元、明、清三代花岗岩仿木结构佛像石室 3 处等。

（六）云台山

位于河南省修武县境内，为道教历代重玄派妙真道士仙居之福地洞天，道教妙真祖庭。汉献帝的避暑台和陵基，中国山水园林文化鼻祖"竹林七贤"的隐居地，唐代药王孙思邈的采药炼丹遗迹玄帝宫、重阳阁等，诗人王维写出"每逢佳节倍思亲"千古绝唱的茱萸峰，及众多名人墨客的碑刻、文物，构成了云台山丰富深蕴的文化内涵。云台山有深邃幽静的沟谷溪潭、千姿百态的飞瀑流泉、如诗如画的奇峰异石，整个景区奇峰秀岭连绵不断，主峰茱萸峰海拔 1 308 米，登上茱萸峰顶，北望千里太行深处层峦叠嶂，南望怀川大平原沃野千里。云台山素以"三步一泉，五步一瀑，十步一潭"而著称。落差 314 米的云台天瀑，犹如擎天玉柱，蔚为壮观。天门瀑、白龙潭、黄龙瀑、丫字瀑皆飞流直下，形成独有的瀑布景观。多孔泉、珍珠泉、王烈泉、明月泉清冽甘甜，青龙峡有"中原第一峡谷"美誉。

（七）天柱山

天柱山地处安徽省安庆市潜山县境内，又称皖山或潜山，因其主峰天柱峰突兀如柱、直插云霄而得名。天柱山分为梅城、野寨、玉境、马祖、良药、东关、飞来、主峰八个景区。庙、观、塔、石刻等人文景观丰富，山麓有石牛古洞摩崖石刻。全山有 53 怪石、25 洞、22泉、13 井、8 池、3 潭、2 溪。神秘谷被称为"花岗岩洞第一秘府"，谷洞相连，神秘莫测。炼丹湖为全国第三大高山平湖，海拔 1 100 米，九井河九大瀑布跌落成群，美不胜收。

（八）武陵源

武陵源位于湖南省西北部武陵源山脉中段桑植县、慈利县交界处，隶属张家界市武陵源区，由张家界、索溪峪、天子山、杨家界四部分组成。总面积 369 平方千米，中心景区面积 264 平方千米。武陵源美在神秘，美在天然。武陵源以石英砂岩峰林峡谷地貌为其主要特征，共有石峰 3 103 座，峰体分布在海拔 500～1 100 米，高度不等。八百条溪流蜿蜒曲折，穿行于石林峡谷之间。金鞭溪两岸峡谷对峙，红岩绿树倒映溪间，景色十分怡人。这里的溶洞数量多，规模大。索溪峪的黄龙洞长 7.5 千米，洞分四层，洞内有一座水库、二条河流、三个瀑布、四处潭水。与自然风光相映成趣的，是纯朴的田园风光。武陵源是土家族、白族、苗族等民族的聚居地，一块块梯田、一间间房舍点缀在青山绿水间。武陵源集"山峻、峰奇、水秀、峡幽、洞美"于一地，融万象之美于一体，独特的石英砂岩峰林、奇妙的溶洞、幽静的峡谷、茂密的森林、多姿的溪涧、变幻的云海和充满浓郁乡土气息的田园风光，构成了一幅雄、奇、幽、野、秀的天然画卷，被誉为"天下第一奇山""自然博物馆"，是一个能让诗人惊叹不语、让画家无从下笔的绝妙的自然生态世界。

第四节　名水景观旅游文化

我国江河众多，许多大河源远流长，大小河流数以千计。泉、瀑分布广，种类多。名水本身张扬着自然文化之美，同时，它与丰富的文物古迹、神话传说和历史故事等人文内涵紧密相连。

一、江河溪涧景观

我国众多的河流如同孕育中华民族的乳汁，对中华文化的形成和发展意义重大。尤其是长江和黄河，其流域都是中华民族的发祥地。江河作为大地的塑造家，塑造了千姿百态的风景，为人们创造了丰富的旅游资源。这些风光绮丽的水流吸引着一代代的游人，多少文人墨客留下的杰作使这些名水具有了厚重的文化内涵。

（一）长江

长江发源于青海唐古拉山主峰，流经青海、西藏、云南、四川、重庆、湖北、湖南、江西、安徽、江苏和上海市 11 个省市，注入东海，全长 6 300 千米，是我国第一长河，也是世界第三长河。长江沿江景点星罗棋布，风光秀丽；更有数不胜数的历代名胜古迹，巴蜀文化、楚文化、吴越文化、三国文化等犹如历史画廊，令人神往而自豪。长江三峡西起重庆奉节白帝城，东至湖北宜昌南津关，是世界著名的大峡谷，历来有"山水画廊"之称。其中，瞿塘峡为第一峡，以雄伟壮丽著称。它西起奉节白帝城，东至巫山大溪镇，两岸崇山峻岭隔江对峙，峭壁千仞，江面狭窄，水深流急，气势磅礴，令人惊心动魄。南岸有孟良梯、凤凰饮珠、犀牛望月、倒吊和尚、盔甲洞等景致。北岸有白帝城、风箱峡、古栈道等景观。巫峡为第二峡，以秀丽闻名。它西起重庆市巫山大宁河口，东至湖北省巴东官渡口，峡谷深，山重水复，峰回路转，似一条绵延不断、美不胜收的山水画廊，景点有"三台八景十二峰"之称，其中以门扇峡对峙之秀、铁棺峡悬棺之谜、链子溪夹壁之幽、古栈道奇崛之险最为引人入胜。西陵峡为第三峡，以险峻见长。它西起巴东官渡口，东至宜昌南津关，峡谷内山险峰奇，滩险流急，滩中有滩，峡中见峡。尤其是青滩及崆岭滩处江流汹涌澎湃，急流鼓荡，使人触目惊心，素有"鬼门关"之称。西陵峡内有兵书宝剑峡、牛肝马肺峡、明月峡、灯影峡等自然景观以及屈原祠、昭君故里、黄陵庙、三游祠等人文胜迹。长江三峡以雄、险、奇、幽的自然之美自古闻名，又以灿烂丰富的人文胜迹享有盛誉，更以三峡工程所在地而名扬四海。

（二）黄河文化

黄河全长 5 464 千米，为中国第二大河。黄河发源于青藏高原巴颜喀拉山北麓的约古宗列盆地，流经青海、四川、甘肃、宁夏、内蒙古、山西、陕西、河南、山东 9 个省和自治区，在山东省垦利县注入渤海。黄河流域是我国文化的发祥地，它是我国开发最早的地区。在世界各地大都还处在蒙昧状态的时候，我们勤劳勇敢的祖先就已经开始在这块广阔的土地上劳作生息，创造了灿烂夺目的古代文化。黄河文化博大精深，源远流长。早在几十万年以前，这里就有了人类的踪迹。新石器时代的遗址遍及黄河两岸、大河上下。进入阶级社会以后，在相当长的历史时期内，黄河流域是我国政治、经济、文化的中心。

目前，黄河旅游已经以伏羲创立黄河文化为主线，挖掘开发了山水风光、伏羲与伯牛、历史文化、宗教文化、民间民俗文化、革命文化等九大系列 26 个景点。以延川为例，伏羲故里伏义河"河之洲"、延水关的古渡雄风，新石器时代的仰韶文化遗址、东晋时期的大夏王墓冢、明代的会峰奇寨——这些都是历史在延川这块土地上留下的人文胜迹。到延川旅游参观，不仅可以领略黄河雄伟壮观的自然风光，也可以了解黄河文化的起源，寻根问祖，感悟历史，还可以探寻延川黄河文化奥秘之所在。

（三）淮河文化

淮河是我国古代"四渎"之一，地处我国东部南北气候过渡带，优越的地理位置和生物生存环境，使其成为远古人类繁衍生息的重要地区。它位于长江与黄河两条大河之间，是中国中部的一条重要河流，流域面积 26 万平方千米。当人类进入大汶口和龙山文化阶段时，淮河流域的人类活动更是到处可见。相传伏羲氏和女娲的氏族部落就活动在淮河上游的颍河岸边——现今河南的淮阳一带。到了春秋战国时期，淮河流域的文化更加繁荣昌盛。我国道家的发祥地也在淮河支流的涡河沿岸。此外，春秋时期，淮河流域颍水岸边的颍上（今安徽省颍上县）还诞生了一位杰出的政治思想家——管子，其政治思想至今仍有重要的借鉴意义。

淮河文化发展有着鲜明的特点与个性，其文化体系是中华传统文化大厦最重要的柱石之一，它完全可以与长江文化、黄河文化并驾齐驱。目前，淮河依然散发出独特的旅游文化气息，淮河沿线旅游资源十分丰富，有战国楚国后期的都城"寿县"。有陈胜吴广起义纪念地大泽乡，有古寿州窑址，有著名的淝水之战的古战场，等等。这些独特的自然与人文旅游资源经过整合，可以很好地构建淮河旅游观光带。

（四）珠江文化

珠江是中国第四大河，干流总长 2 215.8 千米，流域面积为 45.26 万平方千米（其中极小部分在越南境内），地跨云南、贵州、广西、广东、湖南、江西以及香港、澳门 8 个省、自治区和特别行政区。珠江流域是我国最大的一块热带区域。南北文化和中外文化在这里交汇，最终融合成华夏文化之林中独树一帜的珠江文化——岭南文化，包括广府文化、潮汕文化、客家文化、雷州文化、海南文化、桂东文化和少数民族文化等。

近代以来，珠江三角洲一带因地理位置的优势，逐渐成为我国经济文化发达地区。在旅游方面，珠江三角洲加强了区域协作，提出了"泛珠三角"旅游合作新概念，大珠江三角洲及其辐射和相互辐射的地区，主要指粤、桂、闽、赣、湘、滇、贵、川、琼9个省以及港、澳两个特别行政区在旅游方面进行合作，即常说的"9+2"的模式。"泛珠三角"旅游协作以珠江水系为纽带，山水相连，优势互补，实现双赢，形成了独特的珠江旅游文化圈。

二、湖泊景观

湖泊景观，也是中国山水文化的重要形态，国家重点风景名胜区中以湖泊为主体的就有近20处。我国的湖泊风姿万千，大都有丰富的文物古迹，伴随着美丽动人的神话传说，兼具自然景观和人文景观的双重美。湖泊虽不及海洋那样浩瀚无垠，也不像江河那样奔腾不息，但它却以千姿百态、大小不定、咸淡各异、变化多端的风貌存在着，并且对人类的生产、生活有着直接或间接的影响。湖泊与大江大河一样，是哺育人类文明的摇篮。华夏民族在长期与湖泊打交道的过程中，逐渐认识、开发和利用湖泊，并形成了独特的湖泊文化现象。

中华大地，名湖众多。本书仅以有"四大淡水湖"之称的鄱阳湖、洞庭湖、太湖和洪泽湖为例，对其文化内涵进行介绍。

（一）鄱阳湖

鄱阳湖是中国第一大淡水湖。湖为葫芦状，南北长170千米，东西最宽处70千米，湖周长600千米，面积达3 583平方千米，蓄水量达248亿立方米。经松门山为界分南北两湖，北部为西鄱湖，也叫落星湖。南湖称东鄱湖，也叫官亭湖，水面广阔，如葫芦之大肚，是鄱阳湖的主体。江西境内的所有河流均注入此湖，赣江、抚江、信江、修水和鄱江五大河流为鄱阳湖的主要水源。"高水是湖，低水似河"，"洪水一片，枯水一线"，是鄱阳湖的自然地理特征。每当夏秋雨季，湖水猛涨，水面迅速扩大，但见碧波万顷，浩渺无际；但到了冬季，湖水剧降，湖面骤然缩小，只见水束如带，黄茅自苇，旷如平野，只剩下些雁泊小湖嵌入其中。鄱阳湖如图5-27所示。

图5-27　鄱阳湖

目前，环鄱阳湖区域旅游开发工作在点上早已展开，但在面上还未大范围启动。为了全面提升鄱阳湖区旅游产业的整体竞争力，促进湖区经济的腾飞，应把鄱阳湖与庐山、长江的旅游开发结合起来，形成与鄱阳湖的主体相通的态势，同时结合附近市县旅游资源，进行整体深度开发，建立一个水陆互存、山水相依、城乡共荣、自然和人文合一的环鄱阳湖区域大旅游网络。只有这样，才能充分发挥鄱阳湖的旅游文化优势，促进旅游产业的发展与提升。

（二）洞庭湖

洞庭湖是我国第二大淡水湖，位于湖南北部、长江南岸，面积约为 2 740 平方千米。它位于长江中游，南接湘、资、沅、澧四水，北纳松滋、太平、藕池等长江支流，然后绕过秀丽的君山，从岳阳楼下奔腾而去，至城陵矶三江口注入长江。古云梦泽横亘于湘鄂两省间，面积曾达 4 万平方千米。后由于长江泥沙沉积，云梦泽分为南北两部分，长江以北成为沼泽地带，长江以南还保持着浩瀚的水面，称之为洞庭湖。南北朝以后，由于泥沙淤积，加之历代王朝在沿湖地区大量围垦，与水争地，洞庭湖只好把中国第一大淡水湖的美名让给了鄱阳湖。南北朝至唐宋，洞庭湖逐渐被三湖——东洞庭湖（巴丘湖）、西洞庭湖（赤沙湖）、南洞庭湖（青草湖）所分割。

环洞庭湖区域旅游集名水、名楼、名文、名人、名山于一体，其总体形象可以用"洞庭天下水，岳阳天下楼"来概括。以岳阳市为中心的东洞庭湖旅游区彰显"岳阳天下楼"的个性，突出"湘楚文化"；以常德市为中心的西洞庭湖旅游区彰显"桃花源里乐耕田"的个性，突出"田园风光"；以益阳市为中心的南洞庭湖旅游区彰显"桃花江美人窝"的个性，突出"美人窝"。只有这种合理的搭配，才能发挥洞庭湖的旅游资源优势，凸显洞庭旅游文化的深层次内涵。洞庭湖如图 5 - 28 所示。

图 5 - 28　洞庭湖

（三）太湖

太湖位于长江下游、江苏省南部，波带江浙两省，水挟苏、锡、常三州，为我国第三大淡水湖。太湖是长江三角洲发育过程中形成的滨海泻湖。古太湖的范围很大，由于河流带来泥沙的不断淤积，湖面不断缩小，并分割成现在的太湖、淀山湖等。太湖湖岸线长 400 千米，面积 2 292 平方千米，有 "包孕吴越" 之称。太湖西南纳梁溪、荆溪诸水，东由浏河、吴淞江、黄浦江注入长江，成为江南水网的中心。

太湖拥有厚重的人文意蕴。目前，环太湖区域旅游借助长江三角洲的区域优势，发展得如火如荼。但是，要打造 "文化太湖" 品牌，提升环太湖区域旅游的文化品位，可以进一步结合环太湖区域的旅游资源优势，大力发展太湖古镇古村古民居游、太湖名人遗迹遗踪游、太湖民间工艺文化游等，只有这样，才能够将环太湖区域旅游的文化特色展示给游客。

（四）洪泽湖

洪泽湖地处淮河中游、苏北平原中部的淮安市，西纳淮河，东泻长江、黄海，湖水面积约 1 805 平方千米，是中国第四大淡水湖。唐代始称洪泽湖。洪泽湖的形成，与黄河及淮河的关系密切。1194 年，黄河改道夺淮入海，使淮河水无处排泄，积水而成汪洋之洪泽湖。明清两代，为了维护南北运河的贯通，不断对东岸防洪大堤加固增高，洪泽湖遂成高出周围地面很多的悬湖。新中国成立后，在洪泽湖修建了三河闸、二河闸和进水闸等大型节制工程，洪泽湖成了全国最大的平原水库。

洪泽湖旅游资源丰富，但还没有形成一个完整的旅游产业体系。洪泽湖可供游览的地方主要有蒋坝旅游区、老子山风景区、水上长城风光带、湖滨公园、避风港和洪泽湖浴场以及洪泽县城临湖的洪泽湖旅游度假村等景区。目前，由于旅游开发深度不足，旅游形象不鲜明，结构单一，且缺乏档次和特色，基础配套设施比较落后，旅游商品开发不到位，使得游客滞留时间短暂，这与洪泽湖大堤、文化深厚的老子山和龟山等丰富旅游资源的价值不相符。今后，洪泽湖的旅游开发应该借助于江苏省的辐射带动效应。只有对洪泽湖进行深度开发建设，改变现有的低档次和低层次的开发模式，才符合旅游业的发展趋势和要求，才能够有广阔的客源市场和良好的发展前景。

三、名泉景观

我国幅员辽阔，千姿百态的碧水清泉有 10 万之多。我国名泉众多，从冷泉到沸泉都有，有的成为名胜的主体；很多冷泉水质清冽，具有品茗佳酿功能；大多温泉则因含有微量元素或矿物质而具有医疗作用，从而形成以温泉为中心的疗养游览胜地。

（一）趵突泉

趵突泉位于济南市中心区，位居济南七十二名泉之首，被誉为 "天下第一泉"，是最早见于古代文献的济南名泉。趵突泉是泉城济南的象征与标志，与千佛山、大明湖并称为济南三大名胜。宋代曾巩为其定名为 "趵突泉"。泉分三股涌出平地，泉水澄澈清冽。"趵突" 即跳跃奔突之意，反映了趵突泉三窟迸发喷涌不息的特点。泉四周有大块砌石，环以扶栏，可凭栏俯视池内三泉喷涌的奇景。在趵突泉附近，散布着金线泉、漱玉泉、洗钵泉、柳絮泉、皇华泉、杜康泉、白龙泉等 30 多个名泉，构成了趵突泉泉群。其中漱玉泉与宋代女词人李清照有关，她的故居就在漱玉泉边，因有文集 "漱玉集" 而得名，泉北的李清照纪念堂正是为纪念这位著名的词人而修建的。趵突泉公园的南大门布置得富丽堂皇、雍容华贵，横匾 "趵突泉" 蓝底金字，是乾隆皇帝御笔所题。趵突泉边石碑题 "第一泉"，为清同治年间历城王钟霖所题。

清代康熙皇帝南游时，曾观赏了趵突泉，兴奋之余题了"激湍"两个大字，并封为"天下第一泉"。"趵突腾空"为明清时济南八景之首。一边是泉池幽深，波光粼粼，一边是楼阁彩绘，雕梁画栋，构成了一幅奇妙的人间仙境。趵突泉如图5-29所示。

图5-29　趵突泉

（二）虎跑泉

虎跑泉位于杭州市西南大慈山白鹤峰下慧禅寺（俗称虎跑寺）侧院内，距杭州市区约5千米。"虎跑"之名因"梦泉"而来。相传，唐元和十四年（公元819年）高僧寰中（亦名性空）来此，喜欢这里山色灵秀，准备在此建寺。后来因水源短缺准备迁走。一天晚上，性空在梦中得到了神的指示："南岳衡山有童子泉，当遣二虎移来。"第二天醒来，果然看见两只老虎刨地作穴，清澈的泉水随即涌出，故名为虎跑泉。于是就在此建起了大慈定慧禅寺，也叫"虎跑寺"。虎跑泉从大慈山后断层陡壁砂岩、石英砂中渗出，泉水晶莹甘洌，有"天下第三泉"之称，"龙井茶叶虎跑水"被称为"西湖双绝"。沿虎跑泉左面山径拾级而上，不远处有一组梦虎石雕，性空和尚面目慈祥，闭目斜卧，边上有二虎，形象生动，粗犷有力。整座雕像布局得体，线条刚柔相间，很有意趣。虎跑泉周围既能够遍赏名山、赏观名泉，又可踏访名寺、拜见名僧。虎跑寺、滴翠崖、弘一法师塔、济公殿、济颠塔院等名胜，为众人所钟爱。虎跑泉如图5-30所示。

图5-30　虎跑泉

（三）无锡惠山泉

惠山泉位于江苏省无锡市西郊惠山山麓锡惠公园内。相传经中国唐代陆羽亲品其味，惠山泉被列为天下第二泉，故又名陆子泉。随后，刘伯刍、张又新等唐代著名茶人均推惠山泉为天下第二泉。中唐时期诗人李绅曾赞扬道："惠山书堂前，松竹之下，有泉甘爽，乃人间灵液，清鉴肌骨。漱开神虑，茶得此水，皆尽芳味也。"宋徽宗时，此泉水成为宫廷贡品。元代翰林学士、大书法家赵孟頫专为惠山泉书写了"天下第二泉"五个大字，至今仍完好地保存在泉亭后壁上。当时，赵孟頫还吟了一首咏此泉的诗："南朝古寺惠山泉，裹名来寻第二泉，贪恋君恩当北去，野花啼鸟漫留连。"

（四）镇江中泠泉

中泠泉位于江苏省镇江金山以西的石弹山下，又名中零泉、中濡泉、中泠水、南零水。据唐代张又新的《煎茶水记》载，与陆羽同时代的刘伯刍，把宜茶之水分为七等，称"扬子江南零水第一"。这南零水指的就是中泠泉，说它是大江深处的一股清冽泉水，泉水清香甘洌，涌水沸腾，景色壮观。唯要取中泠泉水，实为困难，需驾轻舟渡江而上。清代同治年间，随着长江主干道北移，金山才与长江南岸相连，终使中泠泉成为镇江长江南岸的一个景观。在池旁的石栏上，书有"天下第一泉"五个大字，是清代镇江知府、书法家王仁堪所题。池旁的鉴亭是历代名家煮泉品茗之处，至今风光依旧。

（五）苏州观音泉

观音泉位于苏州虎丘山观音殿后，井口一丈①余见方，四旁石壁，泉水终年不断，清澈甘洌，又名陆羽井。陆羽与刘伯刍评此水为"天下第三泉"。此泉园门横楣上刻有"第三泉"三字，每年吸引了大量游人前来游览。观音泉有两个泉眼同时涌出泉水，一清一浊，两水汇合，泾渭分明，绝不相渗。民间传说此地有石身观音壁立泉上，手里的净瓶喷出两股水柱，一清一浊，清水赈济人间良善，浊水洗净尘世污垢。清代同治《汉川县②志》记载："此泉岁尝一洗，洗出如脂，久始澄清，东清西浊。"

（六）大理蝴蝶泉

蝴蝶泉位于云南大理苍山脚下，泉水清澈见底。南距大理古城 27 千米，蝴蝶泉面积50 多平方米，为方形泉潭。泉水清澈如镜，有泉底冒出，泉边弄荫如盖，一高大古树横卧泉上，这就是"蝴蝶树"。每年春夏之交，蝴蝶树的芬芳吸引大批蝴蝶聚于泉边，漫天飞舞。最奇的是万千彩蝶交尾相随，倒挂蝴蝶树上，形成无数串垂及水面，蔚为壮观。在白族人的心中，蝴蝶泉是一个象征爱情忠贞的泉，每年蝴蝶会这天，来自各方的白族青年男女都要来这里，"丢个石头试水深"，用歌声找到自己的意中人。蝴蝶泉奇景古已有之，明代徐霞客笔下已有生动的记载。郭沫若于 1961 年游览此地时，手书"蝴蝶泉"三个大字，刻于泉边的坊石之上。近年来，蝴蝶泉公园经过修整与扩建，修有蝴蝶楼、六角亭、大月牙池、蝴蝶标本馆、望海楼和徐霞客雕像等。蝴

---

① 1 丈 = 3.33 米。

② 今汉川市。

蝶泉如图 5 - 31 所示。

图 5 - 31　蝴蝶泉

（七）华清池

华清池位于陕西西安骊山北麓，是我国现存历史最悠久的一处温泉。相传西周的周幽王曾在这里建离宫，秦、汉、隋先后多次修建，唐代又数次增建，名曰汤泉宫，后改温泉宫。唐玄宗时又大兴土木，此时才称华清宫，因为宫在温泉上面，所以也称华清池，后因唐玄宗与杨玉环在此沐浴的史料被白居易写入名作《长恨歌》，其中"春寒赐浴华清池，温泉水滑洗凝脂"，更使华清池声名大作。华清池现有泉眼四个，水质纯净温和，芳流千古不竭，名人轶事众多，有"天下第一温泉"的美誉。华清池如图 5 - 32 所示。

图 5 - 32　华清池

（八）敦煌月牙泉

月牙泉处于甘肃敦煌西南 5 千米处的鸣沙山环抱之中，其形酷似一弯新月而得名。月牙泉古称沙井，又名药泉，清代正名月牙泉，有"沙漠第一泉"之称。自汉朝起即为"敦煌八景"之一的"月泉晓澈"。月牙泉南北长近 100 米，东西宽约 25 米，泉水东深西浅，最深处约 5 米，面积 13.2 亩，平均水深 4.2 米。月牙形的清泉，水质甘洌，澄清如镜。如翡翠般镶嵌在金子似的沙丘上。泉边芦苇茂密，微风起处，碧波荡漾，水映沙山，蔚为奇观。千百年来沙山环泉而不被掩埋，地处干旱沙漠而泉水不浊不涸，实属罕见。

四、瀑布景观

瀑布是指从河床纵断面陡坡或悬崖上倾泻下的水流。我国瀑布众多，著名的瀑布有上百处之多。著名的瀑布群主要有贵州黄果树瀑布群、江西庐山瀑布群、四川九寨沟瀑布群、浙江雁荡山瀑布群以及安徽天柱山瀑布群等。有名的单个瀑布主要有陕西黄河壶口瀑布、黑龙江吊水楼瀑布、吉林长白瀑布、安徽黄山三瀑、山东青岛崂山双瀑、江西庐山三叠泉瀑布等。

我国瀑布千姿百态，变幻无穷。相对于其他自然山水景观而言，瀑布给予人类的主要是审美价值、精神享受。喜欢从大自然中汲取创作源泉的文人墨客对瀑布飞流钟爱有加，不但留下了登临观赏的足迹，也留下了无数题咏、题刻以及绘画的墨宝与佳话，更给瀑布增添了浓重的文化色彩。瀑布文化堪称是水文化百花园中的一朵奇葩。本书以黄果树瀑布、黄河壶口瀑布、庐山瀑布为例，对其文化内涵进行赏析。

（一）黄果树瀑布

黄果树瀑布群位于贵州省黔中丘原的镇宁、关岭布依族苗族自治县境内。它由黄果树瀑布、陡坡塘瀑布、螺蛳滩瀑布、银链坠潭瀑布、关岭瀑布等20多个风韵各异的大小瀑布群组成，其中以素有"天下奇景"之称的我国第一大瀑布——黄果树瀑布最为优美壮观，故统称为黄果树瀑布群。

黄果树瀑布有深厚的文化内涵，多少文人墨客为之神往。其中，明代大旅行家、地理学家徐霞客在其《徐霞客游记》中就记录了黄果树瀑布的雄壮神韵。他在游记中对瀑布进行了十分形象而生动的描述："……一溪悬捣，万练飞空，溪上石如莲叶下覆，中剜三门，水由叶上漫顶而下，如鲛绡万幅，横罩门外，直下者不可以丈数计。捣珠崩玉，飞沫反涌，如烟雾腾空，势甚雄伟。所谓'珠帘钩不卷，匹练挂遥峰'，俱不足以拟其壮也。盖余所见瀑布，高峻数倍者有之，而从无此阔而大者。"（《徐霞客游记·黔游日记》）经徐霞客的记述和渲染，黄果树瀑布更加声名远播。黄果树瀑布如图5-33所示。

图5-33 黄果树瀑布

目前，黄果树瀑布是贵州省最为著名的旅游区，贵州省在旅游发展战略中，更提出要以黄果树瀑布为旗舰，多角度、多方位地整合贵州旅游资源，发展贵州旅游业。可见，黄果树瀑布对游客具有相当大的吸引力。

（二）黄河壶口瀑布

黄河壶口瀑布汇集了黄河的水，奔淌着华夏民族征服自然、改造自然的民族之魂。它是我国第二大瀑布，也是世界上最大的黄色瀑布。壶口瀑布位于黄河中游晋陕峡谷的南部，西濒陕西省宜川县，东临山西省吉县，是九曲黄河一大奇观。壶口瀑布的高度一般在 15 ~ 20 米，虽然在我国众多的瀑布中高度不算很大，但壶口瀑布的水量却是我国瀑布中最大的。

1991 年，黄河壶口瀑布被评为全国旅游胜地"四十佳"之一。壶口瀑布景区内景点星罗棋布，有孟门月夜、镇河神牛、旱地行船、清代长城、明清码头、梳妆台、古炮台、克难坡等自然和人文景观。从 1994 年起，每年举办一次壶口瀑布漂流，亚洲飞人柯受良和吉县飞人朱朝晖曾先后驾驶汽车和摩托车成功飞越黄河，使壶口瀑布的文化内涵得到了深度的挖掘，壶口瀑布已成为令人瞩目的旅游热点。壶口瀑布如图 5 - 34 所示。

图 5 -34 壶口瀑布

（三）庐山瀑布

江西庐山之美，以瀑布居首。瀑布为庐山一绝。庐山山势突兀，断崖绝壁间多瀑布。庐山瀑布群的知名瀑布主要有：三叠泉瀑布、开先瀑布、石门涧瀑布、黄龙潭和乌龙潭瀑布、谷帘泉瀑布、王家坡双瀑等。庐山三叠泉瀑布如图 5 -35 所示。

图 5 -35 庐山三叠泉瀑布

古人中，描写和咏叹庐山瀑布的诗词数不胜数，其中以唐代诗人李白的《望庐山瀑布》为最佳。"日照香炉生紫烟，遥看瀑布挂前川。飞流直下三千尺，疑是银河落九天。"该诗将庐山秀峰瀑布的神韵表现得淋漓尽致，给人以极大的审美享受。目前，庐山瀑布已成为庐山旅游发展的一个亮点，与其他旅游资源整合开发，为庐山旅游发展增色不少。

五、海滨文化

(一) 海滨的文化价值

海滨是海洋和陆地的过渡，其观赏对象包括海滩、沿岸岛屿、海水、海上生物、邻近海面上空的大气及节律性变化的天气和气候。海滨在多种因素的作用下，形成各种形态，而以岬湾形沙质海岸旅游价值最高。岬湾形海岸三面临海，一面临陆，岸陡水深，波浪福聚，容易形成奇景。而岬角之间的海湾水体平静，泥沙易于堆积，形成海滨沙滩。湾外惊涛拍岸，湾内却风平浪静。

海滨的文化价值不仅在于可以使人开阔眼界，增长知识，还能消夏避暑，有益于身心健康。一些奇特的气象景观只有在海滨才能看到，比如潮汐、海市蜃楼、海上日出等。海滨地带冬暖夏凉，且少尘埃，空气中富含负离子，对人的健康有益。所以，海滨不仅是旅游的良好场所，还是疗养的最佳选择。

(二) 海滨避暑胜地

1. 渤海湾

我国海滨旅游开发最早的是渤海海滨。原因主要有两个：第一，渤海所处纬度较高，每年6～10月的气温比其他海面温度都低；第二，北方黄河流域在唐以前是政治中心，帝王出巡必至渤海。渤海海滨的旅游城市主要是秦皇岛和大连。

(1) 秦皇岛

"大雨落幽燕，白浪滔天，秦皇岛外打鱼船。一片汪洋都不见，知向谁边？往事越千年，魏武挥鞭，东临碣石有遗篇。萧瑟秋风今又是，换了人间。"这是1954年夏天毛泽东来北戴河海滨观海景时写下的《浪淘沙·北戴河》。"魏武挥鞭"指的是当年曹操北定乌桓后曾登临碣石，观沧海，见萧瑟秋风中岛屿耸立、波涛汹涌，"日月之行，若出其中"，这宏伟瑰丽的气象激发了他统一天下的勃勃雄心。碣石山距北戴河海滨不远，是秦皇岛著名的风景胜地。秦始皇在公元前215年第四次东巡，到碣石山后，在这里刻了《碣石门辞》，然后便派人渡海寻取长生不老药。汉武帝即位后，也东巡至碣石山，在这里建造了汉武台。贞观十九年，唐太宗从辽东班师回朝，"次汉武台，刻石记功"，还写了《春日望海》一诗，有"之罘思汉帝，碣石想秦皇"之句。

秦皇岛在200多年前还是个岛屿，后来才和陆地连接。现在的秦皇岛包括海港区、山海关和北戴河。秦皇岛港港阔水深、风平浪静，是我国北部著名的不冻良港。山海关是明初徐达所建的关城，是明长城的起点。它依山傍水、形势险要，俗称"京都锁钥""天下第一关"。山海关一带景观有关城、"老龙头"、角山和长城博物馆，还有"孟姜女庙"和"望夫石"。山、海、关、城四位一体，传说故事、历史人物众多，山海关长城文化可谓博大精深。2006 年 11 月，"中国长城文化之乡"落户山海关，并在这里成立了"中国长城文化研究中心"，进一步提升了山海关的吸引力。秦皇岛如图 5－36 所示。

图 5－36　秦皇岛

北戴河在秦皇岛市区西南 30 华里①处，背靠联峰山，南临渤海，其海滨带长达 20 华里，宽约 2 千米，面海朝南，沙软潮平，是优良的海水浴场。自先秦以来，这里就是帝王巡幸和船只停泊之处。清光绪年间辟为避暑地，各国来华公使及中国的军阀、官僚都纷纷来此建造别墅，新中国成立后这里被修整为避暑疗养胜地。

（2）大连

大连位于辽东半岛南端，由于海水的侵蚀，海岸呈现各种奇异形状，如老虎滩、黑石礁、金石滩等都因此得名。这些景观将大连海滨点缀得婀娜多姿。大连的气候温暖湿润，适宜于草木生长。所以大连海滨的浴场、公园、疗养院星罗棋布。市区街道整齐，绿树成荫，公园、动物园、街心花园较多，是个美丽的花园城市。在旅顺口附近的海滨还有两个自然保护区，即老铁山和蛇岛。

大连的历史遗迹不多。市区西北沙岗村有东汉壁画墓，可供人现场凭吊。大连如图 5－37 所示。

————————————

①　1 华里 = 500 米。

图 5 – 37　大连

2. 蓬莱仙岛

胶东半岛的蓬莱，以"海市蜃楼"驰名中外。蓬莱仙岛自古就寄托着炎黄子孙向往仙境的理想。丹崖山巅蓬莱阁面海凌空，气势雄伟，是神话传说中"八仙过海"之处。据《史记》载，方士徐福奉秦始皇之命，携童男童女到东海蓬莱寻找长生不老药。传说徐福从崂山境内的小岛登上航船，后来此岛就被命名为徐福岛，岛上一直流传着徐福"东渡日本""驻足蓬莱"的传说故事。中华民族走向海外就是从此开始的，如今徐福岛已经成了很有意义的纪念地。蓬莱仙岛如图 5 – 38 所示。

图 5 – 38　蓬莱仙岛

除了蒲门晓日、白峰积雪、南浦归帆、石桥春涨、横街鱼市、衡港渔灯、石壁残照、鱼山蜃楼、竹屿怒涛、鹿栏晴沙等历代相传的"蓬莱十景"，如今又新添了磨心山大殿慈云庵中的"华藏世界"、大衢街岛观音山上的"古刹梵音"等景点，引起越来越多的游人的兴趣，其中以日本游客为最，因为他们对徐福的故事非常感兴趣。

3. 鼓浪屿

厦门南部的鼓浪屿，素有"海上花园"之称，四季如春，环境幽雅。明代民族英雄郑成功为收复台湾曾在此操练水师。鼓浪屿日光岩陡峭的巨石上，镌刻着"闽海雄风"四个大字，右上方刻着"郑延平水操台故址"。日光岩山麓还有郑成功纪念馆，陈列着收复台湾的文物。鼓浪屿如图 5－39 所示。

图 5－39　鼓浪屿

目前，鼓浪屿旅游区是国家级风景名胜区鼓浪屿—万石山风景区的主要组成部分，由鼓浪屿本岛以及岛上的日光岩、菽庄花园、郑成功纪念馆、钢琴博物馆、百鸟园等旅游景点组成，以其独具一格的自然与人文景观成为我国知名的旅游区。

4. 旅顺口

旅顺口位于辽东半岛南端、大连市西南，隔海与山东半岛的烟台和威海遥相对峙，似一对大门组成渤海的门户，共扼渤海咽喉，有辽东"第一重门户"之称，战略地位十分重要。秦汉以前，旅顺名叫将军山。三国时，东吴的军队航海到辽东，就是从旅顺口登陆的。辽金元时期，因旅顺如雄狮踞滩，又名狮子口。明朝洪武四年（1371 年），马云、叶旺挥师自山东渡海登陆，歼元朝残军，收复辽东，取旅途平顺之意，改其为"旅顺"。1880 年开辟为军港，并陆续修建了东西海岸炮台和船坞，旅顺口遂成为北洋海军的一个重要基地。旅顺口如图 5－40 所示。

图 5-40　旅顺口

目前，在旅顺口景区周围，峰峦环绕，礁岛棋布，自然风光旖旎。景区内文物古迹众多，其中有甲午中日战争、日俄战争以及日本侵华战争的各种遗迹，是中国近代史的见证。

习题与拓展实训题

一、思考题

1. 论述我国山水主要的审美思想。

2. 论述我国自然山水的文化特征。

二、案例分析

普陀山旅游发展生态为先

为了保护普陀山的自然生态环境，浙江舟山市普陀山区自 2002 年以来，累计投资 1.2 亿元,对全山 1 221 棵古木名树、摩崖石刻和国家保护动物进行全面摸底调查，抢救保护；转移岛内畜牧业、种植业和水产加工业；实施全岛"禁摩"，禁止燃烧散煤和煤制品，以每吨 300 元的代价将全岛生活垃圾清运出山……

旅游发展生态为先，普陀山得到了丰厚的回报，2005 年全山共接待游客 247 万人次，旅游总收入 11.63 万元，比 2002 年增长 56.11%，2006 年旅游总收入再创新高。

（资料来源：周开龙，沈良中.普陀山旅游发展生态为先 [N].中国旅游报，2006-10-9.）

讨论

普陀山景区成功的经验说明了什么？

三、实训题

举例说明我国山水旅游文化的特色。

第六章

园林旅游文化

教学目标 \\\\\

1. 了解我国园林的发展历程；
2. 了解园林的类型及其特点；
3. 领悟园林文化的艺术风格。

能力目标 \\\\\

1. 能够分析园林的构景要素；
2. 能够领悟园林文化的独特内涵；
3. 能对我国著名古典名园的造园风格、造园手法进行分析讲解。

导入案例 \\\\\

苏州小园林享誉大世界　海外仿苏州古典园林达 30 座

"20 世纪 60 年代到 70 年代，只要有外国领导人来到中国，几乎都要到两个园林，一个是皇家园林，一个是苏州园林。"苏州园林局官员自豪地对记者说。

拙政园导游告诉记者，1978 年 4 月，时任英国保守党领袖的撒切尔夫人来苏州访问、游览拙政园，在经过"别有洞天"时，留下了经典的瞬间：深邃的月洞门仿佛一条时空隧道，连接起东西方的友谊，打开了中国对外开放的"窗口"。

作为江南园林的代表作，拙政园几乎迎接了新中国成立后所有来过苏州的各国政要和王室成员。从 1971 年到 2009 年的 38 年间，柬埔寨国王西哈努克、美国前总统卡特和夫人、美国前国务卿基辛格、尼泊尔国王比兰德拉、比利时国王菲利普一世和王后、新西兰总理罗伯特·马尔登、荷兰女王贝娅特丽克丝·威廉明娜·阿姆加德等 28 个国家的政要到访过拙政园。

新中国成立后，闻名天下的苏州古典园林成为中外交流的重要场所。各国政要在小巧精致的园林中，在古朴典雅的厅堂内，畅抒友情，交流信息，小小的古典园林成了享誉世界的交流舞台。

记者在苏州香山帮营造协会了解到，自1997年苏州9处古典园林被列入世界文化遗产，以苏州古典园林为蓝本的中国园林易园"出使"联合国后，以山水为表现主题、在有限的空间变化无穷的苏州古典园林越来越受到世界各国的青睐，从苏州"搬运"出去的园林已遍布五大洲。

1997年，首先在美国纽约建造起"明轩"庭园；2000年"兰苏园"在美国波特兰市落成，美方起初估计该园一年能吸引10万游人，结果开园100天入园人次就超过10万；2006年，海外规模最大的占地12英亩的中国园林在美国洛杉矶正式开放，全部造价超过1亿美元，园林所有建设基金全部依靠募捐，得到美国华人社区、中国香港同胞、中国台湾同胞及许多在美中国企业的大力支持。目前，仅在美国建起的仿苏州园林就达5座。

如今，加拿大、新加坡、日本、美国、德国、西班牙、南非、科威特、澳大利亚和马耳他等国建造仿苏州古典园林建筑的数量越来越多，规模也越来越大，从兴建单体建筑、小品陈设、微缩园林到兴建整座园林，据统计，到目前为止，海外仿苏州古典园林已有30座。

（资料来源：www.Chinanew.com，2009-10-8）

思考

苏州的古典园林是中国文化遗产中的珍品，其数量之多、历史艺术价值之高、造诣之精湛举世罕见，被誉为"世界园林之母"。如今，古典园林遗产已成为当代大众旅游十分重要的资源。在西方国家都在竞相模仿中国园林的时候，我们应该怎么认识园林的旅游价值？怎样理解园林的文化内涵？

园林是指在一定的地域运用工程技术和艺术手段，通过改造地形、种植花草、营造建筑和布置园径等途径创作而成的美的自然环境和游憩境域。世界上，由于各个民族的地理环境和人文背景的差异，园林建造手法和风格不同，派生出中国园林、欧洲园林和西亚园林三大系统，形成了地域性和民族性很强的不同的园林文化。

中国古典园林有"无声的诗，立体的画"之称，以其迥然不同于西方几何图形式园林的写情自然山水型园林风格，被公认为"世界园林之母"。中国古典园林深浸着中国文化的内蕴，是中国五千年文化史造就的艺术珍品，是世界艺术之奇观，是人类文明的重要遗产。中国的造园艺术以追求自然精神境界为最终和最高目的，体现了山水诗和山水画的意境与情调，从而达到"虽由人作，宛自天开"的审美旨趣。中国园林丰富多样的类型与样式、独特鲜明的风格与形象令世人瞩目，给人们以极大的美的享受和启迪。

第一节　中国古典园林的发展及其分类

一、中国古典园林的起源与发展

（一）先秦以苑囿为主体的时期

最早见于文字记载的园林形式是殷末周初的"苑""囿"。"囿"，就是把自然景色优美的地方圈起来，放养禽兽，供帝王狩猎，所以也叫游囿。《史记》中记载，纣王"益广沙丘苑台，多取野兽飞鸟置其中"；周文王建灵囿，"方七十里，其间草木茂盛，鸟兽繁衍"。最初的天子、诸侯都有囿，只是范围和规格等级上有所差别，"天子百里，诸侯四十"。

春秋战国时期，诸侯国势力强大，周天子的地位相对式微。诸侯国君摆脱宗法等级制度的约束，竞相修建庞大、豪华的宫苑，其中多数是建置在郊野的离宫别苑。另据记载，吴王夫差曾造梧桐园（今在江苏）、会景园（今在浙江嘉兴），记载中说"穿沿凿池，构亭营桥，所植花木，类多茶与海棠"，这说明当时造园已有了建造人工池沼、园林建筑和配置花木等技法，象征着中国自然山水式园林已经萌芽。

（二）秦汉时期的宫苑

秦汉时期，国家统一，经济繁荣，于是大兴土木，营建宫室苑囿。秦始皇统一中国后，营造宫室，其规划宏伟壮丽。其中最为有名的是秦始皇在咸阳渭水之南建上林苑，并在苑中建阿房宫，可谓"离宫别馆，弥山跨谷"，形成早期园林的另一种形式"宫苑"。在上林苑中，引渭水作长池，并在池中筑蓬莱仙山以象征神山仙境，从而开创了园林中人工堆山之先河。汉代，汉武帝刘彻在国力强盛之时，大造宫苑。在秦上林苑的基础上进行大规模扩建、改建，形成苑中有宫、有城，宫室建筑群成为苑的主体。同时，开凿昆明、太液两池，在建章宫的太液池中建有蓬莱、方丈、瀛洲三座仙山，这三座水中神山的出现，体现了皇家园林的神仙思想，这种技法被皇家园林奉为经典，成为后来历代皇家园林的主要模式——"一池三山"之滥觞。

（三）魏晋山水园林的出现

魏晋南北朝是中国历史上的一个大动乱时期，也是思想十分活跃的时期。儒、道、佛、玄诸家争鸣，彼此阐发。思想的解放促进了艺术领域的开拓，也给予园林发展以很大的影响，可以说魏晋南北朝是中国古典园林发展史上的一个转折时期。

魏晋南北朝时期社会动荡不安，人民流离失所，生活极其痛苦，朝廷上下敛财、荒淫奢靡成风。知识分子产生了对政治厌恶和对现实不满的情绪，随着道教的产生与发展和佛教影响的扩大，致使大批文人士大夫逃避现实，归隐山林，寄情山水，终日徜徉于林泉之间，对大自然的审美感受日渐深厚。优美的自然风景激发了他们的灵感，于是悟于胸，发于笔端，开创了中国山水文化的新纪元，首次出现了以描写山川风物为主的山水诗和山水画。而山水诗画的发展反过来更令文人士大夫陶醉于乡间山野的自然风光里。尤其是陶渊明所塑造的那个超脱尘世的"世外桃源"，成了文人梦寐以求的理想境界。为此，官僚士大夫不满足于一时的游山玩水，同时为避免付出长途跋涉的艰辛，达到"不出城郭，而获山水之怡"之目的，他们通过"移天缩地"，将自然山水"搬"进自家庭院，于是江南出现了私家园林。同时，随着佛教的兴起，寺庙喜择深山水畔之地而建，出现了峰峦隐映、岩壑深幽、峰石古朴的寺庙园林。

（四）隋唐园林的全面发展时期

隋唐时期是中国封建社会繁荣兴旺的高潮，中国园林的发展相应地进入了它的全盛期。隋朝结束了魏晋南北朝后期的战乱状态，社会经济一度繁荣，造园之风大兴。当时的皇家园林仍然没有脱离秦汉遗风，只是宫殿楼宇更显雄伟气魄，宫廷御苑设计也愈发精致，特别是由于石雕工艺已经娴熟，宫殿建筑雕栏玉砌，格外显得华丽，苑中的山水布设更加灵活。

隋唐两代，特别是在唐代的文人士大夫中，酷爱园林的风气依旧十分盛行。这一时期，大批诗人和画家参与造园，他们按照诗论或画论来建造园林，推动了造园理论的确立与深化。其中最著名的两位是王维和白居易。诗人兼画家的王维曾作"辋川别业"，他以诗人的激情、画家的机敏赋予"辋川别业"及其周边自然景观以人文色彩，从而使"辋川别业"脱去简单的自然山水的外表，成为一座根植于自然风景区里的"别墅园"；而大诗人白居易在洛阳建的私园是一座典型的人工"市隐宅园"。从当时的私家园林中可以看出，这一时期将诗情画意作为造园追求的终极目的已是十分普遍的现象。

（五）两宋造园成熟时期

两宋时期，中国园林的造园艺术日趋成熟。作为一个园林体系，它的内容和形式均趋于定型，造园的技术和艺术达到了历来的最高水平。宋代经济的发展带动了科学技术的长足进步，为园林的广泛兴造提供了技术的保证，使园林的建筑水平、观赏花卉和树木的栽培技术、叠石技艺等得到空前的发展，用石材堆叠假山成为园林筑山的普遍方式。这些成为当时园林艺术水平成熟的标志。文人士大夫的造园活动也更为普遍，在园林中熔铸诗画意趣比之唐代就更为自觉，同时开始重视园林意境的营造。山水画、山水园林互相渗透的密切关系，到宋代已经完全确立。

（六）明清造园的最后兴盛时期

明清时期，园林艺术进入精深发展阶段。无论是江南的私家园林还是北方的皇家园林，在设计和建造上都达到了高峰。现代保存下来的大多属于明清时代的园林，这些园林充分体现了中国古代园林的独特风格和高超的造园艺术。皇家园林创建以清代康熙、乾隆时期最为活跃。此时期规模宏大的皇家园林多与离宫相结合，大部分建于郊外。其总体布局有的是在自然山水的基础上加工改造，有的则是靠人工开凿兴建，其建筑宏伟浑厚、色彩丰富、豪华富丽。如北京西郊的"三山五园"、河北承德的避暑山庄等。

私家园林是以明代建造的江南园林为主要成就，如"沧浪亭""拙政园""寄畅园"等。同时在明末还产生了关于园林艺术创作的理论书籍《园冶》，这一著作是明代江南地区造园艺术的总结。该书比较系统地论述了园林中的空间处理、叠山理水、园林建筑设计、树木花草的配置等许多具体的艺术手法。书中所提的"因地制宜""虽由人作，宛自天开"等主张和造园手法，为我国的造园艺术提供了理论基础。

二、中国古典园林的分类及其特点

中国古典园林因地域、朝代和背景不同，形成了风格各异的园林，不同类型的园林又具有不同的游览和艺术欣赏价值。

（一）按占有者身份来划分

按照园林的占有者身份的不同，中国古典园林分为皇家园林、私家园林和寺庙园林。

1. 皇家园林

皇家园林即帝王宫苑，是专供帝王休息享乐的园林。大多数皇家园林建在郊外风景优美、环境幽静的地方，有以下几个特点。

（1）规模宏大。皇家园林独具壮观的总体规划，规模宏大，气势磅礴，以展示"普天之下莫非王土"之气势。如周文王的灵囿，方圆70里；秦汉的上林苑有300余里；北京的颐和园占地面积为290公顷；规模最大的皇家园林是河北承德避暑山庄，占地面积为564公顷。

（2）真山真水。由于皇家园林的规模宏大，所以常利用真山真水来布局营造。比如，颐和园就是利用万寿山和昆明湖来布局规划的；承德避暑山庄也是依据周围的自然山水而建，并在山川中点缀宫殿、寺庙等建筑。

（3）建筑富丽堂皇。在等级森严的封建社会里，皇家园林享受最高的建筑级别，红墙黄瓦，雕梁画栋，色彩鲜艳。如在颐和园的万寿山上，自下而上有云辉玉宇、排云门、排云殿、佛香阁、智慧海等建筑。以佛香阁为中心，从昆明湖到万寿山的南北中轴线，远远望去，金碧辉煌，光彩夺目，显示出皇家园林的气魄。

（4）建筑体量高大。皇家园林风格雍容华贵，体现了皇权的至高无上。如万寿山的佛香阁，高达41米，建在高20米的石砌台基之上，整个建筑高出万寿山山顶，气势高大雄伟，是全园的中心和制高点，是颐和园的标志性建筑，也是全国现存最高的楼阁；颐和园中昆明湖东的十七孔桥，长150米，宽8米，是北京古桥中最大的一座。如此宏大壮观的建筑也只能在皇家园林中见到。

现存的著名皇家园林有：北京颐和园（如图6-1所示）、北海公园、河北承德避暑山庄（如图6-2所示）等。

图6-1 颐和园

图6-2 承德避暑山庄

2. 私家园林

私家园林是供皇家的宗室外戚、王公官吏、富商大贾等休闲的园林，是建在城市府邸宅院里的山水环境。私家园林有以下几个特点。

（1）面积规模较小。江南私家园林与皇家园林风格迥然不同，它是私人住宅和花园的结合，面积虽小，但布局灵活紧凑，以达到"小中见大"的效果。如拙政园占地62亩，不及承德避暑山庄的1%，狮子林占地15亩，残粒园更小，只有1 400平方米。私家园林规模虽小，但园中山、水、亭、台、楼、阁等样样具备，体现出"一粒沙中见乾坤"的意境。

（2）常用假山假水。由于规模较小，所以园景采用浓缩的手法，造以假山假水，点缀以花草树木。园林的建造全部凭借人力，但在艺术效果上，则尽力追求"自然"之趣，尽量不留人工雕琢痕迹，以达到"虽由人作，宛自天开"的艺术境界。

（3）色彩淡雅素净。除了皇家园林建筑是用黄色和红色以外，私家园林中的建筑一般是灰色屋瓦、白色墙壁、褐色门窗，不施彩绘，但常用精致的砖木雕刻作装饰，显得朴素清雅、玲珑精致。

（4）整体精致典雅。私家园林整体上表现为小巧玲珑，造园技法精致典雅，整个园林充满诗情画意，表达的是一种意境美。

著名的私家园林有北京的恭王府，苏州的拙政园、留园、沧浪亭、狮子林、网师园，上海的豫园等。但最负盛名的是苏州园林，有"江南园林甲天下，苏州园林甲江南"的美誉。其中，拙政园（明朝）、沧浪亭（宋朝）、狮子林（元朝）、留园（清朝）合称为"苏州四大名园"。拙政园如图6-3所示。

图6-3 拙政园

3. 寺庙园林

寺庙园林包括宗教（佛教、道教、基督教、伊斯兰教等）园林和历史名人（如黄帝、大禹等）的纪念性寺庙园林。若寺庙建在市区且仅有建筑物，则不能称其为寺庙园林，只有当寺庙兼有林木、草坪、水池等园林要素时，才能称为寺庙园林。

已知的绝大多数著名庙宇都是园林式庙宇，如南京的栖霞寺、天台山的国清寺、当阳的玉泉寺、长清的灵岩寺，佛教称之为"天下四大丛林"。此外，苏州的通玄寺、寒山寺，杭州的灵隐寺，扬州的大明寺，成都的武侯祠，乐山的凌云寺，峨眉山的万年寺及武汉的宝通寺都形成了园林格局。

寺庙园林主要有如下特点：一是开放性，寺庙不是专供私人享乐，而对香客和游人敞开；二是稳定性，寺庙较少受到战争破坏，也很少因政治动荡而毁弃，寺庙有田业和财产，能长期保存；三是天然性，寺庙占有名山大川，一般不在闹市建筑，它情趣自然，人工与天趣相融合；四是神秘性，寺庙营造佛界仙境氛围，如放生池、神像、音乐、缭烟等都具有宗教刺激和感悟性，佛教的极乐世界、彼岸净土都幻若神仙境界。

（二）按地理位置划分

按照地理位置的不同，可以将中国古典园林分为北方园林、江南园林和岭南园林。

1. 北方园林

北方园林占地宽广，范围较大；因园林所在地大多为都城，故建筑富丽堂皇。但因自然气候条件所局限，河川湖泊、园石和常绿树木都较少。由于风格粗犷，所以秀丽媚美则显得不足。北方园林的代表大多集中于北京、西安、洛阳、开封等地。

2. 江南园林

南方人口密集，河湖、园石、常绿树较多，园林景致细腻精美，具有明媚秀丽、淡雅朴素、曲折幽深的特点。南方园林大多集中于南京、上海、无锡、苏州、杭州、扬州等地，其中尤以苏州私家园林为代表。

3. 岭南园林

岭南园林因地处亚热带，终年常绿，多河川，造园条件比北方、南方都好。其明显的特点是具有热带风光，建筑都较高而宽敞，建筑装饰中喜欢采用西式的玻璃和花砖。现存的岭南类型园林著名的有广东顺德的清晖园、东莞的可园、番禺的余荫山房等。

（三）按园林艺术风格划分

按照园林艺术风格的不同，可以将中国古典园林分为规则式园林、自然式园林和混合式园林。

1. 规则式园林

规则式园林又称整形式、建筑式、图案式或几何式园林。这类园林源于西方，近代才传入中国，从埃及、希腊、罗马起到18世纪英国风景式园林产生以前，基本上以规则式园林为主，其中以文艺复兴时期意大利台地建筑式园林和17世纪法国勒诺特平面图案式园林为代表。中国规则式园林多为近代作品，如大连斯大林广场、南京中山陵以及北京天坛公园都属于规则式园林。

规则式园林的特点：追求的是人工的规则、整齐、坦荡，以便于世俗公众的休闲游乐。园林中的水体设计多采用整齐式驳岸，常以喷泉作为水景的主题；建筑采用中轴对称均衡的设计；道路均为直线、折线或几何曲线，构成方格形或环状放射形、中轴对称或不对称的几何布局。另外，园内花卉、树木配置以行列式和对称式为主。

2. 自然式园林

自然式园林又称为风景式、不规则式、山水派园林。我国园林从有历史记载的周秦时代开始，无论大型的帝皇苑囿和小型的私家园林，多以自然式山水园林为主，古典园林中以北方皇家园林和江南私家园林为代表。

自然式园林的特点：以模仿再现自然为主，不追求对称的平面布局，立体造型及园林要素布置均较自然和自由，相互关系较隐蔽含蓄。主要利用自然地形地貌加以规划，以自然的树丛、树群、树带来区划和组织园林空间。

自然式园林在中国的历史悠久，绝大多数古典园林都是自然式园林。在自然式园林里，游人如置身于大自然之中，足不出户便可游遍名山名水。

3. 混合式园林

混合式园林即自然式园林与规则式园林的结合，是中西文化结合的产物。如北京天安门广场、上海人民广场、南京中山园林、广州烈士陵园等。

混合式园林的特点：没有控制全园的主轴线或副轴线，只有局部景区、建筑以中轴对称布局，或全园没有明显的自然山水骨架，又不形成自然格局。

第二节　中国古典园林的造园要素

中国古典园林的营造，即造园，不仅是一种系统的建筑工程，更是一种"隐现无穷之态，招摇不尽之春"的系统美学工程。造园是在一定地域范围内，利用并改造天然山水地貌，并结合植物和建筑物的布局，创造一个供人们观赏、游憩、居住环境的过程。它包括筑山、理水、植物配置、建筑营造和书画墨迹五大造园要素。这五大要素不是孤立地存在于园林空间中，而是彼此照应，彼此依托，相辅相成地构成一种完美和谐的艺术空间。但由于它们各自具有独特的风格与功能，各有相对独立的存在方式和景观特征，所以可以作为单独的欣赏对象而存在。

一、筑山

山是园林的骨架，造园必须有山，无山难以成园。因为"天下之山，得水而悦；天下之水，得山而止"，所以无水，山无生气，无山，水无依存。

山因体态高大，"布山形，取峦向，分石脉"，山决定了园林的布局与走向。因此，它可以将园林分成不同的空间，形成不同景区。例如颐和园中的万寿山，山南有昆明湖，湖水荡漾，游人如织，欢声笑语；山北丛林茂密，溪水绕流，寂静幽雅。山南山北两种境界。园林中的山除了本身有特殊的审美功能外，还可以形成园林中的制高点。登上山顶，可以鸟瞰全园景色，举目四望，园外美景亦可尽收眼底。

园林中的山有真有假。皇家园林规模宏大，以真山居多。私家园林空间有限，以假山为主。筑山的方法是：堆山叠石。堆山是指挖池堆土而成的假山。例如圆明园引玉泉山和万泉河两水系入园，挖池堆山，形成仿江南水乡景色的复层山水空间。叠石即叠石假山，把天然石块（湖石或黄石等）堆筑为石山。江南园林中的叠石假山最为普遍，著名的有扬州个园、苏州环秀山庄和拙政园、上海豫园的假山等。

叠石用的石料主要有两种，湖石和黄石。因其质地、形态不同，选出的假山也表现出不同的风格，具有不同的艺术效果。湖石以太湖石最为著名，由于这种属于石灰岩性质的石头长年累月经湖水溶解腐蚀、波浪反复冲激，因而其外表凸凹不平，内部多孔洞鳞穴，这就形成了玲珑剔透的太湖石。叠山名家鉴赏湖石的标准是"瘦、透、漏、皱、丑"。瘦，指石头形态消瘦，棱角分明；透，指石头的纹理纵横，孔道通透；漏，指石上有穴，四面玲珑；皱，指石的表面纹理苍老多皱。凡是既瘦又透、既漏又皱者，其形必丑。因为石之美，美在丑中；石之秀，秀在丑中；石之奇，以丑最佳。丑到极处，便是美到极处。如苏州环秀山庄的湖石假山，假山形态逼真，结构精致；留园的冠云峰、瑞云峰和上海豫园的玉玲珑并称"江南三大名峰"，用的都是太湖石。湖石假山如图6-4所示。与湖石假山相比，黄石显得雄浑、质朴，这是因为黄石本身比较厚重、笨拙，不像湖石那样玲珑剔透。江南园林中以上海豫园的黄石假山最有气势，像真山一般，气势磅礴，令人震撼。黄石假山如图6-5所示。

图6-4　湖石假山

图6-5　黄石假山

　　叠石假山大体上分为写意假山和相形假山两类。写意假山是取真山的山姿山容、气势风韵，经过艺术概括、提炼，再现在园林里，以小山之形传大山之神。这类以某种真山的意境创作而成的山体，给人一种丰富的想象和品味余地。如南京瞻园南端假山，俨然一幅偌大的山水画。相形假山是模仿自然界动物的形体动作而堆叠起来的景观，给人印象最深的莫过于苏州狮子林的假山。未进园门已见墙前几只狮子在舞，此为序幕，点出了园景主题。园内几乎每一个石峰上都有一只狮子，千姿百态。观赏这类假山，若再结合丰富的想象力，则会愈想愈像，愈像则愈有趣。

当然，园林中若无假山，则必定有石。点石，是堆山叠石的一种补充。在水际、路边、墙角、草地、树间点上几块石头，只要运用得好，立即会打破呆板平庸的格局，产生点缀不凡的艺术效果，别有一番情趣。

二、理水

"名园依绿水"，中国古典园林有山必得有水，山水在园林中相互依托、相互映衬，所谓"山得水而媚，水得山而活"就是这个道理。水是园林的血脉，园林中有了水，更加妩媚动人，富有诗情画意。在水边，天光云影、波光倒影、游鱼荷花、霞光月影……都是观赏的重要内容。"风乍起，吹皱一池春水"，极富诗意。"山本静，水流则动"，园林里的水使一切景观都活了起来。"小荷才露尖尖角，早有蜻蜓立上头"，荷池小景因为有了水而形成一幅生机勃勃的图画。同样，如果没有杭州西湖浩瀚的水域，就不会有"平湖秋月""三潭印月""花港观鱼"这样的美景。

理水，包括对原有水体的利用、改造，以及在没有水的情况下引泉凿池。园林中的水有的是引自然之水入园，有的是凿池蓄水，如颐和园的昆明湖、杭州西湖都是引河流或湖泊之水入园，而拙政园、留园等则是人工造池。古代园林理水之法，一般有以下三种。

（一）掩

掩是指用建筑和植物将曲折的池岸加以掩映，或将水的源头或部分水域掩盖。临水建筑，不论亭、廊、阁、榭，其前部若架空挑出水上，水犹似自其下流出，用以打破岸边的视线局限；或临水布蒲苇岸、杂木迷离，可造成源远流长、池水无边的视角印象，如图6-6所示。

图6-6　理水——掩

（二）隔

此法指筑堤横断于水面，或隔水净廊可渡，或架曲折的石板小桥，或涉水点以步石。正如计成在《园冶》中所说，"疏水若为无尽，断处通桥"。采用此法可增加景深和空间层次，使水面有幽深之感，如图6-7所示。

图6-7　理水——隔

（三）破

破是指水面很小时，如曲溪绝涧、清泉小池，可用乱石为岸，怪石纵横、犬牙交错，并植以细竹野藤、朱鱼翠藻，使一洼水池具有深邃山野风致的审美感觉，如图6-8所示。

图6-8　理水——破

三、植物配置

如果说山是园林的骨架，水是园林的血液，那么花草树木则是园林的毛发。植物可以构成优美的环境，渲染宜人的气氛，并且起到衬托主景的作用。配置树木花草应按一定方法，如果杂乱无章，则会使山水减色，园林失趣。王维在《山水论》中说："树借山为骨，山借树为衣。树不可繁，方显山之秀丽；山不可乱，方显树之光辉。"

（一）植物无须整齐划一

古典园林的植物一律采取自然式种植，与园林风格保持一致。所谓自然式，就是它们的种植无须整齐划一，讲究"疏影横斜"，追求诗情画意，欣赏色、香、形、韵。植物配置疏密有致，好似一把黄豆落地，聚散不拘格式。一般有单株、双株、多株、丛植几种形式。在规模大的园林里,都单独辟出院落或区域种植观赏性花卉,如梅花岭、芍药圃、牡丹院等。私家园林由于空间狭小,大多采用小品种单株、双株或者小型丛植为主,再结合双品种、多品种的搭配。此外,也有专门用于孤芳自赏的种植。树形不必棵棵挺拔,不怕几歪几斜,运用得好反生自然之趣。

(二)讲究"景因境异"

景因境异是指因不同的环境创作不同的景色。例如,高山栽松——山姿雄浑,植苍松翠柏,山更显得苍润气拔;水上放莲、岸边植柳、柳间夹桃——水态轻盈,方显柔和恬静;山中挂藤——悬崖峭壁倒挂三五根老藤,或者在山腰横出一棵古树,方显山之高耸壮美,峰尤不凡;窗前月下若见梅花含笑、竹影摇曳,更显诗情画意。这些都是我国园林植物配置的常用手法。

(三)一园一景的植物配置

这种布局更能体现各园的特点,使之各具特色,形象鲜明。如无锡"梅园"以赏梅为主,杭州西湖"苏堤春晓"以桃花为主,颐和园中有"玉兰堂",网师园中有"丛桂轩"等。

(四)植物配置与四季变化相统一

这种配置按照植物的季节演替和不同花期的特点来营造园林的时序景观,延长园林的观赏时间。如春赏柳,夏赏荷,秋看菊,冬赏梅,都是直接利用树木花卉的生长规律来造景,这是园林植物配置常见的手法。

另外,中国古典园林还重视饲养动物。我国最早的苑囿就把动物作为观赏、娱乐对象。宋徽宗建的垠岳集天下珍禽异兽数以万计,经过训练的鸟兽在徽宗驾到时能乖巧地排立在仪仗队里。园中动物可以隐喻长寿,也可以借以扩大和深化自然境界,使人通过视觉、听觉产生审美的情趣。明清时园中一般饲养白鹤、鸳鸯、金鱼等。

四、建筑营造

园林建筑有着十分重要的作用,称为园林的"眼睛"。一方面,可行、可观、可居、可游;另一方面,可以起着造景、点景、隔景的作用,使园林移步换景,渐入佳境。

古典园林一般采用古典式建筑。斗拱梭柱,飞檐起翘,具有庄严、舒展、大方的特色。它不仅以形体美为游人所欣赏,还与山水林木相配合,共同形成古典园林风格。在总体布局上,皇家园林为了体现封建帝王的威严与美学上对称、均衡的艺术效果,都是采用中轴线布局,主次分明,高低错落,疏朗有致。私家园林往往突破严格的中轴线格局,形式灵活,富有变化。通过对称、呼应、映衬、虚实等一系列艺术手法,造成充满节奏感和韵律美的园林空间,居中可观景,观之能入画。

中国自然式园林中的建筑形式多样,有厅、堂、楼、阁、榭、舫、廊、亭、塔、桥、墙等。

厅:是满足会客、宴请、观赏花木或欣赏小型表演的建筑,它在古代园林宅第中发挥着公共建筑的功能。厅不仅要求较大的空间,以便容纳众多的宾客,还要求门窗装饰考究,建筑总体造型典雅、端庄，厅前广植花木，叠石为山。一般的厅都是前后开窗设门，也有四面开门窗的四面厅。

堂：是居住建筑中对正房的称呼，一般是一家之长的居住地，也可作为家庭举行庆典的场所。堂多位于建筑群中的中轴线上，体型严整，装修瑰丽。室内常用隔扇、落地罩、博古架进行空间分割。

楼：是两重以上的屋，故有"重层曰楼"之说。楼的位置在明代大多位于厅堂之后，在园林中一般用作卧室、书房或用来观赏风景。楼由于比较高，也常常成为园中的一景，尤其在临水背山的情况下更是如此。

阁：与楼近似，但较小巧。平面为方形或多边形，多为两层的建筑，四面开窗。一般用来藏书、观景，也用来供奉巨型佛像。

榭：多借周围景色构成，一般都是在水边筑平台，平台周围有矮栏杆，屋顶通常用卷棚歇山式，檐角低平，显得十分简洁大方。榭的功用以观赏为主，又可作休息的场所。

舫：园林建筑中舫的概念源于画舫。舫不能移，只供人游赏、饮宴及观景。舫与船的构造相似，分头、中、尾三部分。船头有眺台，作赏景之用；中间是下沉式，两侧有长窗，供休息和宴客之用；尾部有楼梯，分作两层，下实上虚。

廊：一种"虚"的建筑形式，由两排列柱顶着一个不太厚实的屋顶，其作用是把园内各单体建筑连在一起。廊利用列柱、横楣构成一个取景框架，形成一个过渡的空间，造型别致曲折、高低错落。廊可分为双面空廊、单面空廊、复廊和双层廊，等等；从平面来看，又可分为直廊、曲廊和回廊。

亭：体积小巧，造型别致，可建于园林的任何地方，其主要用途是供人休息、避雨。亭子的结构简单，其柱间通透开辟，柱身下设半墙。从亭的平面来看，可分为正多边形亭、长方形亭和近长方形亭、圆亭和近圆亭、组合式亭等；从立体构形来说，又可分为单檐、重檐和三重檐等类型。

塔：是重要的佛教建筑。在园林中，往往是构图中心和借景对象。

桥：在园林中不仅供交通运输之用，还有点饰环境和借景、障景的作用。

墙：园林的围墙用于围合及分隔空间，有外墙、内墙之分。墙的造型丰富多彩，常见的有粉墙和云墙。粉墙外饰白灰以砖瓦压顶。云墙呈波浪形，以瓦压饰。墙上常设漏窗，窗景多姿，墙头、墙壁也常有装饰。

五、书画墨迹

在《红楼梦》第十七回《会芳园试才题对额，贾宝玉机敏动诸宾》中，贾政说："偌大景致，若干亭榭，却无字标题，任是花柳山水，也断不能生色。"这是曹雪芹借贾政之口强调了书画墨迹在造园构景中的特殊地位和作用。实际上，书画墨迹是中国古典园林造景的独特要素，是园林风景的画龙点睛之笔，在造园中有润饰景色、揭示意境的作用。园中的书画墨迹可使园林"寸山多致，片石生情"，从而把以山水、建筑、树木花草构成的景观升华到更高的艺术境界。书画墨迹大都根据园主的立意和园林的景象，对园林和建筑物命名，或配以匾额题词、楹联诗文，不仅揭示"意境"，也展现了中国书法艺术的魅力。书画墨迹在园中的主要表现形式有题景、匾额、楹联、题刻、碑记、字画等。

题景是对景观的命名，所谓园有园名，景有景名。字数以二字、三字、四字居多。古典园林中的景名典雅、含蓄、贴切、自然，令人读之有声、品之有味。不管是直抒胸怀还是含蓄藏典，游人甚至可以直接从景物的题名领悟它的意境。例如"疏影""暗香""小飞虹"，西湖十景的"平湖秋月""断桥残雪""花港观鱼"等，另有"与谁同坐轩"等。

匾和额本来是两个概念，悬在厅堂上的为匾，嵌在门屏上方的称额，也叫门额。因为它们的形状、性质相似，才习惯合称匾额。楹联是指门两侧柱上的竖牌，也叫楹贴。园林内的重要建筑物上一般都悬挂匾额和楹联。其上文字不仅点出了景观的精粹所在，同时，作者的借景抒情也可感染游人，并激发游人浮想联翩。如苏州拙政园内有两处赏荷花的地方，一处建筑物上的匾额为"远香堂"，另一处为"留听阁"。"远香堂"得之于周敦颐咏莲的"香远溢清"一句；"留听阁"出自唐代李商隐"留得残荷听雨声"的诗意。一样的景物由于匾额的不同却给人两种感受，物境虽同，而意境却不同。楹联中如苏州沧浪亭西边山腰的石亭上刻着欧阳修的名句"清风明月本无价，近水远山皆有情"，由眼前之景，生发万千感情，感受近水远山所含的无限情意。再如苏州网师园，"网师"是指渔翁，此园名表示主人追求隐逸、淡泊、清静的生活。此园的楹联"风风雨雨，暖暖寒寒，处处寻寻觅觅；莺莺燕燕，花花叶叶，卿卿暮暮朝朝"则描写了网师园晴雨俱佳、寒暖皆宜的江南美景。昆明大观楼的180字长联，号称"天下第一长联"。上联写景，下联述史，洋洋洒洒，把眼前的景物状写得全面而细腻入微，把作者即景而生出的情怀抒发得淋漓尽致，而且写情、辞藻、对仗、书法、境界等都值得称道，本身就是一件艺术品。

在古典园林廊庑的墙壁上，嵌缀着一块块题刻碑记，内容大体上包括园苑记文、景物题咏、名人逸事、诗赋图画等。它们不仅是一种装饰，更是园林的史料，对于广大游览者又是很好的向导。如苏州沧浪亭门厅东西两侧的墙上嵌着几块石刻，图文并茂。图是沧浪僧绘的《沧浪图记》，文是苏子美的《沧浪亭记》，一文一图组成"导游图"，共同向游人展示了宋时名园沧浪亭的盛况。

字画，主要是用于厅馆布置。厅堂里张挂几张字画，自有一股清逸高雅、字郁墨香的气氛。而且笔情墨趣与园中景色浑然交融，使造园艺术更加典雅完美。

第三节　中国园林的艺术欣赏

一、中国园林的布局艺术

园林总体规划的一个重要步骤，是根据拟建园林的性质、主题、内容，结合园址的具体情况，进行总体的立意构思，对构成园林的各种重要因素进行全面布局。如园林山岭、水体的位置和大体轮廓的确定，不同功能用地的划分和衔接，活动和安静景区的布置，园林主景的位置、主要出入口和干道的安排等。布局时需综合考虑平面和立面之间的关系，使全园结构形成一个能够满足功能和景观要求的统一体。

园林布局要因地制宜。布局前应对建园单位或园主的要求做深入细致的了解，对园址的情况进行详细调查，要了解园址自身情况，还要了解四周外围的环境。总体上，布局要顺应自然，充分利用原有的地形、地貌加以适当的改造，保持与自然地貌的和谐。

各造园要素要注意布局方法。园林中的山有主次之分，通常山立宾主，忌喧宾夺主；水布往来，注重曲折萦回；建筑依山就势；花木因地制宜，可就山而植，依水而栽。总之使园林形成山环水绕、峰回路转、水流花开、亭立池畔、阁隐花间的艺术空间。

景点布局要起落有序。园林是一种供人游赏的多维空间。因此，园林景点的组织、景区的分隔务必强调错落有致。风景点的布设既要注意提供游人可以驻足留憩细细欣赏的静观之所，又要善于运用风景透视线来联络组织各个景点，使游人在行进中感到景色时隐时现、时远时近、时俯视时仰望，不断变化，层层展开，收到步移景异的动观效果，使游人感觉有不穷之景、不尽之意。而在整个游线的组织上，则应注重景观给游人兴致带来的起落感受。

二、中国园林的构景艺术

园林是由许多不同风格与特点的景观组成的，每种景观又相对独立，各有自己的审美特点。为使欣赏者能够观赏到更多的景观特色，造园艺术家往往应用各种构景方法，以丰富园林艺术空间，营造艺术境界。通常采用的构景方法包括抑景、添景、借景、框景、夹景、漏景、藏景、隔景等。

（一）抑景

中国古典园林追求含蓄幽深的意境。因此，园林中的景观安排也是有藏有漏、半藏半漏。这种手法就是抑景。抑景手法常用在园林入口处。抑景的方式很多，可以是影壁、屏风，也可以是假山叠石、廊院树木。传统园林一般在入口处设一影壁，适当阻止游人视线，避免进园之时园内景观一览无余。在园林内部，各景区的景致也多是若隐若现，既吸引游人，又不让游人看到全貌，最终收到"柳暗花明又一村"的审美效果。苏州拙政园的入口处，迎面就立有一座黄石假山作屏障，将景致隐藏于假山之后，使人无法"开门见山"。抑景如图6-9所示。

图6-9 抑景

（二）添景

在园林中，当观赏点与远处的景致之间出现大面积空阔的水面，或与对面景致之间缺乏近景、中景过渡时，为了丰富视线、增加景深的层次，在两个点之间需要添置的一些景致，就是所谓的添景。添景的选择要视两个点的高低、远近、大小及特点而定，可以作添景的有高大的树木、大面积的花卉等。如当人们站在北京颐和园昆明湖南岸的垂柳下观赏万寿山远景时，万寿山因为有倒挂的柳丝作为装饰而变得生动起来。添景如图6-10所示。

（三）借景

借景，是我国园林艺术中常用的景观组合方法。所谓"借景"就是把园林以外的景物巧妙地组合到园中来，借以丰富园内的观赏内容和景观层次，使园内园外的景色融为一体，变有限的空间为无限的艺术世界。如苏州的沧浪亭，其重要特色在于借园外之水。园内的景致安排、建筑布局、造型都与园外之水相协调。整个园林未采取全封闭的格局，在有水之处不建围墙，以有漏窗的复廊与外界相隔，实则隔而不断，将绿水涟涟的景致借入园内，园内园外的景色浑然一体，扩大了审美意义上的空间。借景有远借、邻借、仰借、俯借、应时而借之分等。借远方的景观叫远借；借邻近之景叫邻借；借高空之景叫仰借；借低洼之景叫俯借；借随时间变化之景叫应时而借。如北京颐和园借景于西山、玉泉山为远借，借景于月上树梢为应时而借等。借景如图6-11所示。

图6-10　添景

图6-11　借景

（四）框景

园林中许多建筑的墙面开有各式各样的门洞、窗洞，园林中的树木也可形成类似门洞、窗洞的框架式的空间。从形式上看，这些"洞"如同绘画中的画框，而画框中再现的自然与人文景观就是美妙的图画，这就是所谓的框景。框景的审美作用在于使人既能细细体味静止的景观，又能领略流动的画面，而且一些不理想或不协调的景致被框于视野之外，能够收到最佳的审美效果。需要强调的是，"洞"的形状要因景、因建筑之形而设，恰到好处的圆形、方形、扇形等"洞"，能够对游人的欣赏起到推波助澜的作用。框景如图6-12所示。

图6-12 框景

（五）夹景

当某风景点在远方，或是自然的山，或是人文的建筑（如塔、桥等），它们本身都很有审美价值，如果视线的两侧大而无当，就显得单调乏味；如果两侧用建筑物或树木花卉作为屏障，使某风景点更显得有诗情画意，这种构景手法即为夹景。如在颐和园后山的苏州河中划船，远方的苏州桥主景为两岸起伏的土山和美丽的林带所夹峙，构成了明媚动人的景色。夹景如图6-13所示。

图6-13 夹景

（六）漏景

漏景与框景比较相近，框景是只由空洞的框架圈围的景致，漏景则是在框架之内设有各种造型纹样，形成内外通透的漏窗，通过漏窗而观赏景致。漏窗主要设在园林的围墙和穿廊的侧墙之上，图案千姿百态，有几何纹样，也有动物纹样，如常见的有兔、鹿、鹤等。漏窗中植物纹样最多，形式也最优美，最常见的有石榴、葡萄、老梅、修竹等。相对于框景，漏景更加含蓄、细腻，透过漏窗的窗隙看园外景致，虚虚实实、朦朦胧胧，再加上漏窗本身的形式美感，使游人的审美感受平添神秘色彩。漏景如图6-14所示。

图 6-14　漏景

（七）藏景

藏景是一种意境悠远的造园手法，实际上就是园中有园，在园林中形成的相对封闭的较小空间。在我国古典园林造园史上，利用藏景的造园手法组合的景观有很多。北京颐和园后山的谐趣园就是大园中的小园，它以水池为中心，水面的四周建置亭、台、楼、榭，中间以游廊、小桥连接，沿岸植以古树修木，池边布满荷花，营造了一个与外界相对隔绝的宁静的小天地，从而达到了闹中寻幽的效果。北海的静心斋也是利用藏景的手法，营造了一个精致优美的江南式小园林，形成了园中有园、别有洞天的艺术境界。藏景一方面丰富了园林的景观、景色，另一方面增强了游人对景观的神秘感，更好地体现了中国古典园林所追求的幽深曲折、诗情画意的意境。藏景如图 6-15 所示。

图 6-15　藏景

（八）隔景

隔景是用以分割园林空间或景区的景物。隔景的材料有各种形式的围墙、建筑、植物、假山、堤岛、水面等。隔景的方式有实隔、虚隔和虚实相隔。

实隔：游人视线基本上不能从一个空间透入另一个空间。以建筑、实墙、山石密林分割形成实隔。

虚隔：游人视线可以从一个空间透入另一个空间。以水面、疏林、道、廊、花架相隔，形成虚隔。

虚实相隔：游人视线有断有续地从一个空间透入另一个空间。以堤、岛、桥相隔或实墙开漏窗相隔，形成虚实相隔。隔景如图6-16所示。

图6-16 隔景

三、中国园林的文化内涵

园林是一种综合性很强的艺术，为了形成浓厚的意境氛围，园林创作不仅需要运用自己特有的艺术手段，还要借用文学、绘画、雕塑、工艺美术、书法等艺术手段。因此，园林作品能较为全面地反映特定时空的文化特征。换言之，中国古典园林作为一种旅游资源，具有浓厚的中国传统文化与艺术色彩。

（一）崇尚自然

园林是在一定空间，由山水、动植物和建筑等共同组成的一个有机综合体。因此，园林是一种空间艺术，是自然美和人工美的高度统一。园林建筑风格及其艺术表现手法受自然、历史、民族等因素的影响和制约。师法自然、融入自然、顺应自然、表现自然——这是中国古代园林表现"天人合一"这一民族文化特质之所在，是独立于世界园林之中的最大特色，也是永葆艺术生命力的根本原因。

1. 造园艺术，师法自然

师法自然，在造园艺术上包含两层内容。一是总体布局、组合要合乎自然。山与水的关系以及假山中峰、涧、坡、洞各景观因素的组合要符合自然界山水生成的客观规律。二是每个山水景观要素的形象组合要合乎自然规律。如假山峰峦是由许多小的石料拼叠合成，叠砌时要仿天然岩石的纹脉，尽量减少人工拼叠的痕迹；水池常作自然曲折、高下起伏状；花木布置应是疏密相间，形态天然，追求天然野趣等。

2. 分隔空间，融入自然

中国古代园林采用建筑、疏林、假山等种种方法来分隔空间，力求从视角上突破园林有限空间的局限性，使之融入自然、表现自然。为此，必须处理好形与神、景与情、意与境、虚与实、动与静、因与借、真与假、有限与无限、有法与无法等种种关系，使园内空间与自然空间融合和扩展开来。比如漏窗的运用，使空间流通、视觉流畅，因而隔而不绝，在空间上起互相渗透的作用。透过漏窗，竹树迷离摇曳，亭、台、楼、阁时隐时现，远空蓝天白云飞游，从而形成幽深宽广的空间境界和意趣。同时，漏窗玲珑剔透的花饰、丰富多彩的图案有浓厚的民族风味和美学价值。

3. 园林建筑，顺应自然

中国古代园林中，有山有水，有堂、廊、亭、榭、楼、台、阁、馆、斋、舫、墙等建筑。人工的山，石纹、石洞、石阶、石峰等都显示自然美的特色。人工理水，岸边曲折自如，水中波纹层层递进，也尽显自然的风光。园林建筑，其形、神与天空、地下自然环境吻合，同时又使园内各部分自然相接，以使园林体现自然、淡泊、恬静、含蓄的艺术特色，并收到移步换景、小中见大的观赏效果。

4. 树木花卉，表现自然

与西方系统园林不同，中国古代园林对树木花卉的处理与安设讲究表现自然。松柏高耸入云，柳枝婀娜垂岸，桃花数里盛开，乃至于树枝弯曲自如、花朵迎面扑香，其形与神、其意与境都重在表现自然。

（二）追求意境

中国古典园林师法自然，但高于自然。它高于自然之处，就在于将客体的景和主体的情有机融化，产生了超脱出现实、梦幻般缥缈的意境。意境美是中国古典园林所刻意追求的，是园林审美的最高标准。中国古典园林崇尚自然，但绝不是机械地照搬自然，而是在把握自然山水的形象特征和组合规律的基础上，通过艺术创造，把造园者对自然山水及其美的感受外化，表达其内心的渴望和追求，赋予园林内在的气质韵味。

计成在《园冶》的开章中就指出：兴造之事，"三分匠，七分主人。"这里的"主人"不是指建筑物或园林的主人，而是指主持规划设计的人。中国古典园林大都出于文人士大夫的构思，因此其艺术意境自然流露出封建士大夫的情趣、爱好及美学观念，主要表现为追求一种"气韵"，追求"真境""妙境""神境"。追求"真"，就是要求园林能体现天然之趣，自然清新，淡雅不俗；追求"妙"，就是要求造园者不仅掌握一定的技巧和规律，还要有创造性，园林作品要具有超出物象的形式和情感，令人回味无穷；追求"神"，就是要求造园者具有艺术家的神思，善于抓住客体的内在精神和外在神情，创造一种"妙万物而为言者也"的出神入化的空灵境界，让人在回味中获得启迪，在思考中心灵得到净化。

意境总是以鲜明、生动、突出的形象性为主要特征。中国古典园林通过综合运用各类艺术载体（空间组合、比例、尺度、色彩、质感、体形）形成鲜明的艺术形象，引起人们的共鸣和联想，构成意境。造园者给景物以艺术的比拟和象征，赋予"观念形态"上的意义和想象上的"人格化"，从而使园林富有诗情画意。由于大量文人参与造园，园林中的一山一水、一花一木往往寄托着造园者的某种思想情感，具有以物比兴、因物喻志的功能，即所谓"片山有致，寸草生情"。筑山中湖石的选取强调山石的"透、瘦、皱、漏、清、顽、丑、拙"，这八种不同的石型蕴含着不同的审美情趣，具有不同的象征意义。

利用植物配置言情喻志。松柏比喻君子坚贞，贫贱不能移，富贵不能淫，威武不能屈；垂柳表示对故土的依依恋情；翠竹表示文雅多才，人品清逸，气节高尚，故有"宁可食无肉，不可居无竹"之说。梅花象征孤高；莲荷暗示品洁；兰花象征幽居隐士；玉兰、牡丹、桂花象征荣华富贵；石榴象征多子多孙；紫薇象征高官厚禄等。

将园林建筑赋予一定的性格特征。殿——庄重；堂——豁达；亭——闲逸；榭——风雅；廊——徜徉；窗——憧憬；舫——从容；阁——潇洒。有意蕴的山水、草木、建筑有机地结合在一起，进一步深化了园林的神妙境界。

书画墨迹蕴含意境。园林中的题景、匾额、对联、刻石等皆有托意，增加了景观意境。具体表现为：第一，点明主题，直抒胸臆。例如，苏州的拙政园以"拙政"为名，表现了园主王献臣失意后自命清高、超凡脱俗的心志。第二，扩大园林时空意识。如颐和园的谐趣园有一联："西岭烟霞生袖底，东州云海落樽前。"游客观联赏园，似乎扩大了空间，扩大了景的境界。第三，再现历史上的有关人和事、情和景。如读到苏州沧浪亭"清风明月本无价，近水远山皆有情"的对联，人们自然就想起苏舜钦买地造亭的经过，想起欧阳修和苏舜钦二人的佳话及其关于风月山水美的审美经验，沧浪亭的精神内容因此得到充实。第四，勾勒点染意境。园林中的文字往往是赏景的说明书。如苏州网师园内有一亭名"月到风来"，寥寥四字不仅对周围景观的特点做了高度的概括，而且激活了自然，赋予景物以人格灵性，构成了无限广阔的意境。

（三）含蓄藏典

含蓄是一种普遍的艺术法则，在中国古典园林中得到广泛应用。园林贵在含蓄，讲究"不着一字，尽得风流"。

中国古典园林惯用的抑景、隔景、框景、漏景等手法，无疑都可以视为制造含蓄的手段。园林空间的分割、延伸、交替、流动，创造出不断变化的气氛，游人只有在体验了不同的个性空间之后，才能最终获得关于园林的总体印象。苏州留园体现了古典园林对意境的孜孜追求，事实上，身临其境的人恐怕首先感觉到的是它的含蓄美，进而才产生意境美。古典园林十分重视处理藏与露的关系，以巧妙地取得含蓄的效果。这在盆景式的江南私家园林中表现得尤为突出。如苏州环秀山庄，占地面积仅一亩余，园内有一屋一亭，倘若袒露在外，必会索然无味，但造园者将屋、亭藏于山石树木之后，从前面望去，只见山石叠立，乔木参天，飞檐翘角掩映其间，使人感到幽邃深远。又如扬州珍园的"不系舟"，因所处地面甚为狭小，造园者只构筑了一个船头，船身位置上的墙上堆砌了山石，让人似乎感觉到船刚刚驶出山谷，"藏"的意境十分耐人寻味。

中国古典园林的含蓄美还体现在利用象征和暗喻手法上。园中一山一石都耐人寻味，只有细细品量以后，才能领会其间旨趣。如鸳鸯厅的前后梁架，形式不同，喻鸳鸯之意。苏州网师园以山水为特色，其园名及内部设计隐喻着主人"退而结网"、修身养性的理想。扬州个园门口种了几丛竹子，"个"是"竹"字的一半，园名隐晦曲折地说出了坚贞不屈的竹子只有这里一根了，用以表达主人的孤高情怀。皇家园林则一般采用含蓄的手法表达四海升平、功德无量。如承德避暑山庄要表现的主题是"普天之下，莫非王土"，其东南部的湖区和湖区中模仿江浙名胜的园林，代表了东南水乡；大片山峦地代表西北和西南地区；湖区以北是一片草地和试马场，并布置了一组蒙古包，这是蒙古草原的缩影；沿山蜿蜒起伏的宫墙，就如万里长城；宫墙以外的外八庙，以其多民族的建筑形式代表边陲地带，象征中央与外藩的关系。游人如能领会这些隐含的意义，会觉得韵味无穷。

四、古典园林的艺术欣赏

(一) 中国皇家园林艺术欣赏——以承德避暑山庄为例

承德避暑山庄又叫热河行宫，占地面积为 8 400 余亩，比颐和园大一倍，是我国现存的最大的皇家园林，始建于清康熙四十二年，乾隆五十七年完工，用时近九十年。它选址于狮子岭、武烈岭、广仁岭之间，茂密的古树参天蔽日，清澈的泉水四处奔淌，远借僧冠峰、罗汉山、磬锤峰、蛤蟆石、天桥山、月牙山等优美的自然山景。山庄外有殊像寺、普陀宗乘之庙、须弥福寿之庙、普宁寺、安远庙、普乐寺、溥仁寺等外八庙环绕。山庄内充分利用山水自然条件，通过引泉水、疏河道、挖湖泊、依山岭、通沟谷、造平原，以营造自然的山水空间。

山庄建有康熙三十六景和乾隆三十六景。造园立意有三点：一是扇"被"恩风，表达皇帝俯察庶类、关心民众的心态。如山庄内静含太古山房就包含了"山仍太古留，心在羲皇上"；卷阿胜境表现了群臣唱和与忠臣爱民的思想。二是以素绝艳。山庄风格朴实自然，色彩淡雅，从而与其他自然景色融为一体。三是集锦创作。在山庄内的山顶建有征泰山的广元宫，模仿江南水乡的湖泊区，而万树园中的蒙古包，则象征蒙古大草原的辽阔风光。

山庄根据地形分为四大景区：宫殿区、湖泊区、平原区、山岳区。

宫殿区分正宫、东宫两部分。澹泊敬诚殿、四知书屋、烟波致爽、云山胜地等建筑格式对称，布局严谨，九层院落，体现皇帝"身居九重"，是皇帝理政要地。以十九间殿为界，分成前朝和后寝两部分，似故宫布局的翻版和缩小。"丽正门"是正门，取易经的"日月丽于天"之意。武门面阔五间，两侧有掖门，门前建有东西厢房，是王公大臣候旨之地。"内武门"又称阅射门，康熙、乾隆常在此接见、阅射、选拔武职官员。门额上悬一铜匾，上镂康熙题写的鎏金铜字——避暑山庄。进门后的"淡泊敬诚殿"为正宫的主体建筑，是乾隆全部从四川贵州征调来的楠木所建，又名"楠木殿"。每当雨雾时节，散发缕缕楠香。"四知书屋"为一座外形简朴的五间平房，有走廊与前殿相连，是清帝举行大典时休息、更衣或接见蒙古王公大臣、处理军政事务的地方。后边游廊与十九间殿相连，属"后寝"。"烟波致爽殿"是清帝寝宫。"云山胜地楼"五间两层，用假山做蹬道。二楼西暖阁是佛堂。楼两侧各有照房七间，楼前设山石。"东宫"位于正宫区的东面，故名。其布局由南往北依次为门殿、东井亭、前殿、清音阁、福寿园、清政殿、卷阿胜境殿等。

湖泊区共有三堤七岛，将水面分隔成六个湖面。水中的州、岛、堤、桥形成了丰富的水景层次。以堤连接月色江声、环碧、如意洲的三岛，其造型如同水上漂着三叶灵芝草和云朵。"月色江声岛"为欣赏高空明月和滔滔水声而建，乾隆誉之为最宜读《周易》的地方。"清莲岛"仿浙江嘉兴烟雨楼，用来欣赏湖面烟雨之景，与对岸环绕的"莺啭乔木"等景点形成众星拱月之势。小金山仿江苏镇江金山而建，同时又成为澄湖与上湖交汇的对景。水心榭因跨堤为榭而得名，其实它是调节两侧湖水水位的水闸，经点饰山亭，成为水中一景。

平原区东为万树园，西为大草原。万树园林木繁茂，绿草如茵，设有蒙古包。乾隆帝常常在此与少数民族首领野宴、看焰火、欣赏歌舞杂技。

山岳区在山庄的西北部，面积约占全园的 4/5，山重岭叠，沟壑纵横，丛林满坡，遍山苍翠。这里充分利用山区的山峰、台地、山崖、山坡、山脊、谷脊等不同的地形和空间，因势构筑了楼阁、亭台、轩斋、寺庙庵观。这些建筑、山泉、瀑布等自然风景都是山庄的精粹所在，体现了以山为骨骼、以水为血脉，以真山真水取胜的特点。在如此复杂的地形中巧妙地营造园林，建筑手法之高超令人惊叹、折服。

承德避暑山庄的设计营造在我国皇家园林建筑艺术中别具一格，它充分利用了自然地势，在山岳、平原、湖泊皆备的地形上，顺势造景，分别营建宫殿和苑景，使人工逐渐与自然风光和谐地融为一体。建筑风格既有北方四合院式的整齐对称，也有江南园林的灵活错落、小巧玲珑。其宫殿虽不像故宫那样高大堂皇，但在庄严肃穆之中显得简素淡雅，别开生面；其景观既有雄浑粗犷阳刚之气，也不乏明媚秀丽阴柔之美。因此可以说，它集中了我国南北造园艺术之大成。

（二）中国私家园林艺术欣赏——以拙政园为例

拙政园位于苏州市娄门内东北街，初为唐代诗人陆龟蒙的住宅，元时为大宏寺。明正德年间御史王献臣辞职回乡，买下寺产，改建此园，并借用晋代潘岳《闲居赋》中"拙者之为政也"取此名。现园占地 60 多亩，是江南四大园林之首。它从特定的意境出发，调动了各种造园艺术手法，于平中见奇，处处散发着朴实自然与独特的明净风格。

拙政园的特点之一是水多，原址是一片积水的洼地，初建园时，利用洼地积水，浚沼成池，建成一个以水景为主的风景画。现水面占全园面积的 3/5，总体布局以水池为中心，主要建筑物临水而筑，朴素典雅。在纵长的水面和苍翠满目的林木中，各式楼、阁、亭以桥梁或走廊相连，山光水影，交相辉映，境界甚为深远。

拙政园分东、中、西三部分，中部基本保留着明代的风貌，是全园精华之所在。"远香堂"是中园的主要建筑，中园的一切景点均围绕远香堂而设。其特点是庭柱为"抹角梁"，并巧妙地分设在四周廊下，因而室内没有一根阻碍视线和行动的柱子。四周都嵌了玲珑剔透的长玻璃窗，可环视周围不同的景色，犹如观赏长幅画卷，所以又称"四面厅"。此处面临荷池，每到夏季，荷风扑面，清香满堂，故取宋代周敦颐《爱莲说》中"爱莲之出淤泥而不染，濯清涟而不妖""香远溢清，亭亭净植"的语意作为堂名。堂南部隔有亭台池水，屏立黄石假山，层峦叠嶂；山上林木配置错落有致。主建筑前的广玉兰扶疏相接。老园入口处，假山当门，起了屏障作用，不致入园即一览无余，而绕过假山则使人产生豁然开朗之感。远香堂之东土山上有"秀绮亭"，四周遍植牡丹、芍药。土山南为枇杷园，园中遍植枇杷，夏初成熟，果实累累。园东有"海棠春坞"，因多植海棠花而得名。再南行，有"玲珑馆"，有曲廊可通。此处种竹，取苏舜钦诗句"日光穿竹翠玲珑"意为名。馆旁有"嘉实亭"，与之并立的还有"听雨轩"。至此，远香堂北部，境界大开，一片水面山岛展现在眼前。这是采用了"欲扬先抑"的手法。堂北的水池清澈旷朗，水中垒土叠石，构成东西两山岛，山间隔一小溪，幽深曲折，溪上架桥相连，桥下流水潺潺。二岛与远香堂隔水相望，起了分割和点缀水面的作用，形成了"山因水活、水随山转"的意境。岛上西建"雪香云蔚亭"，以雪香喻梅花，点出其周边梅花盛开的景观。岛东建"待霜亭"，取意唐代韦应物诗句"洞庭须待满林霜"。洞庭产橘，霜降始红。"待霜"点出了此处有橘树。岛东侧下山过折桥，与"悟竹幽居"景点相连。西侧下山，可往"荷风四面亭"。亭在三条线路的交叉点上，三面环水，一面临山。亭的位置恰在池水的中央，其西南两头联系着三曲和五曲的低栏石桥。两桥将水一分为三，但桥身空透，桥栏低矮，似分非分，保持了水面的广阔浩渺之势。"远香堂"西部，有短廊接"倚玉轩"。出轩向南，有桥一座，名"小飞虹"，桥上复有走廊，是苏州唯一的一座廊桥。桥影随波浮动，宛如水上彩虹。桥南有水阁三间，名"小沧浪"，与亭廊组合，构成独立的水院，环境幽静。折北至"得真亭"，四周遍植松柏，其名取自《荀子》评价松柏的话"经隆冬而不凋，蒙霜雪而不变，可谓得其真矣"。向前，明代所建的"玉兰堂"质朴幽静，自成一院。再向前，是石舫"香洲"，上楼下轩，造型轻巧。隔水与"倚玉轩"相对，互相映衬。舫中有大镜一面，可映对岸倚玉轩一带景色，是极好的借景手段。拙政园的东西两园，也各具自己的个性特点。

总之，拙政园的特点是园林分割和布局都非常巧妙，把有限的空间进行分割，将造园五大要素有机组合，并充分采用了借景和对景等多造园手法，营造出诗情画意的艺术空间，成为我国古典私家园林的代表。

习题与拓展实训题 ////

一、思考题

1. 简述中国古典园林的发展历程。
2. 按隶属关系，园林分可为哪几类？各有什么特点？
3. 北方园林、江南园林和岭南园林各具有什么特色？说出代表性的园林。
4. 举例说明中国园林的构景方法。

二、案例分析

扬州个园

清代扬州的盐商开始营造园林，至今还保留着许多优秀的古典园林，其中历史最悠久、保存最完整、最具艺术价值的，要算坐落在古城北隅的"个园"了。个园是一处典型的私家住宅图林。从住宅进入园林，首先映入眼帘的是月洞形园门。门上石额书写"个园"二字，"个"者，竹叶之形，主人名"至筠"，"筠"亦借指竹，因此名"个园"，点明主题。园门两侧各种竹子枝叶扶疏，"月映竹成千个字"，与门额相辉映；白果峰穿插其间，如一根根苗壮的春笋。主人以春景作为游园的开篇，想是有"一年之计在于春"的含义吧！透过春景后的园门和两旁典雅的一排漏窗，又可瞥见园内景色，楼台、花树映现其间，引人入胜。进入园门向西拐，是与春景相接的一大片竹林。竹林茂密、幽深，与那几棵琼花展现出了生机勃勃的春天景象。值得一提的是个园的叠石艺术，采用分峰用石的手法，运用不同石料堆砌而成"春、夏、秋、冬"四景。

四季假山各具特色，表达出"春景艳冶而如笑，夏山苍翠而如滴，秋山明净而如妆，冬景惨淡而如睡"和"春山宜游，夏山宜看，秋山宜登，冬山宜居"的诗情画意。个园旨趣新颖，结构严密，是中国园林的孤例，也是扬州最负盛名的园景之一。

讨论

1. 个园的主人为何偏爱竹子，有何寓意？

2. 个园是通过怎样的造景手法来表现主人高尚的人格的？

三、实训题

　　游览你所在城市的一处大型公园，观察其布局与植物、建筑等要素，分析其风格、特征。

第七章

建筑旅游文化

教学目标 \\\\\\

1. 了解中国古建筑的主要特点、基本构成及其代表性建筑；
2. 了解民间建筑的主要构成和类型分布；
3. 了解古建筑与文化的关系。

能力目标 \\\\\\

1. 能够熟练介绍中国古建筑的风格特色；
2. 能够欣赏民间建筑的艺术内涵。

导入案例 \\\\\\

皇家有故宫，民宅有乔家

　　著名的建筑专家郑孝燮说过："北京有故宫，西安有兵马俑，祁县有民宅千处。"祁县的民居集宋、元、明、清之法式，汇江南河北之大成，其中最为出名的就是乔家大院。乔家大院是清代赫赫有名的商业金融资本家乔致庸的宅院，原名"在中堂"，于1965年被列为省级文物保护单位，1985年在此筹建民俗博物馆，1986年11月1日正式对外开放，共有6个大院，20个小院，313间房屋。第一院和第二院为乔家历史和乔家珍品两个专题陈列。后四院主要陈展民间工艺、衣食住行、岁时节日、婚丧嫁娶、农商习俗等九大部分。祁县民俗博物馆是一所以清末民初汉民族生活习俗为主要内容的大型博物馆，开馆十多年来，先后接待游客600万余人次，其中有党和国家领导人江泽民、乔石、刘华清、尉健行、李铁映等；有专家学者费孝通、胡绳、贾芝、罗哲文、乌丙安等；有日本、新加坡、美国、德国、法国、俄罗斯等50多个国家和地区的友好参观团体；曾有30多个影视剧组在该馆先后拍摄过，如《大红灯笼高高挂》《昌晋源票号》等。开馆后取得了一定的社会效益和经济效益，同时获得了各级主管部门的大力支持和好评，1990 年获"国家级文物先进单位"称号和"省级文物系统文明单位"称号，1995 年被评为"山西省十佳旅游景点"之一，并被省政府命名为"爱国主义教育基地"。始建于清乾隆、嘉庆年间，占地面积为 9 180.8 平方米，建筑面积为 4 042.4 平方米，是一座集中体现我国清代北方民居建筑独特风格的宏伟建筑群体。内部则富丽堂皇，既有跌宕起伏的层次，又有变化意境的统一规范，结构考究，选材精良。院内斗拱飞檐、石刻砖雕、牙版楼、彩绘金装随处可见，工艺精湛，各具特色，显示了我国劳动人民高超的建筑工艺，具有很高的建筑美学和居住民俗研究价值。故有"皇家有故宫，民宅看乔家"之说。很多学者参观完毕都赞叹："乔院三晋绝，民俗一精华。"它与淳朴的民俗陈列浑然一体，可谓是珠联璧合，相映生辉。

乔家大院位于祁县乔家堡村正中。从高空俯视院落布局，很似一个象征大吉大利的双"喜"字。大院形如城堡，三面临街，四周全是封闭式砖墙，高三丈有余，上边有掩身女儿墙和瞭望探口，既安全牢固，又显得威严气派。被专家学者恰如其分地赞美为"北方民居建筑的一颗明珠"。

思考

作为导游人员，应该具备哪些建筑知识？

古建筑是指古代人们利用自然界的土、石、木等建筑材料，经过设计，运用一定的建筑技术和建筑艺术，建成的供人类从事生产、生活和其他活动使用的房屋或场所。建筑本身是一种文化现象，是文化的载体。人们常把建筑比作"凝固的音乐""立体的画""无声的诗"，也把建筑视为"文化的容器"。世界历史上曾经存在过多种建筑体系，但其中或早已中断，或流传不广，如古埃及、古代西亚、古印度的建筑。只有中国建筑、欧洲建筑和伊斯兰建筑一直延续至今，被称为世界三大建筑体系。其中尤以中国建筑和欧洲建筑延续时间更长、流传更广、成就更为辉煌，具有深厚的文化底蕴和很高的观赏价值，是人文旅游资源的重要组成部分。中国的古代建筑延续数千年之久，形成了独树一帜的中国建筑特色。

第一节 中国古建筑概述

一、中国建筑史源流

建筑的发展实际上是一种文化的发展。我国著名的建筑学前辈梁思成先生在其《我国伟大的传统与遗产》一文中，这样热情洋溢地赞美道："历史上每一个民族的文化都产生了它自己的建筑，随着这文化而兴盛衰亡。世界上现存的文化中，除去我们的邻邦印度的文化可算是约略同时诞生的弟兄外，中华民族的文化是最古老、最长寿的。我们的建筑也同样是最古老、最长寿的。在历史上，其他与中华文化约略同时，或先或后形成的文化，如古埃及、古巴比伦，稍后一点的古波斯、古希腊及更晚的古罗马都已成为历史陈迹。而我们的中华文化则血脉相承，蓬勃地滋长发展，四千余年，一气呵成。"

中国是一个土地辽阔、人口众多的国家，也是一个由多民族所组成的具有悠久的历史而又富于革命传统的伟大国家。中国建筑是古代各族劳动人民在广阔的国土上，在极其艰苦的自然条件下，使用木构件与砖、石等材料相结合的结构方法，建造了大量的房屋，积累了丰富的实践经验，逐步形成的一个独特的建筑体系。

（一） 战国以前时期的建筑

大约在五万年前，中国原始社会进入了氏族公社形成和确立的时期。黄河中游的氏族部落在利用黄土层为壁体的土穴上，用木架和草泥建造简单的穴居和浅穴居，逐步发展为地面上的房屋，奠定了木构架建筑的雏形，为中国建筑发展史揭开了序幕。

从夏朝起，经过西周到春秋时代结束为止，前后约1 600 年时间里，在建筑方面取得了很大成就，商朝已有较成熟的夯土技术，商朝后期不仅驱使大量奴隶为奴隶主建造宫殿、宗庙和陵墓，并且修建了一些规模相当大的灌溉工程和防御工程。当时已能建造规模较大的木构架建筑，同时出现了前所未有的院落群体组合，西周以后出现了瓦，版筑技术又有所提高。春秋时代的统治阶级营建了很多以宫室为中心的大小城市，城壁用夯土筑造，宫室多建在高大的夯土台上。原来简单的木构架经商周以后的不断改进，已成为中国建筑的主要结构方式。奴隶制社会的确立，在建筑发展史上引起的另一方面的深刻的变化是：奴隶主贵族住宫室，臣工、奴隶住窝棚、地窖，强烈地体现了阶级对立的情况。

（二） 战国到宋元时期的建筑

战国时代的城市规模比以前扩大，高台建筑更为发达，并建造多层的木构架房屋，出现了砖和彩画，而中国最早的工程技术专著——《考工记》还反映了春秋、战国之际的许多重要建筑制度，如王城规划思想以及建筑、道路、门墙和主要宫室内部的标准尺度，并记录了一些工程测量的技术。秦统一六国后，修建了空前规模的宫殿、陵墓、万里长城、驰道和水利工程等。西汉与东汉曾先后建设规模宏伟的首都长安和洛阳。汉末曹操又营建了规制整齐的邺城。文献描述的长安宫苑建筑的壮丽情况与近年来考古发掘及其他遗物相印证，说明汉朝建筑取得了很多重要进展，如当时已大量使用成组的斗拱木构楼阁，逐步代替了高台建筑。同时砖石建筑也发展起来，出现了砖券结构，宫殿遗址中所发现的各种瓦、下水管以及墓葬中所使用的大块空心砖都充分反映了当时制陶业的技术水平。中国建筑作为一个独特的体系到汉朝已经基本形成了。

两晋南北朝时期新兴的宗教建筑特别是佛教建筑的繁荣发展，是这一时期建筑史上的重要特点，出现了大量宏伟华丽的寺、塔、石窟和精美的雕塑。这些辉煌作品是当时匠师们在中国原有建筑艺术的基础上，吸收一定的外来影响而创造的艺术精品，同时影响了朝鲜和日本的建筑。唐朝京城长安成为当时世界上最伟大的城市。遗存下来的陵墓、木构殿堂、石窟、塔、桥及城市宫殿的遗址，无论布局或造型都气势雄伟，具有高度的艺术和技术水平，雕塑和壁画尤为精美，不但显示了唐代建筑是中国封建社会前期建筑的最高峰，也证明了中国建筑已经发展到完全成熟的阶段。

北宋时期，在桥梁建筑方面出现了大跨度的木构拱桥（虹桥）。在福建泉州洛阳江口所建的万安桥，有经验的桥梁工人采用"筏形基础"，有效地解决了潮水冲刷的问题，这都是前所未有的技术成就。这时期建筑群的布局和形象出现了若干新手法，建筑风格趋向于柔和绚丽。装修、彩画和家具经过改进已基本定型，室内布置也开辟了新途径。木、砖、石结构有不少新发展，并制定了以"材"为标准的模数制，使木构架建筑的设计与施工达到一定程度的规格化，12 世纪初编写的《营造法式》就是总结这些经验的一部杰出的著作。因此，宋朝是中国封建社会建筑发生较大转变的时期，影响了以后元、明、清三朝的建筑。

（三）明清时期的建筑

明清时期，建筑业趋向程式化、定型化，建筑规模不断扩大，建筑装饰也变得琐碎繁复起来。这一时期，砖已普遍用于民居砌墙。明代制砖的质量和加工技术都有很大提高，砖雕艺术已很娴熟。由于大量应用空斗墙，节省了用砖量，推动了砖墙的普及。随着砌砖技术的发展，还出现了全部用砖拱砌成的建筑物——无梁殿。琉璃面砖、琉璃瓦的质量提高了，应用面更加广泛。明代形成了新的、定型的木构架，梁柱构架的整体性加强了。由于明代宫殿、庙宇建筑的墙用砖砌，所以屋顶出檐就可以减少，斗拱作用也相应减少了。但由于宫殿、庙宇要求豪华、富丽的外观，因此失去了原来意义的斗拱不但没有消失，反而变得更加繁密，成了木构架上的装饰物。建筑群的布局更为成熟。南京明孝陵和北京十三陵是善于利用地形和环境来形成陵墓肃穆气氛的杰出实例。官僚地主兴建私家园林蔚然成风，尤其在经济比较发达的江南一带，给后世留下了一些别具特色的园林佳作。

二、中国古建筑的主要特点

（一）富有弹性的木构架结构

中国古代建筑由屋顶、屋身、台基三个部分组成，采取以木构架结构为主的结构方式。木构架建筑由立柱、横梁、顺檩等主要构件构成富有弹性的框架。由框架来承受屋面、楼面的荷载，墙并不承重，只起围蔽、分隔和稳定柱子的作用。各个构件之间的结点以榫卯相连，具有一定程度的可伸缩性，房屋内部可较自由地分隔，门窗也可任意开设。"墙倒屋不塌"形象地表达了木构架结构的这种特点。各个民族不同的生活习惯和所处各地不同的气候条件，形成了许多不同的木构架结构形式，主要有抬梁式、穿斗式、井干式三种。

1. 抬梁式

抬梁式架构是中国古代木结构建筑的主要形式。抬梁式架构以垂直木柱为房屋的基本支撑。木柱顶端沿着房屋进深方向架起数层叠架的木梁。木梁由下至上，逐层缩短，层间垫短柱或木块，最上层梁中间立小柱或三角撑，形成三角形梁架。梁架中的短柱或木块又称为蜀柱。在梁架中各层梁两端和最上层蜀柱上架檩，檩间架椽，构成双坡顶房屋的空间骨架。坡顶的重量依次通过椽、檩、梁、柱，最后传到地表支撑面。

2. 穿斗式

这种构架以柱直接承檩，没有梁，原称作穿兜架，后简化为"穿逗架"和"穿斗架"。穿斗式构架的特点是沿房屋的进深方向按檩数立一排柱，每柱上架一檩，檩上布椽，屋面荷载直接由檩传至柱，不用梁。每排柱子靠穿透柱身的穿枋横向贯穿起来，成一榀构架。榀（一个屋架叫一榀）穿斗式构架用料较少，建造时先在地面上拼装成整榀屋架，然后竖立起来，具有省工、省料，便于施工和比较经济的优点。同时，密列的立柱也便于安装壁板和筑夹泥墙。因此，在中国长江中下游各省，保留了大量明清时代采用穿斗式构架的民居。

3. 井干式

这是一种不用立柱和大梁的房屋结构。这种结构以圆木或矩形、六角形木料平行向上层层叠置，在转角处木料端部交叉咬合，形成房屋四壁，形如古代井上的木围栏，再在左右两侧壁上立矮柱承脊檩构成房屋。

井干式结构需用大量木材，在绝对尺度和开设门窗上都受很大限制，因此通用程度不如抬梁式构架和穿斗式构架。中国目前只在东北林区、西南山区尚有个别使用这种结构建造的房屋。云南南华井干式结构民居是井干式结构房屋的实例。

（二）整齐而又灵活的布局

中国古代建筑在平面布局方面有一种简明的组织规律，就是以"间"为单位构成单体建筑，再以三座或四座单体建筑围绕着一个中心空间构成一个封闭的庭院，进而以庭院为单元组成各种形式的组群。每一个建筑组群至少有一庭院，大的建筑组群可由几个或几十个庭院组成，组合多样，层次丰富。单座建筑最常见的是由3、5、7、9等单数间组成的长方形。庭院是由屋宇、围墙、走廊围合而成的内向性封闭空间，如"三合院""四合院""廊院"等。规模较大的建筑群大都采用均衡的对称布局方式。以庭院为单元，沿着纵轴线与横轴线进行设计，借助于建筑群体的有机组合和烘托，使主体建筑显得格外宏伟壮丽。

廊院是一种建筑形式，是指用各种道廊、走廊联成的院落。在中轴线上设置主建筑和次要建筑，在两侧用回廊把建筑连接起来，形成院落。六朝至唐代，其宫殿、庙宇、邸宅常在主屋与门屋间的两侧用廊子连成廊院。在园林中也常见各种形式的廊院。

（三）优美多姿的造型

中国古建筑的艺术形象，在空间序列上采用平面铺开为主，通过柱、梁、椽、檩等建筑工艺相互关联、内在深化，构成多样变化而又均衡、对称的平面整体。单体建筑的式样和尺度不仅随着建筑等级的高低发生变化，而且区分建筑的主次、尊卑。在立面造型上讲究外观轮廓、层次清晰，从而造成一种渐进的层次美。加之平缓优美的屋面曲线、丰富多彩的屋顶形式，为建筑立面增添了瑰丽的冠冕。就屋顶造型而言，那远远伸出的屋檐、富有弹性的檐口曲线、由举架形成的稍有反曲的屋面、微微起翘的屋角（仰视屋角，角椽展开犹如鸟翅，又称"翼角"）、硬山、悬山、歇山、攒尖、庑殿以及在此基础上的重檐等众多屋顶形式，加上灿烂夺目的琉璃瓦，使建筑物产生独特而强烈的视觉效果和艺术感染力。

（四）绚丽多彩的装饰

中国古代建筑的装饰丰富多彩，这主要是由木结构体系的特点所决定的。从最初在木材表面施加油漆作为防腐措施，发展到建筑彩画和雕饰，形成俗话所说的"雕梁画栋"。彩绘具有装饰、标志、保护、象征等多方面的作用。油漆颜料中含有铜，不仅可以防潮、防风化剥蚀，而且可以防虫蚁。彩画多出现于内外檐的梁枋、斗拱及室内天花、藻井和柱头上，构图与构件形状密切结合，绘制精巧，色彩丰富。在封建社会中，建筑色彩的使用受到等级制度的限制。黄色是最尊贵的颜色，绿色次之。雕饰包括墙壁上的砖雕、台基石栏杆上的石雕、金银铜铁等建筑饰物。雕饰的题材内容十分丰富，有动植物花纹、人物形象、戏剧场面及历史传说故事等。在古建筑的室内外还有许多雕刻艺术品，包括寺庙内的佛像、陵墓前的石人、石兽等。大体上南方建筑雕刻玲珑而精细，风格柔和、细腻。北方以山西为代表，建筑风格粗犷、豪放。

而"雕梁画栋"自古以来也有地域之分。"雕梁"在南方流行，因为彩画怕湿，南方阴雨连绵，对彩画不利。北方干燥，"画栋"很少受气候影响，所以彩画绘制比较普遍。故而有"南雕北画"之说。

三、中国古代建筑的基本构件

中国古代的建筑主要由台基、木头圆柱、开间、大梁、斗拱、彩画、屋顶、山墙和藻井等基本构件组成。每种构件又具有各自的类型和特点。

（一）台基

台基又称基座，是高出地面的建筑物底座，是我国古代建筑不可缺少的部分。台基是建筑立身之所，用以承托建筑物，并使其防潮、防腐，同时可弥补中国古建筑中单体建筑不够高大雄伟的弱点。台基主要有以下四种。

（1）普通基座。多用素土、灰土或碎砖三合土混合夯筑而成，高约一尺，常用于小式建筑。

（2）较高级基座。比普通台基高，常在台基上面建汉白玉栏杆，用于大式建筑或宫殿中的次要建筑。

（3）更高级基座。通称须弥座，又名金刚座。须弥座用作佛像或神龛的台基，以显示佛的崇高伟大。中国古建筑采用须弥座表示建筑的级别。一般用砖或石砌成，上有凹凸线脚和纹饰，台上建有汉白玉栏杆，常用于宫殿和著名寺院中的主要殿堂建筑。

（4）最高级基座。由几个须弥座相叠而成，从而使建筑物显得更为宏伟高大，常用于皇宫的朝政殿堂和最高等级的礼制建筑。

（二）木头圆柱

木头圆柱是常用松木或楠木制成的圆柱形木头，置于石头（有时是铜器）为底的台上。多根木头圆柱用于支撑屋面檩条，形成梁架。

（三）开间

四根木头圆柱围成的空间称"间"，是中国古代建筑空间组合的基本单元。建筑的迎面间数称"开间"，或称"面阔"。建筑的纵深间数称"进深"。通过面阔和进深来反映建筑物体量的大小。古人以奇数为吉祥数，面阔进深多为单数，开间越多，建筑等级越高。宫室面阔九间，进深五间，屋顶高度为九架梁。九为阳数之极，面阔九间、进深五间就成为皇权的象征，称为"九五之尊"。北京故宫太和殿和太庙大殿面阔为11间。

（四）大梁

大梁是架于木头圆柱上的一根最主要的木头，用以形成屋脊。大梁常用松木、榆木或杉木制成，是中国传统木结构建筑中骨架的主件之一。

（五）斗拱

斗拱位于大型木构架建筑的屋顶与屋身的过渡部分，是我国古建筑特有构件。方形木块叫斗，弓形短木叫拱，斜置长木叫昂，总称斗拱。一般置于柱头和额枋、屋面之间。用于支撑荷载梁架、挑出屋檐，兼具装饰作用。斗拱的大小与出挑的层数有关，层数越多，等级越高。

（六）彩画

彩画原是为木结构防潮、防腐、防蛀之用，后来才突出其装饰性，宋代以后彩画已成为宫殿不可缺少的装饰艺术。彩画可分为三个等级。

（1）和玺彩画。和玺彩画是等级最高的彩画。其特点是中间的画面由各种不同的龙或凤的图案组成，间补以花卉图案；画面两边用"《》"框住，并且沥粉贴金，金碧辉煌。

（2）旋子彩画。等级次于和玺彩画。画面用简化形式的涡卷瓣旋花，并且用"《》"框住，有时也可画龙凤，可以贴金粉，也可以不贴金粉，一般用于次要宫殿或寺庙中。

（3）苏式彩画。等级低于前两种。苏式彩画起源于苏州，画面为山水、人物故事、花鸟鱼虫等，两端用"《》"或"（）"框起。"（）"被建筑家称作"包袱"，苏式彩画是从江南的包袱彩画演变而来的，主要用于园林建筑和住宅。

（七）屋顶

屋顶是中国古代建筑极富变化、极具艺术表现力的部分。屋顶多与屋檐相配合，共同反映建筑的等级水平。中国传统屋顶有以下几种。

（1）悬山顶。五脊二坡，两侧的山墙凹进殿顶，使顶上的檩端伸出墙外（屋顶左右屋檐出山墙），又称挑山。

（2）硬山顶。五脊二坡，与悬山顶不同之处在于，两侧山墙从下到上把檩头全部封住（屋顶左右屋檐不出山墙）。硬山顶出现最晚，是随着明清时期房屋墙壁广泛使用砖砌以后才大量采用的。六品以下官吏及平民住宅的正堂只能用悬山式或硬山式屋顶。

硬山防风火，悬山防雨，因此南方民居多用悬山，北方多硬山。

（3）歇山顶。又称九脊顶，除一条正脊、四条垂脊外，还有四条戗脊。正脊的前后两坡是整坡，左右两坡是半坡。歇山顶主要分为单檐和重檐两种，重檐歇山顶的第二檐与庑殿顶的第二檐基本相同。在等级上仅次于重檐庑殿顶。

（4）庑殿顶。又称四阿顶，五脊四坡式，又叫五脊顶。前后两坡相交处是正脊，左右两坡有四条垂脊，分别交于正脊的一端。庑殿顶分为单檐和重檐两种，重檐庑殿顶，是在庑殿顶之下又有短檐，四角各有一条短垂脊，共九脊。现存的古建筑物中，如太和殿即为重檐庑殿顶。重檐庑殿顶是清代所有殿顶中最高等级，只有皇帝和孔子的殿堂可以使用。

（5）攒尖顶。正多边形或圆形建筑，顶部有一个集中点，即宝顶。角式攒尖顶有与其角数相同的垂脊，圆攒尖顶则由竹节瓦逐渐收小，故无垂脊。

（6）录顶。屋顶（四边或正多边形）上部做成平顶，下部做成四面坡四向（或多面坡多向）排水。垂脊上端有横脊，横脊的数目与角数相同。各条横脊首尾相连，故亦称圈脊。

（7）卷棚顶。屋面双坡，屋顶最上方没有突出的正脊。从梁架结构看，梁架最上方没有正中的脊檩，而是在上方两侧并列两个脊檩，上加弧形罗锅椽，使两坡相接处呈圆弧形。硬山式、悬山式和歇山式都可以做成卷棚顶。此种建筑在园林中居多。宫殿建筑群中，太监、佣人等居住的边房多为此顶。

有一种常见的整合方法叫"勾连搭"。就是两个或两个以上的屋顶前后檐相连，连成一个屋顶。勾连搭屋顶中，相勾连的屋顶大多是大小高低相同，但有一部分却是一大一小、有主有次、高低不同、前后有别的，这一类的叫作"带抱厦式勾连搭"。

屋檐根据檐数可分为单檐、双重檐、三重檐。重檐可增加建筑物的立面形态美感，又可减小高大建筑檐面排水对基座的冲击力。

屋顶以庑殿顶级别最高，依次为歇山、悬山、硬山。屋檐以重数越多级别越高。两者结合，形成重檐庑殿顶、重檐歇山顶、单檐庑殿顶、单檐歇山顶的排序。

屋顶用料以瓦为主，主要有釉质琉璃瓦和灰陶瓦。琉璃瓦颜色丰富，以黄、绿、蓝为主。黄色为五色之中心，被尊为帝王之色，黄琉璃就成为皇宫主体建筑的专用色，王公贵族只可用绿琉璃瓦覆顶。

（八）山墙

山墙是房子两侧上部呈山尖形的墙面。常见的墙还有风火山墙，其特点是两侧山墙高于屋面，随屋顶的斜坡面而呈阶梯形。

（九）藻井

藻井是中国古建筑天花板上的一种装饰。"藻井"含有五行以水克火、预防火灾之义。藻井一般在寺庙佛座或宫殿宝座上方，是平顶的凹进部分，有方格形、六角形、八角形或圆形，上有雕刻或彩绘，常见的有"双龙戏珠"。太和殿藻井之大和华丽为宫中藻井之最高等级。井内金龙盘卧，口衔轩辕镜，位置在宝座上，以示皇帝为轩辕氏的正统继承者。

（十）吻兽

吻兽是中国古代建筑屋脊上的兽形装饰，以增加威严和神秘。正脊两端的称为正吻，根据其形象的不同又可称为鸱尾、鸱吻或吻兽；在垂脊或戗脊端部的称为垂兽和戗兽；在转角部岔脊上的众多小兽称为仙人走兽；重檐屋顶的下檐正脊在转角有合角吻兽。吻兽并非单纯为了装饰，正脊两端是木构架的关键部位，为了使榫卯结合的木构件结合紧密，以及防渗漏，需要施加较大重量，就演化为正吻。为了防止斜脊瓦件下滑，要用钉子把它们钉到木结构上，为避免钉空漏雨，加盖钉帽，钉帽美化就形成了斜脊上的吻兽。正脊常为龙形，张口吞脊之状。垂脊上的吻兽名称较多，除称为垂脊吻外，还称为屋脊走兽、檐角走兽、仙人走兽等。走兽的多寡与建筑规模和等级有关，数目必须是单数，故宫太和殿为11个，自下而上依次为骑凤仙人（仙人骑鸡）、龙、凤、狮子、天马、海马、狎鱼、狻猊、獬豸、斗牛、行什；乾清宫为9个；坤宁宫为7个；东西六宫为5个；小殿为3个。

（十一）铺地

铺地一般指建筑的地面，主要由砖石铺成。铺地上有各种图案，寓意很深，如蝙蝠图案铺地往往希望时时事事处处是福。

（十二）门钉

在古建筑里，门钉只在板门上使用，一般是铜制的。一是装饰，二是代表等级，还起加固作用。门钉横竖成排，钉子数目是等级标志，最高用9路，次等纵9横7，最少纵横5路。

（十三）照壁

照壁称"影壁"或"屏风墙"。一般讲，在大门内的屏蔽物。古人称为"萧墙"。照壁具有挡风、遮蔽视线的作用，墙面若有装饰则造成对景效果。照壁是中国受风水意识影响而产生的一种独具特色的建筑形式，照壁可位于大门内，也可位于大门外，前者称为内照壁，后者称为外照壁。照壁通常由砖砌成，由座、身、顶三部分组成，座有须弥座，也有的没有座。墙身的中心区域称为照壁心，简单的照壁可能没有什么装饰，豪华的照壁通常装饰有很多吉祥图样的砖雕。照壁墙上的砖雕主要有中心区域的中央和四角，在与屋顶相交的地方也有混枭和连珠。中心方砖上面一边雕刻有中心花、岔角，在照壁墙的中央还镶嵌有福寿字的砖匾或者带有吉祥意味的砖雕。照壁有等级差别，以九龙壁最为尊贵。

第二节　中国古建筑的主要类型

建筑类型是因其特定的社会需要而产生的，并随着社会的发展而发展。中国古代最早出现的建筑是先民们为谋求基本生存空间而构筑的穴居和巢居，其后产生了供集体活动使用的大房子，进而又有了为氏族祭祀而设立的祭坛和神庙。随着社会生活的日益复杂，建筑类型也越来越丰富。

一、古城建筑

中国古代城池建筑的历史几乎与中国古代文明的历史是同步发展的。早在 4 000 多年前的龙山文化时代，我国就已经出现了古城。古城的选址十分讲究，尤其是作为历代王朝政治中心的国都。因为它不仅是国家规模的象征、文化精神的寄托，而且与国家和民族的生死存亡休戚相关。因此，国都所在地必须具有控制八方、长驾远驱的气概；有领导全国政治、经济、文化发展的能力；具备攻守咸宜、形胜优越的态势。简言之，选建国都必须从政治、经济、军事和地理位置等方面综合考虑，以期选择诸种优势叠加的最佳地点。

中国是最早对城市进行统一规划的国家。远在春秋战国时期，即在城市规模、城市布局、建筑尺度、建设步骤等方面提出了一整套明确的要求。从《周礼·考工记》对周代城市建设制度的记载来看，城的大小因受封者的等级而异，城内道路的宽度、城墙的高度和建筑的颜色都有等级区别。关于王城，《周礼·考工记》记载"匠人营国，方九里，旁三门，国中九经九纬，经涂九轨，左祖右社，面朝后市，市朝一夫（方百步）"。这些关于城市规划的原则，虽然在南北朝以前的都城规划中尚未充分体现，但对于隋唐以后都城的规划布局却产生了很大的影响。元大都和明清北京城的规划布局可以说是严格遵循上述原则的，从而形成中国古代的城市形制规整、结构严谨的特点。中国古代城市的布局特征十分明显，是以宫殿为中心，中轴线对称、街道呈棋盘式布局的典型。

中国古城不仅历史悠久，而且规模宏大，数量很多。根据各城市在历史上的地位及至今保存的状况，中国分别在 1982 年、1986 年和 1994 年先后三批确定了 99 座城市为"中国历史文化名城"。此后，分别于 2001 年增补 2 座，2004 年增补 1 座，2005 年增补 1 座，2007 年增补 7 座，2009 年增补 1 座，2010 年增补 1 座，2011 年增补 6 座，2012 年增补 2 座，2013 年增补 4 座，2014 年增补 1 座，共计 125 座。其中最著名的是六大古都（西安、开封、洛阳、杭州、南京、北京）以及保存完好的山西平遥古城和云南丽江古城。

古城是人类文明的产物。它们一般都是当时全国性的或地方性的政治、经济、文化、科学、交通等的中心，是当时社会状况的代表。虽然经过数千年的风雨磨蚀之后，许多当年赫赫有名的古城仅仅剩下断壁残垣，但当现代的旅游者面对青苔斑驳的秦砖汉瓦、风雨磨蚀的唐城宋楼时，定然会联想到当年那刀枪剑戟的拼杀场面、火光冲天的攻城壮景，从而引发他们寻奇怀古的幽思。古城已经成为重要的旅游资源，同时由于旅游接待设施齐全，生活物资和旅游商品供应充足，旅游机构集中，古城也成了重要的旅游集散地。

二、宫殿建筑

"宫"在我国出现较早，最初"宫""室"通义，后来逐步演变为专供皇帝和皇族居住的地方。中国宫殿建筑的历史与中国古城的历史一样悠久。最初的宫殿规模较小，建筑比较简陋，与后来规模宏大、气势磅礴的宫殿建筑不可同日而语。

秦汉时期是中国宫殿建筑发展的第一个高潮。秦都咸阳的阿房宫、汉都长安的"汉三宫"（即长乐宫、未央宫、建章宫）无论从规模还是从气势上，都大大超过了夏商周三代宫殿。阿房宫整个宫室逶迤300余里，离宫别馆，弥山跨谷，气势磅礴，表现了秦王朝不可一世的气派。汉代长安城的未央宫和长乐宫也是气宇轩昂、宏伟壮观，充分显示了皇家的威仪和皇权的至高无上。

唐代的长安城同样以其显赫的三大宫殿（太极宫、大明宫、兴庆宫）建筑扬名于世。作为唐太宗李世民政治活动和生活中心的太极宫，坐落在长安城南北中轴线的最北端，共由16座大殿组成，庄重威严。唐太宗曾在这里开创了著名的"贞观之治"。

大明宫位于长安城的东北角，原是唐太宗李世民为其父李渊建造的一处夏宫，后经不断扩建成为三大宫殿中最雄伟壮丽的一组，也是唐高宗以后的活动中心。大明宫的正殿含元殿屹立在高高隆起的龙首山上，居高临下，气势雄伟。麟德殿是宫内宴会、宰臣奏事、藩臣来朝以及开设道场的场所，它的前、中、后三大殿相互连接，其规模与气魄之大不亚于兴庆宫。兴庆宫位于长安城东侧，占地2 000亩，是北京故宫的两倍。宫内到处是豪华的殿、楼、亭、榭，遍植牡丹和其他花卉。宫区西南的龙池，面积达1.83万平方米，水面碧波荡漾，岸边林木葱郁，风景优美，是一座殿宇与园林完美结合的大型宫殿。兴庆宫的主人是多才多艺、风流倜傥的李隆基。

北京故宫作为明清两代宫室，是我国古代宫殿建筑的典范，其建筑艺术达到了我国宫殿建筑艺术的最高峰。目前，北京故宫保存完好，已成为我国著名的旅游胜地。

三、陵墓建筑

陵墓是指中国帝王的坟墓，从人类学和考古学的角度来说，埋葬制是伴随"灵魂观"的出现而诞生的。中国古人认为，人死以后，肉体已殁，但灵魂永存，于是产生了祭祀的观念。但古代早期葬礼极简单。《礼记·檀弓》曰："古也，墓而不坟。"《周易·系辞下》曰："古之葬者，厚衣以薪，葬之中野，不封不树，丧期无数。"可见当时不过是将遗骸掩埋于野外的土穴中，并不封土为高起的坟包，也不植树作为标志，更没有规定的丧期。

随着"礼"的思想观念向"墓葬文化"的渗透与影响，春秋战国时期，开始出现了"封土为坟"的做法。这可以从《礼记·檀弓上》中关于孔子父母的冢墓记载来佐证。"吾闻之，古也墓而不坟，今丘也，东西南北之人也，不可以弗识也，于是封之，崇四尺。"并且，由于存在高耸的封土，墓的称谓也发生了变化，由"墓"发展为"丘"。发展到后来，不仅在坟前树碑、种树，在墓区建造陵寝建筑、设"神道"与"石象生"等，而且墓丘越筑越高、越来越大，随葬品也越来越多，且花样繁多。而帝王不同于凡民，死后更需要筑陵墓，以祈求祖宗保佑，社稷能得以永存。中国古代的国君、帝王，都曾不惜耗费巨大的人力和物力修建陵墓。3 000多年来，我国共有统一王朝和割据政权的大小帝王500余人，至今地面有迹可循的帝王陵墓100多座，其历史之久、数量之多、规模之大、工艺之精世所罕见，形成了我国独具特色的文化旅游资源。

中国帝王陵墓包括三部分：地下建筑、坟头和陵园建筑。其演变呈现出形式多样的特点，各个时代情况不同。

秦始皇陵是我国古代帝王陵寝发展史上的里程碑。秦始皇陵位于陕西临潼区的骊山北麓。陵园布局基本上仿照都城宫殿的规划布局，高双重垣墙，外城四角设置警卫角楼。陵园建有寝殿、便殿及陪葬坑等。陵园以东有陪葬墓区和兵马俑坑。整个陵园规模宏大，地下寝宫装饰富丽堂皇，并随葬有各种奇珍异宝。

汉承秦制，同样以人工夯筑的宏伟陵体为中心，四周有陵垣和门，构成十字形对称布局，陵园成方形。但在陵前开始设神道，道旁布置有石雕刻、石建筑等，以显示墓主人生前所享有的地位和威严。另外，汉代陵墓多于陵侧建城邑，称为陵邑。西汉11个皇帝陵墓中，以汉武帝的茂陵规模最大，最为有名。

东汉陵墓集中于洛阳邙山，不仅规模较小，而且取消了陵邑制。

魏晋南北朝是中国比较提倡薄葬的时期，陵制都比较卑小。现今所留的主要是地面上的雕刻物，如碑、神道柱、石兽等，具有很高的艺术价值。

唐代是中国陵墓建筑史上的一个高潮。其最大的特点就是比前代更加追求陵区的庞大和陵冢的高大。唐代不满足于挖地堆土为陵的传统，开创了依山为陵的先例。由于帝王谒陵的需要，在陵园内设立了祭享殿堂，称为上宫。同时，陵外设置斋戒和驻跸用的下宫。陵区内置陪葬墓，安葬诸王、公主、嫔妃，乃至宰相、功臣、命官。陵区内继承汉代的四向对称的布局，南向有了一套入口与导引部分，排列有石人、石兽、阙楼等。唐陵中最有名的是陕西乾县境内的唐高宗与武则天的合葬墓——乾陵。

北宋帝陵规模小于唐陵，大都集中于河南省巩县①。南宋建都临安，仍想还都汴梁，故帝王灵柩暂厝绍兴，称攒宫。元代按蒙古习俗，平地埋葬，不设陵丘及地面建筑。

明清两代陵寝制度大致相同，都选址"风水宝地"，设集中陵区。除明太祖朱元璋的孝陵在南京外，明代13个皇帝都葬在北京昌平天寿山下方圆40平方千米的小盆地上。清朝历代帝王除"关外三陵"（位于辽宁新宾县的永陵、位于沈阳的昭陵和福陵）外，都葬于河北遵化之清东陵与河北易县之清西陵。明清在陵区内进行统一规划，各陵依年代先后由中央向两侧依次排列，由神道与主神道相连。各陵都由祭祀建筑区、神道、护陵监三部分组成，并废弃了前代将上、下宫分离的布局，把各类建筑集结在一条南北向的中轴线上，陵园由方形改为长方形，陵墓与献殿用垣墙隔开成为两个独立的建筑群体。整个布局严整而富有艺术性。

---

① 今巩义市。

四、礼制建筑

"礼"为中国古代六艺之一，它集中地反映了封建社会中的天人关系、阶级与等级关系、人伦关系、行为准则等，是中国封建社会上层建筑的重要组成部分，因而在古代中国出现了许多能够体现这一宗法礼制的建筑，即礼制建筑，其中以祭祀天地和祖宗神灵的坛庙建筑最具有代表性。

古代的坛庙大抵分为以下三种类型。

第一类是祭祀自然神的，其建筑包括天地、日月、风云、雷雨、社稷、先农之坛、五岳、五镇、四海、四渎之庙等等。其中，天地、日月、社稷、先农等由皇帝亲祭，其余皆遣官致祭。明清，宫殿前左祖右社，郊外祭天于南，祭地于北，祭日于东，祭月于西，祭先农于南，祭先蚕于北（已泯灭），是坛庙建筑的重要留存地。

第二类是祭祀祖先的。帝王祖庙称太庙，臣下称家庙或祠堂。明制庶人无家庙，仅在家中设父、祖二代神主，且不能安放神主的椟。帝王宗庙仿宫殿前朝后寝之制：前设庙（前殿），供神主，四时致祭；后有寝（后殿），设衣冠几杖，以荐时鲜新品。

第三类是先贤祠庙。如孔子庙、诸葛武侯祠、关帝庙等。其中孔子庙数量最多，规模也最大，分布遍及全国的府、州、县。自汉武帝尊儒之后，历代帝王多以儒家学说为指导思想，孔子地位日崇。因此，曲阜孔庙日益宏大壮丽，到明代时达到了前所未有的规模。

五、宗教建筑

宗教建筑是宗教徒修行及举行宗教仪式的场所。在我国目前留存最多、影响较大的是佛教、道教等建筑，以佛教建筑最为普遍。

（一）佛教建筑

石窟与佛塔、寺庙并称为中国佛教三大建筑。

1. 佛寺

佛教大约在东汉时传入中国。最早见于我国史籍的佛教建筑，是东汉明帝时建于洛阳的白马寺。其形制虽无留存，但据史书记载，当时的寺院布局仍按照印度及西域式样，即以佛塔为中心的方形庭院式布局。

南北朝时佛教得到了很大的发展，并建造了大量的寺院、石窟和佛塔。北魏首都洛阳就曾建寺1 200余所，南朝建康一地亦有庙宇500余处之多。我国现存的著名的石窟如云冈、龙门、天龙山、敦煌等，都肇始于这一时期。此时的寺院建筑两种形制并存。一种以北魏洛阳的永宁寺为代表。主体部分由塔、殿、廊院组成，并采取中轴对称的平面布局。虽然采用"前塔后殿"的布置方式，但依旧是突出佛塔这一主题。另一类是以殿堂为主的佛寺。特别是某些"舍宅为寺"的寺院，为了利用原有房舍，常"以前厅为佛殿，后堂为讲堂"，如北魏洛阳的建中寺。

在石窟寺中，初期所凿建的窟内除雕刻佛像以外，还有设置塔柱的，这表明尚未脱出西域与印度佛寺的窠臼。就其局部装饰而言，如火焰形拱门、束莲柱、卷涡纹柱头等，都还保留着若干外来的影响。但从其整体来看，如石窟建筑中所表现的外檐柱廊与斗拱以及壁画、雕刻中所反映的廊院式佛寺布局、木梁柱屋架、四阿或九脊屋顶等，基本上是中国固有的建筑形式，这表明此时的佛教建筑在很大程度上已经中国化了。

隋唐五代至宋是中国佛教的另一大发展时期。此时，大多数佛寺的主体部分仍采用对称式布置，即沿中轴线排列山门、莲池、平台、佛阁、配殿及大殿等；其中殿堂已渐成为全寺的中心，而佛塔则退居到后面或一侧，自成另区塔院；或建作双塔，矗立于大殿或寺门之前；较大的寺庙除中央一组主要建筑外，又依供奉内容或用途而划分为若干庭院，如药师院、大悲院、罗汉院、法华院、净土院、方丈院等。

唐代晚期，佛寺中开始在寺院南北轴线的东侧设置钟楼。五代出现了田字形罗汉堂，宋代出现戒坛，明朝中叶开始在南北线的西侧建立鼓楼，并将二者移至寺前的山门附近。

至明清，佛寺建筑已经规整化，大多依中轴线对称布置，正中路前为山门殿（寺庙大门），山门内左右为钟鼓楼，正面为天王殿，其后为大雄宝殿、观音殿、罗汉堂等，再后便是藏经楼。方丈、僧房、斋堂、香火厨等布置于寺侧，塔已经很少。目前具有代表性的寺庙建筑群是我国四大佛教圣地，即山西五台山（文殊菩萨道场）、四川峨眉山（普贤菩萨道场）、安徽九华山（地藏菩萨道场）、浙江普陀山（观音菩萨道场）。

2. 佛塔

佛塔起源于印度，公元 1 世纪前后随佛教传入中国。佛塔原用于供佛、藏经和存放舍利，后演变为寺庙的附属性标志物。我国的佛塔融合了本民族的建筑艺术特点，在结构上和形式上同印度的佛塔已有很大的不同。我国佛塔比例合度、结构精密、宏伟壮观、静穆安闲，给人以崇高的美感；还巧妙地与自然的景色相融合，以自身的挺拔英俊装点佛寺组群和城市面貌，使艺术美和自然美交相辉映。我国现存古塔 3 000 多座，最为著名的有山西应县木塔、西安大雁塔、云南大理千寻塔、开封铁塔、杭州六和塔、北京白塔、苏州虎丘塔等等，尽皆隽雅挺拔、千姿百态，具有很高的艺术、观赏价值。

3. 石窟

中国的石窟来源于印度的石窟寺，它是开凿于悬崖绝壁上的一种寺庙建筑。石窟约在南北朝时传入我国，由于统治阶级倡佛，西起新疆、东至山东、南抵浙江、北及辽宁，各地兴建了不少石窟，著名的有甘肃敦煌莫高窟、山西大同的云冈石窟、河南洛阳龙门石窟、甘肃天水麦积山石窟、甘肃永靖炳灵寺石窟、山西太原天龙山石窟等。它们大半集中于黄河中下游及我国西北一带，北魏至唐是其鼎盛时期，到宋以后逐渐衰落。

我国佛教石窟的特点是：建筑以石洞窟为主；附属于土木构筑；其规模以洞窟多少与面积大小为依凭；总体平面常依崖壁作带形展开；除石窟本身外，在其雕刻、绘画艺术中，还保存了许多我国早期的建筑式样，因而在建筑史和艺术史上都占有重要地位，堪称东方艺术的宝库。

（二）道观

道教是我国土生土长的宗教，道家所倡导的阴阳五行、炼丹与方术、东海三神山等思想，对我国古代社会和文化曾产生过相当大的影响。但就道教建筑而言，却未形成独立的系统与风格。道教建筑一般称为宫、观、院，其布局和形式大体仍遵循我国传统的宫殿、祠庙体制，即建筑以殿堂、楼阁为主，依中轴线作对称式而置。中轴线上常常布置有山门殿、灵官殿、三清殿等，两侧有祖师殿、三官殿、功德祠、经堂和藏经阁等。与佛寺相比较，规模虽然偏小，但由于道教强调"成仙"和"清修"，因而其建筑在许多方面形成了自己的特色：比如选址重视以山水为邻，多为名山胜境；建筑为宫殿式土木结构，讲究天圆地方、阴阳五行；装饰图案除"八仙"故事外，还有太极八卦、四灵、暗八仙及动物中的鹤、鹿、龟和植物中的灵芝和仙草；楼台池榭、山石林苑刻意追求自然、虚静和人在云端"天人合一"的艺术效果，形成特有的道教园林艺术。我国著名的道教圣地有江西龙虎山、四川青城山、湖北武当山、山东崂山，江苏茅山、陕西华山也是道教的中心。

六、民居建筑

各地的居住建筑（又称民居）是最基本的建筑类型，出现最早，分布最广，数量最多。我国民族众多、幅员广阔，我们的祖先在不同环境、气候、风土人情下，造就了不同的生活居住环境，使各地民居的形式、结构、装饰艺术、色调等各具特色。根据其结构和用途，我国的民居可大致归纳为七大类，即庭院式民居、窑洞式民居、干阑式民居、毡房和帐房、碉房、阿以旺及其他特殊类型民居。

庭院式民居应用最为普遍，是汉族、回族、满族、白族、纳西族甚至部分蒙古族长期采用的民居形式，有着悠久的历史。所谓庭院式民居，即以单间组成的条状单幢住房为基本单位（一般为三间一幢），周回布置，组成院落，成为一种室内室外共同使用的居住生活空间形态。由于气候、传统及风俗习惯的不同，庭院式民居在具体表现上又可分成三种，即合院式、厅井式、组群式。

窑洞住宅主要流行于黄土高原和干旱少雨、气候炎热的吐鲁番一带。当地居民在天然土壁内开凿横洞，并常将数洞相连，在洞内加砌砖石，建造窑洞，将自然图景和生活图景有机结合，是因地制宜的完美建筑形式，渗透着人们对黄土地的热爱和眷恋。

干阑式民居以竹、木梁柱架起房屋为主要特征。主要用于潮湿的山地和水域。我国西南各少数民族常依山面水建造干阑式楼房，楼下空敞，楼上住人。其中以云南傣族的竹楼和苗族、土家族的吊脚楼最具特色。

碉房是青藏高原的住宅形式。碉房一般为 2～3 层。底层养牲畜，楼上住人。外墙用石块砌筑，内部为木结构平顶，这种做法与高原气候干燥而又多风有关。

阿以旺是西北部新疆维吾尔族住宅，为土木结构，平顶，土墙，1～3 层，外面围有院落。

毡帐是过游牧生活的蒙古族和藏族等民族的住房形式，是一种便于装卸运输的可移动的帐篷，如蒙古族的蒙古包和藏族的帐房。

此外，福建客家土楼、云南的"一颗印"、浙江的"十三间头"、福建的"五凤楼"、苏州的"四水归堂式"、黎族的船屋、侗族的鼓楼、布依族的石头房、纳西族的四方街等形成我国特殊类型的民居。

第三节　中国古建筑艺术欣赏

一、古建筑的主要布局形式

（一）中轴对称

中国古代以建立在嫡长制基础上的宗法制度来维护社会秩序，嫡长制强调直系、嫡传，弱化以至削弱旁系、"庶出"，这造就了封建社会的正统观念。它反映在建筑上就是要求中正，不中则不正，不中则不尊。因而从周代开始，中国古建院落已呈均衡对称的形制，出现了中轴线。进而南北方位逐渐与东西方位分野，面南为贵，南北轴线逐渐成为主轴线。从有关资料和现在的古建筑实物中可以看出，唐代以前东西向的横轴线与南北线并存，但随着封建社会的延续和封建礼教的强化，南北轴线成了建筑群的主宰。

（二）平面组群

早在秦汉时代，中国建筑的形制已经基本形成。以秦都咸阳阿房宫和汉都长安"汉三宫"为代表的宫室建筑，从一开始就不是以单体的、独立的、个别的建筑物为目标，而是以空间规模巨大、平面展开、相互连接和配合的群体建筑为特征。"百代皆沿秦制度"，自秦汉、隋唐至明清，遍布中国大地的每一座宫殿、陵园、寺院和四合院等功能各异的建筑群都体现出这种完整的组群。这种组群很大程度上是由木构架结构自身的特点决定的。由于木材体量的限制，木构架结构不可能出现西方围柱式的超大尺度，只能通过小尺度单位的"院"不断有规律地衍生而产生的建筑群来突现其气势和规模；同时在平面基础上展开的组群布局，在严格对称的制约中，各个建筑物之间通过"五步一楼，十步一阁；廊腰缦回，檐牙高啄"的相互联系和配合，形成一种"庭院深深深几许"的均衡、统一、协调而又富有变化的生活空间，加上讲究的陈设和华丽、温馨的装饰，充满生活的情趣，又与中国人入世的生活观相吻合。

（三）坐北朝南

在古代以农立国的环境中，人们通过对天地、日月、昼夜、阴晴、寒暑、水火、男女等自然现象及贵贱、治乱、兴衰等社会现象的仰观俯察，形成了一系列十分庞杂的阴阳五行观。受其影响，中国古代建筑十分重视方位。上古时代对太阳的崇拜形成日出日落的方位观，因而战国以前的大量的王侯墓葬以至后世某些少数民族的庙宇始终是以东向日出为其主要轴线方位，明代以前的祖庙中的牌位也将始祖牌位立于坐西向东的位置。天学的发展使人类对方位的认识扩展，与天上星宿方位与地上方位相呼应，从而有了东青龙、西白虎、南朱雀、北玄武的四象之说。《史记·天官书》中也有记载："斗为帝车，运于中央，临制四乡（向）。分阴阳，建四时，均五行，移节度，定诸纪，皆系于斗。"坐北朝南的朝向恰与中国古代在北半球温带的居住需求相适应，从而使南向成为中国多数地区建筑最重要的朝向，而在黄河流域始终可见的北极星所在的星宿区域——紫微垣便成了帝室所在。

（四）背山面水

受"天人合一"观念的影响，中国的古代建筑，从皇室宫寝到帝王陵园，从名楼伟阁到寺庙道观，几乎都尽量与自然山水完美地融合在一起，相得益彰，相映生辉。而在山与水的位置上，则受阴阳五行观的影响，山属静为阴，水属动为阳，南为阳而北为阴。"万物负阴而抱阳"为营造建筑群时提出了背山面水的要求。例如，颐和园的佛香阁高耸于万寿山的松涛林海之中，倒映于碧波万顷的昆明湖上；避暑山庄坐落在承德北郊峰峦起伏的山间谷地之中；明孝陵位于南京紫金山的玩珠峰下等。

二、古建筑的主要建筑思想和艺术成就

建筑的营造是在人的谋划下进行的，而人的思维活动是人的社会存在的反映，因而建筑必然会受到一定社会的政治制度和意识形态的影响。中国长期的集权政治和严格的等级制度，对天地日月、神明祖宗的膜拜，以及对阴阳五行和诸子百家的信仰都会直接或间接地影响建筑的内容与形式。

（一）以人为本的生活观与奇特的木构架体系

中国古代农耕社会，文化早熟，传统的儒家思想一直是中国文化的主干。在儒家文化的长期熏染之下，中国人不关心彼岸世界和来世，而向往四世同堂、天伦之乐的世俗生活。中国古代建筑以木材为原料，以木构架结构，就是中国人这种入世观念和人本主义精神在建筑中的反映。木材虽不能像石头一样万世长存，但取材方便，加工容易，足够营造供今世乃至几代人的生活空间。而木构架结构用柱子解放了墙体，赋予建筑物极大的灵活性，不仅可以随意分隔，而且构件更换方便，适用于各种类型的建筑；并且木构架结构以小尺度的"院"为单元进行组群，不论其建筑群多么庞大，人在其中活动，所感受到的永远是与人相亲和的尺度。而我国古代的工匠师在长期的经验积累中充分发挥了木构架的优点，使其在结构、功能和艺术上高度结合，为个人营造了一个安全、舒适、惬意的生活空间。如为了保护整个木框架结构而建筑的大屋顶给人以强烈的视觉冲击和艺术享受；为了化解直线条三角形屋顶对立柱产生的沉重的外推力，同时也是为了让屋身和屋基免受雨水冲击的起翘屋檐，犹如鸟儿张开翅膀，具有强烈的艺术性。为了防止接缝处漏雨而安置的屋脊走兽，更是为屋顶增添了活力。肩负着通风、防潮和稳定立柱等多种功能的台基，则使房屋看起来更加有气势。而在庭院建筑中，仅就院中视野所及进行仔细推敲，而对目光不及的侧面则彻底不管，任其质朴平淡，充分考虑人在建筑群体中的序列安排，步移景异，场景以面为单位在变，从而形成了独特的"二维"审美特征。凡此种种，使我国的木结构建筑充满了奇特的魅力。

（二）长幼尊卑的家庭观与层次化的造型

"家"是中国古代社会的基本细胞，而农业社会血缘纽带解体的不充分和对祖先的崇敬，最终形成了中国千年不衰的宗法制度。注重血脉相承的纯正性以及长幼尊卑的秩序伦常，成为维系宗法制度的必不可分的东西。"神不歆非类，民不祀非族"成为一种沿袭久远的传统观念。在中国，宗法制度兼备政治权力统治和血亲道德制约的双重功能。"家族"与国家在组织、结构方面是一致的，国是大的家，家是小的国，具有"家国同构"的特征。这种以家为起点的特征在建筑上有着鲜明的反映。它导致了中国古代建筑以"住宅"为发展的原型：民居是百姓的家，官衙是官员的家，庙宇是僧人的家。即便作为皇权象征的宫殿，也只是帝王的家，是民居在空间上的扩大，只是淡化了民居作为"家"的那份温和与

温馨，强调的是政治的权威与伦理的严格。而且，为体现家庭中的长幼尊卑的等级秩序，采用各种途径来体现建筑等级的高低、主次和尊卑。在布局上，一座座院落、厅堂，围绕着一条明确的中轴线，主次分明、壁垒森严。在单体建筑上，不仅按所有者的社会地位规定建筑的规模和形制，而且根据其不同的功能来决定其大小高低，一般都采用正殿最高、配殿次之、大门又次之，依次递减的方式，呈现出由小到大、由低而高的等级形式。在色彩上，中国古代规定：金、朱、黄最高贵，用于帝王、贵族的宫室；青、绿次之，百官宅第可用；黑、灰最下，庶民庐舍只用这类色调；屋顶则按照重檐、庑殿、歇山、攒尖、悬山、硬山的等级次序使用。皇权、神权的最高代表者用庑殿；一般宫观、寺宇采用歇山、四角攒尖；宫观、寺宇的配殿或耳殿则采用悬山、硬山；园囿的亭榭、楼阁、回廊等做成十字顶、攒尖顶、卷棚顶；少数民族地区根据当地的自然环境、气候条件，采用相适应的平顶、盝顶等。然而正是通过这些丰富的建筑组群、多样化的屋顶、对比强烈的建筑色彩、不同式样和尺度的单体建筑，使古建筑充满了层次感，给人以充满艺术的外观享受。

（三）阴阳有序的环境观与规范的形制

在阴阳五行学说的影响下，中国古代建筑不仅十分注重基址的选择与环境的布局，如阳宅基址一般选择"汭"位（即可免受冲蚀的河湾内侧地），要具有背山面水、气势环抱、卉物丰茂的优势，在方位上要坐北朝南等等；而且阴阳学说强调的次序与礼制跟社会等级制度的维护要求相结合，使中国古建筑与车舆、服饰一样被纳入规范文化的要求之中，对坛庙、陵寝到宫殿、庙宇和民居等各种功能不同的建筑都做出了明确的规定。早在周代，就对作为坛台作用的堂做了规定。《礼记》曰："天子之堂九尺，诸侯七尺，大夫五尺，士三尺，天子诸侯台门。"《明史》的《舆服志》上也记载了明初对府邸住宅的规定："亲王府制洪武四年定城高二丈九尺，正殿基高六尺①九寸②……九年定亲王宫殿门庑及城门楼皆覆以青色琉璃瓦……公主第厅堂九间十一架施花样兽脊，梁栋斗拱，檐桷彩色绘饰，唯不用金，正门五间七架……官员营造房屋不许有歇山转角、重檐重拱……庶民庐舍……不过三间五架；不许用斗拱饰彩色……不许造九五间数房屋……架多而间少者不在禁限……"甚至在《营造法式》中对木构架建筑的用"材"尺寸也分成大小八等，然后按屋宇的大小、主次、量屋用"材"。而"材"一经选定，木构架部件的尺寸都整套地随之而来。这种规范性使建筑群成为与社会关系同构互洽又自身有序的群体，是封建社会人际关系的建筑化。

（四）"天人合一"观与建筑美的完美统一

在影响建筑发展的诸多观念中，"天人合一"的观念是根本性的。这种观点强调"天道"与"人道"或"自然"与"人为"的和谐统一。从孟子、董仲舒到张载、程颢和朱熹，均强调"天人合一"的理念，认为天地万物与人原为一体，人必须与天相认同、相一致、相协调。人生活在天地之中，要做人，就要有做人的乐趣，要能在生活中领略、再现造化之功，要将自身融入自然之中，达到物我一体、物我两忘的境地。这种思想表现在建筑上就是强调"因天材，就地利"，使中国建筑在规范发展的同时，不断与自然相互协调与融

---

① 1尺≈33.33厘米。
② 1寸≈3.33厘米。

合，使中国古建筑从皇室宫寝到帝王陵园、从名楼伟阁至寺庙道观无一不是掩映在青山绿水之中。"山外青山楼外楼"正是这种建筑观与自然美融为一体的典型写照。建筑得山水风景而媚，山水得建筑而富有灵气，两者相映生辉，成为中国建筑审美最重要的特征之一。

除此之外，中国社会文化心理结构的若干因素也对中国的建筑营造产生了深远的影响。如中国文化中的内向性使中国古建筑群大多以封闭的院落空间呈现在大地上，从而在强调内向空间的同时促进了门屋艺术与空间序列艺术的发展。而中国文化的尚祖制和中庸之道使中国的木结构建筑在工艺技术上日益成熟完善，也使中国建筑在整体上始终没有突破木结构体系，沿着量变与渐变的方向延续到近代。

总之，在古代富有特色的传统文化的熏染下，中国创造了世界建筑史上独特的、有着强烈个性的木结构建筑体系，无论在建筑结构、建筑布局、艺术形象上，都取得了辉煌灿烂的艺术成就。

三、中国宫殿建筑艺术欣赏——以故宫为例

中国历史上曾经出现过许多规模宏伟的宫廷建筑。如秦代的阿房宫，汉代长安城中的长乐宫、未央宫、北宫、明光宫、建章宫等，唐代长安的宫城与皇城，明清北京的紫禁城等。而北京紫禁城——故宫，则是保存最完好、也是最完整地体现了中国宫廷建筑艺术的典型。

故宫是明清两代的皇宫，先后有24个皇帝在此执政，共使用了500余年。它始建于明永乐五年（1407年），历时14年至永乐十八年（1420年）方建成。紫禁城是封建时代帝王起居和发号施令之地。封建帝王是"天子"，皇天上帝之子，皇天上帝居住在天界"三垣"（太微、紫微、天市）中央的紫微宫，那么帝王所居地也应是人界的紫微宫，它又是皇家禁地，故名曰紫禁城。紫禁城位于京城中轴线的前部（南部），一切主体建筑均坐北朝南。这符合"正方位"及"前朝后市"的要求。

故宫的前方为京城正前方的城门——正阳门，后方为一个不大的长方形广场——棋盘街，往北是紫禁城的第一道门——大清门（各个建筑的名称明代与清代有变化，这里以清代为准），入门为一条狭长的通道，其两侧按文左武右分布着三阁六部及其他中央机构的官衙。人的视线受建筑物的约束只可向前，形成"夹景"和"对景"，这必然使得正对面的作为皇城正门的天安门成为礼堂的焦点。而临近天安门，为一东西长南北窄的广场，人的视野突然放宽，再配以华表、外金水河及其上的金水桥，就更觉天安门之高大雄伟。天安门是举行"金凤颁诏"仪式之地。每当有重大政令，即用木雕金凤将诏书从城上降下，由宣诏官向文武百官宣布，然后再由礼部刻印颁行天下。再前行有端门、午门。午门是紫禁城的正门，采用阙向前突出并与城门相连的形式，在高大如城墙的基座上，建有五座楼，称"五凤楼"。主楼面阔9间，重檐庑殿顶，覆以金黄琉璃瓦。两旁有钟鼓亭，每当太和殿举行大典时，则钟鼓齐鸣。此种形式壮观而威严，又有利于加强紫禁城的防卫。午门后院落中有弧形优美的内金水河与金水桥，在庄严和规整中显得格外轻盈生动。内金水河的实用功能为排水，也为消防的水源。再北为太和门，自永乐皇帝起曾在此"御门听政"（明代后期改在乾清门）。由大清门至此共有五道门，为突出紫禁城的主要部分进行了层层铺垫，是整个紫禁城建筑乐章的序幕和发展。

然后是建筑乐章的高潮，即紫禁城最重要的政治活动区。这里有紫禁城中约2.5公顷的

最大的广场，且无树木。这固然是为了便于容纳众臣和卤簿，也是为了防止藏匿谋刺之人，更是为了产生心理效果。在这样巨大的广场上，人们不能不感到自己的渺小，也就会对皇帝更加崇敬。在一座高 8.13 米有三层汉白玉雕栏的"土"字形须弥座式台基之上，坐落着太和、中和、保和三大殿，称为三朝。同上述五门结合即构成所谓"五门三朝"制度。太和殿是皇帝举行登基、大婚、册立皇后和每年万岁节（皇帝诞辰）、元旦、冬至庆典、出兵征战和每月初五、十五、二十五举行大朝的场所，在整个紫禁城中处于最显要的地位，故位于三殿最前，建筑规格最高。其总开间 11 间（63.96 米），总进深 5 间（37.17 米），共 55 间，面积达 2 377.4 平方米，连台基高 35.05 米，重檐庑殿顶，覆金黄琉璃瓦，脊兽 11 个。殿内正中在高约 2 米的基座上，安置着皇帝的宝座。其正上方悬有代表正统皇帝的"轩辕镜"（袁世凯称帝时将宝座略向后移，现仍如此）。周围有 6 根沥粉贴金蟠龙柱，熠熠生辉。而其余柱为暗红色，藻井以绿色为底描绘着黄、蓝等颜色的图案，使得光线昏暗的大殿呈现出光怪陆离的神秘气氛。那么在宝殿之上的皇帝便如董仲舒所说"藏其形而见其光"了，更显得高深莫测，因而对前来拜谒者产生一种巨大的精神威慑力。这正是皇帝所需要的效果。大殿的梁枋上、殿中的一切陈设，无不雕龙画凤，其彩绘为最高等级的"双龙和玺"式，脊兽的数目也是最多的。中和殿居中，呈方形，四角攒尖鎏金宝顶，建筑等级较低，是皇帝升朝前接受大臣们叩拜的地方。保和殿在最后，广 8 间，深 5 间，黄琉璃瓦重檐歇山顶，属于第二等建筑。清代每年除夕和元宵节，皇帝在此与王公阁僚举行宴会。乾隆以后作为殿试场所。

在三大殿的丹陛上，分别陈列着铜龟、铜鹤、日晷、嘉量。龟、鹤在传统中代表延年益寿和吉祥如意，即表示祝愿皇帝长命百岁，也寓意其统治千秋万代。日晷本是计时器具，嘉量本是计量容积和重量的衡器，但放在此处并非为了实用，而是表示皇帝授时授量，控制着宇宙的时间和空间。皇帝的一切所行都公正无私，符合天道，当然皇帝就是至高无上的了。每当太和殿举行大典时，清晨銮仪卫即将法驾卤簿（各种仪仗）陈列于殿前至天安门，威严整齐。在丹陛下大型铜香炉和腹内中空的龟、鹤内置檀香燃烧。从铜炉和龟、鹤口中冒出缕缕青烟，散发出阵阵香气，使大殿笼罩在烟雾中，产生一种神秘之感。百官身着朝服，在礼部官员的引导下，按各自的品级站立于相应的位置。太和殿东西檐下奏起"中和韶乐"。这既烘托了气氛，也是指挥百官进退举止的信号。皇帝出保和殿进入太和殿，升雕龙髹金宝座。阶下静鞭三响，宣表官宣读贺表。王公百官行三拜九叩之礼，皇帝降谕，百官复行礼如仪。皇帝退朝，大典即行结束。

虽然百官参加了大典，但由于距离、高度和光线明暗的缘故，除非是特宣进殿者，根本看不见"龙颜"。而正因如此，皇帝更显其高深莫测、至高无上、威严神秘，众臣只有对其唯命是从。

再沿中轴线向北，为一个东西长、南北短的广场"天街"。其北是主要作为皇帝与后妃生活区的"后寝"。此广场将前朝与后寝两部分明显区分开，此即所谓"前朝后寝"。后寝的主体建筑是后三宫，即乾清宫、交泰殿和坤宁宫。它们同样是坐落在"土"字形的台基上，其结构与前朝部分完全相同。但台基高度降低为 2.5 米，建筑物高度也较低，庭院宽度仅为前朝的 1/2。好像是前一乐章的重复，不过降低了调子，正是借此手法突出了前朝的重要地位。乾清宫是皇帝的寝宫及日常处理政务的地方。皇帝是天，是阳，按阴阳五行说，为

"乾"，故名。坤宁宫为皇后的寝宫和皇帝结婚的洞房。皇后为地，为阴，皇后须"母仪天下，恪守妇道，统率六宫"，故其寝宫名"坤宁"。清代也在此祭祖和举行皇族家宴，故今建筑格局与内部陈设全依满族风格，是紫禁城内最能体现满族政权曾统治中国这一历史的地方。第二殿为交泰殿，册封皇后及皇后诞辰等仪式在此举行，阴阳交合则泰安，故命此名。

最后是御花园，为帝王与后妃游乐之处。其侧分布着东西两宫，各 6 院 12 处，是嫔妃的住所，正像众星捧月。嫔妃自然属阴，故为双数。此外还有太上皇、皇太后居所、宗教崇拜场所等。北出神武门有高高的景山，作为整个紫禁城建筑乐章的结束。

紫禁城从天安门开始至景山结束，占地 72 万平方米，有殿宇 9 999 间，紫红色的宫墙长达 3 400 米，墙外环绕 52 米宽的护城河，构成壁垒森严的城堡，以天安门、午门、太和门三个高潮点形成了一条贯穿紫禁城南北的中轴线。殿内沥粉金漆柱，蟠龙衔珠藻井，梁枋遍饰和玺彩画，既象征着皇权的至高无上，也说明了臣民们对君主的崇拜和服从。殿外红墙、黄瓦、朱楹、金扉的装饰彩画，衬以蓝色天空的烘托，形成一种富贵崇高的含蓄风格。登上景山，眺望故宫，仿佛欣赏一幅长卷图画，高低错落的殿宇，一片黄色琉璃瓦海洋，几番涟漪，如美的旋律，凝固的乐章。无论平面布局、立体效果以及形式上的雄伟、堂皇、庄严、和谐，故宫都属无与伦比的杰作。它标志着我国悠久的文化传统，显示着 500 余年前我国在建筑艺术上的卓越成就。

习题与拓展实训题

一、思考题

1. 中国古建筑的价值与作用何在？
2. 中国古代建筑有哪些主要特征？
3. 举例说明中国古建筑的主要艺术思想与艺术成就。

二、案例分析

宜宾标志性古建筑全面开放，办三年文化遗产展

四川省宜宾市历史上规模最大的历史文化遗产展在大观楼拉开帷幕，展览期限长达三年，且面向市民免费开放，这标志着当地市民一直期盼的大观楼维修后全面开放的愿望成为现实。

大观楼是历史文化名城宜宾的重要标志建筑、四川省重点保护文物，建于明代，通高 27.7 米，占地 650 平方米。素面高台，平面呈四方形，长 31.6 米，宽 20.4 米，高 5.45 米，四方中段有一拱形门，内为通道，形成"十"字空间。

此次展览分为物质文化遗产和非物质文化遗产两部分。物质文化遗产分为五大类：古遗址、古墓葬、石窟寺及石刻、古建筑、近现代重要史迹及代表性建筑。非物质文化遗产展全部放在大观楼的三楼，包括宜宾面塑、珙县珙石雕、苗族坎染、苗族刺绣、苗族古歌、观音小彩龙、南溪豆腐干、兴文大坝高装以及宜宾美酒的历史沿革等内容，其中有 110 件国家级和省级珍贵文物与市民零距离见面。

宜宾市民刘婷告诉记者，大观楼作为文物必须要在保护的前提下合理利用，这次合理利用非常恰当，既没有改变文物面貌，又没有经营与文物不相匹配的活动；此外，展览档次很

高，位置又佳，在古色古香的古建筑内欣赏历史文化遗产展览的文化氛围特别浓郁。

（资料来源：陈涌，徐伟. 宜宾标志性古建筑全面开放，办三年文化遗产展 [N].
中国新闻网，2010 - 7 - 28.）

讨论

怎样正确认识建设发展和文物保护的关系？在我国进入大发展大建设、城乡面貌发生巨大变化的时期，我们应树立怎样的文化遗产观？

三、实训题

1. 搜集自己家乡的古建筑影像资料进行交流或讲解。

2. 实地参观中国古建筑较为集中的景点，写出实训报告。

第八章

宗教旅游文化

教学目标

1. 了解我国宗教文化的发展历程；
2. 了解我国佛教旅游文化；
3. 了解我国道教旅游文化；
4. 了解我国基督教旅游文化；
5. 了解我国伊斯兰教旅游文化。

能力目标

1. 能够讲解我国宗教旅游文化知识；
2. 能够依据宗教知识分析某一景区宗教旅游开发的特点和不足。

导入案例

藏族民居：宗教信徒的物质载体

藏传佛教对农牧区民居——帐篷和碉房的影响是最大的。对于帐篷来说，从帐篷的产生到帐篷的迁移，从外部的经幡到内部的佛台，再从喇嘛的住床到火塘边的座位，都深深地打上了藏传佛教的印记。碉房村落的形成和分布以寺院为中心，建房时要请喇嘛念经，经堂在房中有特殊的位置和作用，活动室和厨房画有特殊的图案，再加上屋顶的经幡、门上的经文、走廊的转经筒等，说明藏传佛教在作为个人生活场所的家庭中无处不在，并在民居的整体和细节中得到了尽情展现。

在帐篷和碉房中，我们随住可以找到宗教的影子。牧民在帐篷中的座位区分表现了一种灵魂崇拜。藏族把灵魂称为自身神，女人的自身神为女神，一般居右，以示保佑人畜兴旺、奶制品丰盛；男人的自身神叫肩头守护神，一般居左，以示男人勇敢善战，能降伏敌人。所以，帐篷内的居住有男左女右之区分。帐篷的天窗，不遇大雨雪，一般是不关上的。

在碉房中，经堂和活动室的中心柱是家庭祖先的化身，中心柱又叫三锅庄（与帐篷的火塘同一名称），是从帐幕时代流传下来的家的代表，在专为向佛而设的经堂中它依然存在，可见祖先崇拜的力量是巨大的。房顶的桑科则是用来"煨桑"祭山神的；窗洞框边的牦牛角形图纹是藏族先民牦牛崇拜的历史遗迹和物化表现；门框上的白石代表雪山，表示对神山的崇敬，也是藏族先民——古羌人白石崇拜的延续，又表明藏民族对神圣自然的敬畏。图腾崇拜、山水崇拜，以及以门框上驱鬼的枯草为表现的巫术都是西藏苯波教的遗留物。

在此，神圣意指一种神秘又令人敬畏的力量之性质。宗教要进行合理化论证，对各种自然、社会现象做出复杂而程度不同的解释，给个人和社会的生活找到意义。在漫长的历史进程中，藏族人民接受了不同的宗教，对宇宙给出各种合理化解释，并以此作为应对严酷自然环境的精神支持。这种对神圣宇宙的敬畏和虔诚需要以空间的方式表达出来，很多人选用寺院作为他们表达虔诚信仰的主要空间。而从前面的介绍中我们可以看到，在藏民族的宗教生活中，除了寺庙而外，生活的居所也是他们表达虔诚信仰的重要空间。无论是牧民的帐篷、碉房，还是居室内的装饰，又或是民居聚落的形成与分布，都有极为浓郁的宗教色彩。嘉绒藏族牧民的民居，不仅是牧民的日常生活空间，还是他们的宗教生活空间。嘉绒藏族牧民民居已成为牧民宗教信仰的物质载体。

思考

民居被认为是历史文化的物质载体，宗教则是文化的重要组成部分，民居也就被视为宗教的物质载体。藏族民居是如何体现佛教文化的？

宗教是人类历史上一种古老、普遍而又复杂的社会文化现象，是一种意识形态，是支配人们日常生活的外部力量在人们头脑中的一种反映。它与其他社会意识形态，如哲学、文学、艺术、道德等，都有着密切的关系，并随着历史的变迁不断改变自己的形态，进而对民族的政治、经济、文化、心理、风俗习惯产生着广泛而深远的影响。对旅游者而言，到一个宗教圣地旅游，就必须了解所在地民族的文化，特别是了解这个民族的宗教信仰。

当今世界宗教繁多，各宗教中又分诸多教派，势力各有大小。其中佛教、基督教和伊斯兰教因历史悠久、影响广泛、教徒众多，被称为世界三大宗教。

第一节　宗教文化概述

一、宗教的定义与本质

"宗教"一词在西方语言体系中为 Religion，源于拉丁文 Religio，意思是人在祖先崇拜、神灵敬仰和巫祝献祭等宗教礼仪中的态度和行为，即人对神灵的敬畏、义务和尊崇。在中国，"宗教"二字合并起来使用始于佛教术语。佛教以佛所说为"教"，佛的弟子所说为"宗"，即宗教本来是指佛教中的教理，后来才泛指一切"对神道的信仰"。

马克思在《〈黑格尔法哲学批判〉导言》中指出："宗教是被压迫生灵的叹息，是无情世界的感情，宗教是人民的鸦片。"恩格斯进一步指出："宗教是在最原始的时代从人们关于自己本身的自然和周围的外部自然的错误的、最原始的观念中产生的"，"一切宗教不过是支配着人们日常生活的外部力量在人们头脑中的幻想的反映，在这种反映中，人间的力量采取了超人间的力量的形式"。综合而言，可以这样定义宗教：宗教是指有一定的教义、教规，有一定的仪式和一定的组织系统的信神的社会"实体"。

讨论宗教的本质使人联想到德国哲学家恩斯特·卡西尔《人论》中的观点："在人类文化的所有现象中，神话和宗教是最难于纯粹的逻辑分析了。"不过，多数学者认为，无论是从思想上还是从历史上来探讨，对人类宗教的沉思都离不开对人类文化的思辨。宗教本身作为整体来看，从根本上是一定人类文化的表现，不同的宗教只是不同文化的表现形式，反映了迥异的文化传统。文化是本质性的，宗教只是文化的形式，宗教依赖于文化，有其具体的文化前提。或者可以说，宗教的本质是一种意识形态、一种上层建筑、一种社会生活、一种历史现象，它是一种特殊的文化现象。

宗教作为人的一种精神现象，一种心理需要，一种了解、把握世界的方式，不仅是一种文化现象，而且是一种形态极为独特的文化现象，它有极大的包容性。宗教在其产生和发展的过程中，与各种文化现象结下了不解之缘。纵观人类发展的历史，几乎所有的文化形态都与宗教有着密切的联系：不但那些直接标志着人类文明的哲学、科学、文学艺术、书法绘画、雕塑建筑等无不打上深刻的宗教印痕，就连那些作为各个时代上层建筑核心的政治制度、法律思想、道德规范等，也深受宗教的制约；至于宗教对于不同历史时期各个民族的生活习俗、社会心理、文化特征的影响，就更是无处不在，难以尽说。

总之，宗教作为一种特殊的文化形式，对人类文化乃至人类社会的发展起到了独特的作用，而且这种作用在未来的社会中仍将继续，任何人都不能以任何理由对宗教文化的作用和贡献进行简单的否定和批判。

二、宗教文化的旅游价值

宗教与旅游之间的联系自古以来就十分密切。随着人类旅游事业的迅速发展和旅游活动的日趋广泛，旅游与宗教就更加显现出一种相互促进的态势。著名的旅游景区和名山胜地的宫观寺庙不仅是宗教活动的场所，而且是具有重要历史文物价值的文化设施，这种"文物价值"引起人们的神往。人们在旅游活动中，往往把宗教设施作为一种人文景观加以追求和观赏。我国宗教文化种类繁多，分布广泛，旅游价值较高，无论宗教教义、宗教建筑还是宗教艺术以及宗教名山都是令游人瞩目、驻足并为之深深折服的旅游吸引物。

（一）宗教教义的哲理性

人类的哲学曾经在宗教的母腹中孕育发展，世界各大宗教都与哲学结成了紧密的关系，宗教教义也因此具有浓厚的哲理色彩。求善情结是其哲理性的明确表达。宗教提倡善行，并把道德纳入自己的教义之中，成为一种劝世扬人的宗教教条。无论是基督教、伊斯兰教还是佛教，它们的道德标准与善恶标准都相一致。比如佛教在具体区分善恶的界限时大致有四种情况：对己对他人都有利的是善；对己不利但对他人有利的是大善；对己对他人都不利的是恶；对己有利对他人不利的是大恶。这种以他人为重的道德观表现在实践上就是以"慈悲为本"。慈心为希望他人得到快乐，慈行为帮助他人得到快乐；悲心为希望他人解除痛苦，悲行为帮助他人解除痛苦。菩萨看一切众生"如父如母，如兄如弟，如姊如妹"。这种利乐一切众生、救济一切众生的愿行，反映出佛教道德体系中所沉积着的人道因素。伊斯兰教的善恶道德标准更加实际、朴素：守正即向善，这是人类道德发展的最有利的缘由之一；善行，包括各种善的和能够提高人类价值、矫正人们性灵使其接近造物主的一切行为；宽恕，即明智的、能忍受他人无端伤害的伟大心灵，鼓励人们以德报怨；诚实，即有责任感，言而有信。宗教道德虽然把幸福寄托于来世和天国，但立足于今世和尘世。把一己的幸福同他人的幸福联系在一起，把一己的解脱同他人的解脱联系在一起，把自尊同尊重他人联系在一起，这种劝人为善、戒除恶念、净化身心的道德境界和求善情结往往成为旅游者所乐于接受的美好道德品格，其吸引力巨大、广泛而且深沉。

（二）宗教建筑的艺术性

宗教建筑是众多宗教文化中的一朵奇葩，其本身具有一定的象征意义，追求一种强烈、神秘、庄严的气氛。宗教建筑物的结构、布局、装饰都必须与这一基本要求相适应，从而形成了宗教建筑的艺术特色。哥特式建筑就向人们展示了作为神的居所所特有的神秘肃穆的气氛和意境，游客在世俗建筑中难以获得这种感受。这种建筑中厅狭长，两侧支柱间距不大，造成了内部强烈的导向祭坛的动势。祭坛上铺锦列绣，摇曳的烛光照耀着受难的耶稣基督，呈现出一种极其强烈的宗教情绪。再加上中厅高度很高，窗子又占满了支柱之间的整个面积，且以垂直线构成的支柱显得瘦骨嶙峋，显示出一种清教的冷峻和严酷，而这恰恰是基督教所宣扬的"纯洁"的精神生活和对物质世界的否定。正如恩格斯所言，哥特式教堂内部体现的是"神圣的忘我"。这种宗教建筑向人们展示的不仅是天堂的欢乐，也要人们努力体验尘世的苦难，以及神解救苦难人们的献身精神，把人们引领到一种忘我的境界。

佛教建筑类型多样，代表性建筑寺庙具有高超的艺术特性和庄重之美。寺院有伽蓝、宝刹、丛林等不同称谓，是佛教僧众供佛和聚居坐禅修行的处所。寺庙建筑的选址、美学风格的追求，无一例外地表现出设计营造者卓越的艺术创造能力。我国寺庙建筑因选址不同，有山寺、平原寺和丘陵寺之分。山寺即建在山顶、山内、山腰等处的寺庙。如山西悬空寺在峭壁上凿洞插梁为基，游人登楼俯视，如临深渊；谷底仰视，则悬崖若虹，带给游人惊险刺激的心理体验。镇江三山堪称丘陵寺的典范。三山皆筑寺，寺寺又各有妙处。其中焦山可谓是"山裹寺"。焦山高71米，居三山之首，屹立于江心，四面环水，满山苍翠欲滴。营造者运用中国园林"藏"的造景手法，在山底、山腰、山顶视域可及之处，依山傍水建造定慧寺、观澜阁、华严阁、别峰庵以及吸江楼等寺亭楼阁，并努力使其掩映于林木之中。远远望去，仅仅露出寺庙的翘檐、亭的尖顶，近观则豁然开朗。

道教以"崇尚自然，返璞归真"为本，其建筑充分体现出天人合一的精神追求。为了体现"以自然为美"的"自然之道"，道教宫观建筑十分注重与大自然关系的处理。宫观选址大多依山傍水，与自然环境融为一体。道教宫观建筑材料的使用也受阴阳五行理论的影响。根据阴阳五行学说，金、木、水、火、土五种物质相生相克，共同构成世界的万事万物，因此道教建筑大多以木为建筑材料而少用砖石。另外，道教"崇尚自然"，以"自然为美"，认为树木是大自然中富有生命的物质，木结构能深刻地反映出人与自然相亲相和的朴素情感。

同时，宗教建筑内的许多雕塑、石刻和壁画等更是艺术史上的瑰宝，是祖国珍贵的艺术遗产。宗教石窟艺术是融建筑、彩塑、壁画为一体的综合艺术，其中的壁画艺术打开了现代世界通向古代世界的大门，向人们展示了古代社会丰富多彩的历史画卷，为研究中国古代政治、经济、文化、军事、地理、宗教、社会生活、民族关系、中外友好往来及文化交流等提供了浩如烟海的珍贵资料，是人类恒久的文化宝藏和精神财富。我国石窟艺术高度发达，不仅数量巨大，分布地区广泛，而且具有极高的艺术价值、美学价值和文物价值。其中最负盛名的敦煌莫高窟是我国也是世界现存规模最宏大、保存最完整的佛教艺术宝库和历史悠久的旷世奇葩。目前保存有十六国后期到北魏、西魏、北周、隋、唐、五代、宋、西夏、元等各代洞窟 492 个，彩塑 2 415 身，壁画 45 000 多平方米，唐宋木结构建筑 5 座。1991 年莫高窟被联合国教科文组织列入"世界文化遗产"名录。现存壁画色彩鲜艳，种类繁多，包括经变画、本生故事画、佛教史迹画、供养人画、飞天画等。无论是"须达拏乐善好施""尸毗王割肉贸鸽"，还是"月光王施头""佛说弥勒下生成佛"等壁画，故事虽然离奇曲折，甚至荒诞不经，但艺术家们却用高超的技艺表现了佛慈祥大度的精神，使后人明白佛教所宣扬的惩恶除霸、扬善颂德的内涵。石窟中的飞天拖着长长的飘带，成群结队，纷纷扬扬轻盈飞舞，正如唐代大诗人李白诗中所写："素手把芙蓉，虚步蹑太清。霓裳曳广带，飘拂升天行。"真有"天衣飘扬，满壁风动"的艺术效果。

（三）宗教氛围的神秘性

宗教本身就是人们对超自然力量及其象征物所产生的不真实的体验，是自然压力、社会压力和心理压力综合作用的结果。自从人类从自然界独立出来之后，二者之间就形成了一种紧张对立的关系。人类在大自然面前处于屈从、附属地位，对自然界怀有强烈的恐惧感和神秘感、敬畏感和好奇心。为了调和人与自然的对立，人们用各种办法将自然力人格化，产生了万能的"神""上帝"等形象，并把他们当作偶像来崇拜。人类进入阶级社会以后，沉重的阶级压迫和阶级剥削将人们推入更加痛苦的处境。人们悲叹茫茫苍天无情，浩瀚苦海无边。在呼天天不应、叫地地不灵的悲愤而又无可奈何的情感支配下，人们只能以想象代替现实，幻想救世主把自己救出苦海，走向一个没有压迫和痛苦的"彼岸世界"。在人们心中，追求灵魂不死和天堂幸福的这种宗教情结普遍存在。早期人类对梦境等心理现象无法做出合理的解释，起死回生的人对"绝妙世界"的"目睹"等，都在不同程度上引发了人们的宗教情感。

因此，在宗教活动过程中，也往往把这些神秘色彩融入其中。旅游者对神仙鬼怪、菩萨罗汉、上帝天使、天堂地狱等所持的将信将疑的心态，或对宗教仪式、宗教场所、宗教设施中所渲染的神秘气氛的猎奇心理，促使他们把旅游的兴趣与对宗教的兴趣自然地结合在一起。

世界各大宗教都采用音乐等艺术手段突出宗教的神秘性、迷狂性和威严性。道教音乐是一种古老的宗教音乐，在曲式和情调的内涵上，渗透着道教的基本信仰和美学思想，反映了道教对长生久视和清静无为的追求。旋律古雅，内容丰富，既有赞美神仙的颂歌、渲染仙境的华章，又有召神遣将的磅礴之声、镇煞驱邪的庄严之曲，形成了自己独特的风格。通过音乐的烘托、渲染，道教宫观举办的斋醮仪式更显得神秘而隆重，道场中灯烛交辉，香烟缭绕，钟鼓齐鸣，庄严肃穆，这样的气氛大大增强了信仰者以及游人对神仙世界的向往和对神灵的崇敬之情。

中国佛教音乐也是中国音乐文化的重要组成部分，是中华民族的宝贵文化遗产。佛教音乐的感染力十分强烈，而且其特有的韵味很符合人们宗教膜拜和祈求幸福的心理。其音清新典雅，超凡脱俗，其韵幽远深长，唱者身心合一，物我两忘；闻者胸襟豁然，神游情动，于袅袅之音中使人意念净化，既忘却了烦恼忧愁，又体味了人生真谛。

（四）宗教名山的清幽性

大凡宗教，都追求肃穆澄静、超凡入圣、驱除欲念、返璞归真的境界。中国人所信奉的佛教与道教，其性质同自然山水的性质十分契合。山清水秀的幽静之乡，既没有尘世的车马喧闹，又远离人事的倾轧纷争。这种清静的自然环境同佛教追求的"禅定"境界、道教追求的"天人合一""返璞归真"达到了天然的默契与和谐，使僧侣道士忘怀世事，把思想和意念导引到"清静无为"的境地，在生灭不已的朝辉夕阴、花开花落的大自然永恒宁静中悟道参禅。

自古以来，我国清幽秀丽的名山大川往往成为著名的宗教名山。无论是中国古代帝王御封的五岳、佛教四大名山，还是湖北武当山、江西龙虎山、安徽齐云山、陕西终南山、四川青城山等有二十六洞天、七十二福地之称的道教名山，一座座宗教名山同自然山水形成了高度统一的和谐关系，展示出独特的魅力，使其不仅成为宗教信徒顶礼膜拜、进香朝圣的场所，而且成为具有独特观赏价值的旅游风景区。游人行走于青山绿水之中，既可观赏自然风光，又可观赏隐逸山间的建筑艺术，兴致浓厚者还可参加一些宗教仪式活动，从而获取悦目、悦心直到悦神的美的感受。

三、中国宗教文化的形成与发展

在宗教心理学的研究中，对"宗教"的解释有两条途径：一是经验论的行为主义者的观点。他们把宗教看成一整套公认的形态（如祈祷、崇拜、神秘体验等），把宗教行为看成是"刺激－反应"机制的深层结果，认为宗教表现形态不仅不与其他表现人格的形态相分离，而且它们还是有所联系的。二是从人本主义的立场出发，认为"宗教"是人格整合、精神完善、自我升华的基础，是制约人类整体性的因素。在此意义上，所谓的宗教并不是要求人们认可某一个具体的神学命题，而是要人们了解宗教对于人类道德与精神的价值。宗教的起源是人的幻想，并且随着社会的发展，宗教也发生变化。因此，随着社会的连续发展和积累，宗教的幻觉逐渐变得比较复杂和比较合理了，而宗教本身也变得比较不同了。

然而，宗教的历史与人类文化史一样久远。通过人类学家的研究可以发现，人类最初产生的意识观念是灵魂观念，它孕育出彼此不分、混沌为一的原始宗教和原始文化。

在中国人类形成的初期阶段，生产力水平极其低下，人们认为束缚自身的诸如雷鸣闪电、狂风暴雨等自然现象、自然灾害不可被制服，不可被抗拒，加之不能理解生、老、病、死以及做梦等生理现象，从而幻想出一种能主宰一切的"神"来抚慰自身的心灵。这样，从理解的需要出发，久而久之，原始人类便产生了万物有灵、灵管辖万物的观念。人们崇拜幻想的超自然力量，幻想以祈祷、祭献和巫术来影响、感化自然界的神灵，以达到避祸得福、消灾免难的目的，并逐渐产生了人类有魂、魂支配自身的观念。在以后的演化中，"灵"与"魂"又逐渐融为一体。灵魂观念既是宗教思想的最早萌芽，并进而产生"祭祀仪式""葬式"等原始宗教活动，也是人与动物在本质上的区别标志之一，它在人类文化发展史上具有绝对的重要地位，它使文化成为真正意义上的文化。如今，在我们参观古人类遗址时，能够发现大量的原始宗教与原始文化的痕迹。例如，在北京山顶洞人遗址中，可以看到死者身上和周围撒着赤铁矿的红粉末。据人类学家长期研究分析，在死者身上和周围撒放赤铁矿粉末表示鲜血，而鲜血与生命和灵魂有关，含有期望死者的灵魂归来或到"彼岸世界"的意思。

原始宗教一般都经过自然崇拜、动物崇拜、植物崇拜、鬼神崇拜、图腾崇拜和祖先崇拜等阶段。其中，图腾崇拜和祖先崇拜在宗教史上占有特殊地位，与原始文化的发育有着十分密切的关系，同时作为一种颇有价值的历史文化资源受到我国旅游开发者的重视。

"图腾"一词原为北美洲奥季布瓦族的方言，含有"亲属""他的亲族""标记"等意思。在氏族社会阶段，人们往往把某一种动物或植物、日月看成本氏族中备受崇敬的神灵，对其加以特殊爱护。有时候，人们将这种动物或植物、日月形象刻在石柱上，或画在木板上，矗立于村头或家门口，作为本氏族的标志。据考古发现推测，中国仰韶文化的半坡类型属于以鱼和鸟为图腾的氏族部落；马家窑文化属于以鸟和蛙为图腾的氏族部落；江南古越人以龙为图腾。在图腾崇拜的背景下，绘画、雕刻、舞蹈得到发展。在西安半坡出土的陶器上有人面、鱼形和鹿形的图案，造型非常别致；在河南三门峡庙底沟出土的陶器残片上绘有蛙的图案，蛙的形态很生动；浙江余姚河姆渡新石器文化遗址出土的骨头上刻有鸟纹，形象简洁，但手法细腻，鸟羽上的纤毛依稀可见。图腾崇拜除了作为维系本氏族成员的纽带外，还具有另一种作用，即作为区别婚姻界限的标志，这种作用促进了人类由原始群的杂交向与外族通婚的进步。因此，图腾崇拜虽然属于宗教信仰范畴，但也是社会发展的一个标志。

祖先崇拜是对先祖亡灵的崇拜。距今约3万年的山顶洞人已经有了一定的葬式，还有石珠、骨坠、有孔的兽牙等随葬品。葬式和随葬品的出现标志着祖先崇拜的萌芽。其后，祖先崇拜除了对亡灵祭祀的一般活动之外，更主要表现为崇拜那些能保佑和赐福儿孙后代的英雄们。由于当时人们还未能脱离动物崇拜，因此这些英雄人物常常被刻画成一种半人半兽的形象。中国的女娲、伏羲、神农都是半人半兽的神。而在国外，埃及的墓地之神阿努比斯被刻画成狼头人身的形象，希腊的复仇女神厄里倪厄斯背长双翅、以蛇为发。祖先崇拜与自然崇拜直接造就了早期文学形式——神话传说的产生。

灵魂学说是人类早期的观念形态，它在人类文化发展史上具有重要的地位，而这种观念形态恰恰是以宗教的形式表现出来的，可见宗教史也就是人类的文化史。可以说原始文化在发展的早期，曾被包裹在原始宗教之中；在原始文化发展的初始，原始宗教更成为其发展的直接动因。

我国的原始宗教产生之后，就逐渐向人类生活的各个方面拓展，最终诞生了中国的宗教文化。

第二节　佛教文化

中国佛教文化是中国传统文化的有机组成部分，且有其自身的特点。在漫长的历史长河中，外来的佛教文化、伊斯兰教文化和基督教文化受到中国儒教、道教文化的影响，经历了中国化的过程，才得以在中国大地扎根和发展。在中国四大宗教中，佛教文化表现最为突出，影响也最为广泛。

一、佛教的产生和发展

（一）佛教的产生

佛教是以佛陀释尊为开山鼻祖而尊崇信奉佛法的宗教。佛就是佛陀，是印度语 buddha 的音译，意译为觉者，即觉悟了社会、人生之真理的人。"释尊"就是释迦牟尼世尊的略称，释迦牟尼是人们对佛陀的尊称。

佛教产生于公元前 6—公元前 5 世纪的古印度。其创始人为悉达多·乔达摩（约前 566—前 486 年），他是古印度迦毗罗卫国（在今印度、尼泊尔的边境地区）的净饭王太子，幼时受传统婆罗门教育，文武双修，长大后深感人世生老病死的各种苦恼，又对当时的婆罗门教不满，遂舍弃王族生活，出家探索人生解脱之道。29 岁时出家苦修 6 年，进而至菩提伽耶毕钵罗树下深思默想。终于在一天晚上"悟道成佛"。得道后，他在鹿野苑初转法轮，弘扬佛法，并在印度北部、中部恒河流域传教，历时 45 年，从道者众，流传下来，称为佛教。他反对古印度"婆罗门第一"的种姓制度，提出四姓平等主张，得到广大穷苦百姓的支持，所以人们尊称他为释迦牟尼，即"释迦族圣人"。释尊的出生地毗尼花园、成道地菩提迦耶、初转法轮地鹿野苑、涅槃地拘尸那迦是举世闻名的佛祖四大圣迹。

（二）佛教的发展

佛教在古印度的发展，从公元前 6 世纪至公元 12 世纪，大约有 1 800 年的历史，大致可分为四个阶段、三个 600 年。初 600 年为原始佛教及部派佛教时期；中 600 年为大乘佛教时期；后 600 年为密乘佛教时期。

1. 原始佛教时期及部派佛教时期（前 6 世纪—1 世纪中叶）

这一时期前 200 年为原始佛教阶段，后 400 年为部派佛教阶段。前 200 年为释迦牟尼创教及其弟子传教阶段。释迦牟尼涅槃后，其弟子们有过多次集会，对原始佛教教义、戒律发生争议。后分裂为两大派系：其中较为传统的一派被称为上座部佛教，较为改革的一派被称为大众部佛教。

2. 大乘佛教时期（1 世纪中叶—7 世纪）

这一阶段从大众部演化而成的大乘佛教在印度急剧发展，教化地区亦随之扩张。原上座部佛教被称为小乘佛教（"乘"原为"车辆"之意）。大乘佛教认为十方世界都有佛，修行果位分为罗汉、菩萨、佛三级，修行的最终目的在于成佛。该教派弘扬菩萨和"菩萨行"（即寓自我解脱于救苦救难、普度众生的践行之中）。小乘佛教在理论和实践的基础体系上仍接近于原始佛教。小乘佛教认为世上只有一个佛，即佛祖释迦牟尼。教义重自我解脱，修行的最高果位为罗汉。

3. 密乘佛教时期（7世纪—12世纪）

这一阶段密宗在印度佛教中占统治和主导地位。印度密教是大乘佛教部分派别吸收婆罗门–印度教及民间信仰诸神因素而形成的特殊宗教形态。它以高度组织化了的咒术、仪式、世俗信仰为其特征。密宗自称受法身佛大日如来深奥秘密教旨传授，为"真实"言教，故名密教。相对而言，其他大乘教派被称为显宗（显教），即受应身佛释迦牟尼所说种种经典的传授。公元8世纪以后，密教在印度佛教中取得了主导地位，恒河南岸的超戒寺成为密教的学术中心。

佛教在印度走向衰落在7世纪以后。12世纪末到13世纪初，由于伊斯兰教的传入，佛教在印度彻底消亡。直到19世纪，又从缅甸、斯里兰卡重新传入，但与印度原来的佛教已有不同。

（三）佛教的传播

1. 南传佛教

佛教从古印度向南传播，首先传入斯里兰卡，再由此传入缅甸、泰国、柬埔寨、老挝、马来西亚、印度尼西亚等国，复经泰国、缅甸传入我国云南省的傣族等少数民族地区。南传佛教主要是小乘上座部佛教，其经典是用巴利文编纂的，故亦称巴利语系佛教。

2. 北传佛教

佛教北传又可分为两条线路：一是经中亚细亚地区传入中国内地，再经中国传入朝鲜、日本、越南等地；二是由印度直接北传尼泊尔，越喜马拉雅山，传入西藏，再由西藏传入中国内地、蒙古和西伯利亚地区。北传佛教主要是大乘佛教，其经典大多是从中亚诸民族文字和印度梵文陆续翻译成汉文和藏文的，因而分别被称为汉语系佛教和藏语系佛教。

（四）佛教在中国的发展

公元前2年西汉时，佛教传入中国，在与中国固有文化相融合的过程中形成了诸多具有中国特色的佛教宗派。

1. 汉地佛教

隋唐时，汉地佛教达到鼎盛，并且逐渐形成了天台宗、三论宗、法相宗、净土宗、律宗、华严宗、密宗、禅宗等汉地佛教八大宗派，以及五台山、峨眉山、普陀山、九华山四大佛教圣地。近代汉地佛教，大部分是禅宗丛林。在修持方面，禅僧又都"禅净双修"，禅宗与净土宗近乎融为一体。

2. 藏传佛教

公元7世纪左右，佛教从印度和汉地两个方向传入西藏地区，并吸收了当地宗教原始苯教的一些神祇和仪式，经过漫长曲折的发展，形成众多教派。现在藏传佛教的四大教派是宁玛派（红教）、噶举派（白教）、萨迦派（花教）和格鲁派（黄教）。其中，格鲁派经过明清两朝的大力支持，成为藏传佛教的正统派，至今在西藏人民的生活中仍发挥着重要的作用。

二、佛教的经典与标记

(一) 经典

佛教的经典总集称大藏经。它由三大部分组成,即经、律、论三藏,故又称"三藏经"。其中,经藏是以佛祖释迦牟尼的语气叙述的典籍;律藏是佛祖为约束佛教徒的言行而制定的种种清规戒律;论藏则是历代佛教学者阐释佛经和阐发各宗各派学说的论著。

藏传佛教的大藏经多译自梵文,少量转译自汉文。它由两大部分组成:一是"甘珠尔",即佛的言教部分,包括显密经律;二是"丹珠尔",即论著部分,包括经律的阐释和注释等等。

(二) 标记

佛教的标记,是一个表示吉祥万德的"卍"字符,武则天将其定音为"万",是法轮,因为佛法之轮如车轮转动不息,可以碾破众生的一切烦恼。

三、佛教基本教义

释迦牟尼所创佛教的基本教义,主要是四谛、八正道、十二因缘因果报应轮回说和三法印等。

(一) 四谛

"谛"意为永恒的真理,四谛,即"苦""集""灭""道"是人生一切烦恼的总合,这是佛教初期教义的最主要内容。

1. 苦谛

苦谛指的是人生一切皆苦,是四谛的核心,是佛教理论的基本出发点,是佛教对世界、对人生的价值判断。它断定世界一切皆苦,人生无事不苦,即所谓"苦海无边"。佛教把苦归纳为八种:生苦、老苦、病苦、死苦、怨憎会苦、求不得苦、爱别离苦、五蕴苦(不知人我皆空而执着贪爱、索取所产生的痛苦)。以上诸苦,乃世间的一切众生都在所难免。然而却常为人们所不自觉,或被故意掩饰。人的一生当然也有欲求实现而享受到快乐,但诸行无常,好景不长。一时之乐无非过眼烟云,到头来终成空幻,依然是苦。

2. 集谛

集谛是指造成苦的原因。"集",巴利语,意为生起。追究生起、造成种种痛苦的原因,非由外物,非关鬼神,乃由人自身所致。佛教认为生成苦的原因有两种,业是致苦的正因,烦恼是致苦的助因。人的一思、一言、一行,皆是造业。内在的思想谓之"意业",表现为语言谓之"语业",发之为行动谓之"身业"。造业好比播种,必将生根开花结果。现世所受生死诸苦,乃由前世所集业因所致;现世之因所集,则必致未来之苦。

3. 灭谛

灭谛是讲苦的消灭,即在明白集谛道理的基础上,灭绝苦的根源——"业"和"烦恼"。若断苦因，即绝苦果；若不造业，即不受报。众生于是就可以从生死流转中解脱出来，不再进入六道轮回，从而进入解脱的境界，达到永恒的寂灭。这是佛教所追求的最高精神境界，即所谓的涅槃。

4. 道谛

道谛是指达到消灭痛苦、进入涅槃境界的途径和方法。"道"，即道路、途径、方法。释迦牟尼认为在修道上不能走极端，过分的禁欲与纵欲都是不可取的，而唯一可取的方法就是"舍此二边，有取中道"。他提出了不苦不乐的中道主张，共八项，称为"八正道"。这是道谛的中心内容。

（二）八正道

八正道是把"四谛"中的"道谛"进一步具体化，提出要达到理想境界（涅槃）应遵循的八种方法，即正见（正确的见解）、正思维（正确的思考）、正语（正确的言论）、正业（正确的行动）、正命（正确的生活）、正精进（正确的努力）、正念（正确的意念）、正定（自我精神集中）。

（三）十二因缘

十二因缘，即佛教"三世轮回"的基本理论，是对人生苦难的缘由所做的分析。佛教把人生现象分成十二个连续的环节：无明—行—识—名色—六处—触—受—爱—取—有—生—老死。十二因缘说将人生分为十二个环节，过去二因（无明、行）造成现在五果（识、名色、六处、触、受），现在三因（爱、取、有）造成未来世二果（生、老死），以"老、死"作为未来世的结果，这就是"三世两重因果"说。佛教以此教导人们去恶从善，以求得解脱。缘起因果报应轮回说是佛教宇宙观、人生观和宗教实践的理论基础。

（四）三法印

三法印，即"诸行无常""诸法无我""涅槃寂静"，是佛教用以衡量天下事物是否合乎教义的三条准则，只有符合法印的学说才称得上佛教学说。诸行无常是说人世间万事万物都处于生生不息的变化中，没有任何固定不变的事物。佛教由诸行无常推演到人生无常，认为人的生存、生命也是变化无常的，处于一个不断流转轮回的生灭过程中。对于人生来说，没有一件恒常不变的事，也没有一件令人高兴的事，人生的过去、现在、未来永远是一个充满痛苦和虚幻不实的过程。既然人生没有幸福欢乐，只有烦恼痛苦，那么，何不超脱尘俗呢？诸行无常为佛教的出世思想铺平了道路。诸法无我是指一切事物都是由因缘和合而成的，没有独立的实体，也不能自己主宰自己。佛教由诸法无我推演到人生无我，认为人生也是由因缘和合而成，人生没有独立不变的实体，不能自己主宰自己的命运，人生只具有暂时的、相对的意义。正因为人生是由因缘和合而成，只具有暂时的、相对的意义，所以，佛教主张破除"我执"，反对执着于自我。如果一个人执着于自我，执着彼与此、我与他的差别，计较个人的欲求私利，就会形成种种烦恼，进而造成种种业障。所以，"我执"是万恶之本，痛苦之源，必须彻底破除。既然破除了"我执"，人和万事万物都没有一定的自体和实相，那么，整个世界不就"万法皆空"、湛然寂静吗？由诸行无常、诸法无我自然而然地过渡到涅槃寂静。所谓涅槃寂静是指那种超脱了生死轮回、熄灭了一切烦恼痛苦、内心寂然不动的境界。涅槃寂静既是宇宙万物的实相，又是宇宙万物的真理，还是人生的最高理想境界。佛教一方面认为涅槃境界只可意会，不可言传，它不是语言思维所能表达和把握的，只有凭借神秘的、内省式的直觉才能证悟；另一方面又以形象的文字和生花妙笔把涅槃描绘成一个神奇而富丽堂皇的世界，一个仙山琼阁、金碧辉煌、奇花异草、彩云缭绕、天女散花的极乐世界，它吸引了历代无数善男信女的悠然神往。

四、佛教的供奉对象

佛教的供奉对象有佛（意为"觉他、觉行圆满者"）、菩萨（意为"自觉、觉他者"）、罗汉（意为"自觉者"）及护法天神等。

（一）佛

佛是佛陀的简称，也称浮陀、浮屠，梵文中"觉者""知者""觉"的意思，是佛教修行的最高果位。小乘佛教讲的佛一般专用作对"释迦牟尼"的尊称，大乘佛教则认为佛是一切，觉行圆满者，宣称三世十方，到处有佛，佛多得像恒河中的沙子，数不胜数。

1. 三世佛

三世佛有横三世佛和竖三世佛之分，均供奉在大雄宝殿中。

横三世佛是从空间上讲的，"世"相当于世界，即佛的净土或称佛国。横三世佛是指东方净琉璃世界的药师佛，中央娑婆世界的释迦牟尼佛和西方极乐世界的阿弥陀佛。三尊佛像的排列一般是释迦牟尼佛居中，药师佛居左，阿弥陀佛居右。释迦牟尼佛是中央娑婆世界的教主，这是释迦牟尼进行教化的世界。药师佛全称"药师琉璃光如来"，又称"大医王佛"，是佛教中东方净琉璃世界的教主，发过十二大大誓愿，满足众生的一切愿望，解除众生的一切痛苦，与日光菩萨和月光菩萨合称东方三圣，又叫"药师三尊"。在寺院中，药师佛居中，日光菩萨居左，掌中持一日轮，月光菩萨居右，掌中持一月轮。阿弥陀佛又叫无量受佛，是中国佛教各宗派中净土宗的主要信仰对象，也是中国民间百姓最信奉的佛之一。佛经上说，阿弥陀佛是"西方极乐世界"的教主，修行的方法非常简单，只要一心念阿弥陀佛的名号，死后就可以往生西方极乐世界。但是，杀父、杀母、杀阿罗汉、使佛身出血、毁坏寺庙经书者除外。阿弥陀佛与大势至、观世音菩萨合称"西方三圣"，阿弥陀佛居中，大势至菩萨是右胁侍，观世音菩萨是左胁侍。

竖三世佛是从时间上说的，包括过去佛燃灯佛、现在佛释迦牟尼佛和未来佛弥勒佛，这体现了佛教的因果轮回说教义。其位置为释迦牟尼佛居中，燃灯佛居左，弥勒佛居右。燃灯佛又称定光佛，生在过去世"庄严劫"，释迦牟尼的前世善慧仙人是他的徒弟，曾经买五茎莲花献给他。燃灯佛预言，在"贤劫"时，善慧将成佛，号为释迦牟尼。弥勒佛本是菩萨，释迦牟尼曾预言，在他灭寂之后，弥勒菩萨经过56亿7000万年出生于第十之灭劫，继承释迦牟尼佛的佛位，在龙华树下成佛，即弥勒佛，所以弥勒佛是未来佛。弥勒佛的塑像一般有三种类型：一种是作为竖三世佛之一的未来佛，庄严肃穆，一副悲天悯人的神情，在大雄宝殿中常见；第二种身着菩萨装，戴天冠，单独供奉在天王殿中；第三种是中国寺庙中最常见的"大肚弥勒"形象。

2. 三身佛

首先必须明确佛身的内涵。佛身本来是指佛教创始者释迦牟尼的身体，以后这个概念逐渐神秘化、复杂化了。现在通常认为，身不仅仅限于肉身，更侧重于精神本体含义，由积聚功德和觉悟而成就的佛体就叫佛身。三身佛具体指法身佛、报身佛和应身佛。法身佛是对佛法的人格化，象征佛法的绝对真理，也指人所先天具有的佛性，这是人能成就佛身的内在原因和根据。报身佛是指以法身为因，经过艰苦修习而获得佛果之身。应身佛指佛为度脱世间众生，随应三界六道不同情况和需要而变现之身。少数大雄宝殿供奉三身佛，法身佛居中，报身佛居左，应身佛居右。

3. 五方佛

五方佛是东南西北中五个方位佛的总称。中央是摩诃毗卢遮那佛，汉译大日如来佛，职责是驱除黑暗，带来光明。东方是香积世界的阿閦佛，南方是欢喜世界的宝生佛，北方是莲花世界的不空成就佛，西方是极乐世界的阿弥陀佛。五方佛常见于宋辽时代的古刹中，密宗寺院的大雄宝殿中和金刚宝座塔上也常有他们的雕像。

（二）菩萨

菩萨是"菩提萨埵"的简称，菩提的梵文意思是"觉悟"，萨埵的意思是"有情"，菩萨就是"觉悟而且有情的人"，即能自觉觉他、自利利他、自救救他、自度度他的修行者。菩萨的地位次于佛，但高于罗汉。他们的职责是用佛的宗旨解救在苦海中挣扎的芸芸众生。在中国的佛教信仰中较为流行的四大菩萨是指文殊、普贤、观音、地藏。

1. 文殊菩萨

文殊菩萨全称"文殊师利"，意译为妙吉祥。相传他是释迦牟尼的大弟子，专司智慧，是释迦牟尼的左胁侍。在佛教寺院中，常见的文殊菩萨形象是坐莲花宝座，下骑狮子，手持宝剑，象征智慧如同金刚宝剑，能够斩断妖魔和一切无明烦恼。传说唐朝年间，西域僧人波利来到山西五台山，文殊菩萨显现一老人形。自此，五台山成为文殊菩萨讲经说法的道场，也成为佛教徒心中的圣地。

2. 普贤菩萨

普贤菩萨又称"遍吉"，专司佛的"理德"，是释迦牟尼的右胁侍，旨在将佛教所推崇的善普及一切地方。在唐朝以前，是男身女相，宋朝以后，多是女身女相。他的法像常为头戴宝冠，身披法衣，手持如意棒，以满足众生的愿望，身骑六牙白象。道场在四川峨眉山。

3. 观音菩萨

观音菩萨全称"观世音菩萨"，别名"云光世音""观自在"，尊号"大慈大悲救苦救难观世音菩萨"。唐时为避唐太宗李世民的讳，略称观音，道场在浙江普陀山。观音菩萨的地位虽然不及佛高，但他在中国民间的影响和名气最大，几乎超过一切神灵，甚至超越了普贤菩萨，成为百姓心中的第一菩萨。至于他的寺庙之多、造像之广在佛教中更是首屈一指。"佛殿何必深山求，处处观音处处有。"这句诗道出了观音菩萨在我国民间的广泛影响。据《法华经》记载，众生遇难时，只要颂观音菩萨的名号，就会得到拯救。观音可随机变成的化身形象种类很多，包括"施药观音""马郎妇观音""杨柳观音""白衣观音""水月观音"

"送子观音"，而人们通常看到的观音则是指作为所有观音代表的"圣观音"或"正观音"，造型是头戴宝冠，结跏趺坐，手中持莲花或结定印。

4. 地藏菩萨

地藏菩萨因"安忍不动犹如大地，静虑深密犹如地藏"而得名。据称地藏接受释迦牟尼的嘱托，在释迦牟尼圆寂之后、弥勒佛出世之前，发誓普度众生，拯救诸苦。地藏菩萨的特点与其他三位菩萨不同，右手持锡杖，表示爱护众生，左手持如意宝珠，表示满足众生愿望之意，坐骑颇像狮子，其显灵说法的道场在安徽九华山。

（三）罗汉

罗汉是梵文阿罗汉的简称，意译为"应供"，即跳出轮回、除去烦恼、应当受到众生供养的意思。小乘佛教讲究个人修行，修行的最高果位是罗汉，达到这一果位，意味着消除一切烦恼，进入涅槃，再也不受生死轮回之苦。大乘佛教兴起后，罗汉逐渐被赋予了在佛祖灭度后护教弘法的任务。他们常住人间，普度众生，并受世人供养。寺院中常见的罗汉像有16罗汉、18罗汉、500罗汉，均指释迦牟尼的弟子。罗汉的塑像不像佛、菩萨那样公式化、定型化。他们形象生动，富于变化，更多地带有现实尘世中凡人的神态表情，或威、或醉、或笑、或慈，形态各异，栩栩如生。这些极富个性化的塑像群保留在一些古老的寺院中，成为我国佛教造型艺术中的瑰宝。

（四）护法天神

1. 四大天王

四大天王又称"四大金刚""护世四天王"，他们住在须弥山腰的键陀罗山，是世界的保护者。佛教寺庙中，进入山门的第二层大殿称天王殿，正中是大肚弥勒佛像，两旁是四尊高大威猛的四大天王像。东方天王提多罗吒，汉译"持国"，能护持国土，保护东胜神洲人民，塑像是白色，手持琵琶，用音乐使众生皈依佛门；南方天王毗琉璃，汉译"增长"，塑像是青色，手持宝剑，保护南瞻部洲人民；西方天王毗留博叉，汉译"广目"，能用净眼观察护持人民，塑像是红色，手中缠绕一条龙，保护西牛贺洲人民；北方天王毗沙门，汉译"多闻"，保护人民的财富，塑像是绿色，右手持伞，左手持银鼠，保护北俱卢洲人民。自宋代以后，四大天王的形象不断汉化。经过著名神魔小说《封神演义》的改造，四大天王彻底中国化了，成为商朝佳梦关总兵的魔家四将，形象完全是中国古代武士的打扮，而且被赋予了风调雨顺、天下太平等独特的含义。

2. 韦驮

韦驮原名"韦天将军"，韦琨，又称韦驮、韦驮天。相传是南方增长天王手下的著名神将，其职责是保护东、南、西三州的出家僧众，是佛教寺院必供的护法天神。在天王殿中，一般正面供奉大肚弥勒佛像，背面供奉韦驮像。韦驮是一个地道的中国武将形象，手持金刚杵，通常有两种姿势。一种是双手合十，直挺站立，横杵于手腕上，意味着此地欢迎来客住宿，代表是北京法源寺。另一种是左手握杵拄地，右手叉腰，意味着本寺不接待客人住宿，代表是杭州灵隐寺。

3. 伽蓝神

伽蓝原来指僧众居住的场所，后来专指佛教的寺庙。因此，伽蓝神就是佛教寺庙的守护神，我国最著名的伽蓝神是关羽，这种信仰始于唐朝，是佛教为争取信众、扩大影响而不断汉化的表现。

4. 天龙八部

天龙八部是佛教的八大护法天神，共分八部，称为八部众，即天众、龙众、夜叉、乾达婆、阿修罗、迦楼罗、紧那罗、摩睺罗迦。天龙八部诸天鬼神，均受佛的教化，以护持佛法、保护众生为天职。

五、寺庙的布局

完整的寺院一般皆为伽蓝七堂。七堂，专指寺院的主要建筑，是佛寺建筑平面布局的一种制度。伽蓝七堂随宗派的不同而各相异。以禅宗为例，七堂指山门、佛殿、法堂、僧堂、厨库、浴室、西净（厕所）。较大的寺院还有讲堂、经堂、塔和钟鼓楼等。佛寺一般是坐北朝南，沿南北中轴线对称布局。

（一）山门殿（或三门）

寺院大多位居山林，故称山门殿。因寺院的大门一般为三门并立，也称三门殿。有寺院虽然只有一扇门，也习惯称"三门"或"山门"。寺院的外门三门并立是有寓意的。三门是为了象征"三解脱门"，即空门（中）、无相门（东）、无作门（西）。三解脱门被佛教称作入涅槃之门。殿内两旁两个大金刚力士像为"哼哈二将"。

（二）天王殿

天王殿为寺门内第一重殿。因殿正中一般供奉弥勒佛像，又称弥勒殿。一般供奉大肚弥勒，面对山门。弥勒像后面供奉的是寺院守护神韦驮像。韦驮手持宝杵面向北，与大雄宝殿的释迦牟尼像正对。天王殿的东西两侧供奉四方天王像。天王殿作为第一重殿，有显正祛邪之意，四大天王视察众生的善恶和保护佛、法、僧三宝，韦驮手持宝杵，意为镇压魔军，护持佛法。

（三）钟楼

钟楼位于天王殿左前侧，悬有巨钟，击之以召集僧众。因其供奉地藏菩萨，故也称为地藏殿。

（四）鼓楼

鼓楼位于天王殿右前侧，上挂大鼓。鼓楼中有的供奉关帝（关羽），有的供奉观音。鼓楼和钟楼建筑造型相同，呈对称状。佛寺素有晨钟暮鼓之说。

（五）大雄宝殿

大雄宝殿又称正殿、大殿，是寺内的主体建筑。大雄，是对佛祖释迦牟尼的尊称，意为大智大勇，能镇服邪魔。大殿前有大香鼎，左右侧有石幢。殿内供奉的佛像，有一佛、三佛、五佛等情况，供奉一释迦佛像的，两侧立有佛陀的两位大弟子：年长的名迦叶，年幼的名阿难。供奉三尊佛像的主要是三世佛或三身佛。大雄宝殿供奉的佛像前往往有长明灯、幢、幡、金幢等，正中那尊佛像头顶处为半圆形藻井，背后往往塑有菩萨像，有的是海岛观音，两侧是敬财童子和龙女，有的是文殊、普贤、观音。大殿两侧多供奉十八罗汉。

（六）法堂

法堂一般位于大雄宝殿后，是宣讲佛法和传戒集会的场所，又叫讲堂，建筑规模仅次于大雄宝殿。堂中设法座，供名僧大师宣讲佛法。座前有讲台香案，两侧列听法席。

（七）伽蓝殿

伽蓝殿一般位于大雄宝殿东边，属配殿，专门用来供奉土地神，但各地佛寺对此并无一定规制。伽蓝殿多以给孤独长者、祇多太子、波斯匿王等为主尊，殿正中供奉的是波斯匿王，左边供奉祇多太子，右边供奉给孤独长者，此三者在佛教初传时期功德很大。近世以来，在我国的佛教寺中，伽蓝殿有时也供关公。

（八）祖师殿

祖师殿位于大殿西侧，以禅宗寺院最为常见。殿正中是禅宗初祖达摩禅师，左边是六祖慧能禅师，右边是唐时建立丛林制度的百丈怀海禅师。其他宗派的寺院在祖师殿内除供以上三像外，再加祀本宗祖师像。

（九）药师殿

有的佛寺设有药师殿，俗名药王殿，所供奉的是"药师三尊"，即"东方三圣"。正中为药师佛，其左胁侍为日光遍照菩萨，右胁侍为月光遍照菩萨。殿两边设有"药师十二神将"。

（十）观音殿

观音殿又名大悲殿，主要供奉救苦救难的观音菩萨像。

（十一）罗汉堂

从唐代开始，一些大型寺院就开始修建五百罗汉堂。成都新都县①宝光寺、北京碧云寺、武汉归元寺、苏州西园戒幢律寺罗汉堂被称为中国四大罗汉堂。

（十二）藏经楼

藏经楼又称藏经阁，是佛寺中珍藏佛像经籍之所，一般安置在中轴线的最后一进，有两层。下层为千佛阁，楼上主要是贮藏经书。一般在藏经楼中藏有三藏十二部。所谓"三藏"，是对佛教经典的总称，分作三类：一为经藏，是佛所说的理论；二为律藏，是佛所说的戒律；三为论藏，是菩萨和众多弟子对佛所说的经义的阐述或发挥。

（十三）斋堂

素食叫斋，只吃素食，叫"吃斋"。斋堂就是供应素食的食堂，是寺僧吃饭的场所。

---

① 今新都区。

（十四）方丈室

方丈室是佛寺住持居住、说法与接客之处，有的叫华林丈室（净土宗），有的叫般若丈室（禅宗）。

除了上述殿堂外，寺院一般还有如意寮（医疗场所）、放生池、佛学苑、念佛堂、三大士殿、玉佛殿等等建筑。各个寺庙的情况不尽相同。

六、佛教礼仪

（一）称谓

佛教的教制、教职在各国不尽相同，称谓也不完全一致。如泰国有僧王，其他国则不设。在我国寺院中的主要负责人称"住持"或称"方丈"，负责处理寺院内部事务的称"监院"，负责对外联系的称"知客"，他们可尊称为"高僧""长老""大师""法师"等。

佛教徒中出家的男性称"比丘"，简称"僧"，俗称"和尚"；出家的女性称"比丘尼"，简称"尼"，俗语称"尼姑"。凡出家的佛教徒必须剃除须发，披上袈裟，称为"披剃"。僧尼一经"披剃"，即入住寺院，开始过与世俗隔绝的生活。

（二）四威仪

"四威仪"是指僧尼的行、立、坐、卧应保持的威仪德相，即行如风、立如松、坐如钟、卧如弓，而不允许表现出轻浮的举止。

（三）受戒

这是接受佛教戒律的仪式。过去，比丘和比丘尼受戒时，要在头上烫 12 个香洞，现在中国佛教协会根据广大教徒的意见，决定受戒时不必燃香烫洞。东南亚佛教国家的僧人不烫香洞，也没有香疤。

（四）合十

合十，亦称合掌。这是佛教徒之间或与他人见面时行的一种礼。施礼时双手手心相对合拢，手指朝上，置于胸前，口中念"阿弥陀佛"，以示敬意。

（五）戒律

受戒后出家的僧尼必须严格遵守佛教的各种清规戒律。如"五戒""大戒"等。五戒：不可杀生、不可偷盗、不可邪淫、不可饮酒、不可妄语。大戒：不杀、不盗、不淫、不妄、不酒、不着彩色衣服和不用化妆品、不视听歌舞、不睡高床、不过午食、不蓄财宝，共十大根本戒，也叫作"比丘戒"。

七、佛教的主要节日

1. 佛诞节

佛诞节又称为佛诞会、佛生会，是为纪念释迦牟尼诞辰而举行的佛事法会，法会中以浴佛为主要内容。关于佛诞生的时间，佛教中有不同的说法。大乘佛教把佛诞节定为阴历四月八日。浴佛的传统起源于佛降生时双龙吐水浴太子身的典故。相传，摩耶夫人在蓝毗尼的无忧树下生下悉达多太子后，四天王用柔软的丝绸包裹太子身，九龙在天上吐香水浴佛身，天龙八部则在空中歌舞欢庆，燃香散花。所以后来寺院在纪念佛的诞生时，取法龙降香雨浴佛的传说，用香料浸水灌洗佛降生像，并供养各种香花、灯烛、茶果等。

2. 成道节

成道节指佛祖释迦牟尼在菩提树下修行成佛的日子。相传释迦牟尼出家后，曾到伽耶城南优娄频罗村的苦行林修习苦行。经过六年苦修之后，释迦牟尼认识到苦修不是通往解脱的正确道路，决定另辟蹊径。他来到尼连禅河，洗了一个澡，因体力极度虚弱，洗完后无力上岸，得天神放树枝拉上岸。上岸后又靠牧羊女的乳糜恢复体力，在岸边的毕钵罗树下静坐沉思，发誓"今若不证无上菩提道，宁可碎此身而终不起于座"。经过七天七夜的静思，释迦牟尼豁然开朗，悟出了人生烦恼的原因以及灭除烦恼的方法，得到对宇宙人生真实的彻底觉悟，这就是佛教中所称的"成佛"或"成道"。后世把释迦牟尼成佛的这一天称为"佛成道日"，为纪念佛成道日而举行庆祝活动，称为"成道节""成道会"。关于这一天的具体日期，历来说法不一，中国传统的佛成道节是在农历十二月八日，俗称"腊八节"。成道节的主要内容就是煮腊八粥，主要取法于牧女向佛献乳糜的传说，也含有庆贺五谷丰登、驱逐鬼邪瘟疫的意义。

3. 盂兰盆节

盂兰盆节也称盂兰盆会，在农历七月十五日这一天。根据《盂兰盆经》所说，释迦牟尼的弟子目连得到六神通，想要度化他的父母以报答养育之恩。他用天眼看到死去的母亲已转生为饿鬼，饿得皮包骨头，目连盛饭给母亲吃，但饭还没到母亲口中就化为灰炭。目连请求佛救度他的母亲，佛指点他，可以在七月十五日供养三宝、向鬼施食。因目连救母的故事，佛教中就有了七月十五的盂兰盆节。相传中国最早举行盂兰盆节的是梁武帝，后来在中国广为流传。宋代的盂兰盆节供养佛僧的内容逐渐减少，而超荐亡灵的色彩有所增加，从以盆施僧转变为以盆施鬼，目的就是救度死去的亡灵。

4. 涅槃节

涅槃节为释迦牟尼佛涅槃的纪念日，他去世的那天为农历二月十五日。南传佛教认为这一年是公元前483年，北传佛教认为这一年是公元前485年。由于说法不一，所以过节的日子也不一定，大乘佛教国家一般定在每年农历二月十五日。这一天，各佛教寺院都要悬挂释迦牟尼佛涅槃图像，举行纪念会，诵《佛遗教经》。

第三节　道教文化

一、道教起源及主要派别

与中国其他宗教不同，道教是中国土生土长的宗教，最早形成于东汉顺帝以后。道教的形成是一个漫长的过程，由殷商以来的鬼神崇拜、战国时期的神仙方术和汉代黄老学说相结合，形成了一个宗教派别。道教形成后，随着中国古代制度的变更和文化潮流的演进，兼容并蓄，不断吸收新的内容，发展完善道教体系，构成了近两千年的道教史。

东汉至魏晋南北朝，是道教形成和确立的时期。道教在东汉后期形成实体，创立了太平道、五斗米道等民间原始教团，神仙方士的团体也开始出现。后经魏晋南北朝数百年的改造发展，道教的经典教义、修持方术、科戒仪范渐趋完备，新兴道派繁衍，并得到统治者的承认，从早期民间宗教演变为成熟的正统宗教。

道教最初产生于民间，主要有东部的太平道和西南地区的五斗米道两大派别。

（一）太平道

东汉顺帝时，有个山东琅琊人宫崇向朝廷进献了一部"神书"，即早期道教奉持的重要经典《太平经》。《太平经》的主要内容是奉天地、顺五行、澄清大乱、使天下太平的政治理想，还有一些"兴国广嗣，养生成仙"的内容，是一部反映东汉巫师术士思想的著作。之后，随着得到统治者的逐步认可，《太平经》也在民间流传开来。东汉末，由于外戚专权，宦官弄政，朝政一片混乱；地主豪强掠夺土地，农民失去家园，流离失所，再加上连年天灾，使得社会矛盾空前激化，东汉王朝统治岌岌可危。在这种情况下，巨鹿人张角利用《太平经》传播道教，自称"大贤良师"，组织民众成立教团反抗东汉的统治，这就是"太平道"。太平道主要利用民间流行的巫术治病方法传教。信徒只要向神灵跪拜叩头，诚心悔罪，饮用符水，配以咒语，就能包治百病。太平道还有政治理想，信奉"中黄太乙"为其最高神，以实现"黄天太平"为纲领，号召教徒起义，反抗东汉的统治。汉灵帝中平元年（公元184年），张角自称"天公将军"，协同其弟"地公将军"张宝、"人公将军"张梁发动了历史上有名的"黄巾起义"。虽然此次起义以失败告终，但它毕竟是道教史上的一件大事，标志着道教登上了历史舞台。随着起义的失败，太平道的教团组织渐渐消亡。

（二）五斗米道

五斗米道创始于汉顺帝、桓帝时，与太平道大体在同一时期，主要传播地在西南巴蜀汉中地区（今四川及陕西南部）。创始人张陵是沛国（今江苏沛县）人，又称张道陵。他和弟子来到四川的鹤鸣山学道，著书立说。相传顺帝汉安元年（公元142年），老子的化身太上老君传授张陵"天师"称号及"正一盟威之道"。此后，张陵便有了治病救人的本事，当地百姓奉他为师。张陵广收信徒，并规定凡入教者，需交纳大米五斗，因此称"五斗米道"。张陵自称天师，他的儿子张衡称嗣天师，他的孙子张鲁称系天师，因此，后世又称三张创立的这个教团为"天师道"。为了教化道民，三张撰写了《老子想尔注》，以道教的教义对《老子》一书加以改造，对"道"加以神化，可以发号施令，并奉老子为道的化身，即太上老君。五斗米道劝人为善，奉道守戒，也教人修炼长生不老之术，以获得永寿天福。汉末军阀混战，五斗米道得到了曹操的支持，从西南转移到了北方，成为魏晋时期道教的主要流派。

魏晋以后，几位著名道教人物对道教的发展起了重大作用。东晋葛洪总结战国以来神仙方术的理论，为道教设计了种种修炼成仙的方法，建立了一套成仙的理论体系，对道教的发展有较大的影响。他提出以神仙养生为内、儒术应世为外、以神仙方术与儒家的纲常名教相结合，认为道教徒要以儒家的忠孝、仁恕、信义、和顺为本，否则虽勤于修炼也不能成仙。这个说教符合统治者的口味，也适合信奉道教的中产阶级的需要，使道教逐渐上层化。中国的知识分子"达"则以儒家思想积极进取,"穷"则以道教思想独善其身,苏东坡等莫不如是。同时,民间仍然流传"通俗道教"。南北朝时,北魏嵩山道士寇谦之在崇信道教的北魏太武帝拓跋焘支持下,自称奉太上老君意旨重整道教,废除张陵、张衡、张鲁的道教思想和仪式,制定乐章,诵诫新法,号称辅佐北方太平真君,代张陵为天师,成为北天师道。南朝刘宋时庐山道士陆修静系统总结了道教各派的学说,又依据封建宗法礼制,仿效佛教修持仪式,改革五斗米道,创立了南天师道。道教的教义、仪式经过寇谦之和陆修静修订以后,逐步定型。陶弘景继续吸收儒、释两家思想,充实道教内容,构造神仙谱系,叙述传授历史,主张三教合流,对以后道教的发展影响极大。魏晋以后,道教分流,其上层分子受封建统治者的扶植利用,使道教与纲常名教观念相结合,甚至参与宫廷政治;下层则以通俗形式继续流传在民间,从中还转化出一些秘密宗教组织,并经常成为发动和组织农民起义的渊薮,如明教、白莲教等。

唐代统治者在门阀势力尚未根除的背景下,为自抬身价,自称是老子后裔,奉行崇道政策。北宋统治者仿效唐代假托圣祖、崇奉老子的做法,宋真宗称赵玄朗为其族祖,奉作道教尊神,封为圣祖上灵高道九天司命保。这一系列崇道措施对道教的发展起到了很大的促进作用。当时道士人数大增,宫观规模日大,神仙系统也更为庞杂;经书数量益增,并汇编成"藏",正式刊行;研究道经的著名道士和道教学者相继出现,如唐朝的吕洞宾,北宋的陈抟、张紫阳等,对道教的发展都起了一定的作用。

唐代以后,道教曾流传到朝鲜、日本、越南和东南亚一带。道教经籍远播欧美。从道教的发展过程中可以看到,道教的教派在东汉道教初创时有太平道和五斗米道之分,晋代和南北朝以后又有上清、灵宝等派别先后出现,但各道派教义思想基本一致,只是道法和道术的侧重点不一。道教真正的教派,当从南宋和金元南北对峙之时开始。南宋偏安,在与金元南北对峙的形势下,道教内部的宗派纷起。新起的道教宗派力图改革教理,大多主张道、儒、释三教结合;在修炼方术方面着重于内丹,强调精、气、神的修炼。除正一道外,主要有王重阳的全真道、刘德仁的大道教(后称真大道教)、萧抱珍的太一教等。元末,在大道教与太一道消失以后,正一、全真便成为道教的两大宗派。

正一道或称正一教、正一派,其前身是五斗米道。元以后,道教上清派、灵宝派和天师派总称正一道。正一道以《正一经》为主要经典,不重修持而崇拜神仙,以画符念咒降神驱鬼,祈福禳灾。相传张陵创教时,称太上老君授他三天正法,教以"正一新出道法"。传至张陵四代孙张盛徙居江西龙虎山后,为道教之龙虎宗,尊张陵为"正一天师"。唐代和宋代,南北天师道与上清、灵宝等道派逐渐合流,宋理宗敕封三十五代天师张大可,龙虎山正一天师遂为各道派之首;元世祖命三十六代天师张宗演统率江南道教,形成"南有天师(道),北有全真(道)"的局面。正一道以天师为道首,其道士可以不居宫观而有家室。

全真道亦称全真教或全真派。金代初年,王重阳创立包容儒、释、道的全真道。王重阳在山东宁海的居所为"全真堂",凡入道者皆称全真道士,因而得名。该派汲取儒、释部分思想,声称三教同流,主张三教合一。以《道德经》《般若波罗蜜多心经》《孝经》为主要经典,教人"孝谨纯一"和"正心诚意,少思寡欲"。早期以个人隐居潜修为主,不崇尚符箓,不事黄白之术。全真道认为清静无为乃修道的要务,除情去欲、心地清静,才能返璞归真、识心见性。在教规上，严格要求入道者不娶妻，不茹荤，出家住宫观。主张修道者必须出家，并忍耻含垢，苦己利人，戒杀戒色，节饮食，少睡眠。全真道的支派较多，其中依托北五祖的有钟离帝君钟离权的正阳派，纯阳帝君吕洞宾的纯阳派，重阳祖师的重阳派等。王重阳死后，其弟子马钰等"全真七子"分别在陕西、河南、河北、山东等地继续传道，所创"北七真"教派有马钰的遇仙派、谭处端的南无派、刘处玄的随山派、丘处机的龙门派、王处一的嵛山派、郝大通的华山派、孙不二的清净派，教旨与修炼方法基本相似。

元太祖十五年至十八年（1220—1223年）间，丘处机应诏赴西域大雪山谒见元太祖，受到礼遇，命其掌管道教，在各地大建宫观，全真道进入全盛时期。但全真道在发展中不断侵占佛教寺院和宣传老子化胡之说，引起佛教不满，导致元宪宗和元世祖时期的两次僧道辩论，结果全真道失败，全真道遭到了沉重的打击。明代朝廷重视正一道，全真道相对削弱。金初，沧州刘德仁创立大道教（后称真大道教），崇尚《道德经》，并吸收部分儒、释思想，不尚符咒，不重飞升化炼之术，亦不讲长生久视之事，而颇重默祷召劾为人治病，一时信奉者甚多，元末逐渐衰落无闻。太一教是金初卫州萧抱珍所创，该派道士须出家，以传"太一三元法箓之术"著称于世，善祈禳术，以符咒为人治病，与天师道的法术相似。太一教传至元仁宗、英宗之世的七祖萧天佑后，逐渐与正一道合流，其后即湮没无闻。

明清两代五百多年，中国传统社会进入晚期，日趋腐朽没落，作为传统文化三大支柱的儒、佛、道三教也进入停滞僵化阶段。这一时期民间秘密宗教社团的兴起和西方基督教文化的传入加速了中国传统文化的衰落。近代中国道教承明、清余绪，未能振兴。时至今日，道教已丧失作为中国文化主流的地位。但如同儒学和佛教一样，道教对中国人民的精神生活和民俗风情仍有着很大的影响。民间宗教虽然派系繁多，思想渊源复杂，但其中有些教派在思想上乃至组织上同道教仍有相当联系。

二、经典和标记

（一）道教经典

《道藏》是道教经籍的总集，书中除收录除道教经书外，还收集有诸子百家和医学化学、生物、体育、保健以及天文地理等其他方面的论著，是中国古代文化遗产的重要组成部分。

（二）标记

道教的标记为八卦太极图。

三、道教基本教义和神仙谱系

（一）道教经典教义

道教在其形成和发展的漫长过程中，积累了大量的经典文书。现存道教经典，一般指的是收入《道藏》中的经书，它们构成了我国文化遗产的重要组成部分。虽然道教形成于东汉后期，但其渊源可追溯到更早的道家思想和神仙方术，有关经典教义的古籍出现也可追溯到这一时期。这一时期的很多古籍已失传，留下来的少数经典之作，如《老子》《庄子》

《淮南子》《墨子》《孙子兵法》《黄帝内经》等，均被收入《道藏》，成为后世影响巨大的道教典籍。

东汉时期，出现了一些早期道教经书，包括《太平经》《老子河上公章句》《老子想尔注》《周易参同契》等。魏晋时期，道教经书典籍逐渐增多。晋代道教学者葛洪所著《抱朴子·遐览篇》中，著录道教经书204种，符箓56种。东晋南北朝时期，道教内部出现大规模的造经活动。《上清经》《灵宝经》《三皇经》《正一法文》等大批重要经典相继问世。南朝刘宋道士陆修静整理道书，撰《三经洞书目录》。之后，南梁道士孟法师撰《玉纬七部经书目》，"山中宰相"陶弘景著《隐居经目》，著录当时存在的道书。

南北朝以后，道教典籍通常以"三洞四辅十二类"的方法分类，形成了道教特有的经学体系。三洞经书是道教的主经，分别是洞真部《上清经》、洞玄部《灵宝经》、洞神部《三皇经》。四辅是指《太清经》《太平经》《太玄经》以及《正一法文》。十二类是指三洞经书又可分为十二类。"三洞四辅"的分类体例与神学教义、修持理论有密切关系，在道教历史上影响深远，隋唐以后历代编修《道藏》均沿用这一分类体例。

浩若星河的道教经典构成了复杂的道教教义，主要包括以下几个方面。

1. "道"崇拜

道教作为一种中国本土的宗教，其形成有一个漫长的阶段。其思想渊源有殷周以来的鬼神崇拜、先秦的道家学派、战国后的神仙方术信仰、西汉初期的黄老学说等。道教信仰的核心是"道"，并将"道"宗教化、神格化了。道教认为，"道"是宇宙的本原、宇宙的主宰，是产生和支配天地万物的造物主，是至高无上、具有神秘力量的人格化的神。

2. "神仙"崇拜

根据道教的说法，道气化为三清尊神：元始天尊住玉清境，灵宝天尊住上清境，道德天尊住太清境。"三清"是道教崇拜的最高神灵，其中元始天尊地位最高，但影响最大的却是道德天尊，即由老子神化而来的太上老君。同时，道教认为凡是修炼成道、神通广大、变化无方、长生不死的人，都可以成"仙"。

3. 重生恶死的生命观

道教与其他宗教的根本不同之处，是强调以生为乐，重生恶死，甚至追求长生不死。道教看重个体生命价值，鼓励人们以现世生命为基础，抓紧时间修道，争取早日成仙，享受永久的幸福和快乐。正因为道教乐生、重生，所以众多修道之士积极寻求能使人长寿的方法，发展出一整套健身长寿的养生术。其中既有吐纳导引、服食金丹、养气炼气等养形术，又有"存想""存神""主静""坐忘"等养神方法。

4. 天道承负、善恶报应观念

道教宣扬：先人行善，今人得福；今人行恶，后辈遭殃。先人有过失，后辈无辜受过，就叫作"承负"。除宣扬天道承负外，道教还信奉因果报应。道教的因果报应论不仅劝说人们求得自身的解脱，而且结合"承负说"提醒人们为子孙后代聚功累德。

道教发展过程中最有影响的基本教义有以下五种。

1. 道教神学的创世论

道教神学产生于汉魏六朝，主要继承了道家的宇宙论，并在此基础上有所发展。道教神学将《老子》所说的"道"改造为有人格意志的最高神，称作"大道"或"太上道君"，并且宣称老子就是大道的化身。进而把历史与传说糅合，编造出宇宙初始，太上道君开天辟地、化形降世、辅助帝王、传经授戒、教化生民的故事。这就是"创世论"，即天地万物的化生，人类社会的王朝更替，道教经书教义和方术的传衍变化，都有一个纵贯古今，超越时空的神秘本源，即通过太上道君的演化和不断降世来实现。

2. 神仙道教的贵己重生论

此为道家与道教的人生观，以重视个体生命，即贵己重生为本，探讨如何使个人精神快乐和生命永恒的问题。道教认为，人所追求的首先是个人自身的生存，一切客观事物的意义仅仅在于其是否有利于保全自身生命的存在。如果拿外在的"物"或"天下"与自身相比，论其轻重，则自身的生命为重，因此保全自身生命，使之不受名利物欲的牵累和损害，是首要的行为准则。贵己重生论成为后来神仙方术的理论支撑。以葛洪为代表的神仙道教徒从爱惜生命出发，坚信"我命在我不在天"，长生可为，方术有效，主张为追求长生而积极探索自然和生命的秘密。

3. 重玄学派的有无双遣论

在《老子》一书中提出：道既是常有，又是常无；有与无"同出而异名，同谓之玄。玄之又玄，众妙之门"。魏晋玄学家对老子之道有不同的理解。贵无派认为道体是"无"，天下万物是"有"，两者是本与末的关系；崇有派认为道"以无为辞，而旨在全有"，无只是假名并不是真无，作为万物本体的道，是比万物更真实存在的"全有"；独化论综合贵无、崇有之说，认为无不在有之外，就在有之中。有无双遣论认为肯定道是有还是无都过于偏执，应该持"有无双遣"的"中道观"，既不说有，也不说无，甚至忘却这个问题，才是老子的本意。"玄之又玄"，即为重玄，因此持这一观点的道教学派称为重玄学派。

4. 内丹道派的性命双修论

"性命双修"是道教内丹派修炼的基本法则，该派以"先命后性"修炼方式著称，其代表人物多出自南方，故名南宗，以北宋道士张伯端为代表。他认为儒释道三教宗旨同归于"生命"，但儒释二教以及早期道教的性命修法皆不可取。他提倡性命双修，形神俱妙，才是唯一得到三教真传的"最上乘法"。其丹法先炼精化神而结成金丹，谓之命功；炼神还虚，称作性功。与张伯端的内丹派不同，北宗即全真道，则主张先修性，后修命。

5. 全真道的识心见性说

全真道是道教后期最重要的教派，在修持方面主张"先性后命"，以修性为主，强调"识心见性"为修仙正途。它认为人心固有的"本来真性"不生不灭，超越生死是成仙证真的唯一根据。人的自心真性得自道体，本来清静无染，但世人皆被后天的物欲迷惑，不识自心真性，因而流转生死苦海，不得解脱。修行者若能在心地上做功夫，对境忘缘，澄心静虑，一念回光，识得自心真性，保持不乱，便可证得无形无相的"法身"，使真性超越生死之外。全真道的识心见性说对道教修道成仙信仰有了较大发展，从追求肉体长生不死、飞升上清转变为心性超越长存而形体不离凡间。

（二）道教神系

道教是一个多神教派，信仰的体系庞大而复杂，足以构建一个神系。在这一神系中，可分为六大类，分别是尊神、星辰之神、神仙、祖师真人、护法神将及俗神。

1. 尊神

天尊是对道教最高贵的天神的尊称，以"三清"最为尊贵，是道教最高神，分别是元始天尊、灵宝天尊、道德天尊。三清神像主要供奉在道观的三清殿内，中间是元始天尊，左手虚拈，右手虚捧，象征"天地未形，万物未生"时的"无极"；左边是灵宝天尊，双手捧着一个半黑半白、黑中有白、白中有黑的"阴阳镜"，象征刚从无极状态中衍生出来的"太极"；右边是道德天尊，他手拿一把画有"阴阳镜"的扇子，象征由太极而分化出的"阴阳"两仪。

道教神系的最高尊神除"三清"外，还有"四御"，即辅佐三清的四位天帝。四御是道教中实际负责管理宇宙万象的四位最高神祇，位居三清之下。三清象征自然太始无为，四御则代表有为运作的力量，四御神祇分别为：金阙至尊玉皇昊天上帝，俗称玉皇大帝，总御万神，执统天道；中天紫微北极太皇大帝执掌天地经纬、日月星辰、四时气候，紫微斗数就是以此神而名；勾陈上宫天皇大帝总管万灵，即一切生灵，又兼管战争兵革之事；承天效法后土皇地祇，其职责是掌管阴阳变化、人的生育以及万物之美和山川之秀丽的女神。还有另外一种说法中的四御大帝是：中天紫微北极大帝、南极长生大帝、西方太极天皇大帝、东极青花大帝。

其他如王母娘娘、三官或三元大帝等老百姓耳熟能详的神仙也属于尊神。

四方之神，即东方青龙、南方朱雀、西方白虎、北方玄武四神。道教常以此四神为护卫神，以壮威仪。

2. 星辰之神

道教神系中与日月星辰相关的神仙，来源于人类原始的星宿崇拜。有众星之母——斗姆、五斗星君、南斗星君、北斗星君、太白金星、真武大帝、文昌帝君及天聋地哑侍童、魁星等。

3. 道教神仙

神仙，民间俗称仙人，是道教理想中的修真得道、神通广大之长生不死者，又称神人或仙人。最初流传的神仙多为上古传说中的人物，如赤松子、彭祖、广成子、黄帝、西王母、东王公、玄女等。汉魏之后，多为道教人物之仙化，如安期生、三茅真君（茅盈、茅固、茅衷）、阴长生等；唐宋以来，则多为历史人物之被仙化者，如八仙中之铁拐李、汉钟离、张果老、何仙姑、蓝采和、吕洞宾、韩湘子、曹国舅等。此外，还有宁封真人（制陶神）、黄大仙、刘海蟾、麻姑、天妃娘娘等。

道教认为，神仙在其神仙朝班中，各有品位等级高下之分，并且各有神通。神仙各有居住的仙境，分上仙境、高仙境、大仙境、神仙境、玄仙境、真仙境、天仙境、灵仙境、至仙境等九品。神仙有三等：上士升虚而游，谓之天仙；中士游于名山，谓之地仙；下士先死后脱，谓之尸解仙。道教相信道可以"因修而得"，众生均可修道成仙，只要认真修道，就能"神与道合，谓之得道"。

4. 祖师真人

祖师真人，指凡人修道有为之士，受时人尊崇，拜为祖师或真人，往往在历史上确有其人，后慢慢演化为具有神力的道教神仙。著名的有张天师、三茅真君、许真君、葛仙翁、二徐真君、陈抟老祖、王重阳、丘真人、张三丰等。

5. 护法神将

护法神将有：马赵温关四大元帅、关帝圣君、灵官马元帅、萨真人、王灵官、三十六天将、四值功曹、六丁六甲、六十元辰、龟蛇二将、水火二将、青龙白虎、金童玉女、周公、桃花女、千里眼顺风耳、雷公电母、风伯雨师等。

6. 俗神

俗神，指流传于民间而道教信奉的神祇。俗神品级不高，但因为其职能与老百姓的日常生活息息相关，因而广泛流传于民间，影响很大，称为俗神。其中有与自然现象相关的自然神，如雷公、风伯等；有带着明显人间特征的英雄神、文化神，如关帝、魁星、文昌等；有被认为专门保护个人、家庭和城乡公众安全的守护神，如门神、灶神、城隍、土地、妈祖等；有被认为有特定职能的行业神和功能神，如药王、财神等。

四、道教礼仪

（一）道教节日

道教节日与道教的神真信仰和宗教生活密切相关，在不同的节日，一般要举办相应的斋醮法事，不但道士集会，而且发展成为一种民俗活动，大量的朝观香客到来，形成"庙会"。

因为与民俗活动有关，又吸收中国传统节气时令，所以道教节日很频繁，有"祭三事五"之说。主要的道教节日有以下几个。

（1）三元。三元从三会日演变而来。正月十五为上元斋日，祭天官；七月十五为中元斋日，祭地官；十月十五为下元斋日，祭水官。上元节即为民俗中的"元宵节"，相传又是天师张道陵的诞辰。七月十五，又是民俗中的"鬼节"，至今仍保留着五腊祭鬼神的遗风。

（2）戊日。戊日是道教的重要忌日，即"戊不朝真"，以干支纪日，逢六戊日，即戊子、戊寅、戊辰、戊午、戊申、戊戌日，关闭殿堂，不上香，不诵经，殿堂门上悬挂戊字牌。这六日是明戊，还有所谓的暗戊，如四月的寅日、八月的申日，也是忌日。

（3）祖师诞辰。道教是多神宗教，除了各派共同崇拜的尊神之外，还有各派各自崇拜的祖师神，其诞辰日演化为道教节日。这些祖师诞辰有的影响很大，也的只是在自己教派中得到承认。

（二）道士称谓

道士的称谓，有些是习惯性和礼仪性的，如称道长、大师，有些是职司性和身份性的，如方丈、监院等。站在道教自身的立场，每种称谓都有特定的含义，蕴含了某种宗教追求。

（1）道士。道士是对信奉道教教义的修学道术的专职道教徒的称谓，男教徒称为"道士"，女教徒称为"道姑"。

（2）先生。有弟子跟随的道士，可称先生。一般在先生之前，要加一道号，如玄洞先生、畅玄先生等。

（3）贫道。道士修炼求功德圆满，是为富，道士在自称时，谦称贫道，意指还未修行圆满，还要"唯道是务"，继续修炼。

（4）弟子。品位低的道士向品位高的道士自称弟子。先生、真人等法号不得由自己起，而应由师父所命，或经人推荐，通常道士可谦称为弟子。

（三）道教音乐

道教音乐是道教进行斋醮仪式时，为神仙庆祝诞辰，祈求神仙赐福于人、消灾免祸，降妖除魔或超度亡灵等各种法事活动中使用的音乐，也称为法事音乐。道教音乐在审美思想方面反映了道教所追求的长生久视和清静无为的人生目标和思想境界。通过音乐的渲染，道教的斋醮仪式变得更为庄严肃穆，各种神仙意境生动地再现，更容易把人们的情感带入神秘的神仙世界。

最早的道教音乐应是《华夏颂》《步虚辞》等，前者吸收秦汉时宫廷雅乐改编而成，后者来源于古代的祭祀音乐。唐代的时候，由于帝王的尊崇，道教音乐中融入宫廷音乐的元素。之后由于民族融合以及宗教文化交流的加强，道教音乐又吸收了佛教音乐和西域音乐，到宋、元、明、清时，道教音乐进一步规范化。而在民间，道教音乐与地方的戏曲民歌结合，形成了有地方风格的道教音乐，使之不断多元化、地域化和世俗化，更易于被民间接受。

道教音乐由声乐和器乐两部分组成，表演形式多样，包括独唱、齐唱、独奏、合奏、伴奏等形式。声乐是法事音乐的主要部分，分为颂、赞、步虚、偈、吟咏等多种格调。

道教音乐是我国传统音乐的重要组成部分，中国历史上曾有不少道士本身就是很有成就的音乐家，如近代著名的画家道士华彦均，其作品《二泉映月》就是我国民族音乐的代表作。

五、道教建筑的特点

道教是我国土生土长的宗教，与我国传统文化的关系密切，反映在建筑上更具有民族风格和民俗特色。总的来看，我国的道教建筑主要有以下四个特点。

（一）以木为建筑材料，形成完整的木结构体系

从文化思想上看，这与古代阴阳五行学说有关。五行，指金、木、水、火、土五种物质，这五种物质相生相克，共同构成世界万物。砖石不属于五行之列，所以不能用砖石作为建筑的主要材料。道教主张"崇尚自然"，以自然为美，认为树木是大自然中富有生命的物质，木结构能深刻地反映出人对自然的情感。

（二）注重建筑物与自然环境的联系

"自然美"是道教的最高境界。为了体现自然之道，道教宫观建筑十分注重与大自然的联系，许多宫观都选址在依山傍水的山峦之中，与自然环境合而为一，以达到人与自然和谐相处、"天人合一"的最高境界。没有建在山峦中的宫观则以人工建造自然环境，营造大自然的神秘感和原始意味，体现出对大自然的崇尚。

（三）运用数的等差关系造型

道教对数的观念是在《周易》基础上形成的，有"阳卦奇，阴卦偶"之说，其中

"九"是天数，阳数之极，为最大，依次递减为七、五、三、一。所以，道教建筑中的房屋间数往往以九间或九的倍数出现。

（四）建筑反翘的曲线屋顶

反翘曲线屋顶呈现出飞动轻快、直指上苍的动势，体现了道教飞升成仙的追求。

总之，道教"崇尚自然""师法自然"的审美思想，使道教建筑呈现出不同于西方建筑的特点，对中国传统建筑产生了深远的影响，使之在世界建筑史上占有一席之地。

六、道观艺术欣赏

（一）道观释义

道教修道、祀神和举行仪式的场所有"观""宫""祠""院"等多种建筑形式，其中以"观"为最广泛。观原是一种楼阁建筑，后为道教建筑所沿用，成为候神之所。传说群仙居住的地方称为"洞天""福地"，世上共有三十六洞天、三十六小洞天和七十二福地。这些地方都是道教圣地，并大多建有道观。如东海中的蓬莱、瀛洲、方壶为东王公所居，西方昆仑、阆圃为西王母所住。洞天福地的选择充分体现了道教崇尚自然、追求清净脱俗的思想。

（二）道观的形制与布局

道观的形制和布局主要有以天尊殿为中心的建筑布局和以三清殿为中心的建筑布局。现常见的道观由供奉祭祀的殿堂、斋醮祈禳的坛台、修炼诵经的静室、生活居住的房舍、供人游览憩息的园林建筑五大部分组成。其平面布局主要有三种形式：均衡对称式布局、五行八卦式布局、自然式布局。

1. 均衡对称式布局

均衡对称式布局是按中轴线前后递进、左右均衡对称展开的传统布局方法。此布局以道教正一派祖庭江西上清宫和全真派祖庭北京白云观为代表。山门以内，正面设主殿，两旁设灵宫、文昌殿。沿中轴线上为规模大小不等的玉皇殿或三清、四御殿。一般在西北角设仙福地。膳堂和房舍等附属建筑安排在轴线的两侧或后部。有的宫观还充分利用地形或地势的特点，造成前低后高、突出主殿威严的效果。

2. 五行八卦式布局

五行八卦式布局是按五行八卦方位确定主要建筑位置，然后围绕八卦方位放射展开的一种具有神秘色彩的布局方法。该布局以江西三清山丹鼎派建筑为代表。三清山的道教建筑雷神庙、天一水池、龙虎殿、函星池、王祐墓、詹碧云墓、演教殿、飞仙台八大建筑都围绕着中间丹井和丹炉，周边按八卦方位一一对应排列。而它的南北中轴线特别长，所有其他建筑都在这条中轴线的两端一一展开，构成一个严密的建筑体系。这是由道教内丹学派取人体小宇宙对应于自然大宇宙、同步协调修炼"精气神"思想在建筑上的反映。

3. 自然式布局

自然式布局是依山水地形而相应进行布局的一种方法。建置于名山风景区的道观，大都利用建筑群附近的名胜古迹和山泉溪流、巨石怪洞、悬岩古树等奇异地形，巧妙地构建楼、阁、台、榭、亭等建筑，形成建筑群内以自然景观为主的园林，并配置壁画、雕塑、书画、联额、题词、诗文、碑刻等。其建筑充分体现了道教"王法地，地法天，天法道，道法自然"的思想，或以林掩其幽，或以山壮其势，或以水秀其姿，形成了自然山水与建筑自然结合的独特风格。

（三）道观的装饰

道观的装饰，鲜明地反映了道教追求吉祥如意、延年益寿、羽化登仙的思想。常见的装饰图案有以下几种。

（1）八卦太极图。八卦太极图是道教的重要标志，象征天、地、雷、风、水、火、山、泽自然界的八种现象。八卦中间的太极图，红色为阳，青色为阴，阴阳左右盘绕称之为太极。

（2）暗八仙。暗八仙指的是八仙手持之物：葫芦、扇子、柏板、宝剑、渔鼓、笛子、花篮、荷花，以代表道教传说中的铁拐李、汉钟离、张果老、吕洞宾、曹国舅、韩湘子、蓝采和、何仙姑。暗八仙象征神仙和吉祥。

（3）动植物等图案。常见的图案有两组，以扇、鱼、水仙、蝙蝠和鹿作为善、（富）裕、仙、福、禄的表象；以松柏、灵芝、龟、鹤、竹、狮、麒麟、龙凤等分别象征友情、生长、君子、辟邪和祥瑞。

（4）自然景观图案。最常见的图案有日月星云、山水岩石等，寓意光明普照、坚固永生。

另外，道教建筑还直接以福、禄、寿、喜、吉、天、丰、乐等字变化其形体，用在窗棂扇板及檐头蜀柱、斜撑、雀替、梁枋等建筑构件上，对民间民俗传统文化影响很大。

（四）道教著名宫观建筑

1. 道教中心——白云观

白云观（北京市白云观）是全真教丘处机真人藏蜕之所，是"全真第一丛林"和全真教三大祖庭之一。白云观的建筑格局是我国道教建筑的典型代表，全观占地约6万平方米，以八卦方位布局，以子午线为中轴，坐南朝北形成中路，东西两路互相对称，形成一个建筑群。中路是全观的主要建筑，依次为三清殿、四御殿、丘祖殿、老律殿、玉皇殿、灵宫殿、山门、棂星门，其中丘祖殿是中心建筑。东路有雷祖殿、真武殿、罗公塔等；西路有祠堂、八仙殿、吕祖殿、元君殿、元辰殿等。殿堂之外，白云观还有一个后花园，亭台楼阁、假山池沼一应俱全，环境清静优雅，素有"小蓬莱"之称。

2. 苏州玄妙观

玄妙观是我国江南占地面积最大、建筑形式最为古老的道观，在唐、宋、元、明、清历朝盛极一时。玄妙观中路为正山门、三清大殿、弥罗宝阁；东路为元坛、泰安神州殿、太阳宫、天医药王殿、真宫殿、天后殿、文昌殿、元帝殿、斗姆殿、火神殿、三茅殿、机房殿、关帝殿、东岳殿等；西路为雷尊殿、寿星殿、观音殿、灶君殿、八仙殿、水府殿及长生殿等。现存主要建筑十余座，其中三清殿是玄妙观正殿，殿内保存着唐代画家吴道子所绘的

《老君像》，唐玄宗作赞，颜真卿手书，俗称"三绝碑"。

3. 崂山太清宫

崂山是我国著名的道教名山，山内道教建筑众多，有"七宫八观七十二庵"之说，最著名的即为太清宫。太清宫三面环山、一面临海，体现了道教"虚静有道"的美学原则，也使太清宫蒙上了恬淡虚无的色彩和简朴无华的原始自然特色。太清宫现有大小院落十多个，主要建筑有三皇殿、三清殿、三官殿、东华殿、救苦殿、西王母殿等。

4. 武当山宫观

武当山历来是道士修炼传道的仙山福地，有许多著名的羽客道士均在此修炼，相传真武大帝就是在这里修炼后飞仙的。武当山的道教建筑体现了道教以自然为美的美学思想，建筑设计和布局都是依山而建，利用峰峦岩涧，取其雄伟高险和奇峭幽深之势，把大小建筑串联起来。明永乐年间，武当山建筑达到顶峰，称八宫、两观、三十六庵堂、七十二庙，再加上三十九座桥，形成一套宏伟壮观的古代建筑群体，其中最著名的是紫霄宫、太和宫和金殿。

第四节　基督教文化

一、基督教的起源与发展

基督教是世界上最大的、传播范围最广的宗教，它起源于公元 1 世纪初罗马帝国统治下的巴勒斯坦地区，是这一地区古代犹太人民反抗罗马帝国奴役的政治斗争的产物。相传，基督教的创始人耶稣，奉圣父之命来到人世间拯救人类，由于叛徒犹大的出卖，耶稣在耶路撒冷受难，被罗马总督彼拉多钉死在十字架上。此后人们把十字架作为信奉基督教的标志，耶路撒冷也成了基督教的圣地。

基督教主张顺从、忍耐，号召信徒们把希望寄托于来世。后来，由于社会中的上层人士入教、专职神职人员对教会的控制，以及《新约全书》中对罗马帝国君主态度的转变，基督教逐步被统治阶级所利用。随着罗马帝国远征开拓殖民地，基督教逐步传遍了世界各地，迄今基督教徒已达十多亿，成为当代世界第一大宗教。

395 年，由于罗马帝国的分裂，基督教形成了东部的君士坦丁堡和西部的罗马两个中心。1054 年，东部教会称为正教会（东正教），西部教会称公教会（天主教）。到了 16 世纪，西部教会内部又分裂出一支反罗马教廷的基督教新派，也称为基督新教。从此，基督教分为东正教、天主教、新教三大派。

东正教，亦称正教，即正统教会之意。信奉上帝、基督和圣母马利亚，但不承认罗马教皇有高出其他主教的地位与权力。该教允许教士婚娶，但主教除外。

天主教，亦称罗马公教，信仰天主、基督和圣母马利亚，建立了以罗马教皇为首的教廷和各级教会组织。意大利罗马城内的梵蒂冈为罗马教皇所在地，罗马教皇是世界罗马系天主教徒的精神领袖。

基督新教，俗称耶稣教（我国宗教界称基督教），信奉上帝和基督，不信奉圣母马利亚，不承认罗马教皇的权威。其教义、礼仪及教会管理方式已作改革。该教也准许教士婚娶。

二、基督教的教派

世界上信奉耶稣基督为救世主的各教派统称基督教，主要分公教（天主教）、正教（东正教）、基督新教（耶稣教）三大教派，三大教派在各国家和民族中形成若干支系。

（一）天主教

天主教也称公教，因为它以罗马为中心，所以又称罗马公教。16世纪传入中国后，因其信徒将所崇奉的神称为"天主"，中国人称之为天主教。

基督教产生不久，就逐渐形成拉丁语系的西派和希腊语的东派。东派以君士坦丁堡为中心，西派以罗马帝国的首都罗马为中心，天主教就是从西派的基础上演化而来的。在古代基督教中，西派不占优势。5世纪时外族侵扰帝国西部，西罗马当局已无力支撑局面，罗马主教利奥一世利用其影响，一度使罗马免遭匈奴入侵，这使罗马主教的威信大大提高。后法兰克王国兴起，国王克洛维于496年改宗罗马公教，公教会也从新王朝获得大量土地和特权。6世纪末，格列高利一世身兼罗马主教和罗马行政长官，为教皇制奠定了基础。800年，教皇利奥三世为查理曼加冕，表示"君权神授"，10世纪，教皇约翰十二世又为日耳曼皇帝奥托一世加冕。这样，罗马主教和罗马教会确立了在整个西派教会中的实际领导地位。同时，罗马主教和教会一直想在东西两派各教会间取得至少是名义上的首席地位。早在445年，利奥一世就呈请西罗马帝国皇帝瓦伦丁尼三世降旨，令各地教会和主教服从罗马主教，但此旨对东派教会并无实效。451年，东派势力占优势的卡尔西顿公会议制定法规，规定君士坦丁堡的地位与罗马相等，利奥一世对此提出抗议。围绕这个问题，东西两派的矛盾日益尖锐。863年和867年，甚至出现了罗马主教尼古拉一世和君士坦丁堡主教佛提乌相互革除对方教籍的严重局面。1054年，东西两派正式分裂，东派自称正教，西派自称公教。

天主教称其教义为"公教教义"，是基督亲授，经使徒和公教教会持守、传授、教导，所有公教教徒都必须全部信奉接受的纯正信仰内容。天主教会强调信仰是对"启示真理"表示同意或"认信"。天主教又将启示分为自然启示和特殊启示两种。自然启示是指通过人类自然理性即可认识的真理，如关于天主的存在、天主对宇宙的造化、灵魂不灭等，论证这些教义的理论称为自然神学或哲理神学；特殊启示指超乎人类自然理性、非经天主启示不能获得的真理，包括三位一体、救赎、教会、复活、永生等，并认为这些教义有超理性的奥秘性，故又称超性教义，论证这些教义的理论或学说称为启示神学或超性神学。天主教认为圣传和圣经组成天主圣言，是启示的宝库，而解释圣传与圣经的权力在教会。凡由教会加以神圣委派，赋予"传授和教诲教义之权"的人，如教皇、公会议、主教等，他们的合法教诲皆"无谬误"，并对所有教徒具有制约性的权威。

天主教会在组织体制上十分重视教阶制。天主教的教阶制分为神职教阶和治权教阶两类。神职教阶属"神所立的品级"，由主教、司铎、助祭构成。职权教阶是根据教会的治理和统辖权以及某些特定分工而形成的级次，位居最高者为教皇，下有宗主教、牧首主教、省区大主教、都主教、大主教、教区主教等。

目前，天主教是基督教的第一大派别，全世界共有天主教徒8.8亿，约占世界人口的

18.5%，拉丁美洲约有3.7亿，欧洲约有2.5亿，北美洲和非洲各有约8 000余万，亚洲和大洋洲各有约7 000余万。

（二）东正教

东正教简称正教，又因为它由流行于罗马帝国东部希腊语地区的教会发展而来，故也称希腊正教。1453年拜占庭帝国灭亡后，俄罗斯等一些斯拉夫语系国家相继脱离君士坦丁堡普世牧首的直接管辖，建立自主教会，逐渐形成使用斯拉夫语的俄罗斯正教。希腊正教目前则主要是指使用拜占庭礼仪的东正教会。

325年尼西亚公会议后，东西派教会间的矛盾日益尖锐。330年君士坦丁一世迁都君士坦丁堡后，两派在谁居教会首席的问题上争斗非常激烈。1054年，东西教会大分裂。自9世纪起，东派教会已逐渐向保加利亚、基辅罗斯等国发展。1054年后，拜占庭帝国日益衰落。1096年，罗马教皇乌尔班二世组织十字军东征，1204年第四次十字军攻占君士坦丁堡，东正教普世牧首区被迫迁往尼西亚。15世纪30年代，奥斯曼土耳其帝国进攻拜占庭，君士坦丁堡向西方求救。罗马教皇尤金四世乘机于1438年召开佛罗伦萨公会议，旨在使东派教会屈服，要求东西教派合一，从而确立教皇的首脑位置。由于东正教会的让步，1439年7月签署了东西教会合一的决议，确认教皇为"基督在世代表"，具有全权地位，史称"佛罗伦萨合一"。但由于东派教会内反对派的抵制，最后没有达成合一。1453年，拜占庭帝国被奥斯曼土耳其帝国征服，苏丹出于政治考虑，对东正教会采取宽容政策。但奥斯曼土耳其帝国的国教是伊斯兰教，所以君士坦丁堡牧首实际上处于被征服地位。16世纪之后，一些国家和地区的正教会相继成立自主教会，君士坦丁堡牧首的实际权威性已丧失殆尽。自主教会是指在法规和行政方面享有全部独立权，并可自选大主教和主教的教会，有时也指不依附于教郡都主教管辖的个别地区。1589年，俄罗斯正教会取得自主地位，建立牧首区。以后，使用俄罗斯正教礼仪的教会常通称为俄罗斯正教。

在教义方面，东正教与天主教有一些区别。第一，东正教信守前七次公会议信条，不承认以后天主教所举行的历次公会议。第二，东正教注重道成肉身，认为人之得救，在于把必死之人通过与道成肉身的基督神秘联合而变成属于神的不死的生命。东正教神学中很少有涉及人性本原败坏的内容，因此不十分强调赎罪论。关于恩典和原罪论，东正教认为每一个人都在亚当的罪中犯了罪，拯救既要依靠自身，也要依靠天主。首要的是自身必须择善，天主才能帮助他们。善功只是条件，并不具有得救的效用，只有依靠天主的恩典才能获得重生和得救。圣事中基督的血所生的救赎作用是给予一切人的，凡愿意接受信仰和洗礼的，都可以得救；凡是愿意敬奉天主的，都可以得到报偿。第三，东正教特别重视对圣母的崇拜。三一论确立后，对圣母的崇拜反映了信仰者需要一个可靠的"中保"思想，童贞女马利亚就成了最理想的对象。

在教会组织方面，东正教否认天主教"只有使徒教区，即由使徒建立的教区有权成为牧首区"的观点，认为应该根据实际情况，如根据国家或城市在经济、政治方面的重要性设立牧首区。牧首区下辖数个首府主教区。主教区的首脑是主教，其人选必须是高级修士或领圣职后保证效法修士生活的司祭。司祭可以结婚，但不能作为主教人选。

东正教的信徒主要分布于东南欧、巴尔干半岛、小亚细亚、美国等地区，在中国人数不多，1984 年，中国有东正教徒 8 000 人左右，主要集中在东北地区。

（三）新教

新教是 16 世纪宗教改革运动中脱离天主教而形成的各个新宗教，以及从这些宗派中不断分化出来的各个新宗派的统称，也称为抗罗宗或更正宗。中国的新教各教会则自称基督教或耶稣教，而不称新教。

15 世纪后期，西欧封建制度开始解体，许多新兴民族国家确立了中央集权的王侯统治，神圣罗马帝国和罗马教廷的力量大大削弱。思想文化上，经院主义神学日渐衰落，文艺复兴唤起的理性主义和批评精神在知识分子中迅速传播，产生了巨大影响，这一切都为宗教改革创造了条件。新教就是随着一系列宗教改革产生并发展起来的。新教所代表的抗议原则和精神可追溯到 14 世纪后期的一些宗教改革先行者。16 世纪 20 年代，马丁·路德在德国发起的宗教改革运动席卷全德；在瑞士，加尔文和茨温利的改革活动进一步扩大和加深了新教的影响；英王亨利八世出于政治原因推行自上而下的宗教改革，在克兰麦的协助下，组成具有独特形式的新教教会，以摆脱教皇的管辖。到 16 世纪中叶，新教的三个主要教派，即马丁·路德创立的路德宗、加尔文创立的归正宗和作为英格兰国教的安立甘宗，都已在欧洲出现。在此之后，随着资本主义的发展，新教内部又出现了许多派别，教义也有了各种发展和变化。17 世纪，英格兰的清教徒运动要求以加尔文主义改革保守的安立甘国教会，结果产生了一些脱离国教的新宗派，如长老会、公理会等。清教徒运动后来由移民传到美洲，使新教在北美发展成为影响最广的教派。

新教虽然有很多派别，但在教义方面有三个共同原则，即因信称义、信徒人人都可成为祭司以及《圣经》具有最高权威。这三大原则和天主教是针锋相对的。一是新教救法论的核心，主张得救是"本乎恩也因着信"。基督教认为人都是有罪的，不能自救，唯一的救法是借上帝之子基督将救恩赐给世人，因此拯救的根源来自上帝的恩典，这是基督教各教派都承认的。至于如何得到这种恩典，天主教主张除了信仰外，还要凭借圣事，通过教阶制的神职人员才能将救恩颁赐给信徒。在新教看来，这是把圣事作为上帝和人之间的一种"交易"，不仅违背《圣经》的教训，而且带来许多弊端。新教认为得救的真谛在于相信和接受耶稣基督为主，凭借信心，通过圣灵的工作，使信徒和耶稣成为一体。由于这种神秘的结合，基督的救赎就在信徒身上实现。新教认为行善是应该的，但这是重生得救的表现，而不是一种功德，本身没有使人得救的效能。二是新教冲淡了神职人员和一般信徒之间的差别，认为既然只凭信心即可得救，那么信徒人人均可成为祭司，无须神职人员作为神人之间的中介。此外，信徒还可以互相代祷，每个信徒都有在宗教生活中彼此照顾相助的权利和义务，都有传播福音的天职。三是天主教虽然不否认《圣经》的权威性，但把《圣经》的解释权归于教会，实际上把有关宗教信仰的一切问题的最高权威集中在天主教会和教皇身上。新教则主张唯有《圣经》才是最高权威，每个信徒都可以借圣灵的引导直接从《圣经》领悟上帝的启示和真理。

新教派别众多，但以三大主流教派为主，即分布于德国大部和北欧诸国，包括丹麦、瑞典、挪威、芬兰等国的路德宗，分布于瑞士、荷兰、苏格兰和德国一部分的归正宗以及分布于英格兰的安立甘宗。全世界新教徒约 3.6 亿，2/3 集中于欧洲和北美。

三、基督教在中国的传播

基督教传入中国始于 635 年（唐贞观九年）。元朝灭亡后，基督教在中国几乎烟消云散。直到 16 世纪时，基督教（主要是天主教）随着西方殖民主义浪潮再度传入中国。1551 年 12 月，第一批天主教耶稣会会士、葡萄牙传教士方济各·沙铁略抵达中国广东。1582 年 8 月，耶稣会传教士利玛窦抵达澳门。他们以传播科学知识为名，将天主教教义披上儒家思想的外衣渗入中国人的圈子，天主教士甚至取了中国姓名，穿着汉装传教。于 17 世纪来华的天主教会的其他传教士反对利玛窦的传教方针，干涉中国教徒参加"敬孔"和"祭祖"的仪式。于是在中国的传教士分成两派，这就是天主教史上的"中国礼仪之争"。清廷为平息这种外来宗教的纷争，宣布禁天主教，此后一百余年中国没有天主教活动。直到 1807 年，英国基督新教传教士马礼逊首先进入中国广东，主要活动于香港、澳门等沿海各地。近二百年后，经过鸦片战争，基督教势力依靠不平等条约，逐步从中国沿海打入内地，在中国到处设立教堂、修道院，办学校、医院。由于传教活动受到列强不平等条约的保护，教会受差会控制，因此基督教在中国被中国人民鄙视，并被称为"洋教"，至 1949 年为止，中国只有信徒 70 万左右。1949 年中华人民共和国成立后，中国基督教开展了反帝爱国运动。梵蒂冈教廷奉行反共、反新中国的政策，主动断绝了与中国天主教的关系。中国天主教人士纷纷自选主教。1950 年，中国基督教发起"三自"爱国运动，通过自治、自养、自传，使中国教会走上独立自主自办的道路。1966—1976 年期间，受极"左"路线下"文化大革命"的影响，中国教会生活一度中断，1979 年教会重新恢复，1980 年成立中国基督教协会。中国教会已进入"后宗派时期"，宗派组织在我国不复存在。信徒联合礼拜，各种不同信仰礼仪背景的信徒实行"互相尊重"的原则。

多年来，在全国基督教两会（即中国基督教三自爱国运动委员会和中国基督教协会）的领导下，中国基督教各项事业蓬勃发展。全国现开放堂点近 5 万座，其中 70% 是新建的。信徒总数约 1 600 万，其中农村信徒占 70% 强。全国有 400 多万天主教徒，1 000 多位主教和神父；基督新教的教徒约 1 000 多万人。全国目前有近 20 所神学院、圣经学校，其中金陵协和神学院为全国性的神学院。

四、基督教的标记和信奉对象

（一）基督教的标记

十字架是基督教的标记。因为耶稣殉难于十字架上，所以，以戴十字架表示信仰耶稣的主张和学说。

（二）信奉对象

在中国，基督教对其信奉的对象称为"上帝"，天主教则译称为"天主"。天主教和东正教除信仰上帝和基督外，还信奉圣母马利亚。

五、基督教基本教义

基督教的主要经典是《圣经》。《圣经》包括《旧约全书》和《新约全书》两个部分。

基督教各派信奉的基本信条包括以下几点

（一）信仰上帝

基督教认为上帝创造并主宰世界，上帝是至高无上、全知全能、无所不在的天主真神，是宇宙中最单纯、最完善的精神体。基督教要求每一个信徒都不受时间、地域的限制去崇拜上帝，以心神去朝拜上帝。上帝本体具有"圣父""圣子""圣灵"三个位格，三位一体，均受敬拜。

（二）信始祖原罪

基督教认为，人类始祖亚当和夏娃因违反上帝禁令，偷吃"禁果"，即伊甸园中"知善恶树"的果子，犯下了"原罪"，并且传给后代子孙，所以后世的人一出生就已是罪人，世上一切罪恶和苦难都源于此。基于此，人类永远带着原罪在世上生活，只有基督的救赎才能洗清罪过，重新回到天堂。"原罪"说是基督教解释人类丑恶本性的理论根据，即人类社会出现凶杀、抢劫、奸淫、贪婪、欺诈等是与"原罪"密切相连的。

（三）信基督救赎

基督救赎论是构成基督教教义及其信仰的核心。基督即圣子，是上帝的"道"。基督教认为世界上的人是无法自己解救自己的，因此上帝就派圣子耶稣降临人世间，通过童贞女马利亚而取肉身成人，以救世人，这就是"道成肉身"。基督教认为耶稣道成肉身是上帝无限仁慈仁爱的体现，是人类被拯救和升入天堂的希望。基督耶稣为赎世人之罪，甘愿自己受难，用自己的血来洗刷世人的罪过，从而使基督教徒充满奉献精神。而世人若想赎罪，拯救自己的灵魂，就必须信仰上帝，祈求基督耶稣保佑。

（四）信灵魂不灭、末日审判

这是关于人类及其世界最终命运的教义。基督教认为人的物质生命是暂时的，而灵魂可以得到永恒的生命。凡信耶稣者，圣灵进入内心，获得拯救，得到永生。基督徒要想得到永生，必须信心刚强、信念坚定、追求真理，要充满爱心，培养忍耐，要一心一意去效法基督、依靠基督而得到永生。但基督教认为终究有一天现世将最后终结，所有的世人都逃脱不了上帝的审判（即末日审判），善者能上天堂，恶者要下地狱。基督教末世论的出发点是世界更新，因此所谓的世界末日就包含了两层意思：其一是旧世界的毁灭；其二是新世界的诞生。这是基督教世界观的重要内容。

六、基督教礼仪

（一）称谓

基督教的信徒之间称平信徒，在我国习惯称教友。新教的教徒之间可称兄弟姐妹，因为大家同是上帝的儿女；也可称同道，因为都信奉耶稣所传的教道。另外，根据教派和教职的不同，其称谓也不同。天主教的教职有教皇、主教、神父。神职人员有修士和修女。东正教的教职有普世牧首、牧首、都主教、大主教、主教、大司祭、司祭、辅祭等。神职人员为修士和修女。基督新教的教职有牧师、传道员等。圣公会有坎特伯雷大主教、大主教、牧师、会吏；信义会有"监督"（主教）；卫理会有"会督"（主教）；加尔文会有长老。

（二）洗礼

洗礼为基督徒入教仪式，经过洗礼后，就意味着教徒的所有罪恶获得了赦免。洗礼有两种方式：点水礼，即用水蘸洒在受洗礼者的额头上，或由神职人员用手蘸水在受礼者额头上画十字；浸水礼，是把受礼者全身浸入水中。天主教多是施点水礼，东正教通常施浸水礼。

（三）礼拜

根据《圣经·新约》的记载，耶稣基督在星期日复活，因而在这一天举行礼拜，称为"主日礼拜"。少数教派根据《圣经·旧约》规定星期六（安息日）为礼拜，称为"安息日礼拜"。

礼拜是信徒们在教堂里进行的一项包括唱诗、读经、祈祷、听讲道和祝福的宗教活动，每周一次。除每周一次的常规礼拜之外，还有圣餐礼拜、追思礼拜、结婚礼拜、安葬礼拜、感恩礼拜等。

（四）祈祷

祈祷亦称祷告，是基督教徒向上帝和耶稣表示祈求、赞美、感谢和认罪等的仪式。祈祷有口祷、默祷两种形式。私祷为个人独自进行的祈祷；公祷为礼拜、聚会时由主礼人主颂主领的祈祷。祈祷时信徒通常双手手指交叉合拢并置于胸前，闭上双目，排除杂念。祈祷完毕口呼"阿门"，意为"真诚"，表达"唯愿如此，允许获所求"。

（五）告解

告解即忏悔，指教徒单独向神职人员表白自己的罪行或过错，并表示悔改之意。神职人员对忏悔者要劝导，并对告解内容予以保密。

（六）终傅

终傅是基督教徒临死前由神职人员为其敷擦"圣油"（一种含有香液的橄榄油），以此赦免其一生罪过的仪式。

（七）守斋

守斋是基督教徒在每星期五和圣诞节前夕（12月24日）只食用素菜和鱼类，不食其他一切肉类食品。

（八）禁忌

世界各地的基督教徒的禁忌不尽相同，主要包括：①唯一崇拜上帝，忌拜别的神，忌造别的偶像，忌妄称上帝的名字。②忌杀人、奸淫、盗窃、出假证明陷害他人，忌对别人的妻子与财物有不轨行为。③数目忌"13"，日期忌星期五。④相传耶稣开始传教前在旷野守斋祈祷40个昼夜。为纪念这一事件，基督教把复活节前40天规定为斋戒节，在节日期间一般于星期五守大斋（禁食）、小斋（禁食肉）。

七、基督教节日

基督教的节日以复活节和圣诞节最为重要。

（一）复活节

基督教纪念耶稣复活的节日。传说耶稣被钉死在十字架上，死后第三天复活升天。教会规定的复活节时间是在每年春分月圆后的第一个星期日，如果月圆那天刚好是星期天，复活节则推迟一星期。因而复活节可能在 3 月 22 日至 4 月 25 日之间的任何一天。复活节是最古老、最有意义的基督教节日之一。

（二）圣诞节

为纪念耶稣的诞生日，规定每年的 12 月 25 日为圣诞节，又名耶诞节。这一天，世界所有的基督教会都举行特别的礼拜仪式。圣诞节是基督教世界最大的节日，随着基督教的广泛传播，圣诞节已成为各教派基督徒、甚至广大非基督徒群众的一个重要节日。在欧美许多国家，人们非常重视这个节日，把它和新年连在一起，而庆祝活动之热闹与隆重大大超过了新年，成为一个全民的节日。

八、基督教教堂艺术

（一）基督教教堂建筑形式

就建筑形式而言，基督教教堂主要有三种：罗马式、拜占庭式和哥特式。

1. 罗马式基督教堂

罗马式基督教堂是基督教成为罗马帝国国教以后，一些大教堂普遍采用的建筑形式。古罗马建筑依靠水平很高的拱券结构，获得宽阔的内部空间。几个十字形拱与筒形拱、穹隆组合起来，覆盖复杂的内部空间，地面用大理石铺成，整体显得雄浑凝重，和谐统一。教堂的主体建筑为一个长方形大厅，入口在西端，大厅被两行圆柱分隔成中殿和侧廊。在教堂正面有一个半圆形的空间，称为"圣所"，祭坛就设在这里。墙上刻有以"最后的审判"为题材的浮雕。光线从中殿顶上的天窗照射进来，映照在浮雕中的耶稣身上，在耶稣的头上形成一圈"灵光"。在艺术环境设计上，如果说哥特式教堂刻意体现对天堂的追求，那么罗马式教堂则着力渲染的是对地狱的恐惧。远远眺望，它寂寥苍凉，充满了阴森、恐惧与威慑之氛围。

2. 拜占庭式基督教堂

拜占庭式是拜占庭帝国皇帝查士丁尼一世下令在君士坦丁堡（今土耳其伊斯坦布尔）建立圣索菲亚大教堂所形成的风格。拜占庭式教堂的建筑特点主要有：屋顶造型普遍使用穹隆顶；整体造型中心突出，既高又大的穹隆顶成为构图中心；创造了把穹隆顶支承在四个独立方柱上的结构体系和与之相应的集中式建筑形式。拜占庭式教堂的式样与罗马式教堂一样也是长方形的，但屋顶不同，它的屋顶是由圆形穹隆和前后各一个半圆形穹隆组合而成，后来，基本轮廓改为正十字形。拜占庭式教堂的代表作是著名的圣索菲亚大教堂。圣索菲亚大教堂建成于 537 年，主体呈正方形，中央部分的屋顶由一个直径为 33 米的圆形穹隆和前后各一个半圆形穹隆组合而成，从地面到顶端高66米，规模宏伟。

3. 哥特式基督教堂

哥特式是12世纪后半叶首先在法国出现的尖顶教堂建筑形式。它的特点是尖塔高耸、纤瘦、空灵，直接反映了中世纪新的结构技术和浓厚的宗教意识。在设计与建筑中利用尖拱券、飞扶壁等来加大支撑券顶的力量，使整个建筑以它直升的线条、巍峨的外观和教堂内的高广空间给人一种至高无上、直指上苍的感觉，刻意体现对天堂的追求。哥特式教堂外部细节较多，内部却比较简洁。内部多用成排的高大立柱将教堂分割为狭长的空间，天窗用五色玻璃装饰，在阳光照耀下流光溢彩，更突出了温暖、神秘的气氛。著名的哥特式教堂有法国的巴黎圣母院（圣母大教堂）、德国的科隆大教堂、意大利的米兰大教堂、英国的威斯敏斯特大教堂（西敏寺教堂）。

（二）教堂的装饰

教堂的装饰主要是通过绘画与雕塑的形式来渲染基督教的神秘氛围。绘画和雕塑的内容以耶稣基督言行为中心，将圣经图像化是其突出特征。如意大利文艺复兴初期，宗教绘画的许多内容来自《圣经》，或多少同《圣经》有关。如米开朗琪罗的《创世纪》和《最后的审判》，达·芬奇的《最后的晚餐》，乔多的《基督从十字架上放下》《犹大的亲吻》等。在雕塑上，教堂的立柱上常雕刻有许多人物形象，有的表现圣经中的先知和圣徒，有的则表现皇帝和皇后，体现了政教合一的思想。通过这些雕像，体现基督教信念中的理想形象，达到极力营造教堂强烈的宗教感染力的效果。

（三）中国主要的基督教堂

天主教堂：包括上海徐家汇天主堂和佘山圣母堂、北京西什库天主堂、广州圣心教堂等，形式多为哥特式教堂。

基督新教教堂：包括上海西藏中路沐恩堂、北京崇文门教堂、福建莆田大教堂等。

东正教教堂：主要在哈尔滨，包括尼古拉大教堂、圣母安息教堂、圣索菲亚中央教堂等。

第五节　伊斯兰教文化

伊斯兰教是与佛教、基督教并列的世界三大宗教之一，7世纪初诞生于阿拉伯半岛。伊斯兰教由先知穆罕默德所创，目前世界上有10亿多信徒，大多分布在阿拉伯国家，以及中非、北非、中亚、西亚、东南亚和印度、巴基斯坦、中国。有些国家还以伊斯兰教为国教。

一、伊斯兰教的创立与传播

伊斯兰教是阿拉伯人穆罕默德创立的。约在610年，穆罕默德宣布自己得到真主的启示，以先知的身份作为真主的人间使者，在阿拉伯半岛的麦加、麦地那等地传教，号召族人和门徒皈依正道，以免受末日的惩罚。他宣称真主安拉是宇宙万物的创造者和独一无二的主宰，以一神崇拜来反对当时的多神崇拜和偶像崇拜。经过十年的奋斗，伊斯兰教成为阿拉伯帝国的国教。阿拉伯帝国是政教合一的国家。

伊斯兰教诞生于阿拉伯半岛的社会大变动时期，当时四方割据，战乱频繁，内忧外患，危机重重。在宗教信仰上，这里原始宗教盛行，人们崇拜自然物体，并且各部落都有自己的神，因此实现和平统一和社会安宁是阿拉伯社会的愿望。穆罕默德正是在这种情况下，以"安拉是唯一的真神"为口号，提出禁止高利贷、"施舍济贫""和平安宁"等主张，反映了当时社会的要求。

伊斯兰教于唐代传入中国。唐高宗时，大食国派使者来长安朝贡。阿拉伯人善于商贸，唐代在长安有信奉伊斯兰教的胡商数千人，不少人侨居中国后与中国人通婚，其后裔聚居在一起，保持着共同的宗教信仰习俗，建立了蕃坊制度，设立清真寺（礼拜的场所），逐渐成为中国的穆斯林（穆斯林即真主意志的"顺服者"）。中国出现了首批清真寺建筑，如广州的怀圣寺（始建于唐代）、泉州的清净寺（又名圣友寺，始建于北宋）、杭州的凤凰寺（又名真教寺，创建于唐，元代重建）、扬州的仙鹤寺（相传南宋始建，明代重建），它们被称为中国沿海伊斯兰教四大名寺。由于穆斯林有每周一次的"聚礼"（集体礼拜），故凡有穆斯林聚居之城市都建有清真寺。在穆斯林聚居区还修建了公共墓地，如扬州普哈丁墓地、泉州三贤四贤墓地等。

从唐五代到南宋末年，波斯、大食人留居中国的人数不断增加。最盛时达几万人甚至十几万人，但是他们多居于京师和通商口岸，尚未深入内地。元朝时伊斯兰教在中国迅猛发展，不仅穆斯林人数众多，而且遍及全国各地。元朝政府专门设立管理伊斯兰教事务的机构，还建了许多官修清真寺。从 10 世纪中叶起，中亚伊斯兰教进入新疆地区，天山南北的各民族开始由信仰佛教改信伊斯兰教，后来扩及全疆。13 世纪以后，成吉思汗及其子孙们西征，带回了大批阿拉伯、波斯、中亚的工匠和士兵。这部分伊斯兰教信徒主要分布在甘肃、河西走廊，具有全民信仰伊斯兰教的风俗习惯。又由于元朝重用西域色目人帮助蒙古族贵族统治汉族地区，所以不少穆斯林被元朝派往各地，在各级政权中身居要职。因此，中国的伊斯兰教教徒渐渐遍布全国各地，形成了大分散、小聚居的居住特点。

明末清初，我国境内的伊斯兰教出现了中国化趋向，主要表现为经堂教育制度和门宦制度的形成。经是指伊斯兰教的经典，堂是指礼拜堂即清真寺。经堂教育制度即伊斯兰教在清真寺内附设学校培养宗教人才，其形式是教长招收一定数量的学生，安排在清真寺传习经典，以培养职业宗教人士，加强宗教影响和地位。门宦制度是清初在我国西北地区开始形成的，"门宦"是"门阀"和"宦门"的组合，用以表明其权势和地位。门宦制度是一种伊斯兰教的神秘主义与中国封建宗法制度相结合的封建家族式的神秘主义宗教制度和宗教派别。门宦制度设立教主，由教主管辖各教坊，各教派的教长由教主委任或兼任，教主与教长为隶属关系。教主的身份地位多为世袭，重视谱系和传承世袭，重视包括教主和教主家族成员在内的生日，崇拜教主和教主家族及其坟墓。

中国信奉伊斯兰教的民族形成了回族。他们主要聚居在甘肃、陕西、宁夏、云南以及京杭大运河两岸，以汉语为共同语言，读汉译本《古兰经》等经典，通用汉字。共同的境遇使他们形成了共同的感情，构成了共同的心理状态，共同信仰伊斯兰教。经过自明代起 300 多年统治者的怀柔与不限制政策，使他们在与汉、维吾尔、蒙古等族长期相处的过程中，逐渐形成了回回民族。信仰伊斯兰教的民族在我国除了回族，还有保安、东乡、哈萨克、柯尔克孜、撒拉、塔吉克、塔塔尔、维吾尔、乌孜别克 9 个民族。这 9 个民族信仰伊斯兰教的情况也各不相同。

伊斯兰教主要教派有逊尼派、什叶派、哈瓦比派、穆尔吉埃派、苏非派。中国的伊斯兰教，除塔吉克族等有什叶派（伊斯玛仪）外，在中国其他地方并无明显派别之分，都称是逊尼派。明末清初，神秘主义的苏非思想学说传入中国，在我国西北地区逐渐形成四大门宦和天山南北的依禅派。清末民国初年，受18世纪末19世纪初流行于阿拉伯半岛的瓦哈比派运动的影响，在中国产生了新的依赫瓦尼派。中国穆斯林绝大多数保持伊斯兰教传入时的宗教制度，为区别明末清初以来的新教派，自称为"老派"即格底目派。民国初年，还出现了以宣传刘智的学说为宗旨的汉学派——西道堂。因此，中国伊斯兰教主要有格底目、伊赫瓦尼、西道堂三大教派和虎夫耶、哲赫林耶、卡迪林耶、库布林耶四大门宦。

二、经典、标记和供奉对象

（一）经典

伊斯兰教的经典是《古兰经》和《圣训》。

《古兰经》又称《可兰经》，是伊斯兰教最基本的经典。"古兰"系阿拉伯语的译音，意为"诵读""读本"，伊斯兰教认为它是穆罕默德在创教过程中向信徒传达的安拉的启示。穆罕默德逝世后由其继任者整理成书。书中记载了穆罕默德的生平和传教活动、伊斯兰教的教义和教规、当时流行的历史传说和寓言、神话、谚语等。

《圣训》又名《哈迪斯》，是穆罕默德的言行录，系《古兰经》的补充和注释。

（二）标记

新月是伊斯兰教的标记。

（三）信奉对象

伊斯兰教信奉"安拉"。安拉为阿拉伯语的译音，即真主。

三、伊斯兰教教义和主要流派

（一）基本教义

伊斯兰教教派众多，教义复杂。伊斯兰教认为除了安拉再没有神，反对多神信仰。伊斯兰，是阿拉伯语的音译，本意为"顺从"；顺从安拉旨意的人，即"顺从者"，阿拉伯语叫"穆斯林"，是伊斯兰教徒的通称。在中国，穆斯林也称安拉为"胡大"或"真主"。穆斯林都相信穆罕默德是"先知"，是"安拉的使者"，是奉安拉之命向人类传布伊斯兰教的。

伊斯兰教徒的宗教信仰基本为伊斯兰教教义中的六个基本信条。

第一，信阿拉。信安拉是宇宙万物的创造者、恩养者和唯一的主宰，是全能全知、大仁大慈、无形象、无所在又无所不在、不生育也不被生、无始无终、永生自存、独一无二的。

第二，信天使。相信天使是安拉用光创造的一种妙体，人眼无法看见。天使只受安拉的驱使，只接受安拉的命令。它们各司其职，但并无神性，只可相信它们的存在，不能膜拜。天使数目很多，最著名的为四大天使，其中尤以吉卜利勒地位最高。

第三，信经典。相信《古兰经》是安拉的语言，是通过穆罕默德降示的最后一部经典。

第四，信先知。相信自人祖阿丹以来，安拉曾派遣过许多传布安拉之道的使者和先知。穆罕默德是最后一个先知，也是最伟大的先知。

第五，信前定。伊斯兰教认为安拉无所不能。自然界中的一切事物都是由安拉一手安排的，即为"前定"。

第六，信后世。相信人都要经历今生和后世，终有一天，世界一切生命都会停止，进行总清算，即世界末日的来临。届时所有的人都将复活，接受安拉的裁判，行善者进天堂，作恶者下火狱。

（二）主要流派

1. 逊尼派

逊尼派全称"逊奈和大众派"，是伊斯兰教的正统派，信仰《古兰经》和《圣训》。逊尼派是人数最多的一个伊斯兰教派，约占全世界穆斯林的90%，中国的穆斯林大部分属于逊尼派。

2. 苏非派

苏非派是伊斯兰教中的神秘主义派别，宣传神秘的爱、泛神论和神智论思想，提倡内心的修炼。苏非派无视礼拜，认为只有经过苦苦修行，经历多种阶段，才能达到人神合一的最高境界。

3. 什叶派

什叶派与逊尼派、哈瓦比派、穆尔吉埃派并称为早期伊斯兰的四大政治派别。"什叶"的意思为"党人""派别"。该派不承认奥斯曼为穆罕默德的合法继承人，以拥护穆罕默德的堂弟、女婿阿里及其后裔担任穆斯林的首领——伊玛目为其主要特征。目前全世界约有什叶派穆斯林8 000万人。

四、伊斯兰教礼仪

（一）称谓

伊斯兰是阿拉伯语的音译，本意是"顺从"，即要顺从唯一的神——安拉的旨意。穆斯林是伊斯兰教徒的通称，其阿拉伯语的原意是"顺服者"，即顺从安拉的人。多斯提，其波斯语意为好友、教友。伊斯兰信徒之间不分职位高低，都互称兄弟，或称多斯提。对知己朋友称"哈毕布"（阿拉伯语意为"知心人""心爱者"）。到过麦加朝觐的穆斯林，在姓名前冠以"哈吉"（阿拉伯语言为朝觐者）。穆斯林彼此见面说"色俩目"，或简称"色兰"。色俩目或色兰，阿拉伯语意作"安色俩目尔来库姆"，即"愿安拉赐给你平安"，回答时说"瓦尔来库姆色俩目"，意思是"愿安拉也赐给你安宁"。

（二）五功

伊斯兰教规要求穆斯林要遵奉"五功"，这是穆斯林的宗教义务，又是宗教功课。

1. 念功

念功即念诵清真言，以表白自己的信仰。其内容是："万物非主，唯有真主，穆罕默德是真主的使者。" 只要接受这一证言，并当众背诵，就可以成为一个穆斯林。

2. 拜功

即每天在晨、晌、晡、昏、宵五个时辰做礼拜五次，叫时礼。第一次称晨礼，在拂晓举行；第二次称晌礼，在中午 1 时至 3 时举行；第三次称晡礼，在下午 4 时至日落前举行；第四次称昏礼，在日落后或太阳的白光消逝前举行；第五次称宵礼。每星期五还要进行一次 "主麻拜"，叫聚礼；每年的开斋节和宰牲节时要做节日礼拜，叫会礼。礼拜要保持身体清洁，日常礼拜前要 "小净"，主麻拜前要 "大净"。礼拜时要面向麦加大清真寺的克尔白（天房）。

3. 斋功

斋功，即斋戒。伊斯兰教历的九月为斋月，在斋月期间，每天从日出前到日落要止饮禁食，以清心寡欲，专事真主。

4. 课功

课功，即施舍，这是伊斯兰教的宗教课税。当穆斯林个人财产达到一定数量时，就应交纳一种名为天课的宗教税。教义认为，穷人是真主的眷属，把资财施舍给穷人，就等于纳入真主之库，故名为天课。我国穆斯林均为自愿捐奉。

5. 朝功

朝功，即朝觐，每个穆斯林不分性别，凡身体健康者，自备旅费，一生中至少应去伊斯兰教的圣地麦加集体朝觐克尔白神殿一次。"大朝"（亦称 "正朝"）的朝觐时间为伊斯兰教教历 12 月 8 日到 12 日。此外，每个穆斯林都可随时去麦加朝觐，这叫 "小朝" 或 "副朝"。

（三）禁忌

在饮食方面，穆斯林不食猪肉，不食动物血液，不食非诵真主之名而宰杀的动物，禁止饮酒。饮食时只能用右手，忌用左手。在伊斯兰教历九月，进行斋戒。

伊斯兰教认为，穆斯林男子从肚脐到膝盖、妇女从头到脚都是羞体，禁止观看，违者犯禁。穆斯林男女都必须穿不露羞体的衣服，妇女戴盖头和面纱，不戴面纱的妇女忌进清真寺。穆斯林在做礼拜时，必须净身，清真寺内严禁穿鞋进入。

穆斯林忌任何偶像崇拜，只信安拉；禁模制、塑造、绘制任何生物的图像，包括人的形象也在禁忌之列。

穆斯林忌男女当众拥抱接吻，禁止近亲与血亲之间的通婚，忌与宗教信仰不同者通婚。

五、伊斯兰教节日

（一）开斋节

开斋节是伊斯兰教最大的节日。伊斯兰教规定，9 岁以上的女性和 12 岁以上的男性穆斯林，每年斋月即九月，都要封斋一个月。据说，真主就是在这个月，将《古兰经》传于穆罕默德，因此，斋月是最尊贵的月份，备受穆斯林的重视。在封斋期间每日两餐，大约在日出前 1 小时和日落后 1 小时进餐，白天禁止吃喝和性行为。

（二）古尔邦节

亦称"宰牲节"，是维吾尔族最重大的节日。4 000 多年前，阿拉伯人易卜拉欣为了感谢真主的恩赐（老来得子），常常宰牛、羊和骆驼献祭。一天夜晚，易卜拉欣梦见真主，真主命他宰杀自己的独子献祭。梦醒后，易卜拉欣反复考虑，认识到这是真主的启示，决定第二天宰子献祭。宰子现场，安拉又遣天使牵一只羊赶至现场，命易卜拉欣以宰羊代替献子。从此古阿拉伯人便形成每年宰牲献祭的风俗。

六、清真寺艺术

（一）清真寺名称的由来

清真寺是穆斯林的主要宗教活动场所，阿拉伯人称清真寺为"麦斯吉德"，意为"礼拜的场所"。历史上中国对伊斯兰教礼拜寺曾有过各种称呼。唐朝时称"礼堂"，至元明两代，礼拜寺开始有清净寺、怀圣寺和清真寺等多种称呼。如广州怀圣寺（又称光塔寺、狮子寺）、泉州对友寺（又称清净寺、麒麟寺）、杭州真教寺等，教外人还称回回堂、回回寺等。"清真"的称谓始于明中叶以后，至清代，清真寺的称法逐渐普遍起来，随后成为中国伊斯兰教寺院的专用名称。

（二）清真寺文化

清真寺一般有宫殿式和尖塔圆顶式。尖塔圆顶式清真寺有作灯塔的含义，它可以用来给航船导航，也可以作为沙漠中迷途者辨明方向的参照物。清真寺建筑的配置依各地各民族而异，主要由大殿、经堂、沐浴室、宣礼楼和望月楼组成。大殿为主体建筑，坐西朝东。按伊斯兰教的规定，教徒礼拜时须面向位于沙特阿拉伯境内的圣城麦加（就中国而言，要面朝西方）；望月楼是清真寺内楼形的高层建筑。阿拉伯半岛的居民信奉拜物教，主要崇拜月亮，伊斯兰教兴起后，沿袭此旧习。伊斯兰教规定，教徒每年在伊历九月内斋戒，须在伊历八月、九月最后一日的黄昏，由享有威望的见证人登楼望月，以确定斋月起讫的确切日期。宣礼楼亦称"邦克楼"，是掌教人按时登高召唤穆斯林进行每日五次礼拜的地方，其建筑形式为楼或塔。清真寺在装饰方面反对偶像崇拜，因为伊斯兰教认为真主是独一无二的，而真主是无形象、无方所的，所以仅在殿西壁的后窟殿内设立装饰精美的圣龛，装饰纹样以阿拉伯文字、几何图案和植物花纹为主。装饰手法有绘画、雕刻，其中雕刻包括砖雕、木雕、石雕等。

在我国，伊斯兰教自唐朝传入后，初期的清真寺保存了浓厚的阿拉伯建筑风格，明清时期的清真寺逐渐中国化，并且形成了回族和维吾尔族两大不同建筑风格。回族清真寺是在大量吸收汉族传统建筑艺术手法的基础上发展起来的，同时保留了自己的宗教特色。维吾尔族清真寺是在本民族原有建筑体系的基础上，接受了伊斯兰教特有的建筑因素而形成的。在以后的发展中又不断吸收了其他民族的建筑因素，如汉族、回族、藏族的某些纹样等。

（三）我国著名的清真寺

我国列入全国重点文物保护单位的伊斯兰教建筑有四处，即福建泉州的清净寺、陕西西安的清真寺、北京的牛街礼拜寺和宁夏同心的清真大寺。

清净寺位于福建泉州通淮街北侧，是阿拉伯穆斯林在中国创建的、现存最古老的、具有阿拉伯伊斯兰建筑风格的清真寺，建于 1009 年，元明两朝时曾重修。

清真寺位于陕西西安市化觉巷内，习称化觉寺，是我国现存规模最大、保存最完整、采用中国传统建筑形式的清真寺。始建于唐代，经宋元明清历代增修。

牛街礼拜寺位于北京广安门内牛街，是北京市规模最大、历史最久、采用中国传统建筑形式的清真寺。始建于辽代，明清时屡经重修。全寺主要建筑有礼拜殿、邦克楼、望月楼和碑亭等。

清真大寺位于宁夏同心县旧城内，相传始建于明代，清时重修。主要建筑有照壁、礼拜堂和唤醒楼。此寺将我国传统的木结构和伊斯兰木刻砖雕装修艺术融为一体，体现了精湛的建筑技巧。

习题与拓展实训题

一、思考题

1. 世界三大宗教的基本教义是什么？它们分别有哪些禁忌？
2. 以中轴对称布局为例，说明佛寺殿堂配置情况。
3. 基督教教堂的建筑形式有哪几种？各有什么特点？
4. 道教的基本教义是什么？道观有哪些布局形式？

二、案例分析

现代寺庙就要商业化？

有禅宗祖庭、武术圣地之称的少林寺是中国最著名的佛教寺院之一。在经历 1 500 多年的风雨洗礼之后，这座始建于北魏年间的名刹在当代社会遇到了新的困扰。为了保护和传承少林寺文化，在方丈释永信大师操盘下，少林寺被"盘活"了，但一些人觉得少林寺变了，变得越来越入世，越来越张扬，不再是清静之地……

少林的江湖是整个世界

公路边的少林寺

与南方寺庙多修建在闹市的隐秘处或深山中不同，少林寺这座典型的北方寺院就像北方的平原一样一览无余。你不需要探路或寻访，只需要把车子直接开到离庙门不远的停车场里，然后就可以像走进自家旁边的超市一样走进少林寺，当然，你得买一张价值 100 元的门票……

享受现代科技的僧侣

1996 年，中国首家寺院网站在少林寺成立，网站的维护者都是少林寺的武僧。如今，少林方丈释永信大师个人几乎拥有所有的现代通信设备：宽带、笔记本电脑、数码相机、时尚手机。而对于年轻僧侣来说，少林寺更像一所学校，他们早已熟练掌握了现代通信方式：时尚的手机、宽带互联网、有线电视、QQ、网络游戏……

少林的江湖是整个世界

为了将此前与世隔绝的少林僧人和禅武医"三位一体"的少林功夫向世界推广，现在少林寺有一个外联处，专门负责与国外的交流和合作。十多年来，释永信先后率武僧表演团访问了日本、韩国、美国、俄罗斯等 60 多个国家和地区。

2006年，有着1 500年历史的少林寺与上星仅仅一年半的深圳卫视合作推出"中国功夫之星全球电视大赛"，这一点被解读为古老与现代的联袂之作……

少林寺："武林绩优股"

现在在国内，少林寺除了实业发展有限公司和文化传播公司两家全资公司外，至少还拥有一家素饼公司和一家禅茶公司。据知情人士透露，这四家公司都是盈利的。释永信对此解释说："我们通过商业维持自己的生活。"

释永信方丈"盘活"了少林寺

1981年，释永信来到少林寺时，这座千年古刹一片破败；一共就十几个和尚，靠28亩地过日子。现在，随着大批慕名而至的崇拜者、朝圣者的脚步声，一座寺庙的资本创造力被开启了。释永信方丈20年来至少解决了少林僧侣的吃饭问题，不仅如此，还培养了人才，恢复了寺院规模，加强了国际交流，提高了海外影响，传播了文化等。

不到众生中去，怎么普度众生

释永信认为，寺院其实就是一个小社会，要面对和兼顾到方方面面的大社会。我国香港和台湾地区的宗教之所以有生命力，就是因为和民众结合。"佛法不离世间觉"，释永信称，自己所做的一切都是为了证明少林寺优秀的东西应该让更多的人知道并服务众生。安于清静的山门，卖卖香，收收门票，传教的衰落是必然的。"我们天天讲普度众生，不到众生中去，实际上一辈子也度不了几个，甚至都度不了一个，那么我们也就空有一颗慈悲心而已。"

要与时俱进，谁说规矩不能改

少林寺1 500多年来积累的丰富的宗教文化价值并非一朝一夕就可以被世人完整传承，这需要方方面面的宣扬，是一个任重而道远的过程。除了日常传统的讲道说法对少林文化进行宣扬外，还应该"与时俱进"，以前的种种规矩是历代祖师定下来的，但清规不是不能改。时代发展了，现在的规矩应该满足现代的需要，以人为本。

搁置争议，让历史来检验吧

"争议就争议去吧，我告诉你这一切都是暂时的。我有我振兴佛教的责任，他们都是站在个人角度想问题。"释永信面对非议的态度一直都是这样，他反复提到"责任"。

基于少林寺的变化，每个人的观点和意见各不相同。

（资料来源：http: //view. news. qq. com/zt/2007/temple/index. htm）

讨论

在现代社会，少林寺该如何生存与发展？你认为少林寺该不该商业化？

三、实训题

访问当地知名的宗教活动场所；了解旅游者在宗教活动场所的活动内容，旅游者的比率，宗教信仰者的比率。进一步了解当地知名的宗教活动场所旅游开发现状及不足之处，并据此写出一份有针对性的建议。

第九章

饮食旅游文化

教学目标

1. 了解中国饮食文化的内涵；
2. 了解中国饮食文化的类型；
3. 了解中国茶文化的内涵与类型；
4. 了解中国酒文化的内涵与品种。

能力目标

1. 能够分析中国饮食文化、茶文化与酒文化的内涵；
2. 能够分析中西饮食文化的区别；
3. 具有较丰富的饮食文化知识，能够创作、撰写导游词，介绍当地具有特色的饮食文化。

导入案例

女性饮食"一至七"原则

科学家研究发现，同样吃某些食物，有的女性越吃越胖，有的却体重适中，原因自然很多，但与食物搭配是否科学合理不无关系。据此他们推荐一种具有特色的、适合中国女性健美的膳食最佳模式——"一至七"饮食模式，即每天一个水果、两盘蔬菜、三勺素油、四碗粗饭、五份蛋白质食物、六种调味品、七杯汤水。

思考

分析本案例中中国的饮食文化体现在哪些方面？

第一节 中国饮食文化的概述

任何一个民族的文化都必然包含本族的饮食文化，中华民族的祖先在自己的饮食中倾注的心血是世界上其他任何民族所无法比拟的，因此，中华民族的文化有着更鲜明和独特的"饮食色彩"，这便是中华民族长期积淀形成的博大精深的饮食文化。

一、饮食文化的概念

饮食文化是人们在长期饮食生产和消费过程中所创造和引发的一切物质、行为和精神的现象及其关系的总和。例如，苏轼秋夜月下邀友设宴，舟游赤壁，饮酒品茶，饮到了"壶里乾坤大，杯中日月长"的境界，可见饮食文化的精髓远不在"吃喝"之中，而在"吃喝"之外。

二、中国饮食文化的产生和发展

中国饮食文化，是指由饮食物质文化、技术文化、意识文化等反映的植根于中华文化的饮食思想和观念。这是反映中华饮食文化本质属性的因素，是中华饮食文化深厚坚实的思想渊源。

中国饮食文化迄今已有约 8 000 多年的历史。古老的饮食文化不仅创造了中国史前文明，而且随着中华民族的繁盛进入现代，成为中华民族引以为傲的物质文明和精神文明的重要载体，为世界越来越多的国家、民族、地区所认同和接受，被公认为人类饮食文化中的重要体系之一。探析古老的中华饮食文化发端及发展历程可以发现，我们的先民围绕着饮食不断扩展着自己的生活、生产领域，饮食文化成为人类进步的重要推动力量。

（一）饮食文化萌生期：远古时代

根据考证，远在 170 万年前（至少在六七十万年前），我们的祖先就已开始在中华大地上谋食、生息、繁衍。在四五十万年前，他们就能用火烧烤食物，但当时的饮食还是茹毛饮血，远未形成现在所说的饮食文化。

考古证明：早在新石器时代，人工种植的粟、黍、油菜籽，家庭饲养的猪、狗，人工制作的既实用又寄予了人们某种精神意识的彩陶饮食器具等陆续出现，标志着饮食文化的产生。从历史传说、文献记载中可以看到饮食文化萌生期的一些概况。

燧人氏教人钻木取火，以化腥臊，人类开始食用熟食而进入石烹时代；伏羲氏教人从事渔猎畜牧，结网罟以教佃渔，养牺牲以充庖厨；神农氏时"耕而陶"，是中国农业的开创者，尝百草，发明耒耜，教民稼穑，陶具的出现使人们第一次拥有了炊具和容器，为制作发酵性食品提供了可能，如酒、醢、醯（醋）、酪、酢、醴等；黄帝时中华民族的饮食状况又有了改善，"蒸谷为饮，烹谷为粥"，首次因烹调方法区别食品。同时，还发明了叫甑的蒸锅，黄帝臣子宿沙氏发明蒸盐业。从此不仅懂得了烹，还懂得了调，使饮食有益于人的健康。

（二）饮食文化成形期：夏商周时代

夏朝时期的饮食内容已比较丰富，根据史书记载，当时已有韭、瓜、梅、黍、稻、麦等，在夏朝前后，我们的祖先已学会用粮食造酒。

到了商代，饮食内容进一步丰富，根据对甲骨文的考证，祭祀活动还必须用酒，而且这一时期，一些用来煮食品的钟鼎等器皿，其做工也越来越精美。

在周代，开始以谷物蔬菜为主食。春秋战国时期，自产的谷物菜蔬基本都有了，仅《诗经》中提到的食品，植物类的就有130多种，主要是：稷，又称谷子，长时期占主导地位，为五谷之长；黍，仅次于稷；麦，即大麦；菽，是豆类，当时主要是黄豆、黑豆；麻，即麻子。此外，南方还有稻，周以后中原也开始种植稻子。

这一时期不仅饮食内容上更加丰富，在饮食文化上也有了初步发展。当时孔子提出"七不食"："食不厌精，脍不厌细。食饐而餲，鱼馁而肉败，不食；色恶，不食；臭恶，不食；失饪，不食；不时，不食；割不正，不食；不得其酱，不食。"（《论语·乡党》）这既是孔子饮食主张的完整表述，也是这位先哲对民族饮食思想的历史性总结。

（三）饮食文化丰富期：秦汉魏晋南北朝

这一时期，是我国饮食文化迅速发展以及我国各民族和世界各国饮食文化大交融的时期。

汉代在中西（西域）饮食文化的交流中，引进石榴、芝麻、葡萄、胡桃、西瓜、黄瓜、菠菜、胡萝卜、茴香、芹菜、扁豆、莴笋、大葱、大蒜等蔬果和一些烹调方法，如炸油饼、胡饼（即芝麻烧饼，也叫炉烧）。东汉时期，淮南王刘安发明豆腐，豆腐物美价廉，可做出许多种菜肴，使豆类的营养有利于吸收，1960年在河南密县发现的汉墓中的大画像石上就有豆腐作坊的石刻。东汉还发明了提炼植物油之法。在此以前都用动物油，叫脂膏（带角的动物油叫脂，无角的如犬叫膏；脂较硬，膏较稀软）。植物油有杏仁油、麻油，但很稀少，南北朝以后植物油的品种增加。

（四）饮食文化高峰期：唐宋元明清

这一时期，饮食在技艺上日趋成熟和完善，在文化上则是全方位、深层次的积累，饮食文化达到了发展的高峰期。

唐宋在饮食制作上极为讲究。"素蒸音声部"（是用面团捏出众多的歌女舞女，出笼后拼成宴乐场面）、辋川图小样（用荤素食切雕拼摆，组成王维的《辋川图》名画），最具代表性的是烧尾宴（唐人及第或升官时宴请宾客的宴席）。当时还出现了不少饮食专著，如韦巨源的《食谱》、杨晔的《膳夫经》。在张择端的《清明上河图》中也可以看到，当时街道两旁酒肆林立，各垂帘幕，饮食业已相当繁荣。

明清时期集饮食文化之大成，是唐宋食俗的继续和发展，同时又混入满蒙的特点，饮食结构有了很大变化。菰米已被彻底淘汰，豆料成为菜肴，不再作为主食，北方黄河流域小麦的比例大幅度增加，面食成为宋以后北方的主食。明代又一次大规模引进马铃薯、甘薯等，蔬菜的种植达到较高水准，成为主要菜肴；人工畜养的畜禽成为肉食主要来源。满汉全席代表了清代饮食文化的最高水平。在饮食专著上则有袁枚的《随园食单》。

三、中国饮食文化的特征

建立在中华文化统一道德观、社会观、价值观基础上的饮食文化，其意识核心与传统儒家、道家的主张一脉相承，表现为"求和""养生""变化"，并构成了中国饮食文化的本质属性。它概括了饮食文化发展的根本目的、宗旨和生命力所在，规范了饮食文化的内涵和外延，是中国饮食能够成为独立的文化体系的理论基石。

（一）历史悠久，底蕴深厚

1. 重食

从远古的传说开始直到历代的典籍中都有关于饮食文化的内容。饮食是人类赖以生存和发展的第一要素，古代历朝都把饮食当作国计民生的第一大事，管子提出"民以食为天"之说，《尚书》也提出治国之"八政"，也以食为先，足见饮食文化的地位。

2. 重养

先民早就认识到饮食文化与健康的关系，注意到饮食对健康的影响，讲究"寓医于食"，既将药物当作食物，又将食物赋予药用，药借食力，食助药威，以"五谷"养"六脏"，在餐饮中重视人体养生保健。在我国许多医学书籍中都有关于饮食疗法和饮食养生的记载。

3. 重味

味是产生美食效果的关键。中华饮食文化最注意食物的味，讲究"色、香、味、形"。各种味道差异构成各种菜系的基础。在这样的基础上又遵守本味主张，即讲究食物的自然本色之美、调味之美。

4. 重理

注意各种食物的搭配，以相生相克、相辅相成等阴阳调和之理性认识指导烹饪，遵守科学和艺术的饮食原则。饮食追求美好，加工力求精细，注重卫生，遵循时节，讲究营养。

（二）取材广博，菜式丰富

中国饮食文化是一种广视野、深层次、多角度、高品位的悠久区域文化。中华饮食的烹饪过程讲究料、作、食等的精细，内容丰富且博大精深。

1. 精深

从沿革看，中国饮食文化可分为生食、熟食、自然烹饪、科学烹饪四个发展阶段，先后推出6万多种传统菜点、2万多种工业食品、五光十色的筵宴和流光溢彩的风味流派，获得"烹饪王国"的美誉。

从内涵上看，中国饮食文化涉及食源的开发与利用、餐具的运用与创新、食品的生产与消费、餐饮的服务与接待、餐饮业与食品业的经营与管理，以及饮食与国泰民安、饮食与文学艺术、饮食与人生境界的关系等，深厚广博。

2. 丰富

中国人的食谱广泛，举凡能够食者皆食，毫无禁忌，许多西方人看来不可食的物品，经过中国厨师的劳作，变得使人一见而食欲顿开。我国饮食文化历史悠久，博大精深，民族特色鲜明，既兼容又特别。由于文化积淀不同，不同民族形成了不同的饮食观念、饮食内容和饮食方式。不同的地域有着不同的菜系，特点鲜明，风格迥异。从古到今，历代相传又推陈出新。

（三）刀功精湛，艺术性强

做菜之道，刀功为先。切菜，讲究快、准、狠、细、均。快在于刀落之时，菜当形不改、色不变，此方原汁原味。准，那就是要小心了，该下刀的地方，要准。狠，是与快有异曲同工之用的。下刀之时万不可犹豫不决，不然，菜的天然美姿和精心设计的形态就要毁于一刀了。细，也是做菜极为讲究的，细适中，则色味俱全。均，即要把握整体。切菜不均匀，往往味道不全面，或咸或淡。菜切得赏心悦目，形状均匀，色彩润泽，如此易炒，也便调味。尚在锅中，便让人一看即垂涎欲滴。

（四）以食为乐，追求享受

由于中国人在吃的方面不能够随心所欲，"红日巡天过午迟，腹中虚实自家知。人生一饱非难事，仅在风调雨顺时"。由于长期以来吃穿不愁难以办到，所以吃在中国人的生活中占有特殊的位置。但是还要指出的是，中国饮食的诸多特征是在老百姓日常生活中看不到的。宫廷饮食、市肆饮食则能够更好、更全面地表现出这些特征。平民的节日饮食，如春节，也许能够部分地表现出这些特征来，但是春节对于一年的 365 天来说毕竟是短暂的一瞬间，如昙花一现。

第二节　中国食文化

中国食文化以其悠久的历史渊源、广泛的流传地域、众多的食用人口、卓越的烹调技艺、丰美的营养菜式、深蕴的文化内涵而享誉世界，成为人类饮食文化宝库中的明珠。

一、食文化的成因

中国是个素来重视饮食的国度，在几千年的文明演进中，形成了丰富多彩的食文化。悠久的历史，丰富的文化积淀，使中国赢得了世界"烹饪王国"的美誉，中国菜肴也跻身于世界四大名菜之列。

首先，就自然条件来看，中国地理环境优越，地大物博，气候变化多样，动植物品种繁多，为食料的选取提供了丰富多样的来源。

其次，就历史条件来看，稳定、漫长的农业生活，重历史、重家族和重传统技艺（包括烹调、酿造等方面的技术）的传统，使"祖传"的烹饪手艺得以承继和补充。中国不分食的合家共餐的传统吃法，起着情感交流、维系家族、家庭团结的重要作用。

再次，就政治条件来看，古代中国大一统的集权力量，把各地的美味佳肴荟萃到帝王贵族的餐桌上来，构成富丽多彩的宴席。中国的饮食文化是以士大夫阶级的生活为基础，以封建专制下的王公贵族为中介，尤以宫廷的饮膳为集中代表积累、保存、流传和发展而来的。中国帝王登峰造极的奢侈，也就是中国传统饮食文化的最高体现。

最后，就文化条件来看，中国农业文化主张"食不厌精，脍不厌细"，认为食是人之"大欲""食为民天"，因此重食。中国传统食文化是由极少数人享用的。众多的人口、丰富的物产和缓慢的生活节奏，决定了时间是最不值钱的。为了整治一桌丰盛的山珍海味宴席，不惜花费大量的人力和物力，精雕细刻，力求达到完美无瑕的地步，以供达官贵人享用。

中国的食文化如同音乐、舞蹈、书法、绘画、戏剧一样，是中国数千年灿烂的民族文化遗产的重要组成部分，是宝贵的旅游资源，具有重要的旅游开发价值。

二、中国食文化的特色

中国食文化在漫长的历史发展过程中形成了极为鲜明的民族特色，主要表现为以下几个方面。

（一）五味调和是中国食文化最大的特色

中国食文化在烹调上无论是对口味的追求上，还是对菜肴的制作上，都以五味调和为最高原则。五味调和的原则贯穿于中国食文化整体之中，是中国食文化的精髓。

五味调和首先是满足人们饮食口味的需要和选择食品原料的要求。五味，是指甜、酸、苦、辣、咸；五味调和是指这五种口味既有变化，又能搭配合理，保持和发挥食物的本味或真味。五味调和还要合乎时序，对食品原料的选择，不同时令有不同侧重，《礼记·内则》中就有"凡和，春多酸、夏多苦、秋多辛、冬多咸，调以滑甘"的说法，强调既要满足人们的口感需要，又要与四时变化和人的生理需求和谐一致。五味调和也是对烹调过程的要求。《吕氏春秋·孝行览第二》曾描述过这一过程和要求：五味谁先放后放，如何掌握时机，放多放少，如何调配才能合适，都很有讲究。在烹调过程中，锅中异常微妙的变化难以用语言说明白，关键在于烹饪者把握适当的"度"，使菜肴具有"久而不弊，熟而不烂，甘而不哝，酸而不酷"的上乘特色，其宗旨是将诸味中和成一协调的有机体。

（二）追求色、香、味、形、器、境有机统一的美食观

中国食文化具有很强的审美功能，不仅追求五味调和之美，还有对色、香、味、形、器、境综合之美的偏好，这是中国食文化的审美文化特性。中国烹饪素有"吃的艺术""吃的美学"之称。在中国饮食中把色美放在首位，可见辨色对触动食欲的重要，孔子就提出"色恶不食"，菜肴色彩搭配组合的优劣往往是筵席成功与否的关键。菜肴的香气能引发人们品评菜点的欲望和动机，同时香的感受能够加深和促进人们对色与形的审美愉悦之感。饮食中的愉悦以"味"为主体，与色、香、形结合的美味是饮食审美感觉的高潮，"重味"是中国饮食文化区别于西方饮食文化的主要特征之一。形美有助于饮食审美情调与氛围的营造。美味配美食，犹如琴瑟和鸣，相得益彰，相映成趣。境美，主要是指优雅和谐的饮食空间环境和情感环境，它能使宴饮锦上添花，令人畅神悦情。

色、香、味、形、器、境诸美的和谐统一，使饮食活动不仅仅是满足生理需求的行为，而且具有明显的审美欣赏、审美体验的价值，而烹饪与宴饮的设计与安排则有着艺术创造的意义。

（三）共食同餐的进食方式

中国人对待饮食，从来都不把它仅仅看作果腹的手段，而习惯于用它作为联络人与人感情的纽带。在进食方式上，多喜"共食"的方式。西方人虽然也同桌而食，却是各吃各的"分餐"吃法，与中国人同吃一菜、共饮一汤不同。虽然"同餐"的吃法从卫生的角度而言

是不科学的，但是中国人宴会中的"共食"追求的是一种人生境界。中国古代君王通过宴饮"以通上下之情"，借以获得国家的长治久安；民间宴饮则是通过吃喝达到联络感情、清除隔阂、和睦家庭、邻居相亲乃至民族团结的目的。无论是文人墨客雅集宴饮的吟咏唱和，还是民间酒肆游戏的相互争逐，在对不同口味菜肴的共同品尝中，在诗情画意的宴饮氛围中，达到人与自然、人与人之间和谐美的人生境界。

孔子在两千多年前说："有朋自远方来，不亦乐乎!"这句话集中体现了中国人民热情好客的传统。中国现代旅游饮食文化仍然遵循这一传统，热情接待来自各国的旅游者，在宴饮中追求感情的融洽、气氛的亲切、主宾之间情感的交流与沟通。但在饮食中应充分尊重客人的饮食习惯，在"共食"的方式中运用公筷，或保持共食的形式而采用分餐的进食方式，使西方旅游者既感受到我国饮食文化和谐的诗意氛围，又能在心理和习惯上相适应，也使中国饮食文化适应现代人对生活的卫生质量追求。

（四）追求诗意的宴饮情趣

把饮食作为人生体验的中国食文化，重视从色、香、味、形、器、境的和谐统一中获得精神上的愉悦，进入诗意的生活环境，充分地体验饮食的乐趣和美好。对宴饮诗意情趣的追求最早起源于文人士大夫。晋代王羲之等名流会集于有"崇山峻岭，茂林修竹，又有清流激湍"的兰亭，"一觞一咏，畅叙幽情"，这种"曲水流觞"的宴饮与咏诗唱和一直延续到明清时期。在诗情画意的自然环境中聚饮，又在宴饮中追求和创造诗情与画意，对宴饮环境的诗意氛围的追求，已经成为中国饮食文化的重要传统。唐宋以来，茶楼、饭馆或建于风光旖旎的湖边江畔，或建于水榭花坛、竹径回廊之中，还力求通过室内环境的装饰安排，创造与自然相联系的环境气氛。茶楼、饭店的名称选择也力求具有诗意的情趣，匾额、楹联和字画的装点进一步渲染宴饮的气氛。这样的遗风一直延续到今天，我国许多风景名胜都有这样的宴饮场所。

三、中国菜系的种类

中国五千年的悠久历史，也是一部举世无双的中华民族饮食史。各地不同的食风、风格迥异的各地特色菜点，交织成多姿多彩的饮食文化，经过漫长历史的演变而形成不同体系的烹饪技艺，产生了不同的菜种，成为中国菜的代表。它们主要包括宫廷菜、官府菜、宗教菜和药膳菜四大类。

（一）宫廷菜

宫廷菜是专门由御厨制作、供帝王享用的菜肴。现在的宫廷菜主要是清代宫廷御膳房流传下来的风味菜肴，如仿膳菜、御膳堂等。中国宫廷菜的特点是：选料精细，制作考究，菜点众多，珍馐齐全，讲究造型，餐具精致，菜名典雅，富有情趣。代表性的宫廷菜有：北京贵宾楼饭店的鱼翅捞饭，创办于1925年的仿膳饭庄的凤尾鱼翅，以及金蟾玉鲍、一品官燕、宫门献鱼、熘鸡脯等。

（二）官府菜

官府菜是指古代官宦大户之家形成的特色菜种。代表性的官府菜有谭家菜、孔府菜等。

1. 谭家菜

谭家菜是中国最著名的官府菜之一，由清末"榜眼"谭宗浚的家人所创。谭氏为广东人，一生酷爱珍馐美味，以重金礼聘京师名厨，得其烹饪技艺，将广东菜与北京菜相结合而自成一派。谭家菜咸甜适口，南北均宜，调料讲究原汁原味，制作讲究火候足、下料狠，菜肴软烂、味道鲜美、质地软嫩。谭家菜近两百种佳肴，以海味菜最为有名，尤其是清汤燕菜更有其独到之处。今天，谭家菜被完好地继承下来，并获得了新的发展，成为中国官府菜最为突出的代表。

2. 孔府菜

孔府菜是中国著名的官府菜另一杰出代表，在国内外享有极高的声誉。孔府菜具有选料广泛、制作精细、造型美观、注重营养、豪华奢侈、讲究礼仪等特点。孔府菜由家常菜和筵席菜组成，家常菜是府内家人日常饮食的菜肴，由内厨负责烹制；筵席菜是为来孔府之帝王、名族、官宦祭孔和拜访举办的各种宴请活动的菜肴，由外厨负责烹制。孔府的日常饮食肴馔，选料精而广、技法多而巧，并具有浓厚的乡土气息，且食品富营养、讲时鲜、有风味，搭配调剂恰当；接待来宾的筵席菜则有严格的等级差别，讲究排场，注重礼仪。

（三）宗教菜

宗教菜主要由寺院菜、清真菜、药膳菜三种组成。

1. 寺院菜

寺院菜又称为斋菜，是专门由香积厨（僧厨）制作，供僧侣和香客食用的菜肴。通常用植物油、蔬菜、豆制品、面筋、竹笋、菌类、藻类和干鲜果品等植物性原料烹制。其显著特点是以时鲜为主，选料考究，技艺精湛，品种繁多，风味别致。

2. 清真菜

清真菜是信奉伊斯兰教的中国少数民族菜肴的总称。清真菜最突出的特点在于饮食禁忌比较严格，其饮食习俗来源于伊斯兰教教规。清真菜选料严谨，工艺精细，食品洁净，菜式多样。其料主要取材于牛、羊两大类，特别擅长烹制羊肉菜肴。清真菜忌用猪、狗、驴、马、无鳞鱼以及所有非宰杀的动物等原料入馔。

3. 药膳菜

药膳在中国源远流长，历来有"药补不如食补"之说，药膳取材广泛，用料考究，制作严谨，品种丰富，风味独特。中华药膳在中国菜中独具特色，是以中医理论为基础，将中药材经过严格的加工，与传统烹饪原料结合烹制而成的可口菜肴，在进餐的同时起到治病养身的作用。

四、地方菜系

中国地大物博，民族众多，由于各地的气候、物产、文化、习惯的差异，饮食习俗也呈现出很大的差异。在长期的历史发展中，逐渐形成了具有浓郁地方特色的菜系。在传统习惯上，按地缘、地域可将中国菜点风味划分为四大菜系，即川菜、淮扬菜、鲁菜、粤菜。近年还有八大菜系（鲁、川、粤、闽、苏、浙、湘、徽）、十大菜系（另包括京、沪）等分法。

（一）鲁菜

宋以后鲁菜成为"北食"的代表。明清两代，鲁菜已成宫廷御膳主体，对京、津、东北各地的影响较大，现今鲁菜是由济南和胶东两地的地方菜演化而成的。其以清香、鲜嫩、味纯而著名，十分讲究清汤和奶汤的调制，清汤色清而鲜，奶汤色白而醇。济南菜擅长爆、烧、炸、炒，其著名品种有"糖醋黄河鲤鱼""汤爆双脆""烤大虾"等。胶东菜以烹制海鲜而驰名，口味以鲜为主，偏重清淡，著名品种有"干蒸加吉鱼""油爆海螺"等。

（二）川菜

川菜在秦末汉初就初具规模，唐宋时发展迅速，明清已富有名气，现今川菜馆遍布世界。正宗川菜以四川成都、重庆两地的菜肴为代表。川菜重视选料，讲究规格，分色配菜，主次分明，鲜艳协调。其特点是酸、甜、麻、辣香、油重、味浓，注重调味，离不开三椒（即辣椒、胡椒、花椒）和鲜姜，以辣、酸、麻脍炙人口。川菜有家常味、咸鲜味、鱼香味、荔枝味、怪味等，享有"一菜一味，百菜百味"的美誉。代表菜肴有"黄焖鳗""怪味鸡块""麻婆豆腐"等。

（三）粤菜

粤菜是以广州、潮州、东江三地的菜为代表而形成的。菜的原料广，花色多，形态新颖，善于变化，讲究鲜、嫩、爽、滑。调味有所谓五滋（香、松、臭、肥、浓）、六味（酸、甜、苦、咸、辣、鲜）之别。菜肴色彩浓重，滑而不腻。尤以烹制蛇、狸、猫等而负盛名，著名的菜肴有"三蛇龙虎凤大会""五蛇羹""烤乳猪"和"冬瓜盅"等。

（四）闽菜

闽菜起源于福建省闽侯县。它是以福州、泉州、厦门等地的菜肴为代表发展起来的。其特点是色彩美观、滋味清鲜。烹调方法以"糟"最具特色。由于福建地处东南沿海，盛产海鲜，如海鳗、蛏子、鱿鱼、海参等，因此多以海鲜为原料烹制各式菜肴。著名菜肴有"佛跳墙""醉糟鸡""烧片糟鸡""荔枝肉"等。

（五）苏菜

苏菜以苏州、扬州、南京、镇江四大菜为代表而构成。苏菜起始于南北朝时期，唐宋以后，与浙菜竞秀，成为"南食"两大台柱之一。其特点是浓中带淡，鲜香酥烂，原汁原汤，浓而不腻，口味平和，咸中带甜。苏州菜口味偏甜，配色和谐；扬州菜清淡适口，主料突出，刀工精细，醇厚入味；南京、镇江菜口味和醇，玲珑细巧，尤以鸭制的菜肴负有盛名。著名的菜肴有"清汤火方""鸭包鱼翅""松鼠鳜鱼""盐水鸭"等。

（六）浙菜

浙菜是以杭州、宁波、绍兴、温州等地的菜肴为代表发展而成的，其特点是清、香、脆、嫩、爽、鲜。浙江盛产鱼虾，又是著名的风景旅游胜地，湖山清秀，淡雅宜人，故其菜如景，不少名菜来自民间，制作精细，变化较多。久负盛名的菜肴有"西湖醋鱼""东坡肉""龙井虾仁""叫花童鸡""爆墨鱼卷"等。

（七）湘菜

湘菜是以湘江流域、洞庭湖区和湘西山区的菜肴为代表发展而成的，其特点是用料广泛，油重色浓，多以辣椒、熏腊为原料，口味注重香鲜、酸辣、软嫩。烹调方法擅长腊、熏、煨、蒸、炖、炸、炒。其著名菜肴有"腊味合蒸""东安子鸡""麻辣子鸡""汤泡肚""冰糖湘莲"等。

（八）徽菜

徽菜以沿江、沿淮、徽州的地方菜为代表而构成。其特点是选料朴实，讲究火功，重油重色，味道醇厚，保持原汁原味。徽菜以烹制山野海味而闻名，早在南宋时，"沙地马蹄鳖，雪中牛尾狐"就已声名远播。其烹调方法擅长于烧、焖、炖。著名的菜肴有"火腿炖甲鱼""雪冬烧山鸡""红烧果子狸""毛峰熏鲥鱼"等。

（九）京菜

北京菜融合了汉、满、蒙、回等民族的烹饪技艺，吸取了全国主要地方风味尤其是山东风味，继承了明清宫廷肴馔的精华，形成了自己的特色，花色繁多，调味精美。烹饪技术以爆、烤、涮、熘、炒、扒见长，肴馔质地讲究酥、脆、鲜、嫩。

（十）上海菜

上海菜以当地菜为基础，兼有京、鲁、苏、川、闽、徽、湘等肴馔及素菜、清真菜、西餐等特色风味，并按上海内联全国、外通世界的商埠特点，适应五方杂处的口味需求，均予适当变化，形成广采博收、淡雅鲜醇的海派风格。烹饪工艺以滑炒、生煸、红烧、清蒸见长，口味注重真味，讲究清淡而多层次，质感鲜明，形状新颖。

第三节　中国酒文化

中国是酒的故乡，也是酒文化的发源地，是世界上酿酒最早的国家之一。酒文化就是人类在酿酒和饮酒实践中所展示的各种社会生活，以及反映这种社会生活的各种意识形态。在中国数千年的文明发展史中，酒与文化的发展基本上是同步进行的。酒文化的产生与发展受到许多因素的影响，是一个历史的过程。如农业发展在酒文化演进中的基础作用、科技进步对酿酒工艺的促进、手工业发展对酒具质地和形制的制约、自然地理条件对酿酒业的微妙作用等，都反映出酒文化是人类历史的一部分，受到其他文化的影响，并与它们相互交融。

酒不仅是一种香味浓郁的食物饮料，而且是一种内涵丰富的文化用品。饮酒不仅是一种饮食行为，而且是一种文化活动。酒文化作为文化传统的一部分，深深地积淀在民族性格之中，对中国社会的政治、经济、文化产生了不可低估的影响。中国酒文化折射出的正是中华民族悠久的历史。中国酒文化的发展历程正是灿烂的中华文明史的一部分缩影。

一、中国酒文化渊源与发展

酒是一种特殊的饮料。它使人兴奋、将人麻醉的特点使饮酒成为有别于其他饮食行为的特殊行为。饮酒受政治、经济、习俗、道德等特定条件的制约，并表现出人类精神活动的特点。酒文化具有鲜明的民族性和时代性，具有对社会生活各个方面发生影响、与其他文化现象紧密结合并发挥作用的强烈的渗透性。因此通过饮酒习俗，我们可以从一个侧面对不同时代、不同社会、不同阶层的人们的礼仪、心态、风尚、思想以及行为规范有所了解。也就是说，任何一种类型的文化都不局限于物质层（如酒、酒具等）和行为方式上（如饮酒习俗等），还包含更深的文化心理层，这种文化不仅被继承发扬，而且不断地变革进步。

6 000多年前，即新石器时代的仰韶文化早期，我国就已经开始酿酒了。中国的酒文化在商周时期已发展到较高水平，中国人独创的酒曲复式发酵酿酒法已出现，且提出了发酵的阶段性理论，创立了被后世酿酒业奉为圣典的"古遗六法"。用发酵的谷物来泡制水酒是当时酿酒的主要形式。这个时期是原始社会的晚期，先民们无不把酒看作一种含有极大魔力的饮料。

从公元前2 000年的夏王朝到公元前200年的秦王朝，为我国传统酒的成长期。在这个时期，由于有了火，出现了五谷六畜，加之酒曲的发明，使我国成为世界上最早用曲酿酒的国家。醴、酒等品种的产出，仪狄、杜康等酿酒大师的涌现，为中国传统酒的发展奠定了坚实的基础。就在这个时期，酿酒业得到很大发展，并且受到重视，官府设置了专门酿酒的机构，酒由官府控制。酒成为帝王及诸侯的享乐品，"酒池肉林"成为奴隶主生活的写照。这个阶段，酒虽有所兴，但并未大兴。饮用范围主要还局限于社会的上层，但即使是在上层，对酒也往往存有戒心。由于商周时期，皆有以酒色乱政、亡国、灭室者，秦汉之交又有"鸿门宴"，酒被引入政治斗争，遂被正直的政治家视为"邪恶"，因而使酒业的发展受到一定影响。

由公元前200年的秦王朝到公元1 000年的北宋，是我国传统酒的成熟期。在这一阶段，《齐民要术》《酒法》等科技著作问世；新丰酒、兰陵美酒等名优酒开始涌现；黄酒、果酒、药酒及葡萄酒等酒品也有了发展；李白、杜甫、白居易、杜牧、苏东坡等酒文化名人辈出。各方面的因素促使中国传统酒的发展进入了灿烂的黄金时代。酒之大兴，是始自东汉末年至魏晋南北朝时期。这主要是由于当时长达两个多世纪的战乱纷争，统治阶级内部产生了不少失意者，文人墨客崇尚空谈，不问政事，借酒浇愁，狂饮无度，使酒业大兴。魏晋时期，饮酒不但盛行于上层，而且普及民间的普通人家。

由1 000年的北宋到1 840年的晚清时期，历时840年，是我国传统酒的提高期。其间由于西域的蒸馏器传入我国，从而导致了举世闻名的中国白酒的发明。明代李时珍在《本草纲目》中说："烧酒非古法也，自元时起始创其法。"又有资料提出"烧酒始于金世宗大定年间（1161年）"。时已迅速普及了酒度较高的蒸馏白酒。从此，这800多年来，白、黄、果、葡、药五类酒竞相发展，绚丽多彩，而中国白酒则欣欣然深入生活，成为人们普遍接受的饮料佳品。

自1840年到现在，历时近180年，是我国传统酒的变革期。在此期间，西方先进的酿酒技术与我国传统的酿造技艺争放异彩，使我国酒苑百花争艳，春色满园；啤酒、白兰地、威士忌、伏特加及日本清酒等外国酒在我国立足生根；竹叶青、五加皮、玉冰烧等新酒种产量迅速增长；传统的黄酒、白酒也琳琅满目，各显特色。特别是在这一时期的后期，即新中国成立的60多年来，中国酿酒事业进入了空前繁荣时期。

二、酒德与酒礼

历史上，儒家学说被奉为治国安邦的正统观点，酒的习俗同样也受儒家酒文化观点的影响。儒家讲酒，以"德""礼"二字为要。

酒德即酒行为的道德。酒德最早见于《尚书》和《诗经》。《尚书·酒诰》中有"饮惟祀"（只有祭祀时才能饮酒）、"无彝酒"（不要经常饮酒，平日少饮以节粮，只有在有病时才宜饮酒）、"执群饮"（禁止聚众饮酒）、"禁沉湎"（禁止饮酒过度）之谓。儒家并不反对饮酒，用酒祭祀敬神，养老奉宾，都是德行。此外，饮酒时还应遵守一定的饮食礼仪。如主宾共饮时，要相互跪拜。晚辈与长辈同饮，叫侍饮，通常要先行跪拜礼，然后坐入次席。长辈命晚辈饮酒，晚辈方可举杯；长辈酒杯中的酒尚未饮完，晚辈不能先饮尽。简言之，中国人的酒德为"量力而饮，节制有度"。

酒礼即酒行为的礼仪，用以体现酒行为中的贵贱、尊卑、长幼乃至各种不同场合的礼仪规范。为了保证酒礼的执行，历代都设有酒官。周有酒正、汉有酒士、晋有酒丞、齐有酒吏、梁有酒库丞等。古代饮酒的礼仪约有拜、祭、啐、卒爵四步。就是先做出拜的动作，以示敬意；接着把酒倒出一点儿在地上，祭谢大地生养之德；然后尝尝酒味，并加以赞扬令主人高兴；最后仰杯而尽。主人向客人敬酒叫酬，客人要回敬主人叫酢，并互致几句敬酒词。客人之间相互敬酒叫旅酬，依次向主人敬酒叫行酒。敬酒时，敬酒的人和被敬酒的人都要"避席"、起立。普通敬酒以三杯为度。

三、酒俗

在我国古代，酒被视为神圣的物质，酒的使用更是庄严之事，非祀天地、祭宗庙、奉佳宾而不用，形成远古酒事活动的俗尚和风格。随着酿酒业的普遍兴起，酒逐渐成为人们日常生活的用物，酒事活动也随之广泛，并经人们思想文化意识的观照，使之程序化，形成较为系统的酒风俗习惯。这些风俗习惯的内容涉及人们生产、生活的许多方面，其形式生动活泼、姿态万千。

酒与民俗不可分。诸如农事节庆、婚丧嫁娶、生期满日、庆功祭奠、奉迎宾客等民俗活动，酒都成为中心物质。农事节庆时的祭拜庆典若无酒，缅怀先祖、追求丰收富裕的情感就无以寄托；婚嫁之无酒，白头偕老、忠贞不贰的爱情无以明誓；丧葬之无酒，后人忠孝之心无以表述；生宴之无酒，人生礼趣无以显示；饯行洗尘若无酒，壮士一去不复返的悲壮情怀无以倾诉。总之，无酒不成礼，无酒不成俗，离开了酒，民俗活动便无所依托。

早在夏商周三代，酒与人们的生活习俗、礼仪风尚就已紧密相连，并且已经开始程式化。当时，曲蘖的使用使酿酒业空前发展，社会重酒现象日甚。这反映在统治阶层饮酒之风以及劳动人民的风俗民情、农事生产活动中。

夏商两代统治阶层饮酒之风十分盛行。夏桀"作瑶台，罢民力，殚民财，为酒池糟。纵靡靡之乐，一鼓而牛饮者三千人"；夏亡商兴，商代贵族的饮酒风气愈演愈烈，表现在酒器上不仅数量多、种类繁，而且其制作巧夺天工。由于统治者沉湎于酒，酗酒成风被普遍认为是商代灭亡的重要原因。在民间，乡人于十月在地方学堂行饮酒礼："九月肃霜，十月涤场。朋酒斯飨，曰杀羔羊，跻彼公堂，称彼兕觥：万寿无疆。"（《诗经·豳风·七月》）此诗描绘的是一幅夏商时期农村中乡饮的风俗画。在开镰收割、清理禾场、农事既毕以后，辛苦了一年的人们屠宰羔羊，来到乡间学堂，每人设酒两樽，请朋友共饮，相互祝愿大寿无穷。

周代风俗礼仪中，就有冠、昏（婚）、丧、祭、乡、射、聘、朝八种，大多有酒冠其中，有声有色。周代的婚姻习俗中，"父醮而命之迎，子承命以往，执雁而入，莫雁稽首，出门乘车，以俟妇于门外，导妇而归，与妇同牢而食，合卺而饮"。新婚夫妇共同食用祭祀后的肉食，共饮新婚水酒，以酒寄托白头到老的愿望。周代时兴射礼，酒在射礼中成为败者的惩罚之物，情趣无穷。周代乡饮习俗中，以乡大夫为主人，处士贤者为宾。活动过程中，"凡宾，六十者坐，五十者立"。饮酒，尤以年长者为优厚。"六十者三豆，七十者四豆，八十者五豆，九十者六豆。"其尊老敬老的民风在以酒为主体的民俗活动中有生动体现。

三代风俗礼制作为中国传统文化，它"集前古之大成，开后来之改政"（《中国文化史》），传承沿袭，不少风俗现象保留至今，近现代民间习尚的婚礼酒、丧葬酒、月米酒、生期酒、节日酒、祭祀酒等，都可以在周代风俗文化的"八礼"中寻到起源。

时推风移，民俗活动因受社会政治、经济、文化发展的影响，其内容、形式乃至活动情节均有变化，然而，唯有民俗活动中使用酒这一现象历经数代仍沿用不衰。中国人主要在以下几个场合和活动中使用酒。

（一）生期酒

老人生日，子女必为其操办生期酒。届时，大摆酒宴，挚友亲朋、乡邻好友不请自来，携赠礼品以贺。酒席间，要请民间艺人（花灯手）说唱表演。在贵州黔北地区，花灯手要分别装扮成铁拐李、吕洞宾、张果老、何仙姑等八个仙人，依次演唱，边唱边向寿星老献上自制的长生拐、长生扇、长生酒等物，献物既毕，要恭敬献酒一杯，"仙人"与寿星同饮。

（二）婚礼酒

提亲至定亲间的每一个环节中，酒是常备之物。提媒、索取生辰八字，媒人每去姑娘家议事，都必须捎带礼品，其中，酒又必不可少。婚期定下，男家酒肉面蛋糖果点心一应俱全，躬请姑娘的舅、姑、婆、姨和三亲四戚。成亲时，当花轿抬进男家大院后，第一件事就是祭拜男家列祖列宗，烧酒、猪头、香烛摆上几案，新人双跪于下，主持先生最后将酒缓缓洒于新郎新娘面前。之后，过堂屋拜天地，拜毕，新人入洞房，共饮交杯酒，寄托白头相守、忠贞不贰的爱情。

（三）月米酒

妇女分娩前几天，要煮米酒一坛，一是为分娩女子催奶，二是款待客人。孩子满月，要办月米酒，少则三五桌，多则二三十桌。

（四）祭拜酒

祭拜酒涉及范围较宽，一般有两类。一是立房造屋、修桥铺路要行祭拜酒。凡破土动工，有犯山神地神，就要置办酒菜，在即将动工的地方祭拜山神和地神。鲁班是工匠的先师，为确保工程顺利，备上酒菜纸钱祭拜鲁班，以求保佑。二是逢年过节、遇灾有难时，要设祭拜酒。除夕夜，各家各户要准备丰盛的酒菜，燃香点烛化纸钱，请祖宗亡灵回来饮酒过除夕。在民间，若有灾难病痛，认为是得罪了神灵祖先，就要举行一系列的娱神活动，祈求宽免，其形式仍是置办水酒菜肴，以酒菜敬献。

四、中国名酒

中国名酒是经过国家有关部门组织的评酒机构间隔一定时期、经过严格的评定程序确定的。中国名酒代表了我国酿酒行业酒类产品的精华。中国名酒按酒的种类分别评定。在全部名酒中，白酒类名酒数量最多。下面根据酒的种类重点介绍黄酒类和白酒类的国家名酒。

（一）黄酒类名酒

黄酒是中华民族的瑰宝，历史悠久，品种繁多。历史上，黄酒名品数不胜数。由于蒸馏白酒的发展，黄酒产地逐渐缩小到江南一带，产量也大大低于白酒。但是，其酿酒技术精华非但没有被遗弃，在新的历史时期反而得到了长足的发展。黄酒魅力依旧，其中的佼佼者仍然家喻户晓。

1. 绍兴黄酒

浙江绍兴黄酒可谓我国黄酒的佼佼者。宋代以来，江南黄酒的发展进入了全盛时期，尤其是南宋政权建都于杭州，绍兴与杭州相距不远，绍兴酒有了较大的发展。当时的绍酒名酒中，首推"蓬莱春"为珍品。南宋诗人陆游的诗句中，不少都流露出对家乡黄酒的赞美之情。清代是绍兴酒的全盛时期。酿酒规模在全国堪称第一。绍酒行销全国，甚至还出口到国外。绍酒几乎成了黄酒的代名词，而其中的加饭酒又在绍酒中最负盛誉。加饭酒是一种半干酒，酒质醇厚、气郁芳香。此外，还有状元红酒、善酿酒、香雪酒等都具有很高的品质。

2. 福建龙岩沉缸酒

龙岩沉缸酒历史悠久，在清代的一些笔记文学中多有记载。这是一种特甜型酒。现为福建省龙岩酒厂所产。内销酒一般储存两年，外销酒需储存三年。该酒在1963年、1979年、1983年三次荣获"国家名酒"称号。龙岩沉缸酒的酿法集我国黄酒酿造的各项传统精湛技术于一体。龙岩酒有不加糖而甜、不着色而艳红、不调香而芬芳三大特点。其酒质呈琥珀光泽，甘甜醇厚，风格独特。

（二）白酒

白酒中的名酒是按香型评定的。现分为酱香型、米香型、清香型、浓香型、其他香型（董香型、凤香型、芝麻香型等）。

1. 贵州茅台酒与董酒

酱香型名酒有贵州茅台酒、四川郎酒等。贵州茅台酒和四川郎酒虽产于两个不同的省份，但茅台酒的产地贵州仁怀和郎酒的产地四川古蔺在地理位置上是非常接近的。酱香型名白酒中以贵州茅台酒最为著名，有"国酒"之美称。在清代，由于川盐入黔，赤水河是川盐从长江经泸州、合江等地的一条水上通道。清代诗人郑珍曾写道："酒冠黔人国，盐登赤虺河。"正是频繁的盐业运输，促进了赤水河两岸经济的繁荣，也带来了当地酿酒业的发展与兴旺。贵州茅台酒的美名开始流传开来。茅台酒具有"酱香突出，幽雅细腻，酒体醇厚，回味悠长"的特殊风格，酒液清亮，醇香馥郁，香而不艳，低而不淡，闻之沁人心脾，入口荡气回肠，饮后余香绵绵。茅台酒最大的特点是"空杯留香好"，即酒尽杯空后，酒杯内仍余香绵绵，经久不散。除了独特的酿造技术外，茅台酒的独特风味在很大程度上还与产地的独特地理环境有密切关系。川黔这一带湿润、闷热的气候，形成了独特的微生物菌群。这些微生物在酒曲和原料上繁殖，其复杂的生物代谢机理，使茅台酒的风味成分更加复杂、协调。

董酒产于贵州省遵义市董酒厂，1942 年定名为"董酒"。董酒的香型既不同于浓香型，也不同于酱香型，而属于其他香型。该酒将大曲酒和小曲酒的生产工艺融合在一起，生产方法独特。

2. 山西汾酒

汾酒产于山西省境内吕梁山东麓、晋中盆地西沿的汾阳县①杏花村汾酒（集团）公司。作为我国白酒类的名酒，山西汾酒可以说是我国历史上最早的名酒。清代成书的《镜花缘》中所列的数十种全国各地名酒，汾酒名列第一。清代名士的笔记文学中，曾多次盛赞山西汾酒。汾酒属清香型白酒。

3. 四川五粮液与剑南春

我国各省名白酒中，四川占的数量最多。四川原有五种国家名酒，素有"五朵金花"之美称。五粮液原名为"杂粮酒"，产于四川省宜宾五粮液酒厂，该酒由高粱、大米、糯米、小麦和玉米五种谷物为原料酿制而成，相传创始于明代。1929 年定名为"五粮液"。五粮液酒具有"香气悠久，味道醇厚，入口甘美，入喉净爽，各味谐调，恰到好处"的特点。在大曲酒中，被认为以酒味全面而著称。泸州老窖特曲酒作为浓香型大曲酒的典型代表，以"醇香浓郁，清洌甘爽，饮后尤香，回味悠长"的独特风格闻名于世。1915 年曾获巴拿马国际博览会金质奖。剑南春产于四川省绵竹县。其前身当推唐代名酒剑南烧春。唐宪宗后期李肇在《唐国史补》中，就将剑南烧春列入当时天下的十三种名酒之中。绵竹在唐代属剑南道，故称"剑南春"。

4. 安徽古井贡酒

该酒产于安徽省亳县古井酒厂。魏王曹操在东汉末年曾向汉献帝上表献过该县已故县令家传的"九酿春酒法"。据当地史志记载，该地酿酒取用的水，来自南北朝时遗存的一口古井，明代万历年间，当地的美酒又曾贡献皇帝，因而就有了"古井贡酒"这一美称。古井贡酒属于浓香型白酒，具有"色清如水晶，香醇如幽兰，入口甘美醇和，回味经久不息"的特点。

5. 江苏洋河大曲与双沟大曲

洋河大曲产于江苏省泗洋县洋河镇洋河酒厂。洋河镇地处白洋河和黄河之间，距南北大运河很近，在古代时，水陆交通极为方便，是重要的产酒和产曲之乡。洋河大曲属于浓香型白酒。双沟大曲产于江苏省泗洪县双沟镇。1984 年的第四次全国评酒会后，该酒以"色清透明，香气浓郁，风味协调，尾净余长"的浓香型典型风格连续两次被评为"国家名酒"。

---

① 今汾阳市。

6. 陕西西凤酒

西凤酒产于陕西省凤翔县柳林镇西凤酒厂。西凤酒属其他香型（凤香型），曾四次被评为"国家名酒"。

五、酒文化与中国文化

酒文化是饮食文化的一个重要组成部分。酒文化包含两方面内容：一是酒本身所带有的文化色彩；二是饮酒（包括用酒）所形成的文化意义。关于酒本身，包括酒的历史研究、酿酒技术以及酒在流传中形成的文化系列，如酒器（酒具）、酒经、酒旗、酒楼（包括酒馆）及酒令、酒筹等。

酒是世界上各民族所共享的文化传统之一，但饮酒文化在各民族间却有所差异。酿酒、饮酒在中国起源甚早，先民或者用酒祭祀祖先，以示诚敬；或者借酒自适，成就诗文；或者亲朋饮宴，把酒言欢。酒在中国人的文化、生活中无疑占有一席之地。从酒的酿造技术，可以略窥中国古人的智慧；从酒与文人墨客的关系以及酒的著述，可以稍见古代知识分子的文化涵养；从酒禁与酒税的政策措施，可以看出酒与政府税收国用的一些关系；从酒德、酒令，可以看出传统中国人的一些文化理念和意识形态。

由于酒的特殊功用，在隆重的场合中，它能使气氛变得十分热烈；在礼仪活动中，又能使气氛变得十分庄重。酒广泛地渗入了社会、经济、政治以及人们的各种文化活动中。酒在文学创作、艺术创造以及其他艺术活动中，也起着十分特殊的作用。酒能使诗人、艺术家的感情得到激发，在一种激动和如梦的境界中投入创作，逐渐形成了一种文化。从《诗经》起，酒文化与中国文化等阔同长。《诗经》里的"载笑载言"，如果没有酒就很难激起兴致。曹孟德酾酒临江，横槊赋诗，本来是英雄苍凉之叹，带有赤壁之战没有把握的忧伤，"对酒当歌，人生几何"却成了后人醉酒的借口。伟大的浪漫主义诗人李白更是整日以醉解愁，"李白斗酒诗百篇"，而成诗仙，他"举杯邀明月，对影成三人"，"人生得意须尽欢，莫使金樽空对月"，启迪了后人以酒会友、以酒助兴之风。刘伶更是携酒四处游荡，并让随从带锹，说如果醉死了挖个坑便埋即可，反映出文人以酒激情言志的喜好。

饮酒可以悟人生之理。酒是辣的，可以解人生百味，放眼人生的方方面面，随时都能嗅到酒的芬芳：客从远方来，无酒不足见深谊厚意；友到远方去，无酒不足见依依深情；良辰佳节，无酒不足显其乐；丧葬忌日，无酒不足致其哀；困顿蹉跎，无酒不足消其忧；春风得意，无酒不足畅其怀，简直无酒不成欢，无酒不尽悲，无酒不解愁，酒和人生已融入一杯。

饮酒对于悲观者而言，"难得糊涂"的信条成为其回避现实的借口。人们感叹人生的历程有太多的苦不堪言，生活的道路上有太多的艰难险阻，而那些太过认真求实的人就难免遭受太多的不幸，于是"难得糊涂""如醉如痴"的生活备受尊崇，这种人生的感情，只有付之于酒才是唯一的寄托，"独有盈殇酒，与子结绸缪"。"我有一樽酒，欲以赠远人，愿子留斟酌，叙此平生视。"由此看来，酒中融合的人类意识与情感实在浓厚非凡。正如杜甫的"白日放歌须纵酒，青春做伴好还乡"的诗句所言，酒是人生道路上的伴侣，酒已融入人生、社会生活的方方面面，酒文化已成为中国文化的重要组成部分。

第四节　中国茶文化

茶叶是以茶树新梢上的芽叶嫩梢（称鲜叶）为原料加工而成的饮品，它与咖啡、可可并称为世界三大饮料。中国是茶的故乡，是茶树的原产地，又是最早发现茶叶功效、栽培茶树和制成茶叶的国家。茶文化是我国民族文化宝库中的精品，茶文化是中国饮食文化的重要组成部分。

一、茶文化的形成与发展

相传茶的发现和利用起源于神农时代，距今已有四五千年的历史。陆羽《茶经》记载："茶之为饮，发乎神农氏。"东汉华佗《食论》中有"苦茶久食，益意思"，记录了茶的医学价值。西汉将茶的产地命名为"茶陵"，即湖南的茶陵。三国时魏国的《广雅》中已最早记载了饼茶的制法和饮用。

茶以文化的面貌出现，是在汉魏两晋南北朝时期。最早喜好饮茶的多是文人雅士，汉代司马相如的《凡将篇》、扬雄的《方言》都是有名的茶赋，一个从药用角度、一个从文学角度，都谈到了茶。两晋南北朝时，一些有眼光的政治家提出"以茶养廉"，以对抗当时的奢侈之风。魏晋以来天下骚乱，文人无以匡世，渐兴清谈之风。饮宴成了终日高谈阔论的助兴之物，所以最初的清谈家多酒徒，如竹林七贤。后来清谈之风发展到一般文人中，但豪饮终日不醉者毕竟少数，而茶则可长饮，且始终保持清醒。于是清谈家们就转向好茶，所以后期出现了许多茶人。

唐代是中国茶文化的辉煌时期。唐代中叶，陆羽撰成了中国也是世界上第一部茶叶专著《茶经》。《茶经》的问世具有划时代的意义，它使茶学真正成为一种专门的学科，从而使茶文化发展到一个空前的高度。《茶经》的面世，奠定了中国茶文化的理论基础。中唐以后，陆羽被奉为茶神，茶作坊、茶库、茶店、茶馆都有供奉。唐朝茶文化的形成与当时的经济、文化发展相关。唐朝国力强盛，疆域广阔，注重对外交往，长安是当时著名的政治、文化中心，中国茶文化正是在这种大气候下形成的。茶文化的形成还与当时佛教的发展、科举制度、诗风大盛、贡茶兴起、禁酒等有关。

宋代是我国茶文化的兴盛期。我国素有"茶兴于唐，盛于宋"之说。进入宋代，宫廷兴起的饮茶风俗极大地推动了茶业发展，市民茶文化和民间斗茶之风兴起，茶成为人民生活的必需品。茶叶流通非常兴盛，大中城市、小市镇茶房林立，甚至在茶叶运输线上兴起了若干商业城市。由于宋代著名茶人大多数是著名文人，加快了茶与相关艺术融为一体的过程。著名诗人有茶诗，书法家有茶帖，画家有茶画，使茶文化的内涵得以拓展，成为文学、艺术等精神文化的直接关联部分。宋代市民茶文化主要是把饮茶作为增进友谊与社会交际的手段，北宋汴京民俗，有人乔迁，左右邻居要彼此"献茶"；邻居间请喝茶叫"支茶"。到了元代，饮茶简约之风大为流行，在此影响下，关于茶的著述极少，只是在诗文中偶有写茶的作品。

明清时期，我国茶文化得到了进一步的普及发展。明代茶文化的主要表现为：大量制作和普及散茶，并完成了炒青工艺，刻意追求茶叶特有的造型、香气和滋味，于是绿茶、青茶、黑茶、白茶等精品纷纷出现；茶的饮法由煮饮改为冲泡，从而简化了饮茶的烦琐过程，易于人们品茶；一改宋代崇金贵银的习气，陶质、瓷制茶具大受欢迎，紫砂之具尤受推崇；茶书兴盛，对茶文化的各个方面加以整理、阐述和开发，其结果一直影响至今。由于清代盛行向皇上进贡茶，因而诞生了不少名茶，如龙井茶、碧螺春茶、六安瓜片、铁观音、武夷大红袍等都因曾是贡茶而名扬天下。此外，清朝还开创了红茶制作的先河，这也是清代对我国茶文化的一大贡献。

新中国成立后，我国茶叶产量增长很快，为我国茶文化的发展提供了坚实的物质基础。茶艺交流蓬勃发展，茶文化社团应运而生，茶文化节不断举办，茶书推陈出新，茶文化教学研究机构相继建立。1982 年，在杭州成立了第一个以弘扬茶文化为宗旨的社会团体——"茶人之家"；在陆羽的故乡——湖北天门成立了"陆羽茶文化研究会"；1991 年，中国茶叶博物馆在杭州正式开放；1993 年，"中国国际茶文化研究会"在湖州成立；1998 年，中国国际和平茶文化交流馆建成；等等。随着茶文化的兴起，各地茶艺馆越办越多。各省市及产茶县纷纷主办"茶叶节"，如福建武夷市的岩茶节、河南信阳的茶叶节等，不胜枚举。

二、茶艺与茶道

（一）茶艺与茶道的概念

茶艺与茶道是综合性的艺术，它与文学、绘画、书法、音乐、陶艺、瓷艺、服装、插花、建筑等相结合构成茶艺文化，茶艺及茶艺文化是茶文化的重要组成部分。

茶艺即饮茶艺术，是艺术性的饮茶，是饮茶生活艺术化。中国是茶艺的发源地，中华茶艺主要包括备器、择水、取火、候汤、习茶的技艺以及品茗环境、仪容仪态、奉茶礼节、品饮情趣等。明代张源《茶录》云："茶兹于水，水藉于器，汤成于火。"茶、水、器、火是构成茶艺的四项基本要素，如果加上茶艺的主体——人和茶艺活动的场所——境，则构成茶艺的六要素。

茶道是以修行得道为宗旨的饮茶艺术，包含茶艺、礼法、环境、修行四大要素。茶艺是茶道的基础，是茶道的必要条件，茶艺可以独立于茶道而存在。茶道以茶艺为载体，依存于茶艺。茶艺重点在"艺"，重在习茶艺术，以获得审美享受；茶道的重点在"道"，旨在通过茶艺修身养性，参悟大道。

茶艺与茶道精神是中国茶文化的核心。我们这里所说的"艺"，是指制茶、烹茶、品茶等茶艺之术；我们这里所说的"道"，是指艺茶过程中所贯彻的精神。有道而无艺，那是空洞的理论；有艺而无道，艺则无精、无神。茶艺，有名，有形，是茶文化的外在表现形式；茶道，就是精神、道理、规律、本源与本质，它经常是看不见、摸不着的，却完全可以通过心灵去体会。茶艺与茶道结合，艺中有道，道中有艺，是物质与精神高度统一的结果。

（二）中国茶道的基本精神

茶道是中国特定时代产生的综合性文化，带着东方农业民族的生活气息和艺术情调，追求清雅、和谐，基于儒家的治世机缘，倚于佛家的淡泊节操，洋溢着道家的浪漫理想，借品茗贯彻和普及清和、俭约、廉洁、求真、求美的高雅精神。

20 世纪 80 年代以后，随着现代茶文化热潮的兴起，我国茶文化界对中国茶道精神加以总结，把中国茶道的基本精神归纳为：和、静、怡、真。

1. "和"是中国茶道哲学思想的核心

茶道所追求的"和"源于《周易》中的"保合太和"，意指世间万物皆由阴阳两要素构成，阴阳协调，保全大和之元气，以普利万物才是人间正道。陆羽在《茶经》中对此论述得很明白，他用250个字来描述他所设计的风炉，指出风炉用铁铸从"金"，放置在地上从"土"，炉中烧的木炭从"木"，木炭燃烧从"火"，风炉上煮的茶汤从"水"。煮茶的过程就是金木水火土相生相克并达到和谐平衡的过程。可见五行调和理念是茶道的哲学基础。

儒家从"太和"的哲学理念中推出"中庸之道"的中和思想。在儒家眼里"和"是中、是度、是宜、是当，"和"是一切恰到好处，无过亦无不及。儒家对和的诠释，在茶事活动中表现得淋漓尽致。在泡茶时，表现为"酸甜苦涩调太和，掌握迟速量适中"的中庸之美。在待客时表现为"奉茶为礼尊长者，备茶浓意表浓情"的明礼之伦。在饮茶过程中表现为"饮罢佳茗方知深，赞叹此乃草中英"的谦和之仪。在品茗的环境与心境方面表现为"朴实古雅去虚华，宁静致远隐沉毅"的俭德之行。

2. "静"是中国茶道修习的必由之径

中国茶道是修身养性、追寻自我之道，静是中国茶道修习的必由途径。如何从小小的茶壶中去体悟宇宙的奥秘？如何从淡淡的茶汤中去品味人生？如何在茶事活动中明心见性？如何通过茶道的修习来涤荡精神，锻炼人格，超越自我？答案只有一个——静。

中国茶道正是通过茶事创造一种宁静的氛围和一个空灵虚静的心境，当茶的清香静静地浸润你的心田和肺腑的每一个角落时，你的心灵便在虚静中显得空明，你的精神便在虚静中升华净化，你将在虚静中与大自然融涵玄会，达到"天人合一"的"天乐"境界。得一静字，便可洞察万物、心中常乐。"禅茶一味"，道家主静，儒家主静，佛教更主静。在茶道中以静为本、以静为美的诗句有很多。唐代皇甫曾的《送陆鸿渐山人采茶回》云："千峰待逋客，香茗复丛生。采摘知深处，烟霞羡独行。幽期山寺远，野饭石泉清。寂寂燃灯夜，相思一磬声。"写的是境之静。宋代杜小山有诗云："寒夜客来茶当酒，竹炉汤沸火初红。寻常一样窗前月，才有梅花便不同。"写的是夜之静。清代郑板桥诗云："不风不雨正清和，翠竹亭亭好节柯。最爱晚凉佳客至，一壶新茗泡松萝。"写的是心之静。

在茶道中，静与美常相得益彰。古往今来，无论羽士、高僧还是名宦、大儒，都殊途同归地把"静"作为茶道修习的必经大道。因为静则明，静则虚，静可虚怀若谷；静可内敛涵藏，静可洞察明澈，体道入微。可以说："欲达茶道通玄境，除却静字无妙法。"

3. "怡"是中国茶道修习中茶人的身心感受

"怡"指和悦、愉快之意。中国茶道是雅俗共赏之道，体现于日常生活之中，不讲形式，不拘一格，突出体现了道家"自恣以适己"的随意性。同时，不同地位、不同信仰、不同文化层次的人对茶道有不同的追求。历史上王公贵族讲茶道重在"茶之珍"，意在炫耀权势，夸富示贵，附庸风雅；文人学士讲茶道重在"茶之韵"，托物寄怀，激扬文思，交朋结友；佛家讲茶道重在"茶之德"，意在驱困提神，参禅悟道，见性成佛；道家讲茶道重在"茶之功"，意在品茗养生，保生尽年，羽化成仙；普通百姓讲茶道重在"茶之味"，意在去腥除腻，涤烦解渴，享受人生。无论何人都可以在茶事活动中取得生理上的快感、精神上的畅适与心灵上的怡悦。

参与中国茶道，可抚琴歌舞，可吟诗作画，可观月赏花，可论经对弈，可独对山水，可潜心读《易》，亦可置酒助兴。儒生可"怡情悦性"，羽士可"怡情养生"，僧人可"怡然自得"。

中国茶道的这种怡情悦性，正是区别于强调"清寂"的日本茶道的根本标志之一，使其有着极为广泛的群众基础。

4. "真"是中国茶道的终极追求

中国人不轻易言"道"，而一旦论道，则执着于"道"，追求于"真"。"真"是中国茶道的起点，也是中国茶道的终极追求。中国茶道在从事茶事时所讲究的"真"，不仅包括茶应是真茶、真香、真味，环境最好是真山真水，挂的字画最好是名家名人的真迹，用的器具最好是真竹真木、真陶真瓷，还包含了对人要真心、敬客要真情、说话要真诚、心境要真闲。茶事活动的每个环节都要认真，每个环节都要求真。

中国茶道追求的"真"有三重含义：一是追求道之真，即通过茶事活动追求对"道"的真切体悟，达到修身养性，品味人生之目的；二是追求情之真，即通过品茗述怀，使茶友之间的真情得以发展，达到茶人之间互见真心的境界；三是追求性之真，即在品茗过程中，真正放松自己，在无我的境界放飞自己的心灵，放牧自己的天性，达到"全性葆真"。

中国茶道思想融合了儒、道、佛诸家的精华，其中儒家思想是主体，在不同朝代的应变、发展中表现出强大的生命力，其特点是时时刻刻、无处不在。儒家主张在饮茶中沟通思想，创造和谐气氛，增进友情，且各家茶文化精神都是以儒家的中庸为前提。清醒、达观、热情、亲和与包容，构成儒家茶道精神的欢快格调，这既是中国茶文化的主基调，也是与佛教禅宗的重要区别。儒家茶道寓教于饮，寓教于乐，在民间茶礼、茶俗中，儒家的欢快精神表现得特别明显。

三、品茗要点

（一）择器与品茗

俗话说："水为茶之母，壶是茶之父。"要获取一杯上好的香茗，需要做到茶、水、火、器四者相配，缺一不可。这是因为饮茶器具不仅是饮茶时不可缺少的一种盛器，具有实用性，还有助于提高茶叶的色、香、味；同时，一件高雅精美的茶具，本身就具有欣赏价值，富含艺术性。选配茶具除了看它的使用性能外，茶具的艺术性如何，成了人们选择时的另一个重要标准。

（1）选配茶具要因地制宜。我国地域辽阔，各地的饮茶习俗不同，故对茶具的要求也不同。如福建及广东潮州、汕头一带，习惯用小杯啜乌龙茶，故选用"烹茶四宝"——潮汕风炉、玉书碨、孟臣罐、若琛瓯泡茶，以鉴赏茶的韵味。四川人饮茶特别钟情盖茶碗，喝茶时，左手托茶托，不会烫手，右手拿茶碗盏，用以拨去浮在汤面的茶叶。加上盖，能够保香；去掉盖，又可观姿察色。选用这种茶具饮茶，颇有清代遗风。

（2）选配茶具要因人制宜。不同的人用不同的茶具，这在很大程度上反映了人们的不同地位与身份。历代的文人墨客都特别强调茶具的"雅"。宋代文豪苏东坡自己设计了一种提梁式的紫砂壶，"松风竹炉，提壶相呼"，独自烹茶品赏。现代人饮茶时，对茶具的要求虽不严格，但也因职业有别、年龄不一、性别不同，具体的要求也不一样。如老年人讲求茶的韵味，要求茶叶香高味浓，重在物质享受，因此多用茶壶泡茶；年轻人以茶会友，要求茶叶香清味醇，重于精神品赏，因此多用茶杯沏茶。男人习惯于用较大素净的壶或杯斟茶；女人爱用小巧精致的壶或杯冲茶。脑力劳动者崇尚用雅致的壶或杯细品缓啜；体力劳动者常选用大杯或大碗，大口急饮。

（3）选配茶具要因茶制宜。古往今来，大凡讲究品茗情趣的人，都注重品茶韵味，崇尚意境高雅，强调"壶添品茗情趣，茶增壶艺价值"。对一个爱茶人来说，不仅要会选择好茶，还要会选配好茶具。一般来说，饮用花茶，为有利于香气的保持，可用壶泡茶，然后斟入瓷杯饮用；饮用大宗红茶和绿茶，注重茶的韵味，可选用有盖的壶、杯或碗泡茶；饮用乌龙茶则重在"啜"，宜用紫砂茶具泡茶；饮用红碎茶与工夫红茶，可用瓷壶或紫砂壶来泡茶，然后将茶汤倒入白瓷杯中饮用。如果是品饮西湖龙井、洞庭碧螺春、君山银针、黄山毛峰等细嫩名茶，则用玻璃杯直接冲泡最为理想。此外，无论冲泡何种细嫩名优绿茶，茶杯均宜小不宜大，大则水量多，热量大，一则会将茶叶泡熟，使茶叶色泽失却绿翠；二则会使芽叶软化，不能在汤中林立，失去姿态；三则会使茶香减弱，甚至产生"熟汤味"。

（4）选配茶具要因具制宜。在选用茶具时，尽管人们的爱好多种多样，但都要考虑其实用性、欣赏价值，并且要有利于茶性的发挥。一般来说，各种瓷茶具保温、传热适中，能较好地保持茶叶的色、香、味、形之美，而且洁白卫生，不污染茶汤。若加上图文装饰，就更含艺术欣赏价值。用紫砂茶具泡茶，既无熟汤味，又可保持茶的真香。但紫砂茶具色泽多数深暗，对茶叶汤色均不能起衬托作用，对外形美观的茶叶，也难以观姿察色。玻璃茶具透明度高，用它冲泡高级细嫩名茶，茶姿汤色历历在目，可增加饮茶情趣，但它传热快，不透气，茶香容易散失。搪瓷茶具具有坚固耐用、携带方便等优点，但它易灼手烫口，也不宜用来泡茶待客。塑料茶具因质地关系，常带有异味，这是饮茶之大忌，最好不用。至于其他诸如金玉茶具、脱胎漆茶具、竹编茶具等，或因价格昂贵，或因做工精细，或因艺术价值高，平日很少用来泡茶，往往作为珍品供人收藏或者作为礼品馈赠亲友。

（二）择水与品茗

茶人有句口头禅，叫作"茶有各种茶，水有多种水，只有好茶好水味才美"。古人对宜茶水品的论述颇多。综合起来，大致可以归纳为以下几种观点。

（1）强调择水先择"源"。如唐代陆羽《茶经》中的"其水，用山水上，江水中，井水下"，又如明代陈眉公《试茶》诗中的"泉从石出情更冽，茶自峰生味更圆"，都认为，宜茶水品的优劣与水源的关系十分密切。

（2）强调水品在"活"。如北宋苏东坡《汲江煎茶》诗中的"活水还须活火烹，自临钓石汲深情。大瓢贮月归春瓮，小杓分江入夜瓶"。又如宋代唐庚《斗茶记》中的"水不问江井，要之贵活"等，都说明宜茶水品贵在"活"。

（3）强调水味要"甘"。如宋代蔡襄《茶录》中认为："水泉不甘，能损茶味。"又如明代罗廪《茶解》中的"梅雨如膏，万物赖以滋养，其味独甘，梅后便不堪饮"，说的是宜茶水品重在于"甘"。只有水"甘"，才能出"味"。

（4）强调水质须"清"。宋代大兴斗茶之风，强调茶汤以白为贵，这样对水质的要求更以清净为重，择水重在"山泉之清者"。明代熊明遇说："养水须置石子于瓮，不惟益水，而白石清泉，会心亦不在远。"这就是说，宜茶用水需以"清"为上。

（三）品茗环境

力求茶的质地优良，水质纯净，冲泡得法，茶器精美，这是饮茶的基本要求。但要使饮茶从物质享受上升到精神和艺术的享受，品茶与周围环境间的关系就显得相当重要了。青山秀水，小桥亭榭，琴棋书画，幽居雅室，当然是理想的品茗环境了。

品茗环境通常由园林、建筑物、摆设等几方面组成。凡层次较高的聚会茶宴，不但要求室内摆设讲究，而且力求居室、建筑富有特色，如果周围自然景色美观，当然是品茶的理想场所了。而设在车船码头、大道两旁、田间工地的茶水供应点，除了要求清洁卫生外，并无多大讲究。

至于家庭饮茶，环境是固有的，难以选择，但在有限的空间，通过一定的努力，同样可以营造一个适宜的品茶环境。例如，可以选择在向阳靠窗的地方，配以茶几、沙发、台椅等。尽量把室内之物摆放整洁，窗明几净，尽量做到安静清新、舒适干净，同样能成为令人赏心悦目的品饮场所。

四、中国名茶

（一）西湖龙井茶

西湖龙井茶是中国十大名茶之一，因产于浙江杭州西湖龙井而得名。它以色绿、香郁、味甘、形美"四绝"闻名于世。西湖龙井茶产地遍及西湖周围的群山，其中又以狮峰、龙井所产的茶叶品质最佳。西湖龙井茶的特点是：形状扁平挺直，大小长短匀齐，像一片片兰花瓣，色泽嫩绿或翠绿，鲜艳有光，香气清高鲜爽，滋味甘甜，有新鲜橄榄的回味。冲泡于玻璃杯中，茶叶嫩匀成朵，一旗一枪，交错相映，茶汤清碧，悦目动人。

（二）洞庭碧螺春

碧螺春产于江苏吴县①太湖洞庭山，是我国名茶的珍品，因形状卷曲如螺、色泽碧绿、采于早春而得名。碧螺春以形美、色艳、香浓、味醇"四绝"闻名于中外。碧螺春炒制的特点是：手不离茶，茶不离锅，揉中带炒，炒中有揉，炒揉结合，连续操作，起锅即成。碧螺春茶区每到采茶季节，春意盎然，满山苍翠，茶香百里，真是"入山无处不飞翠，碧螺春香百里醉"。

（三）信阳毛尖

信阳毛尖，也称"豫毛峰"。因条索细圆、紧直有锋芒，又产于河南信阳，故取名"信阳毛尖"。信阳毛尖素以叶嫩、汤明、清香、味醇而远近驰名。

信阳毛尖色绿光润，白毫显露而有锋芒；汤色清绿，芽叶鲜嫩，香气清远，滋味醇厚，饮后回甘生津，略有栗子香味，冲泡四至五次，茶味仍然浓郁。

---

① 今已撤销。

（四）祁门红茶

祁门红茶品质超群，被誉为"群芳最"，是我国传统工夫红茶的珍品。它创制于光绪年间（1875年），已有百余年的生产历史，主产于安徽省黄山市祁门县。祁门红茶，金毫显露，色泽乌黑鲜润泛灰光，俗称"宝光"；香气浓郁高长，似蜜糖香，又蕴藏有兰花香，滋味醇厚，味中有香，香中带甜，回味隽永，汤色红艳，叶底嫩软红亮。国际市场把"祁门红茶"与印度大吉岭红茶、斯里兰卡乌伐红茶并列为世界公认的三大高香茶。

（五）铁观音

铁观音，茶人又称红心观音、红样观音。福建省的安溪铁观音主产区在西部的"内安溪"，清雍正年间在安溪西坪尧阳发现并开始推广。铁观音天性娇弱，抗逆性较差，产量较低，有"好喝不好栽"之说。"红芽歪尾桃"是纯种铁观音的特征之一，是制作乌龙茶的特优品种。

（六）君山银针

君山银针是我国"十大名茶"之一，产于湖南省洞庭湖中的君山岛上，属于黄茶类针形茶，有"金镶玉"之称。因为它的茶芽挺直，布满白毫，形似银针而得名"君山银针"。

君山银针的制作工艺非常精湛，质量超群，风格独特，为黄茶之珍品。它的外形，芽头茁壮、坚实挺直、白毫如羽，芽身金黄发亮，内质毫香鲜嫩，汤色杏黄明净，叶底肥厚匀亮，滋味甘醇甜爽，久置不变其味。

（七）普洱茶

云南省的普洱茶是我国历史上最悠久的传统名茶。普洱茶为哈尼族的先民所发现，世代经营，引种四方，主产区主要分布在北纬25度以南的滇南茶区。据记载，普洱茶的历史可追溯到东汉时期，距今约1 700年。元朝时被称为"普茶"，明朝万历年间才定名为普洱茶。明末清初达官显贵、文人墨客以品饮普洱茶为时尚，有"夏喝龙井，冬喝普洱"的风俗雅趣。普洱茶制作工艺传统，有显著的保健功效，能使人感受到"普洱茶越陈越香"的历史韵味，被誉为"有生命的古董"。

五、茶文化与中国文化

在中华民族丰富璀璨的传统文化中，中国茶文化是一朵奇葩。它不仅具有悠久的历史、完美的形式，而且渗透着中华民族传统文化的精华。中国茶文化不仅体现了儒、道、佛各家的深刻哲理和思想精髓，且茶风之儒雅、茶艺之精美、茶道之高深，也为世人所称道。

中国是茶的故乡，人们饮茶的历史与使用传统中草药一样古老。茶在中国人看来是天地之灵物，生于青山秀水之间，以明月清风为伴，得天地之精华。所以，古时候真正的茶人不仅深谙烹茶待客之理，而且常入深山，寻访佳茗，甚至亲自种茶。历史上的名茶，不仅生长在好山好水之间，形色俱佳，且都有一个佳名，比如，一芽称"莲蕊"，如含蕊未放；二芽称"旗枪"，如矛端又增一缨；三芽称"雀舌"，如雀儿的嘴舌；还有诸如龙井茶、观音茶、碧螺春、毛尖茶……真是未见其物，先闻其名，未施茶艺，先有美韵。

在古代瑰丽的文学殿堂里，有不少文人墨客留下了咏茶的佳作。杜甫曾写有"落日平台下，春风啜茗时"的诗句；书法家颜真卿有"冷花邀座客，代饮引清言"的对联；宋代陆游一生嗜茶,老来更甚,"茂草满庭喧鼓吹,嫩汤出鼎试旗枪"。这些诗人不仅把饮茶看作精神享受,而且寄情于自然山水中,或于山间清泉抚琴烹茶,或文人古亭相聚品茗,别有一番雅趣。

有着悠久历史和丰富内涵的中国茶文化不仅是中国传统文化的重要组成部分,而且是世界文明的艺术瑰宝。早在公元5世纪,中国茶文化就开始外传,在1 000多年中,已经形成了一个以中国为中心的亚洲茶文化圈,并发展到了世界各地。现在世界绝大多数国家"茶"的发音都源于中国话。以茶道著称的日本、朝鲜,也是以中国茶文化为母体的,与中国茶文化有着深厚的渊源关系。

丰富瑰丽的中国茶文化是中华民族祖先留给我们的宝贵财富,凝聚着中国传统文化特有的神韵,只有立足于传统文化上,才能对中国茶文化有更深入的了解和思索,使之发扬光大。

习题与拓展实训题

一、思考题

1. 如何划分中国菜肴的种类?
2. 分析中国饮食文化的特征。
3. 试析中国的茶道与茶艺。

二、案例分析

世界旅游小姐在湘菜中感受中国文化

"It's so hot."尝试着吃了一口香辣鸡块后,来自希腊的世界旅游小姐Niki禁不住惊呼起来。和其他来自世界各国和地区的旅游小姐一样,Niki今天第一次学会用筷子进餐,第一次吃这以辣著称的正宗湘菜。

以"旅游中国,文化使者"为主题的第十一届世界旅游小姐年度皇后总决赛于2004年12月29日在长沙举行。为了让来自世界各国的旅游小姐充分了解中国,尤其是湖南的饮食文化,已抵达长沙的27名佳丽出席了12月22日在湖南举办的首届西湖楼美食节。

极具明清宫廷式建筑特色的西湖楼、身着清朝服饰的皇帝皇后迎宾队伍、精彩绝伦的舞龙舞狮表演以及悠扬动听的宫廷乐,其浓郁的中华民族气息深深吸引了来自世界各地的旅游小姐。坐在观赏台上,她们不时发出"Wonderful"的欢呼声,并纷纷用自带的相机抢拍这难忘的一幕。

品尝八大菜系之一的湘菜自然是美食节必不可少的环节。湘菜具有悠久的历史,讲究菜肴内涵和外形美观,达到色、香、味、形、器俱佳,同其他菜肴一起构成了华夏饮食文化的精华。受地区物产、民风习俗和自然条件等因素影响,其味辣而重。

虽已来长沙数天,但佳丽们很少有机会吃到纯正的湘菜。因此,她们一坐在餐桌旁就饶有兴致地问香港小姐请教如何使用筷子。来自爱沙尼亚的Lils很快就掌握了动作要领,当她顺利地夹起第一块食物时,同桌的佳丽们都为她鼓起掌来。

讨论

试分析饮食文化如何与旅游相结合。

三、实训题

举例说明当地目前主要的富有特色的小吃。

第十章

民俗旅游文化

1. 了解民俗文化的概念、特点、功能与分类；
2. 了解民俗文化与旅游的关系；
3. 了解民俗文化的主要内涵；
4. 掌握民俗旅游的内涵。

1. 能够分析民俗文化与旅游的关系；
2. 能够分析民俗旅游中的文化体验；
3. 能够将民俗文化知识应用到旅游资源开发和导游服务中，从而不断提高旅游业的文化品位。

独具特色的民族蜡染

蜡染是一种手工绘染艺术，起源于秦汉，盛行于隋唐。蜡染工艺经代代相传成为我国古老的手工艺之一，也是中华民族古文明的一部分。

蜡染工艺在我国西南少数民族地区世代相传，尤其是贵州地区广泛流行，是当地妇女生活中不可或缺的一种艺术。这一地区以蜡染做主要装饰的有黄平、童安江一带和丹寨县的苗族妇女，她们的头巾、围腰、衣服、裙子、绑腿都是蜡染制品，其他如伞套、枕巾、饭篮盖帕、包袱、书包、背带等也都使用蜡染制品；安顺、普定一带的苗族妇女把蜡染花纹装饰在衣袖、衣襟和衣服前后摆的边缘，她们背孩子的蜡染背带点染得精巧细致，除蓝白二色外，有的还加杂上红、黄、绿等色。

贵州各少数民族的蜡染各有特色，例如苗族的蜡染图案有的还沿用古代铜鼓的花纹和民间传说中的题材，有的是日常生活中接触的花、鸟、虫、鱼；而布依族则喜用几何图案。各民族的蜡染都有其独特的风格。

随着苗乡社会、经济、文化教育的发展，尤其是市场经济大潮的影响，传统手工产品也受到了冲击。目前的蜡染制品大体可以分为三大类：一类是西南少数民族地区，民间艺人和农村妇女自给自用的蜡染制品，这一类产品应属于民间工艺品；另一类是工厂、作坊面向市场生产的蜡染产品，这一类产品应属于工艺美术品；第三类是以艺术家为中心制作的纯观赏型的艺术品，也就是"蜡染画"。这三大类蜡染同时并存，互相影响，争奇斗艳。

思考

从这个案例中你能看出民俗文化具有什么特点？

第一节　中国民俗文化

一、民俗文化概念和特点

（一）民俗文化

"民俗"（Folklore）这一学术名称由英国考古学家 W. J. 汤姆斯于 1846 年正式提出。他认为民俗是"在普通人们中流传的传统信仰、传说及风俗"，以及"古时候的举止、风俗、仪式、迷信、民曲、谚语等"。汤姆斯对"民俗"的理解主要包含三方面的内容：首先，民俗是民间的，它在普通老百姓中广泛流传；其次，民俗大多集中在精神传统方面；最后，神话、传说、故事、谜语、歌谣、戏剧等民间口头文学也是民俗的一个非常重要的组成部分。汤姆斯之后的 100 多年间，学术界对于"民俗"概念和内涵的理解众说纷纭。具体而言，主要有以下几种说法。

（1）文化遗留物之说：是 1879 年以安德鲁·兰为首的英国文化进化学派提出的有关民俗的观点。他们认为，民俗是一个已经发展到较高文化阶段的民族所残存的原始观念和习俗。

（2）精神文化说：也是英国学者的观点，首先在国际民俗学界流行了很长时间，他们重视民众的精神生活或者心理活动，而不看重工艺技术和物质生产。

（3）民间文学之说：主要流行于美国和苏联，认为民俗就是民间文学。如美国学者厄特利将民俗定义为口头传承的文学艺术，把习惯、宗教、语言和工艺等都排除在民俗之外。在苏联，民俗仅仅指劳动人民的口头创造。

（4）传统文化之说：即受文化人类学研究的影响，把民俗仅限于传统之中，将生活中不断涌现的新民俗排斥在外。这是西方学术界普遍流行的观点。

"民俗"一词在中国学术界的使用较晚。从文献资料考证，"民俗"一词在我国大致经历了由"俗"—"风俗"（习俗、民风）—"民俗"这样一个演变过程。因为"民俗"发生在我们的日常生活中，所以要给它下一个准确的定义并不是一件很简单的事情。我们现在使用的"民俗"一词是从国外传入的，是英语"folklore"的意译，原意是"民众的知识""民间的智慧"。

民俗是在人类历史的发展过程中，一定的群体为适应生产实践和社会生活而逐渐形成的一种程式化的行为模式和生活惯制，以民族的群体为载体，以群体的心理结构为依据，表现在广泛而富有情趣的社会生产与生活领域的各个方面，是一种集体性的文化积淀，是人类物质文化与精神文化的一个基本的组成部分。它创造于民间，传承于社会，并世代延续承袭。民俗文化，就是民间风俗习惯，是一个国家或民族中的广大民众在长期的历史生活过程中所创造、享用并传承的物质生活与精神生活事项。

（二）民俗文化的特点

民俗是具有一定特点的文化现象。每一项民俗之所以能独立存在并世代相传，必定在内容或者形式上都有其显著特点。民俗事项纷繁复杂，要总结出民俗的全部特点十分困难。本书仅对能涵盖大部分民俗现象的特点加以阐述。

1. 民族性

民族性是民俗的重要属性之一，也是民俗的首要特征。民俗的形成首先要以一定的民族为依托。早在原始氏族部落时期，各氏族、部落就形成了自己独有的生产、生活习俗。随着民族的形成，各民族又创造了不同的民俗。这些民俗经过不断的完善与发展，形成了不同的民俗事项，并在各自的民族中世代相传。同一类民俗事项在不同的民族中又具有不同的特点和表现方法。这些不同之处正是民俗民族性的具体表现形式。如同样是饮食习俗，汉族的饮食习俗和回族的就有很大区别。

2. 集体性

民俗的产生、形成、发展、完善和流传都是人类集体活动作用的结果，所以说，民俗具有集体性，也就是社会性，它是民俗最基本的特征。如春节、端午节、中秋节等中国传统节日，不仅汉族民众十分喜欢，中国其他少数民族，甚至日本、韩国、朝鲜、越南等也非常重视，这说明由历史传承下来的这些节日有着广泛的群众性和社会性。

民俗的集体性主要表现在两个方面。一方面，民俗事项的产生是集体创造的结果，或者是先由个人创造，后经集体的响应，然后丰富发展起来的。如人类最初的原始自然崇拜、图腾崇拜以及后来的祖先崇拜等，都是全民共同参与与创造的结果。民俗文化是集体的心态、语言和行为模式，个人行为构不成民俗。另一方面，民俗在流传过程中不断地被充实、演变与发展，也是集体再加工的结果。民俗一旦形成，就成为集体的行为习惯，在广泛的时空范围内流动，并在流动过程中得到补充、完善和发展。原来比较简单的结构和内容，经过历史长河的洗礼变得越来越丰富，越来越有魅力。

3. 地域性

共同的地域是民族形成的基本条件之一。受当地自然地理和气候等条件的影响，会出现不同的风俗习惯。不同地域生活的人群，其饮食习俗、服饰习俗、居住习俗、婚姻习俗以及社交礼仪等方面会有显著的差异。如中国北方的民众大多爱吃面食，日常饮食以馒头、面条、饺子等为主；而中国南方的民众常以米饭、稀饭等为主。居住在平原地带的民众，现在多生活在砖木结构的楼房或平房里，而身处深山的民众，则习惯住在"吊脚楼"等与当地地理条件相适应的建筑中。

4. 传承性和传播性

民俗是一种世代相传的文化现象，具有时间上的传承性和空间上的传播性。传承性是指民俗文化在时间上传递的连续性。传播性是指民俗文化在空间伸展上的蔓延性。正是因为民俗具有传承性和传播性，才使民俗能成为跨越时空的文化载体。好的习俗以其合理性赢得广泛认可，代代相传；恶习陋俗也因袭保守的传统势力而传于后世。我国沿袭了数千年的一些岁时节日习俗，如农历正月十五的吃元宵，清明节的祭祖踏青，五月初五端午节的吃粽子、赛龙舟，八月十五的中秋赏月等传统习俗，尽管在不同的时期、不同的地点会略有差异，但这些节日的主要内容和形式却一代又一代地被承袭下来。

5. 稳定性

民俗的稳定性是指民俗一旦产生，就会随着人们的生产、生活方式长期相对稳定而成为人们日常生活的一部分。民俗是上层建筑的一部分，只要社会的经济基础稳定，人们的生产生活方式就不会发生大的变化，民俗文化就会表现出很强的稳定性。在我国两千多年的封建统治中，虽然历经了无数次的改朝换代和社会变革，其中有些民俗已随着历史的发展、社会生产生活方式的改变而自行消失了，但仍然有许多民俗经过千百年的完善和发展而流传至今。比如，我国传统的节日习俗、生产生活习惯，有很多都产生于先秦两汉时期，它们能传承至今，正好说明了民俗的稳定性特征。

6. 变异性

民俗作为一种世代相传的文化事项，并不是代代依旧、一成不变的。随着历史的发展和社会的进步，民俗事项在其发展与传播过程中从内容到形式都会发生不同程度的变化，这就是民俗变异性特征的表现。变异性和传承性是民俗发展过程中的两个矛盾统一体，只有传承基础上的变异和变异过程中的传承，才能形成今天丰富多彩的民俗事项。

在不同的历史时期、不同的自然地理环境和社会环境下，民俗事项容易发生变异，民俗的这种变异性特征是可以被认识和利用的。根据不同民俗事项的变异性规律，可以对民俗进行有意识的删繁就简，推陈出新，移风易俗。继承优良的传统，使美好的风俗发扬光大，而对那些带有弊端的风俗要使之逐步地优化和完善。当然，民俗事项的变异性是在漫长的历史发展中逐渐呈现的，我们不应该过多地进行人为干预，应当在认识它的发展规律的情况下，对其进行适当的引导，才能顺应其发展。

二、民俗文化的功能

民俗的产生离不开人类社会生活，所以民俗不仅仅是一种特殊的文化现象，它还是民众生活的有机组成部分，社会生活的丰富多彩决定了民俗事项的异彩纷呈。在这个纷繁复杂的社会中，民俗事项之所以能够得到千百年的延续，世代相传，并被广大民众所接受，其主要原因在于它所拥有的社会功能。具体来说，有以下几点。

1. 教化功能

民俗的教化功能从广义来讲，是指民俗在人类社会发展过程中，对个人、集体、国家或社会进步所起的推动促进作用。狭义来讲，是民俗对人类个体在成长过程中起到教育和约束的作用。民俗是社会的、集体的创造，它扎根在人民生活的土壤中，因而有广泛的群众基础。人从一出生开始，就存在于特定的社会环境中，并不能随意选择自己所生存的社会环境。因此，人一降生，民俗文化的教化功能就已经开始发挥作用了。民俗文化是一座蕴藏极为丰富的宝库，它往往通过丰富多彩的民俗活动，对人们实行传统的思想教育。民俗的教育功能寓于民俗事项之中，在人们的社会生活中潜移默化地发挥着作用。

2. 规范功能

民俗的规范功能是指民俗对社会群中每个成员的行为方式所具有的约束作用。民俗一旦形成，得到社会认可后，便成为人人需要遵守的行为准则，因此，民俗在整个社会生活中起着重要的规范作用。

民俗在社会生活中尽管不是成文法律，不具备强制性，但是以其约定俗成的力量在约束、规范着一个族群中每个成员的行为方式，统治着他们的思想。从生老病死到婚丧嫁娶，从社交礼仪到民族信仰，每一个人都会不自觉地将自己的行为规范在民俗的约束之下，如结婚要遵守婚俗，交际要遵守礼俗。这种强烈的规范约束作用是族群意识的共同体现。民俗的这种规范功能可以维护族群与个体、个体与个体之间的利益，使群体生活和整个社会生活都井然有序。

3. 维系功能

民俗作为一种民族统一体所共有的世代相传的文化事项，它总是在自觉与不自觉中统一着共同体的行为和思想，使社会和群体保持着向心力和凝聚力。任何社会都处在不断的变化之中，文化也会随着外部环境和内部情况的转变而不断加以调整。民俗作为一种传承文化也在不断地被复制、演变，由此保持着民俗的社会连续性。在文化变迁中，大量先进的思想、观念、行为方式等作为新鲜的血液被原有民俗所吸纳和利用，而那些与时代发展不相适应的东西则被摒弃。但是，即使在大规模的文化变动中，所发生的变化与整个民俗文化体系相比也是局部的、小规模的，这样就有效地防止了文化的断裂，维系着社会生活的相对稳定。

民俗不仅在行为方式上维系着整个群体的同一性，更重要的是它也维系着群体或者民族的文化心理。民俗成为人们认同自己所在群体的标志，是同一文化心理或者特定的集体心理的反映。

4. 调节功能

民俗的调节功能是指通过民俗活动中的娱乐、宣泄、补偿等方式，使人类社会生活和心理得到调剂的功能。人从出生开始，就不得不面临各种困境和压力，特别是随着现代社会生活节奏的加快，人们的身体和精神更加疲惫了。传承于民间的许多民俗事项如游戏、民间舞蹈、民间竞技、对歌等娱乐性活动，能使人们在劳作之余彻底地放松身心、调节心情，创造出一种令人惬意的生活氛围。当然，这也说明民俗具有娱乐性的特点。越是民俗事项保持完整的地区，人们就越能感受到生活的悠闲与愉悦，这也就解释了为什么现在有越来越多的人追求返璞归真的生活方式。

民俗除有娱乐性之外，也具有很强的宣泄性。最为典型的是世界各地的狂欢节，人们在狂欢节里可以打破平时的禁忌与约束，尽情地放纵欢乐，以展示人性的另外一面，将胸中的抑郁释放出来。如在啤酒节期间人们可以开怀畅饮，在泼水节时人们则可以泼水相庆以缓解压力；

民间游戏如斗牛、斗鸡、斗蝉等也同样可以达到宣泄的目的。有些民俗事项还具有补偿与慰藉的作用。人的欲望是无止境的，但由于受到现实条件的制约，人类的许多欲望往往无法得到满足，于是便从丰富多彩的民俗活动寻求慰藉。比如在爱情路上遇到挫折的人，可以从民族情歌中得到安慰；生活道路坎坷的人，常用各种信仰来支撑自己，以缓解生活的压力。

5. 民俗的审美功能

民俗的审美功能是指民俗能对社会成员心理产生悦耳、悦目和悦神的审美作用。它和民俗的娱乐功能是紧密相联的。民俗工艺与民间造物，包括民间建筑、服饰、民间工艺美术、工具都自然流露着纯真质朴之美。民俗审美不仅是人们对美的外部形态的感知，而且包括由感知到想象、理解、再创造的过程，即通过民俗的感知而悦耳悦目，美其目而悦其心，得到一种美的享受，最后达到悦神悦意的精神境界。民俗旅游的开展为旅游者提供了感受和体验民俗审美文化的良好机会。以民俗风情参与和体验为主要内容的民俗文化旅游审美活动常常使旅游者获得终生难忘的审美感受。民俗旅游资源开发的审美观应立足于民俗自身的特色，这就是"真、古、奇"。"真"是真实自然，"古"是古朴原始，"奇"是奇异独特。这都是个性，也就是美。这是我们开发民俗旅游资源的立足点。

三、民俗文化的主要类型

（一）物质生产民俗

其主要包括农业生产民俗、牧业生产民俗、渔业生产民俗、狩猎生产民俗及行业生产民俗等。

（二）物质生活民俗

其主要包括服饰民俗、饮食民俗、居住习俗和交通民俗等。

（三）人生礼仪

其主要包括诞生礼俗、成年礼俗、婚姻礼俗和丧葬礼俗等。

（四）信仰民俗

其主要包括民间信仰对象、民间信仰行为方式以及信仰行为的实施主体等。

（五）岁时民俗

其主要包括与农业祭祀有关的岁时节日、与祖先崇拜有关的岁时节日、与神灵特别是与自然神崇拜有关的岁时节日、与驱邪禳灾有关的岁时节日和与禁忌有关的岁时节日等。

（六）社会组织民俗

其主要包括血缘组织民俗、地缘组织民俗和业缘组织民俗等。

四、民俗文化与旅游的关系

旅游既是一种经济行为，也是一种认知文化行为。旅游者离开居住地到旅游地去旅行，正是被异域或异族独具个性的民俗文化所吸引，希望"入乡问俗"，到浓郁的民俗文化氛围中去感受异域风情，比较居住地与旅游地居民之间生活方式的差异，以达到文化上的认同。

因此，民俗文化与旅游有着密不可分的联系。

（一）民俗文化对旅游的作用

1. 民俗文化是重要的旅游资源

旅游资源就其内在结构来说，可分为自然旅游资源和人文旅游资源两大部分。人文旅游资源又可分为历史文化旅游资源和民俗文化旅游资源两部分。我国民俗文化资源是一座取之不尽、用之不竭的宝库：内容丰富、门类齐全；地域覆盖面广，地方色彩浓；民族特点鲜明，民俗文化异彩纷呈。各民族的神话传说、音乐舞蹈、戏曲艺术、雕塑绘画、民族工艺、节庆游乐、婚丧嫁娶、文娱体育、宗教仪式、集市贸易、建筑形式乃至服饰饮食、待客礼仪等均有特色，为挖掘我国民俗特色旅游资源的广泛性、多样性、吸引性提供了基础。中国民俗文化不仅内容丰富，而且极具旅游文化价值，人们可从中获得有益的知识、美的享受。

2. 民俗文化旅游丰富了旅游活动，提高了旅游地的经济效益

旅游的经济性和旅游的文化性是密切相关的。民俗文化旅游是民俗文化在旅游业中的运用发展，也是利用民俗文化为经济建设服务的具体体现。作为文化旅游重要组成部分的民俗文化旅游，在经济效益方面已经取得了令人刮目相看的成绩。如深圳华侨城由三大景区组成的锦绣中华于 1989 年 11 月开业，1 亿元的投资当年收回；以其收入滚动开发的中国民俗文化村于 1991 年 10 月开业，一年半后收回 1.1 亿元的投资；接着以 5.8 亿元兴建世界之窗，1994 年 6 月开业，又创辉煌。自锦绣中华开业以来，10 年中三大景区共接待 4 400 万海内外游客，营业收入近 28 亿元，不仅带来了可观的经济效益，还产生了广泛的社会效益，成为弘扬民俗文化、进行爱国主义教育和加强中外文化交流的窗口。

（二）旅游对民俗文化的积极作用

1. 旅游能够促进民俗文化交流与传播

民俗文化旅游以文化事项作为吸引物和承载物，激发游人兴趣，通过游人的亲身投入，成为特定民族环境中的一员，从而达到旅游主客体双向交流，满足旅游者休闲、探奇、求知等目的。

现代旅游对民俗文化的传播起着越来越重要的作用。旅游者在旅游过程中除获得美的享受外，获得新知识也是其主要目的。民俗文化资源之所以能成为吸引旅游者的重要因素，是因为它具有重要的知识和艺术价值。接待地为满足旅游者的需要，应多方面展示本国、本地区民俗文化的精华，这样做，一方面可以使旅游者直接在欣赏文化的表演和展示中增长知识，另一方面可以通过导游向旅游者介绍这些文化现象的起源、功能和象征意义，为游客提供学艺的机会。因此，每一次旅游活动实际上就是一种文化传播。

2. 旅游促进旅游接待地民俗文化的现代化

每年数百万的游客涌进接待地，也带来其民族的文化特点，给接待地带来一定的影响，他们的道德观念、生活方式无疑会对民族地区的文化传播带来有益的或有害的双向渗透。有益的方面，会把现代文明带进接待地，打破民族传统文化不可分享、不可示人的封闭状态，有利于促进接待地与发达地区的跨文化交流，开阔人们的眼界，增进市场经济意识，促使接

待地生活方式的变迁，提高接待地的文明程度。社会变革的步伐加速了文化变迁的频率，也加快了民俗文化现代化的过程。

3. 旅游促进了民俗文化的保护与发展

现代旅游业的发展，要求人们不仅要开发新的旅游资源，而且要保护、修葺和恢复原有的文化资源。这一过程就是要发掘、整理和提炼那些颇具民族特色的风俗习惯、历史掌故、神话传说、民间艺术、舞蹈戏曲、音乐美术、民间技艺、服饰饮食、接待礼仪等民俗文化旅游资源，使这些民俗文化的瑰宝得以永世流芳。为此，许多国家对民俗文化采取了保护、开发、利用一体化的一系列举措，以使本国旅游业更具特色、更具魅力。所有这些，对民俗文化将起到积极的保护和促进作用。

（三）旅游对民俗文化的消极影响

1. 民俗文化的同化和庸俗化

随着旅游业的发展、旅游者的涌入，异族及同族异地的文化、思想意识、生活习俗的引入，旅游接待地的民俗文化会逐渐被同化、冲淡和消失。而且，在开发民俗文化资源的过程中，过分的、夸大其词的宣传会使旅游接待地淳朴的民俗文化失真、被歪曲；有些接待地甚至为了迎合一部分游客，而着力渲染一些不健康的内容，使民俗文化庸俗化。

2. 对民族传统文化的冲击

由于旅游者的涌入，旅游接待地的传统文化会因商品化而受到歪曲并失去价值。如一些民族歌舞由于旅游者的需要而被搬上舞台，或被压缩，或被删除，或是活动的节奏加快，使其在很大程度上丧失了传统的意义和价值。此外，由于商品化，某些传统工艺品的制作泛滥随意，已不是传统的风格和制作技艺。异地文化对民族传统文化的冲击与影响是潜移默化的。除传统文化价值的丧失外，还会出现淳朴民风的丢失和崇洋媚外思想的产生，甚至会影响社会的稳定。

3. 腐朽生活方式的散播，传统道德观念的堕落

旅游者既带来了其民俗文化中进步的影响，也带来了腐朽落后的东西。西方社会中某些腐朽的生活方式或思想意识会与旅游者相伴随，在旅游接待地广为传播，对接待地社会文化产生严重影响，造成腐朽思想泛滥而优良传统丧失。

对这些消极的影响，应积极采取防范措施和相应对策，努力减少或抵制这些不良影响，使民俗文化资源得以长期使用和弘扬。

第二节　民俗文化的主要内涵

一、服饰民俗

（一）服饰民俗的类别和发展

服饰民俗主要包括两大类：第一类是衣着，包括用不同质料如棉、麻、丝绸、毛纺、化纤、皮革制作的衣、袍、裤、裙、帽、袜、鞋等。这一类还可细分为头衣、体衣、足衣三部

分。第二类是各种装饰物，如头发的装饰物夹、簪、钗、梳，耳部的装饰物耳环、耳坠，颈部的装饰物项链、项圈，胸部的装饰物胸针、腰佩，手臂的装饰物臂钏、手镯图、戒指，脚部的装饰物脚链等。它还包括对人体自身的装饰，如对发式、眉毛、嘴唇的修描，染指甲，镶牙，束胸，文身，纹面等。此外，它还包括各种佩物，如佩刀、腰刀、挎包、荷包、香囊、扇子、伞、手巾、手帕等。正是由于服饰呈现出五光十色、样式迥然的状态，而成为我国旅游的一道亮丽的风景线。

服饰由最初护身蔽体之物发展到承载着社会意识的人类躯体的美化物，经历了巨大变化。这种变化大体经历了以下四个阶段。

（1）保护阶段，即以遮身蔽体、防寒御暑为主要目的。其特点是：服饰的差异性主要因自然条件的不同而形成，服饰的性别差异、年龄差异尚未形成，地区之间的差异也很小。

（2）实用阶段，即服饰以适应生产、生活的需要为主要目的，并因生产条件的不同而产生明显差异。如北方狩猎民族多以兽皮制作衣物，因为穿兽皮狩猎既可防御野兽的侵袭，又可伪装隐蔽；江南水乡渔民多穿短衣短裤，便于撒网捕鱼作业。

（3）标志阶段，即服饰成为社会角色和等级身份的标志。随着社会分工的多样化、身份等级的严格化，服饰愈发复杂化。社会分工不仅有农、牧、渔、猎之分，而且有不同行业、不同职务之分，此外还有性别、年龄、质地、颜色等之分，其服饰也随之复杂化。工、农、兵、学、商各有其装束。我国很早就有文职武职之分，相应地也就产生了文臣武将、学生士兵各不相同的服饰。随着家族制度、社会制度的变化和社会等级的变化，身份的尊卑、地位的高低，都在服饰上有所显示。如"锦衣"与"布衣"成了等级的标志，"丝绸"与"葛麻"成了贫富的标志；黄色衣服是皇家的标志，紫色衣服是达官贵人的标志，灰色、蓝色衣服成了平民百姓的标志，长袍马褂是文人学士和有身份的人的标志，短衣麻褐是苦力的标志。

（4）象征阶段，即服饰还能反映某些社会观念、政治观念方面的变化。在社会观念、政治观念复杂化之后，服饰的功能也随之产生了某些变化，基本的实用性能依然保持，但服饰和装饰物的样式、图案、花纹、颜色等则包含了更多的社会内容，如礼仪伦常、求吉心理及民族自我意识等。

（二）服饰民俗的文化特点

我国地域辽阔，民族众多，地形复杂，气候多样，经济发展程度不一，文化差异明显，这一切造成各地各族的服饰丰富多彩、五光十色、千姿百态。一般而言，北方地域服饰偏重于重、浓、厚，而南方服饰则偏重于轻、浅、薄。从我国沿海地区到内陆地区，服饰变化也很明显，表现为由开放宽敞型向封闭包裹型逐渐过渡。

服饰习俗作为日常民俗文化中较为活跃的部分，是一定地区和民族的表征，反映着人们对着装的思想认识、观念以及社会的发展。服饰是文化的一面镜子，从中可以看出某种文化传统的道德伦理、价值观念、性格特征、风俗、信仰等。我国各民族服饰所体现的社会观念，大致有下几点。

1. 崇宗敬祖，强调礼仪伦常

儒家重礼仪伦常、重视孝行的思想对我国社会的影响至深至久，祖先崇拜是中国人宗教信仰的突出特点，二者结合而形成的社会意识就成为中国文化的核心。这种社会意识在服饰民俗中有突出的表现。例如在人生礼仪中，最重要的有诞生礼、成年礼、婚礼和丧礼，四次重大礼仪产生四次换装，每次换装都以不同的方式、不同的内容体现了中国的礼仪伦常和崇宗敬祖观念。

诞生礼与命名礼、满月礼、百日礼、周岁礼相联系。婴儿服饰的特点是挂银圈、玉锁之类的配物，其目的不是美化装饰，而是为了保命护魂，即把魂魄锁在婴儿体内，使其无法乱跑而免遭野鬼劫持。

成年礼是进入成年的标志。汉族男子的成年礼叫"加冠"，加冠之后方可用字号。女子的成年礼叫"加笄"，笄即簪子。"加笄"即表示已经成人，所以要拜祖先、拜父母，父母还要教以侍奉舅姑尊长之礼。少数民族如彝族、普米族、纳西族摩梭人的成年礼叫"穿裙"礼，即少女的服饰由穿裤改为穿裙。这种改饰换装仪式不仅象征着亲长对少女监护的结束以及人们对少女婚恋权利的认可，更关键的是象征着祖灵或神鬼对其性的权利的认可。

结婚最重要的意义是繁衍子孙，所以红色成为婚礼的基本色调，新娘的服装几乎都离不开红色，婚礼喜用红色在各民族中具有普遍性，据有关学者研究，这可能与原始人认为血对生命至关重要的观念有关。

伦常观念在丧服中的表现尤为明显。丧服的产生源于祖先崇拜，丧服制度是依据生者与死者关系的亲疏而制定的一套等级制度。我国古代的丧服分为五等，即斩衰、齐衰、大功、小功、缌麻五种服制。丧服的样子和质地的不同，表明生者和死者亲疏关系的差异。"斩衰服"制作时不缝边，是儿子为父母服孝，妻、妾为夫君服孝，未出嫁的女儿为父母服孝的丧服，服期三年。"齐衰服"用粗生麻布制成，剪断处缉边。此丧服为祖父母服一年，为曾祖父母服五月，为高祖父母服三个月。"大功服"以熟麻布制成，"小功服"用较细熟麻布制成。"缌麻"是最轻的孝服，用最细熟的麻布制成。五种等级的丧服，既划定了血亲近亲亲族的范围，也标明了血缘远近亲疏的等差。

2. 祈吉心理

求福趋吉，是一种普遍的心理趋向。这种趋向反映在许多方面，衣服图案和装饰是其中重要方面。如给小孩戴虎头帽、穿虎头鞋，是祈望借虎的威力保佑孩子健康成长。彝族以虎为图腾，给小孩戴虎头帽的用意还包含念祖感情。汉族在端午节给孩子穿上印有蛇、蝎、蜈蚣、壁虎、蜘蛛图案的"五毒衣"，寓有以毒攻毒、镇邪驱祟的用意。汉族妇女有簪发、插花的习惯，认为簪发可以避邪，插茉莉花能驱鬼，戴菊花可以长寿。维吾尔族爱戴小花帽，花帽的图案丰富多彩，最常见的是名呼"巴达木"和"奇依曼"的图案。"奇依曼"是繁花似锦的意思，这是希望姑娘美如鲜花，小伙子前程似锦；"巴达木"是古代从西亚传来的良种杏，有着顽强的生命力，能在干旱缺水的沙漠戈壁生长。各民族服饰上的图案纹饰，大多与求福趋吉的心理趋向有联系。

3. 表现民族的自我意识

民族自我意识"是各民族在形成和发展过程中凝结起来的表现在民族文化特点上的心理状态"，是同一民族的人感觉到大家属于同一个共同体的自己人的心理。民族自我意识表现在许多方面，服饰是其中一个重要方面。因为服饰是各民族在形成和发展过程中凝结起来的属于各民族独有的心理状态的视觉符号，穿着同一种服饰的人时时都在互相传递这样一种信息：我们是同一民族的人，并因此而强调同一民族之间的内聚性和认同心理。

4. 成为某种政治观念的载体

服饰还十分敏感地反映着政治观念的变化。清政府被推翻之后，剪辫子和穿中山服成为"咸与维新"的符号；新中国成立之后，男穿中山装，女穿列宁装，衣服颜色基本上是全国一律的灰、蓝二色，这是"倒向苏联一边"和"思想一律"的政治观念的符号；党的十一届三中全会以后，人们的服饰多姿多彩，西装夹克成了流行服，奇装异服不受批判反而得到青睐，这是改革开放的符号。

此外，服饰还包含着各种不同的审美观念。

服饰中所包含的各种观念，往往交叉组合，多向延伸。总体来讲，服饰具有丰富的文化内涵，由此也就可以理解为什么许多民族房屋十分简陋，服饰却十分讲究，甚至不惜花费重金，用很长时间制作各种服饰了。

（三）各民族服饰

除汉族之外，我国还有 55 个少数民族，各民族绚丽多姿的民族服饰是旅游观赏中一道亮丽的风景线，具有很高的旅游欣赏价值，如苗族、瑶族、侗族各不相同的"花衣"与百稻裙，傣族妇女的花筒裙，藏族的藏袍，维吾尔族的"袷袢"和连衣裙，满族的旗袍等。下面介绍一部分颇具特色的民族服饰。

蒙古袍，为蒙古族的传统服式，分夹、棉、皮三种。袍长而宽大，直领左衽，下摆不开衩，衣襟及下摆多用绒布镶边，腰部用彩色绸带系扎。牧区男女均穿用。穿此袍骑马放牧，能护膝防寒，夜宿可当被盖，瘦长袖筒可用防蚊，束上宽大腰带，能保持腰肋稳定垂直。

袷袢，为维吾尔族男子长袍。齐膝对襟，无纽扣，无旁衩，腰身肥大，用长方巾扎腰，喜用白色、黑色和茶色的衣料。夏天多着白色单袍，冬天穿黑色棉袍。妇女在宽袖连衣裙上套黑色对襟背心，现在则大多穿西装上衣和裙子。无论男女老少，都爱戴四楞小花帽，俗称"尕巴"。未婚少女梳十几条发辫，以长发为美。

藏袍，为藏族、门巴族的主要服装，多黑色、赭红色和本白色。右衽，斜襟，中系腰带，内衬长袖短褂。男子穿的藏袍特别肥大，束腰后腰际成兜囊，用以装物件。一般袒出右臂以利于活动，天热时则袒出上身，将两袖系掖腰间，夜晚可充被盖。

旗袍，初为满族妇女服装，故称旗袍，后满、汉皆穿用。最初是直筒式，腰部无曲线，下摆和袖口较大，外罩马甲。

百褶裙，为彝、傈僳、苗等族妇女的衣裙，以流行于川、滇大小凉山的最具特色，一般用三种不同色彩的布缝制而成。裙面折叠很多，长曳到地。苗族妇女的百褶裙较短，但褶很多，有的多达 500 褶以上。

擦尔瓦，彝语称"瓦拉"或"瓦拉勃"。川、滇大小凉山彝族男女所穿的披衫，用羊毛织成，有白、灰、青三种颜色。擦尔瓦的形式有有流苏的和无流苏的两种，其流行的区域有所不同。

缝制一件擦尔瓦需七幅或九幅毛料，制造一条披衫往往需要数月至半年不等。无论男女老少，终年披着，白天用以御风寒，夜间可作为被盖。

二、游艺民俗

民间游艺活动作为民俗文化中的一项内容，在民众生活系统中占有较为重要的位置。由于地域性、民族性、阶层性、对象性的差异，在我国民间形成了丰富多彩的游艺娱乐活动。民间游戏、民间竞技、民间杂艺是民俗游艺活动的三项主要内容。这些活动，既有助于人们体能的恢复和提升、心理情绪的调节、创造力和道德感的培育，也大大丰富了人们的社会文化生活、满足了他们的精神追求。在现代旅游业中，这些游艺娱乐活动都具有很高的旅游观赏性，而且相当一部分具有参与性，旅游者可与当地人民同乐共舞，给旅游者提供了观赏和体验民族民俗文化的良好机会。

（一）民间游戏活动

民间游戏是指流传于广大民众生活中以嬉戏、消遣为主的娱乐活动。它是游艺活动中最常见、最普遍、最有趣味性的活动。种类众多，形式多样，包括儿童的庭院嬉戏，成人的助兴游戏，以及少年、成人共享的斗智游戏等。按游戏的性质划分，民间游戏可分为智能游戏、体能游戏、智能和体能结合的游戏三种类型。

智能游戏主要是以培养少年儿童智力为目的的游戏。这种游戏小型、灵活、富有趣味性，其形式也较多。有考察少儿口头语言表达能力的，如说急口令、绕口令、背诵歌谣等；有检验少儿数算能力的，如数鸡兔、识数歌谣等；有培养儿童空间想象和推理能力的，如拼七巧板等。

体能游戏的目的在于锻炼、发展少年儿童的身体素质。这种游戏时间自由、规则灵活，娱乐性强，动作变化大，多在户外进行，如捉迷藏、老鹰捉小鸡、猫拿耗子、丢手绢、跳房子等。

智能与体能结合的游戏要求参与者的智力反应和体能动作协调迅速。最典型的莫过于成人的猜拳行令，儿童中流行"剪刀、锤子、布"等助兴游戏。

（二）民间竞技活动

民间竞技活动是指民间各种形式的体育、技巧的比赛活动，是一种以竞赛体力、技巧、技艺为主要内容的文化娱乐活动。我国传统的竞技活动项目丰富多彩，且有着悠久的历史，它的产生同古代先民的生产活动和军事战斗活动密切相关。

我国民间竞技项目数量众多，范围广泛。从参赛的人数、竞赛的场地到道具的使用再到参与的级别，都有许多规则和习惯。按民间竞技活动的主要内容来划分，可分为赛力量型、赛技巧型、赛技艺型三类。

（1）赛力量型，是以力为主要内容的竞技活动，是民间竞技的常见传统项目。既有个人的赛力竞技，也有团队的对抗性竞技。各民族都有这类活动，如摔跤、举重、投掷、爬杆、拔河、龙舟竞渡等。摔跤、举重、投掷、爬杆等是以个体为主的竞技项目，而拔河、龙舟竞渡等游艺活动是集体性的合作项目。摔跤，广泛流行于汉族和蒙、彝、藏、维、壮、瑶等少数民族地区。汉族摔跤最有特色的，当数山西忻州的"挠羊赛"。以又肥又大的白羊作为竞赛奖品，获胜者"挠羊"而去。"挠"为当地方言，即"扛"的意思。当地把摔跤比赛称为"挠羊赛"，将获胜者称为"挠羊汉"。每逢节会、唱大戏时，有村与村、县与县的正式比赛。平时在田间地头、冬季农闲也常有擂台式的对抗赛，故当地素有"摔跤之乡"的美誉。少数民族中蒙古族的摔跤更是独具风采。摔跤、赛马、射箭合称为蒙古族的"男儿三艺"。每当夏秋之交，在百花盛开的草原上举行摔跤赛，场面十分壮观。牧民们不仅在劳动之余常常比赛，尤其在祭敖包和那达慕大会时，摔跤更是夺人心目的活动内容。获胜者被公认为勇士，美名会传遍草原，享有很高的荣誉。

龙舟竞渡，又称"划龙船"或"赛龙舟"，通常在每年的端午节举行，是大型的群众性竞技活动。龙舟的形制长七尺至十余丈不等，人数少则四十人，多的可达八十人以上。龙舟的头尾、船身多精雕彩绘，并置有锣鼓用以鼓气壮威、指挥节奏。水面上，参赛者边划边喊，锣鼓喧天，一艘艘赛船犹如真龙出水，你追我赶。这完全是一场意志的拼搏、力的较量。江岸上，无数百姓临岸观看，一片欢腾。赛龙舟不仅广泛流行于我国南方地区，近年来北方地区如沈阳也举行赛事活动，而且泰国、东南亚等地也先后举行过数届国际龙舟大赛，成为世界性的竞技项目。

（2）赛技巧型。与力量型竞技相比，以技巧为主要竞赛内容的娱乐项目更加变化奇妙、多姿多彩。根据技巧变化的繁简程度，技巧型竞技可分为单一技巧和综合技巧两类。单一技巧，是指在同一活动中比赛某一种技巧的竞技。传统项目有跳绳、跳皮筋、踢毽子、荡秋千等。综合技巧，是在同一活动中表演多种技巧的竞技活动，主要包括赛马及各种马术比赛。赛马是一项历史悠久，流行于游牧地区的竞技项目。蒙古"敖包"会、"那达慕"上最引人注目的便是赛马。哈萨克、柯尔克孜、塔吉克、锡伯等族盛行的"刁羊"比赛，就是一种赛马民族的特有形式。哈萨克族的"姑娘追"也是一种饶有趣味的赛马技巧比赛，男女青年不论婚否都可结对，各骑快马，男骑手先跑，女骑手后追，追上为胜，还可以用鞭抽打男骑手取乐。未婚男女借机选伴择偶，是哈萨克族的重要社交娱乐活动。

（3）赛技艺型。技艺型竞技，是以比赛技艺为主的娱乐活动，这类竞技的特点是搏击度较弱、游艺性较强，以各种民间棋类为代表。我国棋类早在春秋战国时就已风行了。围棋于春秋时称"弈"，战国时便有了关于"象棋"的记载。这类竞技娱乐性强、雅俗共赏，深受各阶层人们的喜爱。人们从棋艺切磋中或可寻求乐趣、忘却烦恼，或可增长知识、体会社会人生之理，也可较量智勇、磨砺品德心性。

（三）民间杂艺活动

民间杂艺是指流传于民间以杂耍性表演为主的娱乐活动，它包括民间艺人的杂艺、动物表演及诸种斗戏。杂艺表演活动通常活跃在人口集中的市区、集镇，常为节日游艺的主要内容，如杂技、戏法，以鸡、牛、羊等勇猛善斗的动物为对抗工具的各种斗戏、动物表演等。

三、节日民俗

我国是一个多民族国家，几乎每个民族都有自己的传统节日。这些民族节日都是其民族历史文化的"活化石"，是了解民族生活方式的窗口，是民族传统和习俗的集中展现，因而每当少数民族欢度佳节时，总会吸引成千上万的中外旅游者与他们共度良辰美景。

(一) 节日的概念和类型

节日，又被称为"时空以外的时空"，主要指的是民间传统的周期性的集体参与的事件或活动，例如中国的春节、端午节和中秋节等。节日必须是周期性地举行的，一般为一年一次，偶尔举行的一次聚会活动则不是节日。

在节日期间，人们的生活方式和行为模式往往有悖于日常行为规范和生活规律，如节日的饮食、服饰、娱乐、交往、消费、心理等与平日不同。

我国地域辽阔，民族众多，是多节日的国家，几乎每个月都有不同民族在欢度节日。这些众多的节日可以划分成若干类型，主要有以下两种划分方法。

1. 按节日的性质划分

从节日的性质来看，可分为单一性质的节日和综合性质的节日两类。

单一性质的节日，其习俗活动的目的是单一的，规模小，内容较为单纯。单一性质的节日又可划分为生产性节日、纪念性节日、宗教性节日和社交娱乐性节日。

生产性节日一般是指在生产实践中，伴随岁时变换和生产习俗所形成的群众性活动。如藏族的望果节，是藏族人民预祝丰收的节日。

纪念性节日的内容主要是纪念重大历史事件和追念缅怀民族英雄及地方历史上受崇拜的人物。如锡伯族的西迁节，是为了纪念锡伯族从东北辽到新疆的察布查尔形成的。

宗教性节日共包括两类：一类是原始宗教节日，一类是现代宗教节日。与原始宗教有关的节日，如广西瑶族的"盘王节""达努节"，是祭祀瑶族地区盘瓠和密洛陀（始祖母）的节日。与现代宗教有关的节日如圣诞节，是基督教纪念传说中的耶稣诞生的节日。

社交娱乐性节日是为社交而举行的民俗节日，其主要内容是歌舞游艺，如大理白族的传统盛会"绕山灵"，哈萨克族的"阿肯弹唱会"等。

综合性节日是指那些具有多种目的的节日。这类节日规模较大，内容较复杂。各民族的年节是典型的综合性节日。年节是以各种历法的年的开端为周期的综合性节日，内容繁杂多样，在各民族中普遍受到重视。如藏族的藏历年，节日期间，男女老少见面互道"扎西德勒"（吉祥如意）。家家户户屋顶上燃起吉祥的松烟，各家都准备好酥油、糌粑做的点心。妇女们到河边或井边背新水。用青稞幼苗、糖果、酥油茶等祭神敬佛，祈求农业丰收。还举行各种文娱活动。此节日内容丰富，节日的目的也是多种多样，包括辞旧迎新、敬神祭佛、祈望丰收、迎喜接福、祈求神灵保佑等。

2. 按节日的地域分布及参加者划分

从节日的地域分布及参加者来看，可以分为全民性节日、区域性节日、单一民族性节日三种类型。

全民性节日是指在全国范围内除汉族外，还有很多少数民族都欢度的共同的重要节日，如春节、端午节、中秋节等皆为全民性节日。

单一民族性节日是指某一个民族独有的民间传统节日，如壮族的歌圩节、景颇族的目脑节、傈僳族的刀杆节等。

区域性节日是指一个国家内的某些地区人们所过的节日，如泼水节、花儿会、火把节等。

（二）节日的社会功能

1. 加强亲族联系，调节人际关系

中国的民间传统节日，通常是家庭和家族成员团聚共庆而进行的。节日中的合家团聚与走亲习俗加强了亲族之间的联系，同时节日期间的许多活动也都是以加强人际关系为直接目的的。如春节期间的拜年、逢年过节的请客送礼，皆可联络感情、加强人际交流，并可使由于各种原因而淡化了的人际关系得到恢复和调整。中国传统节日成为调节人际关系的重要途径。

2. 强化社会集体意识

节日期间，人们在合家团圆之后，便要举家外出，观看和参加节日期间的各种活动，如春节有舞狮、耍龙、扭秧歌、逛庙会等民间传统活动。特别是传统节日活动中的集体竞赛或竞技项目，如舞龙、赛龙舟等，多以村寨、乡为参赛单位，需要集体协作、配合方可取胜。这种社群荣誉感强化了社会集体意识，提高了群体的凝聚力。

3. 调适社会群体生活

各种节日的交替出现，可使人们的生活丰富活泼，变得张弛轮换而有节奏，能使社会群体成员身心处于放松状态，同时为社群成员的交往和婚恋创造机遇。

4. 保存民族文化传统

中国传统节日都是以各民族的传统历法来计算时期的。这些节日年年不断，循环往复，使人们熟悉与节日有关的历法、气候知识及年节习俗，受到民族民俗文化的熏陶，以持续保存民族的文化传统。

5. 促进市场经济的发展

中国的封建社会是一个自给自足的自然经济社会，商品交换主要是通过年节、庙会、赶墟等社群集会来进行的。节日为商品交换提供了机会，节日期间，商贾云集，赶集者摩肩接踵，购销两旺。在许多民族的传统节日中，商品经济占有重要地位。

（三）中国传统节日的特点

1. 鲜明的农业文化特色

我国的传统节日是农业文明的伴生物。节期选择本身便是农业社会生产、生活规律的一种特殊表现形式。与春种、夏锄、秋收、冬藏的生产性节律相应，民间节日中，也就有了春祈、秋报、夏伏、冬腊的岁时性生活节律。

新岁开春，万物复苏。人们祭天敬祖、鞭春劝农、拜大年、赏花灯、闹社火、感应春气萌动，踏青郊游。通过一个个春的节日，农民频频播下希望的种子，祈盼着秋天的好收成。在北方俗称的"打春"日，即立春，农家家家做春饼过节。北方地区从清明至芒种为整田耕种期，逾期则不宜种田，俗谚："过了芒种，不可强种。"节气经验的总结，为安排农业生产进程提供了便利。

入夏，农事渐忙，少有闲暇；青黄不接，更兼炎夏暑热，疾病易生，故端午习俗主要以驱邪避瘟、除恶祛毒为主。盛夏酷暑，更有"曝书""伏闭"等驱避之俗。

金秋时节，新谷登场、瓜果成熟。人们怀着丰收的喜悦，秋社报赛、荐新祭祖、拯孤照冥、团聚赏月、饮酒登高，既是报答神明，也是慰劳自己。

秋去冬来，大田农事告竣。仓廪丰足，猪羊满圈。人们整米弄面、酿酒烧肉、"送寒衣""数九"消寒、饮酒"扶阳"，直到吃完"腊八粥"，又开始准备"忙年"——新一轮的循环又开始了。就这样，所有节日井然有序地分布在一年四季中，顺应岁时节候的变化，应和着农业生产的节奏，张弛有度、自然和谐。

2. 浓厚的伦理观念与人情味

我国是一个贵人伦、重亲情的国度。传统节日中的诸多礼俗深刻地体现了这一特点。岁节祭祖几乎是所有节日不可或缺的内容。年节、元宵、寒食、清明、端午、七月半、中秋、重九、冬月初一、冬至等节，或庙祭，或墓祭，或洒扫焚香，或望空禀祝。第一刀新穗、第一盘鲜果、第一把新韭、第一杯佳酿，都用来祭奠先祖。人们通过各种节日祝祭活动，表达后辈的孝思与追念；反过来，这种绵延不断、周而复始的岁节礼俗，又不断强化和巩固着人们的家族意识、血缘亲情。节日期间，孩子可以随意嬉闹而不受苛责，亲戚朋友邻里之间互相馈赠节日物品：元宵的灯、端午的粽子、中秋的月饼、重阳的花糕，礼尚往来、情深意浓。千百年来，传统节日已成为维系中国社会人际关系的重要感情纽带。只要是中国人，都可以从中真切地体验到一种血浓于水的骨肉亲情，从而产生一种强烈的认同感、亲和力。

3. 节俗的内容与功能由单一性向复合性发展

节日风俗缘起于各种原始信仰。最早的节俗活动，意在敬天、祈年、驱灾、避邪。直到魏晋南北朝以前，禁忌、迷信、祓禊、禳解等观念及活动在节俗中依然占主导地位。节日的歌舞狂欢，意在娱神；以时品上供，旨在贿神；制作、佩戴各种饰物，则是为了驱鬼。到后来，这些待遇慢慢不再为神所独占，而变成人神共享。节日也就逐渐从避忌、防范的神秘气氛中解脱出来，而成为人神共欢的日子。隋唐以后，随着经济繁荣、文化昌盛，节日风俗也以极快的速度向娱乐方向发展；爆竹不再只是驱鬼的手段，而是欢庆娱乐的工具，且因为火药的发明和应用，由简单的爆竹发展成各式各样的鞭炮和烟花；神秘的驱傩仪式转化成了民间的傩舞与傩戏；元宵节的祭神灯火，发展成为供人游乐观赏的花灯；上巳日的临水祓禊，演化成曲水流觞、踏青郊游；中秋的拜月，变成了赏月、玩月；重阳避灾则变成了远足登高、饮酒赋诗的赏心乐事。每逢重大节日，城乡还多有重大的社火、庙会活动。届时，商贩聚集，游人蜂拥，祈福、求子、烧香、还愿、欢歌群舞、百戏杂陈，成为农村最大的交易场所和娱乐盛会，从而使传统节日集信仰的、经济的、社交的、娱乐的等多种功能于一身，成为中国广大民众生活必不可少的组成部分，直到近现代依然如此。

传统岁时节日，是民众集体创造的文化产品。它是古代信仰物化形态的一种遗留；同时，也是一种生活的节奏，一种逐渐形成的自我调节机制。大自然的一切都是有节奏的，生活不可能没有张弛。生活中不可无节日，节日里不可无活动。在现实生活中，岁时节日虽已基本失却了早先的信仰内核，但许多传统节俗却依然存活于民众生活之中，并且随着时代的发展，从内容到形式都更加深刻多样。

四、婚姻民俗

我国传统的婚姻民俗是在中华民族长期的历史文化积淀中形成的，凝聚着中华民族五千年文明史的精华和中华民族传统美德，也沉淀了几千年封建社会遗留下来的糟粕，至今仍影响着人们的婚姻生活。

（一）婚姻形态

在漫长的历史发展过程中，我国形成了众多独特的婚姻形态。不同的历史时期、不同的地区、不同的民族，其婚姻形态的表征是不同的，主要有：抢劫婚、转房婚、表亲婚、交换婚、买卖婚、服役婚、招赘婚、童养婚等。

抢劫婚是一种原始社会残留下来的婚姻形态。在母系氏族社会解体向父系氏族社会过渡时，妇女不情愿出嫁到男方氏族，男方氏族便采取强制性手段将妇女嫁到男方氏族，于是出现了抢劫婚。这种遗俗发展到后来，只是保留了"抢"的形式，成为两相情愿的"佯战"，并非真正的抢劫。抢劫婚遗俗在汉族中早已消失，但在少数民族中依然遗风很盛。景颇族把抢妻称为"迷鲁"，而且抢婚时事先不通知女子，也不管家庭及女子本人是否同意，先去强行抢回。如果同时有几个男子看中一个女子，抢婚时还常发生械斗。景颇族把偷婚称为"迷考"，娶妻称为"迷确"，两者差别不是很大。一般先遣媒人求婚说合，如果女方家不同意，就把女儿藏起来，男方和媒人再设法把女子引诱出来后也可成婚。即使男女双方家庭及本人都愿意，举行婚礼还要进行"抢劫"仪式。此外，傈僳族、瑶族、壮族、彝族、黎族、苗族和高山族都流行过各种各样的抢劫婚。

转房婚，是指弟纳兄嫂或兄娶弟媳的一种寡妇内嫁制的婚姻。转房婚在我国历史上各个时期、各个民族中都曾流行，而且持续时间很长。近代仍屡见不鲜。

表亲婚是指平辈表兄表妹间的重亲联姻。这种表亲婚在历史上十分普遍，直到1950年《中华人民共和国婚姻法》（以下简称《婚姻法》）的颁布才从法律上予以禁止。表亲婚从血缘关系上看分为两种：一种是姑表兄妹的通婚，属父系血亲联姻；一种是姨表兄妹的通婚，属母系血亲联姻。

交换婚源于原始社会父系氏族社会，即将女子嫁入对方氏族为妻，对方氏族则回嫁一女子到本氏族为媳妇。历史上交换婚曾十分普及，持续时间也较长。交换婚也是重亲联姻的一种方式，但是它不同于表亲婚。尽管互为婚姻，亲上加亲，但两对夫妻间没有直接的血缘关系。所以按照现代婚姻法，只要两相情愿，仍然可以结婚。换亲习俗现在仍在民间流行，尤其是偏僻落后地区，屡见不鲜。之所以换亲，有的是因为买卖婚姻，聘礼太重，若以女儿换媳，双方不吃亏；有的是因为儿子痴呆、面丑或其他生理缺陷，娶妻困难，于是以女儿交换成婚。所以在换亲中悲剧层出不穷。大多数换亲都属父母包办婚姻。

买卖婚是男方以相当数量的钱财为代价，娶女方为妻妾的婚姻形态。这是一种以经济因素为先决条件的婚姻，是私有制社会的经济行为在婚姻上的反映。财礼聘金多少取决于当事人家庭的政治经济地位。买卖婚姻在历史上很普遍，因为它不是以爱情为基础，所以造成了许多婚姻悲剧，而且带来了不少社会问题。在我国近现代社会中，仍存在买卖婚和变相买卖婚姻的现象。

服役婚是娶妻的男方在婚前或婚后一定时间内，到妻家服劳役，作为对妻方家庭损失劳动力补偿的一种婚姻形态。也即以役代聘，是一种变相的买卖婚姻。服役时间的长短没有规定，一般以双方缔结婚姻时的契约而定，少则一年，多则十几年。我国少数民族，如彝族、瑶族、傣族、壮族、普米族、拉祜族、纳西族等都曾流行过服役婚习俗。

招赘婚是一种男嫁女娶的婚姻形态。从男方来看，因兄弟多或穷困，拿不出足够的聘礼娶妻成家，便只好入赘到女方家。从女方的角度看，是因为家中无男子，只好给女儿招赘夫婿，以养老送终。还有一种情形是，寡妇丧夫后招赘夫婿，抚养原夫全家子女。入赘女家的男子大多要改女家姓，并享有财产继承权，赡养女家双亲，为女家传宗接代传香火。目前，这种婚姻形态在一些农村依然存在。

童养婚是指子嗣之家抱养人家的女儿为养女，待其子和养女长大到适婚年龄，再令他们结为夫妻。童养媳结婚，俗称"圆房"。童养媳女子一般出身于贫穷又多子女之家。将女儿送给人家做童养媳，既能减轻抚养负担，还可以得到一些财礼补助。童养婚多是小男大女。此外，收养童养媳还是一种补充劳动力不足的办法。直到新中国成立前夕，童养婚在民间仍较流行。

（二）传统婚姻观念

传统的婚嫁民俗观念千百年来一直支配着婚嫁行为的价值取向，它从不同的角度展示了我国社会以及民族心理、伦理道德、审美意识等多方面的变迁。直到今日，仍有重要的影响。

1. 父母之命，媒妁之言

"父母之命，媒妁之言"是传统婚姻的首要要求。它反映的是封建包办婚姻的价值观。包办婚姻从根本上讲就是父母或尊长包办，所谓"媒妁之言"只是代为奔走说合而已，婚姻当事人自己无法做主，不可自专，甚至不能自言嫁娶。由父母或尊长包办儿女婚姻，不仅在礼俗上得到肯定，甚至在政治、法律上得到认可和巩固。所以，封建社会中的青年男女要想冲破父母包办婚姻的禁锢，而通过自由恋爱选择伴侣、喜结良缘几乎是不可能的。即使是自主婚姻，也必须得到父母的承认，否则就不合礼仪。包办婚姻有着各种各样的目的：有的是借儿女婚姻进行政治联姻，以扩大自己的政治权力和社会地位，维护和扩大其既得的利益；有的是为了门当户对，维护家门的荣誉，保持"高贵"的血统；有的是为了亲朋好友的情谊；有的则是为了聘金和嫁资。无疑，包办婚姻是以父母和尊长对子女的所有权为前提的。除少数外，大多数是以牺牲子女爱情而服从"父母之命"而告终。正因如此，历史上演出了难以计数的爱情悲剧。

在过去，从订婚到结婚必须请媒人牵线搭桥，只有通过"媒妁之言"才能合乎礼教和道德。即使一些父母尊重子女的意愿，在成婚时也要经过三媒六证（旧时婚姻由父母包办，还必须有媒人介绍，表示郑重其事。三媒具体是指：男方聘请的媒人、女方聘请的媒人以及给双方牵线搭桥的中间媒人。六证具体是指：在天地桌上摆放一个斗、一把尺、一杆秤、一把剪子、一面镜子、一个算盘。另有一说六证指的是六礼，即纳采、问名、纳吉、纳徵、请期、亲迎)，明媒正娶。如果婚嫁没有媒人，就会被人嘲笑。在媒妁婚制下，婚姻的满意程度常常取决于媒人是否信实可靠、传递信息是否准确。大多数婚姻中欲知对方的品貌，只能听媒人介绍。只有到洞房花烛夜，新郎、新娘的谜底才揭开。此时，无论惊喜还是哀叹，一对陌生男女的婚姻已成为事实。

2. 婚龄和婚时观

我国古代崇尚早婚，讲究多子多福。男子一般在 20 岁，女子一般在 15 岁便可结婚。农村至今仍流传"早种稻子早得谷，早娶媳妇早得助，早生儿子早得福"的谚语。故而，传统婚姻观一直主张早婚。此外，在夫妻婚龄差上，一般情况下都是男比女大三岁至五岁。如果年龄相差太大，就会被人嘲笑。若是老夫少妻，则被称为"枯杨生华（花）"。明清以来，民间婚姻中女子大于男子的现象开始普遍，俗云："女大三，抱金砖"。

婚姻是人伦之首，人生大事，举行婚礼多选择良辰吉日。中国传统文化观念中，讲究一切活动要顺应天时，反映在婚俗中便是婚嫁多选择在春天和秋冬时节，尤其是农历春节前后。因为这些时间既是农闲，又是万物化育的时刻，经济也较为宽裕。婚礼的日期一般要请阴阳算命先生挑选，推算黄道吉日。

3. 门第观

传统婚姻的价值取向是强调门当户对的门第观。门第观念主要表现在双方家庭、家族所处的社会政治和经济地位上。也就是缔结婚姻时，要看对方的血统、政治和经济地位是否和自己相匹配。在社会上层，天子家族只能与诸侯或王室通婚，诸侯、王族的婚姻要在不同姓的诸侯或王族间缔结，公主下嫁必须是列侯及名门贵族。至于民间，家庭的贫富、嫡庶、社会地位、族里声望等都是男女缔结婚姻的重要条件。

4. 贞节观

先秦以来，儒家和历代统治者一直倡导一女不更二夫、从一而终的贞节观，并将其作为贞女烈妇的道德规范。到宋代，贞节观念被理学家发展到登峰造极的地步。"饿死事极小，失节事极大。"明清两代，全国各地建贞节堂，立贞节牌坊，蔚然成风。

5. 禁忌观

传统婚姻民俗充满各种各样的禁忌观念，成为婚姻的制约因素。就通婚禁忌而言，有宗法血亲上的性禁忌，有社会文化上的禁忌，有迷信观念所产生的禁忌等。在宗法血亲上，有同姓不婚、同母异父或同父异母不婚的传统。在社会文化方面，有五不要的禁忌：一是逆家子不要，以免败坏家风；二是淫荡不贞之女不要，以免辱没家门清白；三是有犯罪判刑前科家的女儿不娶，以免受人歧视；四是有恶疾人家的女儿不娶，以免传染和遗传恶疾；五是死了母亲的女子不娶，因为这样的女子没有母教，不懂妇道。此外，还有"仇雠不婚"。在迷信观念方面，生辰八字不合者不通婚，属相生肖不配者不通婚，如兔不能与虎配、鸡不能与猴配、马不能与牛配，所谓"白马犯青牛，鸡猴不到头"等。

在我国传统婚姻风俗观念中，有形形色色的禁忌，这些禁忌大多为今人所遗忘，但仍有部分禁忌至今仍在民间流传。

（三）"六礼"

结婚是人的终身大事。结婚仪式标志着一个人进入到建立个人家庭、发展家族的重要阶段，是人生仪礼中划时代的仪礼。传统婚礼的基本程式是"六礼"。所谓"六礼"，是指婚礼六阶段的仪式，即纳彩、问名、纳吉、纳征、请期、亲迎。时至今日，它对当代新婚俗仪仍有重大影响。

（1）"纳彩"是议婚阶段。男方请媒提亲，女方同意议婚，男方备礼去女家求婚。纳彩必须用雁作礼物。雁是一种候鸟，顺乎阴阳的往来，用雁作礼，象征顺乎阴阳。以后民间用雁，又产生新意，说雁失配偶，终身不再成双，以取其忠贞。

（2）"问名"是求婚后托请媒人问女方姓名及出生年月日，准备合婚的仪式。因为《礼记·曲礼》说，古代婚姻"男女非有行媒，不相知名"，所以要派媒人前往问女方姓名及出生年月日。问名回来后，要通过占卜凶吉，以决定成婚与否。后来，问名扩大到问门第、职位、财产以至容貌、健康等。

（3）"纳吉"是把问名后占卜合婚的好结果再通知女方的仪式，后世称"订盟"，现代称"订婚"。男家卜吉，再备礼到女家决定婚约是纳吉的主要内容。

（4）"纳征"又称"纳币"，是"订盟"后男方派媒人和押礼人将聘礼送往女家的仪式，俗称"完聘""大聘"或"过大礼"。征即"成"的意思；币指财物，以后泛指聘金。在进行这项仪礼时，往往男方备有礼单，装聘礼的箱笼由人挑抬，甚至伴以鼓乐，并有"回礼"的做法，即将聘礼中食品的一部分退回男方。聘礼之物品，多含吉祥如意的含义，数目取双忌单。近代以后，聘礼中往往用现款，把"纳征"商品化。

（5）"请期"即选择结婚日期，并征求女方同意，民间俗称"提日子""定日子"。古代用雁，现代多用红纸"请期礼书"或口头通知协商。

（6）"亲迎"是新婿亲往女家迎娶新娘的仪式。这是婚礼的主要内容。亲迎的仪式很烦琐，要鼓乐齐奏、管弦齐鸣，一路来去都是吹吹打打，以示喜庆气氛。狭义的婚礼，是指亲迎的有关礼仪，主要包括哭嫁与上头、催妆与铺房、迎娶、拜堂和合卺、闹房、庙见和回门等仪式。

第一，哭嫁与上头。哭嫁的习俗源于上古的抢劫婚风俗，遭抢劫凌辱的女子必然号啕大哭；遗留到后代，其性质已发生变化。哭嫁是我国各地和各民族普遍流行的婚俗，至今在我国广大农村，尤其是偏远乡村、山区流行。不论女子如何哭泣，但结婚毕竟又是人生的大喜事，新娘新郎都要衣着鲜洁。女子在出阁时要艳服盛装，一般是内穿绫罗锦缎的大红袄，足蹬绣花鞋，腰系流苏飘带，头戴凤冠，身披霞帔，头绕发髻，面涂脂粉，头顶大红盖头。

第二，催妆与铺房。新娘出阁前梳妆打扮颇为费时，所以新郎家要派人前去催妆，希望新娘梳妆快一些，以便婚礼按预定的良辰吉时如期举行。这时，一方面男家迎亲的队伍鼓乐大作；另一方面，新娘躲在闺房里故意不出来，并且娘家的女宾要存心拦住新郎和迎亲的车轿起哄、讨利市。于是新郎及迎亲队伍要给红包，要散发花生、糖果给娘家宾客和围观民众。这样，新娘才肯走出闺房。在新郎和迎亲队伍赴女家"催妆"的同时，女家也要派人赴男家布置新房，称为"铺帐"或"铺床"。铺房时主要布置毡褥、帐幔、衾被之类的物品，这些物品都是女家的嫁妆。在布置新房时，还要贴红喜字及婚联。

第三，拜堂和合卺。新娘迎娶到夫家，下轿，走上铺有红毡或席子的路时，婚礼司仪要在鞭炮声中念下轿诗，撒谷豆。执事人一把一把地向新娘及伴娘身上撒去，边撒边念歌谣："一撒花似锦，二撒金满堂，三撒夫妻贵，四撒福寿昌，五撒粮满仓，六撒子孙旺，七撒灾病去，八撒人安康，九撒凶神远，十撒大吉祥。"各地撒谷豆诗或歌谣不尽相同，但内容都是禳灾祝吉的语言。接着新娘"跨马鞍"，步入或被新郎背着进入厅堂，在花烛前，行夫妻之成婚大礼——拜堂。"跨马鞍"的民俗含义就是象征以后夫妻生活安安稳稳，一切顺利，万事如意。拜堂又称"拜天地"或"拜花烛"，就是在司仪的口令声中"一拜天地，二拜高堂，夫妻对拜，齐入洞房"，夫妻对拜行礼，拜天地、祖先、父母、宾客朋友等。入洞房要由新郎用一条红锦绸或绿锦绸把新娘牵入洞房，称为"牵巾"。这种"牵巾"仪式象征新郎新娘会合的桥梁，从宋至明清及近现代传统婚礼中都有此仪式。进洞房后，要进行"合卺"仪式，即新婚夫妇在洞房里共饮合欢酒，共吃合卺饭。合欢酒俗称"交杯酒"，象征夫妻两体合一。合卺饭由夫妻同吃一碗饭，象征成为一家人。

第四，闹房。闹房是民间婚礼程序中的一个高潮。婚姻是大喜之事，闹房则表示大家同喜，闹房闹得越欢，就越显得喜气洋溢。闹房的主要内容是谑郎和戏妇；亲戚、宾朋、贺客对新郎新娘进行戏弄，调笑逗乐。闹房的目的是表示对新婚之喜的祝贺。

第五，庙见和回门。所谓"庙见"，是指新娘入夫家门三日之内要拜见舅姑、尊长、同宗。在过去，娶进媳妇等于引进一个新家族成员，所以，认识家族中尊亲长辈，一则便于以后称呼，二则确定新娘在整个家族中的尊卑地位。拜见时，新娘往往被回赠见面礼。所谓"回门"，是指女儿出嫁夫家完成各项嘉礼后，数天之内新郎、新娘要共同回女方家拜见岳父岳母。女家要招待新婿，亲族要给新婿贺礼。

第三节　民俗旅游的文化意蕴

一、民俗旅游的概念

民俗旅游，是指人们离开惯常住地，到异地去以地域民俗事项为主要观赏体验内容而进行的文化旅游活动的总和。就其性质而言，其属于文化旅游的一种。所谓文化旅游，是指人们通过旅游或在旅游活动中了解和获取知识的活动。除民俗旅游外，文化旅游还包括考古旅游、宗教旅游、寻根旅游、探秘旅游、修学旅游等。

民俗旅游，从类型上说，因旅游者的经济、文化水平不同和旅游意识、目的各异，大致可以分为三种类型，即参观观赏型、了解领略型和参与体验型。所谓参观观赏型，是指旅游者以欣赏为主要游览方式，以民俗设施、民俗陈列为主要游览对象的民俗旅游形式，目的仅在于走走看看各种民俗事项，从中获得知识和享受。例如，有地方特色的民居群落，陈列各种民俗物品的博物馆和博览园等就属于此种类型。所谓了解领略型，是指旅游者除了参观欣赏各种民俗事项外，还要深入了解其来龙去脉，进而认识它的本质，辨别它的滋味。所谓参与体验型，是指旅游者对各种民俗事项不但要观赏、了解、领略，而且要亲自加入目标人群的生活之中，真实地感受"另外一种生活方式"。如在特定的民俗环境中，同当地人或表演者共同唱歌跳舞、种花养鱼、采摘果实、种植蔬菜、学做菜肴及其他家庭工艺等。

此外，就旅游产品的服务功能而言，民俗旅游的类型又可分为认识型、教化型和满足型等支系。所谓认识型民俗旅游，其主旨在于展现某时某地的民情风俗和相关的民间传统，使游人得以领略并认知，从而成为了解当地文化背景的一个重要窗口。所谓教化型民俗旅游，是指旅游项目以民俗为材料，倡导优秀的民间传统，突出爱国爱乡、移风易俗的基调，寓教于游，以良风美俗使游人得到情感的陶冶和精神的提升。所谓满足型民俗旅游，就是通过参与各类民俗活动，使游人得到情感宣泄和身心放松，并从平民百姓生活的亲历与感受中获得愉悦和满足。

二、民俗旅游的作用

民俗旅游是国外了解我国地方的窗口，也是我国各民族、各地方迈向世界的通道。目前，国际旅游业出现了以探寻异域风俗为主的态势。"越是民族的，就越是世界的。"民俗旅游作为一种普遍模式的生活文化，具有"新""美""土""俗""野""乐"等特点，让人感到亲切，令人觉得稀奇，对发展旅游业具有重要意义。

发展民俗旅游有利于发挥当地资源优势，促进经济发展。民俗旅游是以民俗文化景观为观赏对象，以观赏、了解、领略、参与风土人情为主要目的的旅游活动。由于我国自然环境的复杂多样性，造成了民俗在不同地域内的多样性和复杂性。所谓"入国先问禁，入境先问俗"，指的就是民俗的地区差异性。一般来说，一个国家、一个地域的民俗，其民族品格越鲜明，原始风格越浓，历史氛围越重，地方差异越大，生活气息越足，就越具有地方资源优势，就越能吸引异国异域的旅游者。发展民俗旅游就可以把这些当地的民俗资源优势转换为现实的旅游产品，充分发挥旅游业的牵动作用，促进地方经济发展。一方面，可以直接利用民俗文化旅游资源产生经济效益，比如充分利用颇具民俗风情的民间建筑、饮食、歌舞、游艺等建立民俗村、民俗风情园、民俗博物馆、民俗风情缩微景区等；另一方面，可以间接利用民俗文化旅游资源为地方的经济发展服务，比如利用民俗传统节日、民俗艺术节、民俗礼仪活动展演等招商引资、宣传促销，以刺激推动当地经济的发展。尤其是那些经济发展相对落后而民族民俗风情又集中的"富矿"地区，发展民俗文化旅游可以获得较多的经济收入，促进市场的繁荣与发展，刺激其他产业的进步，改善当地国民经济的结构，从而使区域经济水平得到不同程度的提高。如山东省潍坊市，既没有著名的山水景观，也没有文物古迹等旅游资源，要想成为国际旅游城市，简直难以使人相信。但潍坊人民却充分利用了历代善制风筝、喜放风筝这一民俗事项创造出一个风筝节，使潍坊成为别具特色、举世瞩目的旅游城市。风筝节吸引了成千上万的国内外旅游者，带动了潍坊市外贸、工艺、餐饮、服务等行业发展。后来潍坊还建起了我国第一所风筝博物馆，该市成为世界著名的风筝之都。此外，哈尔滨的冰雕艺术节、北京大兴的西瓜节、沈阳的清文化节、贵州的蜡染、面具艺术展览等，这些无不是民俗旅游推动地方经济发展的成功例子。

发展民俗旅游有利于丰富旅游的文化内涵，增加旅游情趣。我国历史悠久，民间文化的土壤丰厚肥沃，几乎祖国的山山水水、一草一木，以致每座桥梁、每个街坊、每种地方特产，都有脍炙人口的美丽传说，都有令人神往的传奇故事，这就赋予各地以更深刻的文化内涵，并强烈地吸引了旅游者，增加了旅游情趣。同时，目前国际旅游市场消费正向高层次发展，旅游者已不再满足于观光式旅游，而更注重在旅游目的地参与多种有趣的活动，以亲身体验异质文化模式带来的奇特感受，进而开阔视野，丰富阅历，并从中获得无穷的乐趣。民俗旅游无论在内容上还是在形式上都具有民族性、地方性、文化性和参与性的特点，这就充分满足了旅游者寻求异域情趣的需求，使旅游者能够获得原汁原味的文化享受。

发展民俗旅游有利于加强旅游的教育功能，弘扬民族精神。民俗文化现象产生于一定的社会生活，反过来它也要为产生它的母体发挥一定的作用。民俗文化在人类个体的社会化文化过程中起着教育和模塑作用。人的一生都是在其文化的习惯、信仰、禁忌等的规范中度过的，如从人生帐幕的开启——诞生礼，语言、游艺和交际礼节的习得，到依照特定的婚娶习俗成家立业，再到依照特定的丧葬习俗离开这个世界。人们正是通过一系列的民俗文化活动逐步形成优秀的传统美德，如仁爱孝敬的道德精神、谦和好礼立身处世的美德、诚信知报自主自立的品德、精忠报国的民族气节、克己奉公的集体主义精神、修己慎独的道德修养、见利思义的伦理道德取向、勤劳勇敢的优秀品质、笃实宽厚的质朴品格和务实精神、勇毅力行的道德意志等。通过开展民俗旅游，可以使每个旅游者重新受到民族传统美德的熏陶，树立民族自豪感和自信心，弘扬民族文化和民族精神。

三、民俗旅游的文化体验

在漫长的历史长河中，由于生活环境、历史发展、社会经济、文化传统、宗教信仰等诸多方面的差异，各民族所形成的民俗文化异彩纷呈。它深深扎根于本地人民生活的土壤之中，具有广泛而深厚的群众基础，对异地、异民族的人们来说十分新鲜。通过旅游走到不同地区、不同民族中去，人们就可以获得一种全新的文化体验和一种高级的精神享受。

民俗旅游作为异域的文化参与活动，是在完全新鲜的环境中亲身体味他乡的生活情调，感受从未接触过的奇风异俗，对于旅游者来说完全是一种陌生新奇的审美体验。例如，旅游者到少数民族地区旅游，看到"世界屋脊"上的帐篷、茫茫草原上的蒙古包、依山傍水的侗家吊脚楼、热带丛林中的傣家竹楼、黄土高原上的黄土窑洞、典雅宁静的四合院等特色民居，就会产生一种完全陌生新奇的感觉。同样，旅游者走进少数民族地区，参加蒙古族的"那达穆"大会、苗族的芦笙节、彝族的火把节、傣族的泼水节、纳西族的三朵节、白族的三月街、布依族的查白歌节等民族节日，就会进入一个新、奇、乐、趣的美妙世界。旅游者通过参与式的方式，亲身体验独特的民族民俗风情，得到鲜明有趣的生活感受，所产生的不仅是一种难忘的深刻经历，而且是一种令人陶醉的审美享受。

在民俗旅游中，旅游者直接进入旅游地的生活环境中，参与当地的群众性民俗活动，感受到的不仅是新鲜事物，更多的是接触到亲切热情的人民，在特定的环境氛围中与他们进行情感交流，感受到的是一种浓郁的人情味，获得的是一种内心愉悦的心理感受和感悟。例如，白族欢迎客人时先敬"三道茶"：第一道为"苦茶"，寓意为万事开头难，年轻时应该艰苦创业；第二道为"甜茶"，寓意为苦尽甜来；第三道为"回味茶"，寓意为人到老年，回顾一生经历，必然诸般滋味俱上心头。可以说，这对旅游者的人生将是一种有益的启迪。另外，旅游地的许多民俗事项本身也都是寓教于乐、寓教于趣的，都带有极其浓厚的娱乐性质。如旅游者亲身进入其他民族居住的村寨，参加他们的婚礼，观赏或参与多姿多彩的民族文化艺术表演，品尝他们颇具独特风味的丰盛酒宴佳肴，购买具有特色和地方特色的精美工艺品，都会有一种异样的感受，从而产生满足感和愉悦感。

在民俗旅游活动中，旅游者还可以扩大历史、地理、文化、生活等各方面的知识，得到一种文化体验。旅游是以体验为主的人类文化生活。物质享受虽是旅游的一项基本内容，而文化体验则是旅游更为重要的特点。国外旅游者来到中国，品尝到中国菜的色、香、味，固然满足了"物欲"，但更重要的是使国外旅游者得到一种文化体验：品尝中国的烹饪艺术作品，欣赏中国的饮食文化。民俗文化作为一个地区、一个民族悠久历史文化发展的结晶，蕴含着极其丰富的社会内容，优美的民族歌舞、奇异的村寨建筑、令人称奇的民情民俗等，都能开阔旅游者的眼界，增长旅游者的知识，满足旅游者求新、求异、求知的心理需求。同时民俗旅游也可以促进不同文化、不同地域、不同民族之间的相互理解与尊重，在相互欣赏文化上的差异所带来的愉悦时，寻求人类的共同点，在不同地域、不同民族之间建立起友谊和谅解。

习题与拓展实训题

一、思考题

1. 简述民俗文化的特点。
2. 论述民俗文化的功能。
3. 简述民俗文化与旅游的关系。
4. 服饰民俗有何文化特点？
5. 简述节日民俗的社会功能。
6. 叙述我国传统的婚姻观念。
7. 如何加强民俗旅游中的文化体验？

二、案例分析

泸沽湖女儿国的摩梭文化

泸沽湖边、永宁坝子的摩梭人，因实行当代社会仅存的走婚和母系大家庭制度，被冠以"女儿国"而闻名于世。在特定的历史环境下，"母系""走婚"等文化基因曾经被误认为是"原始社会遗留"，成为摩梭人社会需要"进化"的标志，给摩梭人带来不愿意回首的难堪往事。

女性是摩梭母系大家庭的当家人和财产、血脉继承者，有着守护家屋"根骨"、不断香火的责任。而男人们发挥男子汉气质的重要领域则是马帮。一般乡民的闭塞，让马帮获得极大的声望。

改革开放后，在"中华民族多元一体"的新论述中，独特的文化成为摩梭人对外界开放的资源和发展的契机。进入全球化的旅游市场给摩梭人带来了丰富多彩的生活，也给民族文化带来了冲击。富裕和自信起来的摩梭人，开始寻找自己"发声"的方式，保护和发展自己的文化。

（资料来源：《生活新报》）

讨论

民俗文化在发展中变异是好还是不好呢？

三、实训题

根据民俗文化的特点或分类制作当地民俗的调查问卷，根据结果，分析最具旅游开发价值的部分是什么。

第十一章

旅游与文化艺术

教学目标 ///

1. 了解我国旅游文学的形式；
2. 掌握绘画书法艺术、雕塑艺术、工艺美术艺术和戏曲艺术的内涵；
3. 了解文化艺术与旅游的关系。

能力目标 ///

1. 能够鉴赏旅游文学、绘画书法、雕塑艺术；
2. 能够利用相关文化艺术知识与理论对中国文化艺术讲解，并进行相关资源的开发。

导入案例 ///

文博会济宁会场"抢眼"民间艺术展演成新亮点

9月21日上午，第三届山东文博会济宁会场在曲阜孔子文化会展中心开幕。山东济宁会场以"走进东方圣城，感悟孔子文化"为主题，重点展示以孔子文化为代表的传统文化资源，突出展示文化旅游产业及项目发展的最新成果。记者了解到，本届文博会济宁会场将持续到9月23日，这期间还将隆重表彰荣获"孔子艺术奖"山东省旅游商品创意设计大赛和先进组织奖的获得者，同时北京京剧院编排的现代京剧《下鲁城》将亮相济宁会场闭幕式。

记者了解到，济宁会场共设置文化、旅游、商贸三大展馆，精心设计了"文化整体形象展区""文化演艺展区""文化资源展区""民俗文化展区""精品书画艺术展区"以及"旅游文化产品展区"六大展区，突出展示了孔子文化品牌的丰富内涵，充分展示了孔孟之乡深厚的文化底蕴。整个济宁会场主题突出、内容丰富，特色鲜明、亮点纷呈。整个展区面积共计 4.98 万平方米，设 35 个特装展位、400 个摊位和 622 个标准展位，参展企业团体达 1 026 个。

21 日上午，记者在展区内看到，济宁十二县市区拿出自己的特色文化旅游资源，展台设计凸显了各县市的文化旅游特色。梁山就将"水浒寨"搬进展馆内，并现场表演了"水浒英雄聚义"；金乡强力推出了自己的羊山国际军事旅游度假区，将旅游度假区内的沙盘模型搬进了展台内；曲阜则将全长 18.7 米（可收缩）、宽 5.2 米的孔庙微缩木雕景观模型展示出来，模型内有 100 余座微缩建筑，整个模型历时 1 年雕刻完成。

与往届相比，本届文博会分会场增设了民间艺术展演，"农民曲艺家"刘士福现场弹唱琴书，邹城平派唢呐、梁山武术、诵读《论语》等济宁特有的民间传统艺术集体亮相，吸引了众多参观者的目光，成为今年文博会济宁会场的一大亮点。

（资料来源：《济宁日报》，2010 – 9 – 22）

思考

结合案例，谈谈如何借用此"东风"把我国的地方旅游艺术文化品牌推向世界？

旅游作为一种文化现象，自其出现就与文化艺术结下了不解之缘。文人要有江山助，江山亦要文人捧。面对变化万千的自然界，无论东方还是西方的旅游者，在受到熏陶和感染之后，往往会通过一定的方式表达出来，或诗文，或绘画，或雕塑等，汇集成文化艺术的海洋，成为人类永恒的财富，进而又成为旅游者的审美对象。

第一节 中国的旅游文学

中国古代的旅游文学主要是以游记、诗歌及题刻楹联等形式出现的。"山水之美，古来共谈"，无数的文学作品从不同角度和方面描述、歌颂了我国的自然风光和风土人情。它们以其华丽优美的辞藻、栩栩如生的铺陈，让各类景观跃然于字里行间，赋予我国旅游资源丰富的文化内涵，提高了旅游资源的文化品位。

一、游记

游记是散文中一种独具特色的文体，是旅游过程的一种具体而形象的表现和记录，是旅游审美的感受结晶。从先秦的《穆天子传》至今，游记经历了 2 000 多年的发展，涌现出诸多的山水、宫苑的游记佳作，形成了各个时代独具特色的艺术特征。

（一）想象奇幻、铺陈夸张的先秦两汉游记

《周王游行记》（即《穆天子传》）可谓我国最古老的游记，记述了西周第五代君王周穆王十三年游历西土、邂逅西王母的传奇故事。书中描写了周穆王西行万里，北绝流沙，西达昆仑，历名山，游绝境，上瑶池的经历；详细叙述了周穆王与西王母瑶池宴饮、诗酒唱和、依依惜别的场景；记录了周穆王在殊方异域看到的种种珍禽异兽、奇花异草等，从而向后人表达了人们周游世界、流观天下的美好理想。

庄周及其门徒的著作《庄子》是先秦散文的杰作。它以奇特的想象、夸张的语言和酣

畅淋漓的叙述等浪漫主义手法，巧妙地将论证、哲理寄于神奇世界的遨游之中。如《内篇·逍遥游》起首一段：

> 北冥有鱼，其名为鲲。鲲之大，不知其几千里也。化而为鸟，其名为鹏。鹏之背，不知其几千里也。怒而飞，其翼若垂天之云。是鸟也，海运则将徙于南冥。南冥者，天池也……鹏之徙于南冥也，水击三千里，抟扶摇而上者九万里，去以六月息者也。

西汉 200 年是辞赋的黄金时代，而游记散文也不逊色，表现在状物叙事上带有铺陈夸张的突出特点。代表性作品如枚乘在《七发》"曲江观涛"中描写道：

> 江水逆流，海水上潮；山出内云，日夜不止。衍溢漂疾，波涌而涛起。其始起也，洪淋淋焉，若白鹭之下翔；其少进也，浩浩皑皑，如素车白马帷盖之张。其波涌而云乱，扰扰焉如三军之腾装。其旁作奔起也，飘飘焉如轻车之勒兵。

作者用各种比喻淋漓尽致地描写了涛景及其变化，可谓奇观满目、音声盈耳，极为壮观，仿佛横无际涯的大海怒涛向眼前猛袭而来，惊心动魄，令人神往。

（二）崇尚山水、自然与人文并重的六朝游记

北朝郦道元的《水经注》、杨炫之的《洛阳伽蓝记》一写自然，一写人文，都是很有代表性的游记散文。郦道元看似为《水经》作注，其实将自己亲历的江河山川风土、历史掌故融会其中，应用言辞优美、洗练生动、风格独具的语言来描写不同风格的自然景物，对后世游记文学产生了很大影响。其中《三峡》是《水经注》中最为精彩的一段文字，其景色的描写绘声绘色，精彩绝伦，语言脍炙人口，千古传诵。

> 自三峡七百里中，两岸连山，略无阙处。重岩叠嶂，隐天蔽日，自非亭午夜分，不见曦月。至于夏水襄陵，沿溯阻绝。或王命急宣，有时朝发白帝，暮到江陵，其间千二百里，虽乘奔御风，不以疾也。春冬之时，则素湍绿潭，回清倒影。绝巘多生怪柏，悬泉瀑布，飞漱其间，清荣峻茂，良多趣味。每至晴初霜旦，林寒涧肃，常有高猿长啸，属引凄异。空谷传响，哀转久绝。故渔者歌曰："巴东三峡巫峡长，猿鸣三声泪沾裳！"

杨炫之的《洛阳伽蓝记》记叙了洛阳城郊四十个著名佛寺的兴废经过，以及有关的风俗景物、人物史事。全书景物描写精细，人物刻画生动，语言华美丽不失清新，《四库全书总目提要》称其"可与郦道元《水经注》肩随"。

（三）壮写景观、洒脱飘逸的唐代游记

唐代游记大家辈出，初唐四杰之一的王勃，其《滕王阁序》叙写了江西南昌滕王阁的胜景。

> 时维九月，序属三秋；潦水尽而寒潭清，烟光凝而暮山紫。俨骖騑于上路，访风景于崇阿。临帝子之长洲，得仙人之旧馆。层峦耸翠，上出重霄；飞阁流丹，下临无地。鹤汀凫渚，穷岛屿之萦回；桂殿兰宫，列冈峦之体势。披绣闼，俯雕甍。山原旷其盈视，川泽纡其骇瞩。闾阎扑地，钟鸣鼎食之家；舸舰迷津，青雀黄龙之轴。云销雨霁，彩彻区明。落霞与孤鹜齐飞，秋水共长天一色。渔舟唱晚，响穷彭蠡之滨；雁阵惊寒，声断衡阳之浦。

作者不仅描述了该楼襟江带湖、控荆引越的形势，而且写出了危楼高耸、下临赣江、远览山川、俯瞰城府的壮阔，真可谓"落霞与孤鹜齐飞，秋水共长天一色"。

柳宗元善写佳山秀水，其山水游记状物工妙，情景交融。明代张岱说："古人记山水

手，太上郦道元，其次柳子厚，近时则袁中郎。"如他的《永州八记》历来有"山水屏条"之称，如《钴鉧潭西小丘记》：

> 得西山后八日，寻山口西北道二百步，又得钴鉧潭。潭西二十五步，当湍而浚者为鱼梁。梁之上有丘焉，生竹树。其嵚然相累而下者，若牛马之饮于溪；其冲然角列而上者，若熊罴之登于山。

作者写出了石数之多、石态之奇。且化静为动，写出了石头的情感、石头的灵性。而且柳宗元描摹景物细腻、生动、真切，诗意浓厚。如《至小丘西小石潭记》：

> 从小丘西行二十步，隔篁竹，闻水声，如鸣佩环，心乐之。伐竹取道，下见小潭，水尤清冽。全石以为底，近岸，卷石底以出，为坻，为屿，为嵁，为岩……
>
> 潭中鱼可百许头，皆若空游无所依。日光下澈，影布石上，怡然不动，俶尔远逝，往来翕忽，似与游者相乐。

此外，他并不是单纯记游、写景，而总会触景生情，字里行间洋溢着真情实感。如"坐潭上，四面竹树环合，寂寥无人，凄神寒骨，悄怆幽邃"，这里表面上写的是幽深凄寒的景物，实写作者自己一颗孤寂的心。

晚唐杜牧的《阿房宫赋》更是文采飞扬，风姿潇洒。

> 六王毕，四海一。蜀山兀，阿房出。覆压三百余里，隔离天日。骊山北构而西折，直走咸阳。二川溶溶，流入宫墙。五步一楼，十步一阁；廊腰缦回，檐牙高啄；各抱地势，钩心斗角。盘盘焉，囷囷焉，蜂房水涡，矗不知乎几千万落。长桥卧波，未云何龙？复道行空，不霁何虹？高低冥迷，不知西东。歌台暖响，春光融融；舞殿冷袖，风雨凄凄。一日之内，一宫之间，而气候不齐。

（四）求真穷理、富有哲思的宋代游记

宋代的游记散文成就很大，这首先是有赖于欧阳修等人提倡诗文革新，倡导"文章所宗，必以理实为要"，于是一批状物写景的游记散文写得摇曳多姿。

范仲淹的《岳阳楼记》，堪称状写洞庭湖空明美景的杰作。

> 予观夫巴陵胜状，在洞庭一湖。衔远山，吞长江，浩浩汤汤，横无际涯；朝晖夕阴，气象万千……
>
> 至若春和景明，波澜不惊，上下天光，一碧万顷；沙鸥翔集，锦鳞游泳；岸芷汀兰，郁郁青青。而或长烟一空，皓月千里，浮光跃金，静影沉璧，渔歌互答，此乐何极！登斯楼也，则有心旷神怡，宠辱偕忘，把酒临风，其喜洋洋者矣。

面对这充满诗情画意的洞庭湖，作者墨蕴彩色，恣肆淋漓，畅舒胸怀，并由事入景，由景生情，由情化理，脍炙人口，实为记游写景的佳作。

欧阳修的《醉翁亭记》，写安徽滁县琅琊山的醉翁亭，亭本平常，但经巨匠渲染，意境迥然不同。作品分别从空间和时间入手，描写了醉翁亭及周围的山水之美，构成了一幅活生生的宋人山水游乐图。全文语调和谐，节奏舒缓，恰好与作者寄情山水的悠闲情调相统一。

王安石的《游褒禅山记》，以全新角度写探险之游和哲理之思。

> 其下平旷，有泉侧出，而记游者甚众，所谓前洞也。由山以上五六里，有穴窈然，入之甚寒，问其深，则虽好游者不能穷也，谓之后洞。余与四人拥火以入，入之愈深，其进愈

难，而其见愈奇。有怠而欲出者，曰："不出，火且尽。"遂与之俱出。盖余所至，比好游者尚不能十一，然视其左右，来而记之者已少。盖其又深，则其至又加少矣。方是时，余之力尚足以入，火尚足以明也。既其出，则或咎其欲出者，而余亦悔其随之而不得极夫游之乐也。

作者不是纯客观地描绘山水，而是写游山探奇的感受，提出了"世之奇伟、瑰怪、非常之观，常在于险远"。而要达到这个境界，就必须有志、力、物三个条件。这两点见解至今还指导着游客不畏艰难险阻、勇攀奇伟境界。

与欧阳修同为"唐宋八大家"的苏轼、苏辙兄弟也写下了很多脍炙人口的游记散文。苏轼的游记散文包括《喜雨亭记》《石钟山记》《前赤壁赋》和《后赤壁赋》等名篇，其风格自成一体，其文章独特之处是他对景观进行直接的观察和体验，这种务实求真的作风使他的散文艺术性极高。《石钟山记》是其游记代表作之一，写他和儿子苏迈乘舟月夜游石钟山：

至莫夜月明，独与迈乘小舟，至绝壁下，大石侧立千尺，如猛兽奇鬼，森然欲搏人；而山上栖鹘，闻人声亦惊起，磔磔云霄间；又有若老人咳且笑于山谷中者，或曰：此鹳鹤也。余方心动欲还，而大声发于水上，噌吰如钟鼓不绝，舟人大恐。徐而察之，则山下皆石穴罅，不知其浅深，微波入焉，涵澹澎湃而为此也。

这里描写有景有情，有声有色，有缓有急，波澜起伏，笔法灵活多变，正是苏东坡文人兼画家的笔法，使其具有震人心魄的感染力。

苏辙的《黄州快哉亭记》是一篇"雄放而有风致，笔势纡徐而条畅"的游记。文章描述了作者在黄州快哉亭上所见的江山雄伟气象和历史的胜迹，并由此生发出在对自然美作审美观照时，人的主观情性起到了决定性作用的思想，这对后世审美理论的发展起到了巨大的推动作用。

（五）寻芳探胜、清新明快的明清游记

明代的徐霞客将其行经的山川形势、地质水文、名胜古迹及风土人情等按日记述，后人辑为《徐霞客游记》。游记里，既记述了各地千姿百态的风光，又展示了作者"无顶不攀，无险不到"的探索精神，也表达了作者对祖国河山的无限热爱之情。如《滇游日记·游太华山记》中写道：

出省城，西南二里下舟……遥望西山绕臂东出，削崖排空，则罗汉寺也，又西十五里……南北山皆环而东出……北上有傅园，园西上五里，为碧鸡关……

作者以游山踪迹为线索，详细记述了太华山的地理位置、入山游览的道路、沿途的自然与人文景观，写出了太华山平地拔起、俯瞰滇池、山峻峰秀、视野开阔的形势之胜，以及依绝壁悬崖而营造的寺观台阁，突出了其既险峻又奇特的建筑特点，只言片语，道出山水之风采。

再如《游黄山后记》中描写黄山的风光：

天都、莲花二顶，俱秀出天半……下瞰峭壑阴森，枫松相间，五色纷披，灿若图绣……左天都，右莲花，背倚玉屏风。两峰秀色，俱可手揽，四顾奇峰错列，众壑纵横……下盼诸峰，时出为碧峤，时没为银海，再眺山下，则日光晶晶，别一区宇也。

作者把天都、莲花二峰的奇秀，黄山中千山万壑的壮美，黄山云海的神奇，都真切地描绘出来，跃然纸上，如见其景。

明代袁宏道的游记具有自由解放、个性鲜明、清新流利的风格，代表作有《华山游记》《虎丘记》及《五泄》等。如在《虎丘记》中，作者分别描写了中秋月夜游人欢饮斗歌的场景，及虎丘林泉岩壑、台阁古迹之景观，表达了作者鄙视官场、流连山水、爱好游乐的性情。

清代也不乏游记名篇，如郑日奎的《游钓台记》、姚鼐的《登泰山记》和《游媚笔泉记》、梅曾亮的《游小盘谷记》等。《登泰山记》是一篇短小精悍、内容丰富、语言简洁而形象的游记。如作者写登上极顶后，看见"苍山负雪，明烛天南，望晚日照城郭，汶水、徂徕如画，而半山居雾若带然"；观日则"云中白若樗蒱，数十立者，山也。极天云一线异色，须臾成五采。日上正赤如丹，下有红光，动摇承之。或曰，此东海也。回视日观以西峰，或得日或否，绛皓驳色，而皆若偻"。以上景物的描写，寥寥数笔便清晰地勾勒出了泰山的雄伟壮丽和冬日美景。

（六）题材丰富、融通中西的现代游记

现当代的游记作品繁多，题材十分丰富。有描摹大自然胜景的，如胡适的《庐山游记》、朱自清的《荷塘月色》、徐迟的《黄山记》、李若冰的《昆仑飞瀑》、贾平凹的《三游华山》、袁鹰的《井冈翠竹》、臧克家的《镜泊湖》、杨朔的《画山绣水》等；有反映历史文化遗迹、人文景观的，如张恨水的《敦煌游记》、梁思成的《曲阜孔庙》、朱自清的《桨声灯影里的秦淮河》、许地山的《忆卢沟桥》、翦伯赞的《内蒙访古》等；也有记述海外见闻、描写域外风光的，如康有为的《登铁塔》、郭沫若的《今津纪游》、邹韬奋的《游威尼斯》、丁玲的《曼哈顿街头夜景》等。

二、旅游诗词

旅游诗歌在我国旅游文学中是产生最早、生命力最强、作品最为丰富的一个种类。从《诗经》中对旅游情景的描述到现代的新体旅游诗，连绵不断，代有佳作。旅游诗歌多是从写景入手，借景生情，从而表现出强烈的抒情性、丰富的审美性和多彩的艺术意境。

（一）先秦的民歌与骚体诗

先秦诗歌以《诗经》与《离骚》较具代表性。在我国最早的诗文总集《诗经》里，就有对山水花木的描摹。《诗经·大雅》中的《公刘》和《绵》是周初文人描写周人两次民族迁移之旅的情况。特别是《诗经·国风》中的《溱洧》：

溱与洧，方涣涣兮。士与女，方秉蕳兮。女曰观乎？士曰既且，且往观乎？洧之外，洵訏且乐。维士与女，伊其相谑，赠之以勺药。溱与洧，浏其清矣。士与女，殷其盈兮……

本诗描写了郑国民间春游的盛况。在郑国溱水和洧水，阳春三丹桃花开、春水涨时，两河水边美丽的风光，吸引着少男少女们前去游玩。场景欢乐明快，情真意切。

《离骚》是伟大的浪漫主义诗人屈原的代表作，它是我国古代最长的一首抒情诗。在诗中，作者以鲲鹏展翅的气魄、纵横自如的笔触，将富有楚乡、楚俗、楚风、楚色的神话传说、历史人物、日月风云、山川河流、佳花芳草有机地编织在一起，构成了一个虚幻神奇、

五彩缤纷的独特境界，表达了诗人理想与现实、去国远游与眷恋故土一系列矛盾交织在一起的复杂心理，从而开创了旅游诗歌中激情奔放的浪漫主义思想。

（二）汉魏晋南北朝的乐府诗与山水诗

魏晋南北朝时期，由于社会动乱和玄学的兴起，人们以隐逸的心态寄情于山水之间，对自然山水的欣赏进入了肆意遨游、纵情山水的境界，使中国的文化艺术翻开了新的一页，产生了以咏喻田园风情为主的山水诗，诞生了山水诗的鼻祖谢灵运。他在朝在野，都"寻山陟岭，必造幽峻；岩嶂千重，莫不备尽"。与谢灵运不同，陶渊明则以寂静清澈的心境，无为自得地欣赏自然山水，并以率真自然的笔调描绘田园风光和田园生活。像《归园田居》《移居》等，自然平淡，言浅志深，犹如一股清新自然之风。他"少无适俗韵，性本爱丘山"，所描绘的"采菊东篱下，悠然见南山"的生活状态正是躲避城市繁杂喧闹的城市游人所追求的境界。

（三）刚健豪迈的盛唐诗歌

盛唐时代，社会稳定，国家繁荣，佳山秀水得到了开发，住宅园林如雨后春笋，为诗人们提供了丰富的创作题材，他们拈毫挥翰，写就了歌颂壮丽秀美河山的华章。李白"一生好入名山游"的诗句成了当时时代精神特征的响亮口号。从盛唐的孟浩然、王维、李白、杜甫，中唐的白居易至晚唐的杜牧、李商隐和皮日休等，无不穷尽名山胜水，以"五岳为辞峰，四海作胸臆"抒豪情、写壮志，完全摆脱了前代人"以玄（学）对山水"的羁绊，而以形写神、直抒胸臆，表现出热情奔放、欢快激荡的时代精神。如孟浩然漫游秦中、吴越，写就了《早寒江上有怀》《宿建德江》《宿桐庐江寄广陵旧游》《晚泊浔阳望庐山》等，所描摹的山水美景跃然纸上。如《早寒江上有怀》：

> 木落雁南渡，北风江上寒。
> 我家襄水曲，遥隔楚云端。
> 乡泪客中尽，孤帆天际看。
> 迷津欲有问，平海夕漫漫。

王维是唐代多才多艺的诗人，擅长书法、绘画和音乐，这使他的山水田园诗具有"诗中有画"的显著特点。王维既善于写清幽、宁静之景，也擅长描绘气魄宏大、荡涤胸襟之观。前者如《山居秋暝》：

> 空山新雨后，天气晚来秋。
> 明月松间照，清泉石上流。
> 竹喧归浣女，莲动下渔舟。
> 随意春芳歇，王孙自可留。

诗中明月、清泉、浣女、渔舟，各自都是一个清新独立的画面，合起来又是一幅洁净明丽、有深远意境的山水人物画。再如"返景入深林，复照青苔上""月出惊山鸟，时鸣春涧中"等，通过抓住具有典型特征的景物，来渲染清静之意境。

后者如《汉江临眺》：

> 楚塞三湘接，荆门九派通。
> 江流天地外，山色有无中。

郡邑浮前浦，波澜动远空。

襄阳好风日，留醉与山翁。

再如其边塞诗《使至塞上》，"大漠孤烟直，长河落日圆"也是画面开阔、意境雄浑。

在大诗人李白的笔下，旅行是"朝辞白帝彩云间，千里江陵一日还"。他的山水诗更是气势雄大，极富想象力。如他写山是"天姥连天向天横，势拔五岳掩赤城"，江河是"黄河之水天上来，奔流到海不复回"，瀑布是"飞流直下三千尺，疑是银河落九天"，湖是"巴陵无限酒，醉杀洞庭湖"，大自然在他的笔下被描写得极其波澜壮阔。

李白还能以独特的视角、大胆的夸张、惊人的想象，写出奇情壮采的山水诗，如《蜀道难》：

噫吁嚱，危乎高哉！蜀道之难，难于上青天！蚕丛及鱼凫，开国何茫然！尔来四万八千岁，不与秦塞通人烟。西当太白有鸟道，可以横绝峨眉巅。地崩山摧壮士死，然后天梯石栈相钩连。上有六龙回日之高标，下有冲波逆折之回川。黄鹤之飞尚不得过，猿猱欲度愁攀援。青泥何盘盘，百步九折萦岩峦。扪参历井仰胁息，以手抚膺坐长叹。问君西游何时还？畏途巉岩不可攀，但见悲鸟号古木，雄飞雌从绕林间。又闻子规啼夜月，愁空山。蜀道之难难于上青天，使人听此凋朱颜……

杜甫不愧为写景大家，他的"白帝高为三峡镇，夔州险过百牢关"（《夔州歌十绝句》）、"窗含西岭千秋雪，门泊东吴万里船"（《绝句》）已成妇孺皆知的诗篇。尤其是《望岳》更是家喻户晓：

岱宗夫如何？齐鲁青未了。

造化钟神秀，阴阳割昏晓。

荡胸生层云，决眦入归鸟。

会当凌绝顶，一览众山小。

唐代善写山水者实在数不胜数，刘禹锡的《石头城》《望洞庭》，白居易的《大林寺桃花》《钱塘湖春行》，杜牧的《泊秦淮》《寄扬州韩绰判官》，李商隐的《乐游原》，张继的《枫桥夜泊》等，以高超的艺术手法描绘了他们的所见所闻，而成为现代旅游资源中深厚的文化积淀。另外，盛唐时期是边塞诗发展的高潮时期，以高适、岑参、李颀、王昌龄等为代表的边塞诗人描写了大量的空旷、凄冷、苍凉、险恶的边塞景观。如高适《古大梁行》中的"古城莽苍饶荆榛，驱马荒城愁杀人"，岑参《白雪歌送武判官归京》中的"瀚海阑干百丈冰，愁云惨淡万里凝"，等等。当然也不乏描写边塞辽阔壮美风光的诗。如王之涣在《凉州词》中写道"黄河远上白云间，一片孤城万仞山"，王昌龄《从军行》中"高高秋月照长城"，王维《使至塞上》中的"大漠孤烟直，长河落日圆"，描写了长河、夕阳、秋月及千山万壑中的一座孤城，它们构成边塞上一道道壮美的风景。

（四）清新明丽的宋代旅游诗词

词经唐朝的发展而在宋代进入繁盛阶段，诗人们以高超的艺术技巧、清新明丽的词句描写祖国的壮丽山水。至南宋，尽管山河破碎，但统治者仍生活奢靡，于是胸怀政治抱负的文人借词章描写山川的阔大雄浑，以寄托自己的报国之志。

范仲淹的《渔家傲》描绘了边塞的景象：

塞下秋来风景异，衡阳雁去无留意。四面边声连角起，千嶂里，长烟落日孤城闭。

浊酒一杯家万里，燕然未勒归无计。羌管悠悠霜满地，人不寐，将军白发征夫泪。

欧阳修的《朝中措》描绘园林平山堂则是：

平山栏槛倚晴空，山色有无中。手种堂前垂柳，别来几度春风？文章太守，挥毫万字，一饮千钟。行乐直须年少，樽前看取衰翁。

柳永的《望海潮》精细描摹了钱塘美景，如其上阕：

东南形胜，三吴都会，钱塘自古繁华。烟柳画桥，风帘翠幕，参差十万人家。云树绕堤沙，怒涛卷霜雪，天堑无涯。市列珠玑，户盈罗绮竞豪奢。

苏轼以豪放派风格，追寻江山风月，探索人生哲理，抒发报国情怀，而谱写了许多歌颂山水的华章。其词代表作是《念奴娇·赤壁怀古》：

大江东去，浪淘尽，千古风流人物。故垒西边，人道是，三国周郎赤壁。乱石穿空，惊涛拍岸，卷起千堆雪。江山如画，一时多少豪杰。

遥想公瑾当年，小乔初嫁了，雄姿英发。羽扇纶巾，谈笑间樯橹灰飞烟灭。故国神游，多情应笑我，早生华发。人生如梦，一尊还酹江月。

苏轼的弟子秦观则以婉约派风格，抒写凄迷景色，表达感伤情怀，如《踏莎行》写的郴州景：

雾失楼台，月迷津渡，桃源望断无寻处。可堪孤馆闭春寒，杜鹃声里斜阳暮。

驿寄梅花，鱼传尺素，砌成此恨无重数。郴江幸自绕郴山，为谁流下潇湘去。

辛弃疾把对国破之痛和报国无门而痛苦的感情熔铸于对祖国雄伟江山的歌颂和对历史人物的追怀中，意境雄奇阔大。如《水龙吟·登建康赏心亭》：

楚天千里清秋，水随天去秋无际。遥岑远目，献愁供恨，玉簪螺髻。落日楼头，断鸿声里，江南游子。把吴钩看了，栏干拍遍，无人会，登临意。

休说鲈鱼堪脍，尽西风、季鹰归未？求田问舍，怕应羞见，刘郎才气。可惜流年，忧愁风雨，树犹如此！倩何人唤取，红巾翠袖，揾英雄泪！

同样，祖国的佳山秀水在姜夔的笔下却是金人几度南侵在江淮间留下的残败景象，如《扬州慢》：

淮左名都，竹西佳处，解鞍少驻初程。过春风十里，尽荠麦青青。自胡马窥江去后，废池乔木，犹厌言兵。渐黄昏，清角吹寒，都在空城。

杜郎俊赏，算而今、重到须惊。纵豆蔻词工，青楼梦好，难赋深情。二十四桥仍在，波心荡、冷月无声。念桥边红药，年年知为谁生？

宋代的诗也有许多流芳之作。如苏东坡的《饮湖上初晴后雨》：

水光潋滟晴方好，山色空濛雨亦奇。

欲把西湖比西子，淡妆浓抹总相宜。

苏东坡把西湖比作美女西施，一语道出了西湖景色的温柔、秀美、淡雅、清丽。

另外，诗歌创作在元明清几代也较活跃，代表诗人如顾炎武、王夫之、屈大均、钱谦益、王士禛、袁枚、龚自珍等，诗歌内容丰富，风格各异。但以国家民族兴亡之事寄托自己对故国之思的内容居多，而以旅游为主题的诗却不如前朝。

第二节 中国书画、雕塑艺术文化

作为五千年的文明古国，中国具有十分丰富的艺术旅游资源。巴尔扎克说过："中国艺术有一种无边无涯的富饶性，中国神秘而又多彩的艺术，曾使几代西方哲人和艺术家为之倾倒。"作为中国传统艺术的书法、绘画、雕塑等，在长期的发展过程中形成了独特的艺术风格和民族特色，它们是世界艺术宝库中的瑰宝，是我国宝贵的旅游资源，并以其独特、神秘和多姿吸引着中外游客。

一、书法艺术

书法是中国特有的艺术，是中华艺苑中的一朵奇葩。它奠基于方块字的造型，在点画的躯壳上，钟灵毓秀，流美生辉，使其具备了艺术的对比、平衡、穿插、均匀等要素，加上我国特有的毛笔和宣纸，使书法家得以将汉字转化为独特的、高级的艺术。书法作为中国的国粹艺术，体现了中国艺术的本质精神，包含了与各门艺术相通的最基本的审美规律，给人以莫大的视觉与心灵满足的艺术享受。

（一）书法史概述

中国的书法源远流长，殷商的陶片甲骨和周朝的钟鼎、石鼓铭文，其笔画、结体、篇章具备了中国书法的三个基本要素：点画、结体和章法。特别是铸刻在钟、鼎、兵器或钱币上的金文，作为一种装饰艺术，可以看作是中国书法艺术的萌芽。战国后期出现的石鼓文已经显示出某种流畅的气韵。

秦始皇统一中国，要求"书同文"，首先将繁杂的大篆简化整理为小篆，继而又出现更为简化又便于书写的隶书。隶书以布局均匀、线条工整见称。到汉代，篆书、隶书、草书一改秦书的质朴，而以文采取胜。对于隶书，它在定型的基础上，更加讲究藻饰，字画有波磔之美。如隶书中的《石门颂》《景君碑》《乙瑛碑》《礼器碑》都是风格独具、异彩纷呈，具有豪放雄重的境界，并出现了以蔡邕为代表的一大批书法家。

魏晋时代，书法艺术空前繁荣，艺术家如群星璀璨。此阶段，人们在书法方面将其实用功能上升到审美价值，使字形严肃、气势雄浑的汉隶变而为真、行、草、楷，其笔意、体势、结构、章法更加多样，错综而变化。如草书的代表人物张芝，其草书结构灵活，点画俊俏，笔意贯穿，呼应相顾，人称"今草"（别于汉章帝写的章草），有笔飞墨舞、龙骧豹变的"草圣"之称。魏国钟繇创造了正楷书，他把汉隶、草隶、今草的笔姿尽情地吸取并加以美妙地运用，发明了横笔轻、竖笔重，使楷书具备了特有的风韵，有云鹤游天、群鸿戏海之誉。东晋的王羲之，世称"书圣"。早年师从卫夫人（铄），后来草书学张芝，楷书学钟繇。他博采众长，推陈出新，他的行书、草书超逸俊美，炉火纯青，世人赞其书"如龙跳天门，虎卧凤阁""飘若浮去，矫若惊马"，其《兰亭序帖》被誉为"天下第一行书"。

书至唐代，诸体皆备，书法趋于成熟而得到普及。初唐书法家虞世南、欧阳询、褚遂良，以及后来的大师颜真卿、柳公权等的楷书既能显示出严谨华妙、劲健遒丽的唐书气势，又各具特色。其中，以颜、柳最为著名。如虞世南的《孔子庙堂碑》闲逸端雅；欧阳询的

《九成宫醴泉铭》圆畅方挺；褚遂良的《孟法师碑》爽健端方；颜真卿的《多宝塔》庄严俊俏，浑厚刚健，气势磅礴，神态端庄；柳公权的《玄秘塔碑》骨力遒健，秀中见雄。颜真卿是继王羲之之后中国书法史上又一座里程碑，他不仅完成了楷书变法大业，而且倡导行草变化，颜体楷书是楷书定鼎之体。至此，晋代书法那种高雅风韵的绅贵气魄、随心所欲、自由驰骋的天才秀美，已被工整规矩、明朗大方、平易近人的新风貌所替代。

宋代书法所尚之意与晋代所尚之韵强调的都是性灵与情境。而宋意不仅有晋意的淡泊、俊逸、闲适，而且包括了心灵撞击、情怀宣泄而出的激烈、壮观与刺激的成分。宋代大家包括苏（轼）、黄（庭坚）、米（芾）、蔡（襄）四大家为后世推崇。他们不像唐书法家各人变其法则，而是变其意态。如苏轼的字神采秀发，意态天然，如他自言"短长肥瘦各有度，玉环飞燕谁敢憎"；黄庭坚的书法生动雄伟，苍劲遒健，神闲意媚，气韵超凡；米芾的书法雄劲清新，有"方挺豪宕，坚劲潇洒"之誉；蔡襄的书法浑厚端严，雄伟遒丽。

元明清三代，中国书法没有明显的划时代性突破，或盛行帖学，以临摹为主；或主张复古，沿袭晋唐之风，但也不乏创新者。元代书家赵孟頫，既是复古者，又是改革者，他一生仿摹二王，书有秀媚之气。明代有书家祝允明、文徵明、董其昌等驰骋书坛。董其昌师法米芾，书风闲适自然，变化无端，颇富天真烂漫韵味。清代是我国书法史上书道中兴的一代。书画家郑板桥"诗词书画，皆旷世独立，自成一家"。郑板桥的书法，隶楷参半，自称六分半，书极瘦硬，而且间以画法，人说"板桥作字如写兰，波磔奇古形翩翩；板桥写兰如作字，秀叶疏花见姿致"。其字如秋花倚石，野鹤戛烟，自然成趣，时称"板桥体"。

可见，书法作为艺术不仅反映了个人的风格，而且反映了书法家所处时代的特点和审美风貌，有"晋人尚韵，唐人尚法，宋人尚意，明人尚态"之定论，抽象的文字被中国的书法艺术家们赋予了多样性的审美特点。

（二）中国汉字形体的演变及特点

欣赏中国书法首先应了解汉字的各种形体，在长期的发展过程中，中国的文字由象形文演变成篆书、隶书、楷书、行书和草书五种字体，由此，生发出风格各异的书法艺术。

1. 苍劲古拙的篆书

篆书分大篆和小篆。大篆是秦朝以前的文字，由甲骨文演化而来，明显留有象形文字的痕迹。这也正是篆书所具有的特殊美。秦统一六国后，秦始皇命李斯等人进行文字整理与创新，而成小篆。小篆具有一种图案花卉似的装饰美，纵横成行、排列整齐、行笔圆转、线条匀净而长，呈现出庄严美丽的风格。写法上，其强调转折处呈弧形，笔力苍劲，字形修长。

2. 俊迈刚劲的隶书

隶书虽在秦时已经产生，但至西汉才日臻成熟，东汉则至鼎盛时期。因此，隶书又分为秦书和汉书两种。隶书是对篆书的一种大胆简化，从篆书变为隶书，可谓汉字史上的一次革命，它使汉字脱离了古文字阶段而进入了今文字阶段。隶书的特点是：向背分明，气态飞动；蚕头燕（一作"雁"）尾，体势张开；用笔结构，富于变化；规整秀丽，形意翩翩。

3. 端正秀雅的楷书

楷书也称真书，即正体书法，楷书一般可分为唐楷与魏碑。楷书始于东汉末年，发展到唐代则高度成熟。东晋有"书圣"之称的王羲之为楷书、行书及草书的发展做出了巨大贡献。楷书的特点是方正端齐。楷书的艺术性呈现多样的风格,其笔画外形组织平稳端正、厚重雄劲,结构搭配匀称,章法清朗整齐,其气势以安详为主要原则,因而楷书的审美表现性和抒情性均不及行草。

4. 潇洒飘逸的草书

草书最初是为了书写方便、迅速而产生的一种字体,可分为章草、今草和狂草。草书在所有的书体中最为奔放跃动,最能反映书法艺术的形体美和动态美,也最能抒发和表现书法家的情感,从而把我国书法的写意性发挥到极点。章草的特点包括:一是有些笔画还保留着隶书的形迹;二是字与字之间互不牵连。今草即现在通行的草书,是在章草的基础上发展而成,字体相连,一气呵成。到了唐代,张旭、怀素又将今草写得更加放纵潇洒,应手万变,笔势连绵若行云流水,而发展成别具一格的狂草。

5. 体态生动的行书

行书是介于楷书与草书之间的一种字体,兼有二书的长处,可谓"近于楷书而不拘谨,近于今草而不放纵",其最大特点是用连笔和省笔,却不用或少用草化符号,较多地保留正体字的可识别结构,从而达到既能简易快速书写又能通俗易懂的实用目的。东晋的王羲之所书《兰亭序帖》,字体清秀,点画优美,行气流畅,被誉为"天下第一行书"。唐代颜真卿的行书《祭侄稿》苍劲挺拔,被誉为"天下第二行书"。

(三) 书法与旅游

我国旅游和书法紧密相连,书法已成为重要的旅游资源,书法作品、书写工具、书法景观已成为旅游产品中引人注目的内容。

1. 观看书法展览

旅游区开展书法展览活动业已成为重要的旅游内容,如兰亭书会等。博物馆更不例外,无论是综合性博物馆,还是专题博物馆都会凭借其收藏的珍贵书法作品而组织综合和个人书画展览会,以吸引旅游者。如故宫书画馆中所藏历代书画达十万件以上,其中还不包括运去台湾地区的书画名迹。专题博物馆,如中国美术馆、荣宝斋、上海书画社、杭州西泠印社等都有数千或数万件书法珍品,这些书法作品,或是陵墓中出土的独一无二的,或是辗转他乡异国后不惜重金被寻回的,或历经战乱幸存者,或属绢本纸本的保存困难者,能流传至今可谓价值连城,能一睹这些珍品的风采当然是旅游者的一大幸事。另外,听取导游员讲解关于珍贵书法作品收藏与保存的经历也是旅游的重要内容。比如,为了使一些流失的书法作品重新回到故宫,像溥仪出宫时携带出的王献之的《中秋帖》、王珣的《伯远帖》流入香港,典当给外国银行,为避免被人买走,1951年典当期满之前,尽管国库不盈,但周总理仍指示文化部门派人到香港,以重金将二帖赎回。有些是文物收藏家捐献出来的,如故宫所藏西晋陆机的《平复帖》、唐代诗人杜牧所书的《张好好诗卷》都是著名文物收藏家张伯驹捐献给故宫的。因此,我国的书法艺术珍品保全至今,并非易事。

2. 解读石刻文

石刻文是刻在石鼓、摩崖、碑碣等石器或石壁上的文字。石刻文字始于战国,曾是古人书写文字的重要手段之一,至西汉时,开始用纸写字,但人们每遇大事,仍镌刻于石,以求永存。我国现存的石刻浩如烟海，内容十分广泛，政治、经济、军事及文化等无所不有，骚人墨客和能工巧匠以山石为纸，以锤凿作笔，在自然赋予的天地间尽情显露他们的豪情壮志。这是中国特有的碑刻文化，也是研究我国历史和书法艺术的珍贵资料，是我国珍贵的旅游资源。我们现在常见的石刻文是摩崖石刻与碑碣，石鼓文相对较少。

（1）摩崖石刻。摩崖石刻是将文字刻于高山石壁之上的石刻。高山石壁成为历代书法家大显身手之地。著名的摩崖石刻有天津盘山石刻、山东泰山石刻、浙江普陀山石刻、河南嵩山石刻、湖南九嶷山石刻、浯溪露天诗海碑林石刻、广西桂林象鼻山还珠洞石刻、三峡夔门石刻、湖北黄冈赤壁石刻等。如泰山石刻是泰山一大奇观，在攀登泰山的旅途中，到处刻有古人的题字题诗，主要有魏晋经石峪、唐摩崖、清摩崖等石刻。这里的石刻文字有的龙腾虎跃，有的苍劲古拙，有的潇洒飘逸，有的端正秀雅。真草隶篆各种书体、颜柳欧赵不同流派应有尽有，犹如一个"中国历代书法展览"。摩崖石刻既有人们触景生情的即兴之作，内容往往深蕴哲理，让人茅塞顿开，也有劝善戒恶之辞。前者如泰山摩崖石刻，从朝阳洞向上，渐渐接近十八盘，山路越来越险，似乎是在登天，猛抬头，忽见摩崖石刻一"从善如登"，四个大字雄浑雅健，非大手笔而无此风。"登山"与"从善"相连，与"从善如流"相对，发人深省，耐人寻味，说明了"从善"像"登山"一样难的道理。"从善如登"正是作者面对攀登悬崖峭壁，触景生情，由情美领略哲理美。后者如杭州灵隐寺飞来峰山崖洞壁上的刻石，历代哲人、儒法释道荟萃于一山，细看内容，最多的是劝善戒恶之辞。"峰从天外飞来，见一线光明，万壑松涛开觉悟；泉自石边流出，悟三生因果，十方华藏证根源。"看来是佛门长老巧借飞来峰典故，苦心引导人们觉海渡航。

（2）碑碣。碑碣是古代人在石头上的一种特殊纪事形式，内容包括颂扬功德、寄托哀思、抒发情感、褒贬世事等。我国碑碣繁多，规模较大的根据其内容分三种情况：一是专题性碑林。如曲阜孔庙内存有两汉以来历代碑碣 2 200 余块。二是非专题内容，以内容丰富多彩取胜。如西安碑林，历代碑碣 2 300 余件，自汉迄清，荟萃各代名家手笔，可谓唐宋明清时代并容，篆隶草楷书体竞艳，颜柳欧赵风格媲美。三是园林中的诗条石碑刻。如苏州园林，厅堂鳞次栉比，游廊曲折蜿蜒，廊墙上嵌诗条石。这种恰到好处的碑刻，使原本精巧秀雅的园林满壁生辉，平添了无限风韵。

3. 追寻书法名人故地

我国许多景点专因书法名人而设，而后人到此凭吊多是围绕书法名人及其作品展开。如湖南祁阳浯溪因颜真卿等人的石刻而成为重要的旅游地，绍兴的兰亭因王羲之而为中外游人所瞩目。

比如兰亭，兰亭是为纪念东晋著名书法家王羲之而建。永和九年（公元 353 年）三月上旬己日，王羲之邀集宦游或寓居在绍兴的名流谢安、谢万、孙绰等 41 人，相聚于稽北丘陵的兰亭。时值风和日丽，山清水秀，众人饮酒赋诗。这就是著名的兰亭聚会。席间，名流们一共做了 30 多首诗，王羲之有感而发，为这些诗写了一篇序文，即著名的《兰亭序》。相传王羲之一时兴来，用鼠须笔在乌丝茧纸上，把这篇 325 字的文章一气呵成，成为我国书法艺术上登峰造极的作品。为纪念这次盛会，当地官员纷纷在此建堂筑亭，历代有增添，使之跻身江南著名的园林行列。今天的兰亭，仍然以《兰亭序》中的意境定出全园的基调，即雅、秀、清，并以《兰亭序》文中内容构景，显现书法家人生的片段。王羲之在绍兴生活留下了许多逸闻佳话，被构景者撷取，巧妙地熔铸在景物中。进入兰亭，确如《兰亭序》所说"此地有崇山峻岭，茂林修竹，又有清流激湍，映带左右"。造景者一是以崇山峻岭为依托，与形制不太大的厅堂馆室对比，以高山反衬其清幽；二是以自然景为主，呈现自然的开朗、明秀之气，亭阁仅仅作为点缀。以"曲水流觞"景为例，该景由一溪一亭一画组成，流觞亭上悬"曲水邀欢处"一匾，下挂一幅"流觞曲水图"，生动地再现了当年王羲之等人修禊雅集的情景，有的低头沉吟，有的举杯畅饮，有的醉态毕露，令人叫绝。此外，兰亭以《兰亭序》的翰墨风采显现兰亭的特色。围绕《兰亭序》，构园者特建造小兰亭、御碑亭、墨华亭三景。小兰亭，碑文"兰亭"二字，系康熙手笔。御碑亭，碑阳是康熙手笔《兰亭集序》全文，洒脱酣畅。碑阴为乾隆皇帝游兰亭时写的七律《兰亭即事》。祖孙二位皇帝的作品刻于同一石碑，人称"祖孙碑"，国内绝无仅有，堪称"国宝"。墨华亭居右军祠内，此处建筑极富层次，祠内有一大方池，清流碧沼，旧为墨池，由王羲之"临池学书，池水尽黑"而得名，池中建墨华亭一座，池周是回廊，四壁镶嵌诗条石，皆为历代《兰亭序》摹刻的碑石。因王羲之当时写的《兰亭序》为唐太宗陪葬于昭陵，造园者因此特地将赵模、韩道政、冯承素、诸葛贞等人临摹的本子镌刻于诗条石上，虽是仿写临摹，以像为贵，但出于不同书家之手，又各具其妙。有的有魏碑的功底，有的有汉隶的痕迹，有的潇洒飘逸，有的严谨浑厚，有的圆笔，有的方笔，同中异，异中同，耐人寻味，从这些碑石中，可领略书法家当年的赫赫风采。

二、绘画艺术

中国画作为世界艺术的瑰宝，以其独特的文化传统及民族特色而令旅游者惊叹不已。当然要真正领略中国画的神韵，必须全面了解中国画的发展与艺术特点。中国画根据其描绘的对象不同，一般可分为人物画、山水画、花鸟画三大类；按表现技法又可分为工笔画和写意画。中国画不同于西方画重"形似"，而求"神似"。同时，中国艺术家将绘画艺术与书法、印章、文学、哲学等诸美相融合，更增添了中国绘画特有的美学价值。

（一）绘画史概述

中国绘画具有十分悠久的历史，远在七八千年前的新石器时代，先民们就已经在各种陶器上绘制鱼、鹿等纹饰图案。商周时代的青铜器、玉器、象牙雕刻，图案细密富丽，布局严谨整齐，已经显示出先民的艺术才能。春秋战国时代，周朝出现了壁画，上面不仅画有"尧舜之容，桀纣之像"，还有周公的画像。战国时期大型建筑已普遍采用壁画作为装饰。从长沙战国楚墓中出土的《人物夔凤图》和《人物御龙图》帛画可以看出，中国画以墨线勾描、取立轴式样的传统形式在战国时代就已经确立了。这说明中国绘画从一产生起就以其丰富的内容、完美的形式屹立于世界艺术之林。

秦汉时代，绘画迅速得到发展，其中以汉代的帛画和壁画成就最为突出。如长沙马王堆和山东临沂金雀山汉墓出土的彩绘帛画，线条挺劲流畅，钩形准确，色泽鲜明，显示出画家较强的写实能力。汉代壁画内容丰富，精彩动人，包括历史故事、人物肖像、神话传说等。另外，汉代的画像石和画像砖也颇具盛名。

魏晋南北朝时期，以石窟壁画为代表的绘画艺术繁荣兴旺起来。敦煌莫高窟、天水麦积山石窟、甘肃永靖炳灵寺石窟等的壁画显示出这个时代的绘画水平。这一时期涌现出"画圣"卫协以及"六朝三杰"的顾恺之、陆探微、张僧繇等一批著名画家，还出现了有关绘画的著作，如谢赫的《古画品录》、宗炳的《画山水序》等。

唐代是中国绘画的第一个辉煌时期。壁画突破宗教内容的束缚，除描绘宗教有关形象外，出现了表现生活场景和山水花鸟的画面。中国画最先成熟起来的是人物画，而唐代又是人物画创作的高峰时期。阎立本的《步辇图》、吴道子的《送子天王图》、张萱的《虢国夫人游春图》以及《簪花仕女图》等均为传世佳作。与此同时，山水画也得到迅速发展，花鸟画逐渐成为新的画科。唐画的风格富丽豪华，气势博大，但各家画风又大异其趣，比如同画嘉陵山水，李思训三月之功，吴道子却一日而成。

宋代绘画成就首先表现为以画院为代表的现实主义艺术的兴起。在宋代，绘画以"画学"之名纳入科举，形成了以典雅、精工为特色的院体画风。从画的分类来看，人物画发展了白描和"减笔"的表现形式，开始着重刻画人物性格，出现了李公麟、米芾等名家；山水画强调师法造化，探索山川自然奥秘，出现了号称"南宋四家"的李唐、刘松年、马远、夏圭等名家；花鸟画章法严谨，笔墨精丽，对象是以描写梅、兰、竹、菊四种花草为主的"四君子画"，代表画家有苏轼、文同、郑思肖等。宋代民间民俗画也得到了长足发展，张择端的《清明上河图》是风俗画的巨幅杰作，具有极大的艺术和历史价值。

元朝时文人画占据着主要地位，山水画的发展达到高峰，人物画反而相对衰落。文人画着重表现主观情趣，注重笔墨，而不像民俗画那样写实，同时明确提出将书法入画的主张，使诗、书、画融为一体，代表作主要有黄公望的《富春山居图》、王蒙的《青卞隐居图》、吴镇的《嘉禾八景图》等。元代山水画完全摆脱了宋人院体画的影响，更加追求笔墨情趣，崇尚山林，寄情遣兴，聊以自娱。这种画风的转变，使山水画成为此后中国画的主流。

明清时期，士大夫画家的"文人画"成为绘画艺术的主流，他们各立门庭，创建不同的画派，如赵孟頫为代表的"元四家"，唐寅为代表的"吴门四家"，石涛、八大山人为代表的"四大高僧"，龚贤为代表的"金陵八家"，王时敏为代表的"四王"山水画，金农、郑板桥为代表的"扬州八怪"。特别是"扬州八怪"的创作对近代中国的写意花鸟画有很大影响。

近代中国画坛流派林立，形成了海派、京派、岭南派等主要流派。以上海为中心的海派由任伯年、吴昌硕领衔，继承明清革新派传统，强调画家的独创精神与文化素养。受其影响而又自成一家者有陈师曾、陈半丁、齐白石、潘天寿、李苦禅等。以北京为中心的京派沿袭清代正统派的画学思想，强调继承古法。广东岭南派的创始人为高剑父、高奇峰和陈树人，他们受西方文化思潮的影响，锐意革新，重写实，重设色。著名画家关山月、黎雄才为其佼佼者。

（二）中国画与旅游审美

1. 以形写神，追求神似

早在东晋时代，大画家顾恺之就已经明确提出了"以形写神"的主张，把"传神写照"作为绘画的最高境界。自此以后，追求神似就成为中国画家表现方法的准则和要求。这种

"神似"，对人物而言，是指精神、个性，因而人物画要显示人物的精神气质；对于山水风景而言，就是一种美的境界和季节气候的变化特征，情景交融，虚实相生，因而山水画要描绘出山川的神采气韵；对于动物、花树而言，是指其形态特点和动人意趣，因而花鸟画要展露出花草树木、飞禽走兽的勃勃生机与千姿百态，加之色彩与笔法的应用，以造成浑然一体的连贯气势。因此，一幅优秀的中国画，虽然并不一定具有逼真的描绘、精巧的刻画，却显得生机勃勃，神情兼备而惟妙惟肖，给人以美的享受。

2. "散点透视"，构图无限

中国画不像西洋绘画那样把"视点"固定在一定的位置上，而是采用"移动透视""不定点透视"的手法处理构图。即采用动态的观点，从不同的角度来描绘事物，如城墙里的酒家、高山背后的古刹等。五代顾闳中的《韩熙载夜宴图》卷，画卷共分五段，每段既互相联系又相对独立，把韩熙载听琵琶演奏、观舞、宴会间休息、听笛子演奏、宴会结束连缀成整体，反映出南唐重要政治家韩熙载郁郁寡欢的心情。这种散点透视使画家在表现比较阔大的场面时能避免一个固定观察点的局限。再如，《清明上河图》采用了运动着的"远近法"，将几十里的风光绘于一图。

3. 抒情寄志，创造意境

中国画家崇尚的是"外师造化，中得心源"的创作方法。一幅优秀的中国画，必须是画家从对客观事物的观察认识、体验感受中产生一定的思想感情，并通过艺术构思和形象塑造，把这种感情表现出来，从而使画面上显现出一种动人心弦的艺术魅力，即画的意境，这使中国画具有很强的概括力和深邃情感的表现力。因此，中国画表现的常常是画家的精神世界。如清代郑板桥的画，粗看是一丛兰、一枝竹、一块石，但表现的却是"四时不谢之兰，百节长青之竹，万古不败之石，千秋不变之人"。画中的景物已不是现实生活中景物的复现，而是客观物象和主观情感融会后的再生。

4. 以线造型，以色表情

中国画以墨线为造型的主要手段，以线的疏密、繁简、直曲、刚柔的变化产生丰富的韵律节奏，且以墨的浓淡、干湿显示出远近、高低、明暗、虚实，甚至大胆突破写实，而以写意取胜，采取夸张、离奇、变形等手法追求画面整体和谐效果；对于色彩的应用，中国画的色彩绝不是将山水人物的自然色彩复现，而是抓住景物色彩的特征，又融合自己的情感，红花、绿叶、锦鸡、牛、马，其色彩多为理性和感性的综合，大胆应用富丽对比色，追求装饰效果，形成工笔重彩。如清赵之谦的《花卉图》，"常常以浓艳丰厚的色彩布置了全幅"（郑振铎），或以色直接点簇，或以色调墨，或色墨相互映衬，使色墨对比强烈，增添了画面生机。这种用鲜艳的色彩配合放逸墨色的笔法，表现出国画气韵生动的"气"和"韵"。又如吴昌硕画的牡丹，花用红色，叶用墨色，红与黑相得益彰，鲜艳于烂漫中别具庄重典雅的气度，正体现了"国色天香"的精神实质。

5. 诗书画印，相映成趣

在中国，诗、书、画、印都是独立的艺术门类，但画家们却把它们有机地结合在一起成为一件完整的艺术品，这是中国传统绘画的一个突出特点。画面上的诗、书称为题款。最初的题款只是作为画的脚注，注明画的作者姓氏和官爵。到魏晋时期，题款则通过简约的词句概括画的内容，像文章的标题。唐宋时代，画题词诗已富于诗意。王维曾在诗画的结合方面做过一些尝试。而书画大师苏轼却开创了题款新式样。他在画上挥毫以诗文作长跋，书法雄浑豪放，文采精妙绝伦，与画面相映生辉，堪称后世楷模。至明清时这种结合已达极盛。印章是完成一幅画的最后工序，主要形式有名号章、压角章等。印章的使用，使整个画幅显得更加端庄大方。真正使诗、书、画、印四者结合起来，使之成为一种更加完美、更加多姿多彩的综合性艺术者，当推郑板桥。他在每一件作品中都努力把四者熔于一炉。如《柱石图》，画面是一根石柱，笔直刚劲，历经风雨沧桑，但崛壮峥嵘，棱角毕露，无畏缩颓唐之像，有傲岸不屈之神。题诗是："谁与荒斋伴寂寥，一枝柱石上云霄。挺然直是陶元亮，五斗何能折吾腰？"印章是"富贵非吾愿"。这种以石自比，宁折不弯的气魄风度，通过诗、书、画、印准确地表现出来，具有诗、书、画、印的综合艺术特色。

三、中国雕塑艺术文化

中国雕塑艺术是中国传统文化的重要组成部分。在不少旅游景点均可见到各种不同类型的雕塑，给游人留下深刻的艺术感受。

雕塑艺术是以雕刻和塑造等手段创作三维空间形象的造型艺术。雕塑使用的材质包括金属、木、石、石膏、黏土及油泥等，可塑可刻，塑造的是具有实在体积的艺术形象，用来纪念瑰丽或悲壮的历史史实及可歌可泣的英雄人物，表现多姿多彩的现实生活和雕塑家本人的审美感受及审美理想。因雕塑材料可长期保存，又能起到装饰和美化的作用，所以中国古代雕塑具有永久性、纪念性、装饰性、象征性，它又可分为圆雕、浮雕和透雕等类别。因此，雕塑艺术是一个国家历史发展形象化的记载，是时代特征、雕塑者的思想感情和审美观念的结晶，被人们称为"石头书"，具有很高的历史价值与艺术价值。

（一）中国雕塑艺术的起源和发展

中国的雕塑艺术源远流长，古代人们捏塑烧制陶器，是中国雕塑艺术的起源，迄今已知的最早的雕塑作品是发现于河南省密县的一件小型人头陶像，为距今 7 000 多年前的裴李岗文化遗址的遗物。在仰韶文化遗址发现了数量较多的陶塑作品，这些都是中国雕塑艺术源头的物质载体。

商周时期是中国的青铜时代，雕塑使用的材料比以前的原始雕塑更为丰富，有青铜、陶土、玉石等。尤其是青铜器的品种很多，把动物塑像塑造和青铜器用具相结合，使象形青铜器皿造型生动、形象逼真。有的形象带有威慑和恐怖的神秘色彩，有半人半兽、人与兽或人与神怪动物组合等多种式样。商代的鸟兽等式样的青铜器，虽然没能成为独立的雕塑作品，但有一定的实用功能，表明当时已有很强的造型能力。西周时期的雕塑摆脱了商代的神秘主义气氛，逐渐呈现了现实的理性的色彩，兽类动物雕塑数量较多，显得朴素、生动。以陕西西安张家坡出土的青铜尊，纹饰最为繁多，非常华丽，在西周时期的作品中是很罕见的。

春秋战国时期雕塑的材质更多，审美倾向转而追求繁缛华美，人物雕塑的主要形式是俑。很多诸侯贵族死后的陪葬改用陶俑、陶马代替活人、活马，使雕塑在人物、动物造型技艺上大大提高。例如，山东郎家庄 1 号东周殉人墓所出的陶俑有六组；山西长治分水岭战国早期墓葬出土的舞俑群，姿态生动，造型简约。这一时期的陶俑是中国最早的陶俑，对中国雕塑史的研究有很高的价值。战国时期也有木俑陪葬，是中国最早的木俑。

秦代经济发展较快，雕塑艺术也出现了划时代的成就。在建筑装饰和墓葬品等方面，出现了巨型石雕、青铜雕塑和大型陶塑。在阿房宫、骊山陵墓中均用雕塑作品进行美化。在建造骊山陵园时，曾雕刻一对头高一丈三尺的石麒麟，成为后代在陵墓前雕造石兽或石避邪的先导。据史书记载，秦始皇还曾铸造十二个各重二十四万斤①的"金狄"，即12个身着"夷狄服"的大铜人，配列在阿房殿前。此外，秦始皇兵马俑的出土标志着秦代雕塑艺术的卓越成就，其特点是：形体高大，崇尚写实，类型众多，个性鲜明，形象生动。

汉代雕塑艺术在秦代的基础上又有所提高，其成就突出地表现在大型石刻作品上。如霍去病墓前石刻，有包括马踏匈奴、野人搏熊在内的石刻14件，是著名的西汉大型石刻，是汉代纪念性石刻的代表作。甘肃武威出土的铜奔马——马踏飞燕，被誉为"汉代青铜雕塑的奇葩"，现被作为中国旅游业的图形标志。

魏晋南北朝时期是我国的一个民族大融合的时期。雕塑艺术也从异国艺术（尤其是佛教艺术）中汲取了大量养分，呈现出丰富多彩的局面。其中，石窟佛教造像成为我国雕塑艺术发展的主流。例如，我国著名的四大石窟——敦煌莫高窟、大同云冈石窟、洛阳龙门石窟和甘肃麦积山石窟，其石雕造像和泥塑造像皆已达到相当高的水平。另外，陵墓雕刻也有较大的发展。如南朝帝王陵墓地表上的石刻群雕有31处，是现存此类雕塑作品中保存较好的。

隋唐时期是中国封建社会的鼎盛时期，政治安定，经济繁荣，国力强盛。雕塑艺术在继承魏晋南北朝雕塑艺术成就的基础上，又发展到了一个新高峰。其中，陵墓雕刻、宗教造像创造出许多不朽的作品。例如唐代帝王陵墓前的大型纪念性群雕是最具时代风格的作品。唐乾陵的石刻有狮子、石人、石马及马侠、璠酋像、华表、无字碑及述圣记碑六类；宗教造像以佛教为主，也有道教造像。这一时期的佛教造像多表现世俗生活内容，冲淡了宗教造像神秘压抑的氛围，佛像面容亲切，圆满丰硕，细腻真实。如西安宝庆寺塔中的石刻造像，菩萨细腰斜倚，楚楚动人；天王力士肌肉怒突、强壮威武等。

宋元时期的雕塑艺术，主要仍是宗教雕塑、陵墓雕塑和小型观赏性雕塑。宋代佛教造像中丰富多彩的是罗汉群像雕；元代宗教雕塑较多，随着喇嘛教的推崇和流行，喇嘛教遗像纷纷兴建，但汉式佛教造像仍占大多数。例如，山西襄汾普净寺的华严三圣、观音菩萨、地藏菩萨、十八罗汉塑像，浙江宁波阿育王寺的浮雕天王像。另外，宋代和元代道教造像迅速发展，如湖北武当山的真武帝君、雷部诸神雕像，山西晋城玉皇庙的二十八宿塑像，山西龙山道教石窟造像，福建泉州清源山的老君大石保等。

明清时期，雕塑艺术又得到了迅速发展，特别是建筑雕刻和陈设雕塑更为突出。宫廷建筑雕塑以北京故宫为代表，如天安门前华表、三大殿的三台玉阶雕刻、九龙戏珠御路等。华表柱身上缠绕的主体龙纹，以浮雕毛法雕刻，莲瓣石盘上的"从吼"和望柱上的狮子皆为圆雕。琉璃雕塑是清代宫廷建筑雕刻中的重要组成部分，故宫皇极门前的九龙壁和北海公园中的九龙壁为代表作品。它们全部是用彩色琉璃烧制而成，色

---

① 1斤＝0.5千克。

彩鲜艳。还有一些陈设在皇城或宫殿门前的建筑装饰圆雕，如天安门前的狮子、太和殿前的麒麟、龙凤等。

20世纪以后，我国出现了现代雕塑。20世纪二三十年代比较大的创作有纪念孙中山和其他民主革命家的纪念像和抗日战争英雄纪念碑等。20世纪80年代以后，我国的雕塑创造活动进入一个新阶段，随着现代化建设的蓬勃发展，各种雕塑都在发展，出现了许多优秀的园林雕塑、城市雕塑、纪念碑雕塑、建筑雕塑以及应外国邀请或我国赠送国外的大型雕塑作品。规模最宏大的是1958年5月1日建成揭幕的矗立于天安门广场中心的人民英雄纪念碑，还有1979年于南京竖立的《周恩来》青铜雕刻，1984年于重庆长江大桥桥头的组雕《春夏秋冬》（铝合金），1985年赠给日本长琦和平公园的《和平》石雕，1986年赠给加拿大蒙特利尔市的《白求恩像》石雕等。

（二）中国雕塑艺术的鉴赏

中国雕塑艺术历史悠久制作精美。一直到秦汉时期，我国古代雕塑才作为一个独立的艺术门类大放异彩。汉代以及南北朝时期，佛教寺庙建筑、石窟造像盛极一时，佛教雕塑占了重要地位。同时，帝王贵族陵墓雕刻也极为繁荣。到了唐代，我国古代雕塑艺术更加成熟，无论陵墓雕刻、墓室俑像还是石窟造像，其数量之多、质量之精美都是前所未有的，这一时期中国的雕塑艺术达到了高潮。唐代后期直至明清，由于佛教造像之风衰落，中国雕塑艺术走向低潮，已不可与秦汉魏唐同日而语了。

1. 中国古代雕塑的纪念性

中国古代的雕塑作品并不单纯是为了欣赏而创作的。它首先是为统治阶级特定的政治需要服务，带有时代、阶级的烙印，或是为纪念某一历史人物和事件，如著名的昭陵六骏，实际上是为了赞美唐太宗的赫赫功业。

2. 中国古代雕塑的象征性

中国古代雕塑是为了表现人的一定意念，烘托一定的意境气氛。如西汉霍去病墓前的群雕，雕刻的内容不是英雄本人，而是用高大的战马和奇峻的祁连山来表现霍去病的卓越功勋。霍去病墓的石刻群雕在中国雕塑史上有着十分重要的地位。它打破了汉代以前旧的雕刻模式，形成了更加成熟的中国式纪念碑雕刻风格，具有划时代的意义。这些作品造型简洁，风格粗犷，气势宏大，不仅寄托了对英雄的歌颂和哀思，也反映了正处于上升时期的汉朝统治阶级生机勃勃的精神面貌。霍去病墓的石刻群雕是中国古代雕塑艺术发展史上的一座里程碑，对后世陵墓雕刻的艺术风格产生了极其深远的影响，是汉代以后中国古代大型纪念碑雕刻的典范之作。而《马踏匈奴》是整个群雕作品的主体，也是这些雕塑所讴歌的主题。整个作品风格庄重雄劲，深沉浑厚，寓意深刻，耐人寻味，既是古代战场的缩影，也是霍去病赫赫战功的象征。雕塑的外轮廓准确有力，形象生动传神，刀法朴实明快，具有丰富的表现力和高度的艺术概括力，是我国陵墓雕刻作品的典范之作。

3. 中国古代雕塑的装饰性

中国古代雕塑往往采取装饰手法，把自己的某种情感、趣味和审美理想寄托在创造性的形象中。如唐代的菩萨，身躯美丽圆熟，胸部和四肢圆润丰满，衣裙精美，这种形象表现成功地应用了装饰手法。

4. 中国古代雕塑的假定性

中国古代的雕塑形象,如佛教造像、陵墓雕刻等,大都具有假定性的艺术特征,如常见的石狮、天禄、辟邪等。而正因为如此,它们才会具有极大的艺术魅力和极高的审美价值。

5. 中国古代雕塑的类型化

中国古代的雕塑往往综合了同类型对象的基本特征,创造出具有共性美的艺术形象。但这种共性并非千人一面,缺乏个性,而是通过类型来表现个性的。

6. 中国古代雕塑与建筑、环境融为一体

中国古代的雕塑与建筑和环境的关系十分密切。宫殿、寺庙、陵墓等建筑常用雕塑艺术来烘托艺术形象。如宫殿前的阙、华表、牌坊、石狮等,都有精美的雕刻作为装饰;气势雄伟的唐乾陵雕刻群更是建筑、雕塑与环境结合的杰作。

习题与拓展实训题

一、思考题

1. 如何赏析中国的诗词游记?
2. 如何欣赏中国的书法艺术?
3. 如何对中国画进行审美?
4. 叙述书法与旅游的关系。

二、案例分析

中国十大传世名画

中国有许多古典名画流传至今,成为画坛国宝。画界和民间曾评选出多种版本的"十大传世名画",而由国家文物局等权威机构组织著名专家认定的"中国十大传世名画"是:晋代顾恺之的《洛神赋图》,唐代阎立本的《步辇图》,唐代韩滉的《五牛图》,唐代张萱、周昉的《唐宫仕女图》,五代顾闳中的《韩熙载夜宴图》卷,宋代王希孟的《千里江山图》,宋代张择端的《清明上河图》,元代黄公望的《富春山居图》,明代仇英的《汉宫春晓图》,清代郎世宁的《百骏图》。

唐宋是中国古代经济文化两大昌盛期,入选的十大传世名画的画家中,唐代就占四位,宋代有两位。唐代素以"仕女画"著称于世,展示雍容典雅的唐代美女"回眸一笑百媚生"群像的《唐宫仕女图》堪称其中的极品。张择端创作的北宋风俗画《清明上河图》长达528.7厘米,将开封城风情、风土民情描绘得淋漓尽致,现存于北京故宫博物院,属一级国宝。仇英的《汉宫春晓图》以春日晨曦中的汉代宫廷为题,描绘后宫佳丽生活百态,历来受圈内人士追捧,现为台北"故宫博物院"的"镇馆之宝"。郎世宁是意大利人,1715年来华传教,后因擅长绘画成为康熙、雍正、乾隆三朝的御用画师。郎世宁尤善画马,《百骏图》描绘了姿态各异的百匹骏马放牧游息的场面,画卷色彩浓丽、构图精美、极富情趣,堪称中西合璧的杰作,现藏于台北"故宫博物院"。

当然,中国传世名画远不止这十幅,名重当世、流芳千古的古代国画大师还有很多,诸如吴道子、王维、赵孟頫、董其昌、米芾、八大山人、石涛、徐渭等,他们的传世之作也都

是无价国宝，上述的"十大传世名画"只是更具代表性罢了。

讨论

中国传统绘画取得了哪些艺术成就？如何欣赏中国传统绘画？

三、实训题

1. 选取有代表性的旅游文学和书画作品，对其进行鉴赏。

2. 到博物院等机构实地参观书画作品展览，感悟中国书画艺术的审美特征。

第十二章

中国旅游介体文化

教学目标

1. 了解中国旅游介体文化的含义、构成与作用；
2. 掌握旅行社文化、旅游饭店文化、"行"文化的知识。

能力目标

1. 能够分析旅游介体文化的具体表现；
2. 能够就创建旅游介体文化发表自己的观点。

导入案例

　　某地一家饭店餐厅，午餐时间。来自台湾的旅游团在此用餐，当餐厅女服务员发现一位70多岁的老年人的饭碗已空时，就轻步上前问道："先生，您还要饭吗？"那位老先生摇了摇头，女服务员又问道："那么先生，您完了是吗？"只见那位老先生陡然站起身来："小姐，我今年已经70多岁了，自食其力，这辈子还没落到要饭吃的地步，怎么会要饭呢？我的身体还硬朗得很呢！一下子不会完的。"女服务员顿时哑口无言。

　　思考

　　请结合以上案例谈谈在旅游接待服务中如何体现出文化。

第一节　旅游介体文化的内涵

一、旅游介体与旅游介体文化

　　旅游介体是指人类进行旅游活动所依托或凭借的全部介体。它包括旅游者进行旅游活动所直接依靠的旅行社、旅游交通、旅游饭店、旅游商贸、旅游景区经营服务等旅游企业，以及为旅游服务的各级旅游管职机构、传媒信息机构、人力资源服务机构及旅游行业协会等所共同构成的旅游业，同时也牵涉不以游客为主要服务对象，但与旅游活动息息相关的其他旅游相关行业与机构，如餐饮业、商业、娱乐业、演艺业、通信业、金融保险业等相关行业和公安、海关、医疗、卫生、防疫等相关管理服务机构，即泛旅游业的范畴。旅游介体文化是指所有旅游中介体在参与各种旅游活动中所形成和积累的全部物质和精神的文化集合。

中国旅游介体文化则是泛指各种旅游介体在中国旅游活动中发生和涉及的旅游文化现象和关系的集合，包括这些旅游介体在旅游实践活动中形成和积聚的物质文化与精神文化的总和。

与旅游主体文化作为旅游活动的核心与重心而处于整个旅游活动的中心位置相对应，旅游介体文化处在联结旅游主体与客体的中间位置，同样面广量大。它既贯穿于旅游活动的全过程，又牵涉着旅游活动的物质、制度、精神等多个文化层次。只不过旅游介体文化状态的侧重面与旅游主体文化和客体文化的文化状态有着比较鲜明的差别。旅游主体文化主要属于无形文化，侧重于精神观念状态；而旅游客体在物质与非物质状态中主要侧重于物质化状态。旅游介体文化则因处于主客体旅游需求与旅游吸引目的物的联系中，随着休闲等内容的迅速提升而呈现出由物质状态为主朝着物质权重逐步减弱、精神权重逐步增强的方向渐变的趋势。旅游介体文化在中国旅游文化中的突出地位逐渐显现，愈益为各界所重视。

二、旅游介体的构成

旅游介体位于旅游主体和旅游客体的连接处，又存在于旅游活动的整个过程，它是旅游主体的旅游需求与旅游客体这一目的物之间必不可少的桥梁，其构成是一片广阔的中间地带，实际涵盖了整个泛义的旅游业。当然，旅游介体文化主要还是体现在旅行社、饭店、景点三大支柱行业和相对直接的旅游管理、旅游服务及旅游人力资源机构共同组成的狭义的旅游业上。而在文化的立体层面中，旅游介体文化又在物质、行为、精神三个不同界面以各旅游行业的设施工具为物质基础，以各种各样的服务管理到规章制度为行为的主要内容，提升到经营理念、企业文化直至思想观念、精神文化，从表到里，有着逐步递次深入的体现。

旅游介体文化构成的实质为我们展示了现代旅游业的轮廓，凡是为着满足旅游者的需要，为着旅游者顺利到达旅游的吸引物，实现旅游目的，赢得旅游者满意的一切设施、设备、工具、经营服务管理、机构制度，直至社会政治经济环境，所涉及的人、财、物共同构成了旅游的介体。这也就是我们通常提及的整个广义旅游业和相关产业及周边环境。

三、旅游介体的三个界面

旅游介体文化主要是在帮助旅游主体成功达到旅游目的过程中显现出来，其核心内容即是服务。无论是旅游产品的设计、制作、宣传报道，旅游设施的策划、修建、经营管理，还是旅游环境的营造、治理、改善、保护，以及旅游人才资源的培育养成、训练提高，无不是围绕着服务于旅游者、服从于旅游者，使旅游者高兴而来、满意而归。旅游产品、设施、环境、人才，集中体现了旅游介体的主要方面，也集中体现了从物质到精神的文化内涵。因为旅游本质上具有文化活动性质，旅游介体以各旅游行业的设施器具为物质基础，以各种服务行为为主要内容，联系到规章制度、经营观念、管理模式、运营机制、企业文化，直至思想观念、意识形态、精神文化，基本上反映了旅游介体文化在旅游文化立体层面中，从物质文化、行为文化、精神文化三个不同界面递次深入。在三种不同层次的文化中，旅游服务文化可谓旅游行为文化的典型代表，正是旅游服务凭借各种服务设施、工具，在旅游者的旅游活动中与旅游者共同上演的一幕幕极其生动的"话剧"，不断创造着旅游文化，其中也形成和积累了旅游介体自身的物质文化和精神文化，尤其是旅游服务文化、经营文化、企业文化、制度文化。

四、旅游介体文化的双重角色

旅游介体处在旅游主体和旅游客体的中间，担当着主客体之间的媒介作用，势必在很大程度上受制于主体和客体的状况。随着旅游主体需求的变化和旅游客体内容的转换，旅游介体这一中介体还会同时扮演介体之外的第二角色，即兼有旅游主体或旅游客体的成分，这就是旅游介体的双重角色。

导游是旅游介体中颇有代表性的一个双重角色，每个导游在一个景区的游览是重复的，主要的职能是陪同、导向、解说，并提供相关服务。导游也有在一个景区的第一次游览，或许，这第一次游览就是"踩点"，或者跟着老导游游览学习，这是从学习到见习性质的游览，但毕竟还有相当程度的游览性质，也就有游览的感受。因为没有具体的服务任务，此时，游览的切身感受往往还是主要的。此后，若干次在同一景点导游，虽然绝大部分工作内容是在为游客服务，可是这一景点肯定会对其自觉或不自觉地产生故地重游之感，或感觉到景点的改变，或感受到岁月时光的变化，或感觉到场景气氛的变异，还有自己生理心理状况的不同，以及审美情感的差异与积淀，凡此种种无不证明着每一次导游其实都还是兼有一位游客的身份，只是以导游为主罢了。所以说，所有导游实际上都既是旅游介体，又兼有旅游主体的性质。其中，绝大部分是一定景区的导游，他们不仅在这些景区中日积月累，甚而朝夕相处，已经几乎与风景名胜融为一体，如南岳衡山的主持和尚就是南岳景区的首席导游，他对衡山景区可谓情深意切，了如指掌，尤其对于南岳佛教禅宗深有研究。这样的导游就不仅既是介体，且兼主体，又因其为景区增添了一道亮丽的风景线，而兼有了旅游客体的性质。

当然，最具普遍意义的双重角色主要是同时兼有旅游介体和旅游客体两种性质，较多地体现在旅游交通和旅游饭店的设施和服务中。诸多特色旅游交通，如传统的滑竿、轿子、马车、羊皮筏、狗拉雪橇等。这些旅游介体就都是很有吸引力的旅游客体；而现代的旅游交通，如奥丽亚娜号豪华游轮、上海磁悬浮列车本身都是旅游景点。

至于各类特色食宿、康乐设施及其服务，那就更是旅游介体和旅游客体的结合物。广东的御温泉、黄山的温泉浴室……都是以康体功能为主的旅游介体。随着人们康乐旅游的日渐兴起，它们已经成为一类旅游目的，自然也就结合了旅游介体文化和旅游客体文化。

饭店的介体作用是非常鲜明的。饭店的软硬件越来越重视民族传统风格和现代国际时尚的结合，这样饭店在为游客提供舒适的食宿环境和条件的同时，也给了游客赏心悦目的审美感受，饭店自身也成为一处景观，为整个旅游城市或旅游区平添了巨大的吸引力。北京的香山饭店是著名建筑师贝聿铭的精心之作，匠心独运，在香山之麓成功地构建了一座巨大的四合院，饭店随山坡起伏，留野树映衬。七十多棵数十年的大树，把新建的中国庭院极其和谐地镶嵌在自然山林之中，香山饭店由此增添了人文历史，自然也成为香山的一处新景。诸如此类，许多饭店的特色都已经或正在成为吸引游客的新亮点，上海锦江国际集团所属饭店的历史建筑和中国特色服务，北京首旅集团的全聚德烤鸭和仿膳宫廷宴，无锡湖滨饭店的江南八景和西施宴等都已成为受海内外游客欢迎的旅游特色项目。这里旅游介体文化和旅游客体文化自然融合，化为一体，处处体现出旅游介体文化的双重角色。

第二节　旅游介体文化中的旅行社

旅行社（旅游公司或其他同类性质的组织）是指"有赢利目的，从事旅游业务的企业"。旅行社在整个旅游行业的三大支柱产业中处于主导地位，是旅游介体文化十分重要的组成部分。在整个旅游介体文化中，旅行社的文化功能主要表现在三个方面，即旅游活动的主要组织者、旅游产品的重要策划者和旅游文化的积极传播者。

一、旅游活动的重要组织者

旅行社的性质本身确立了其作为旅游者的重要组织者的地位与作用。现代旅游业最主要的标志就是旅行社的出现与发展。

旅行社"为旅游者代办出入境和签证手续，招待、接待旅游者，为旅游者安排食宿等有偿服务"，实际上起到了联系旅游需求者和旅游供给者之间的桥梁作用。这是一种名副其实的完整意义上的中介，起到了直接或间接地把游客联结起来的作用，也就使旅行社客观地成为旅游活动的主要组织者。

旅行社的旅游组织业务是通过直接与间接两种方式进行的。直接组织主要指的是旅游团队和旅游散客，这是由旅行社完全负责或主要负责的旅游活动，旅行社在旅游团队中是责无旁贷的组织者，在旅游散客中也是首要的组织者；间接组织是指旅行社办理非团队旅游活动的旅行各类业务，如旅行社提供的大量的旅游咨询、订票等专项服务或奖励旅游和展览等综合服务也都不同程度地起着旅游间接组织者的作用。正是从直接、间接两方面结合起来，可以说旅行社是社会专职从事旅游活动业务的主要组织者。旅行社中的计调与导游则分别在旅游活动的计划组织与具体实施过程中担当着各自的组织工作。

二、旅游产品的重要策划者

旅行社还是旅游产品的设计者和加工者，而且是旅游产品的重要策划者。

旅行社提供的旅游产品除了预订酒店、机票、代办签证等各项服务外，更主要的是指旅游者参加旅行社组织的从离开客源地或居住地开始，到结束旅程返回出发地的一系列综合性的整体服务项目，如团体、散客、半包价、小包价、零包价旅游和组合旅游等。一项新的旅游产品问世，可能使潜在的旅游需求变为现实的旅游需求。旅行社在旅游主体——游客和旅游客体——旅游资源之间的介体作用正是在旅游产品的立意设计、开发创新和不断完善之中得以实现，从而真正发挥其旅游中的纽带和桥梁作用。所有这些旅游产品实际上都是在提供给游客一种经历，一种文化经历。"观乎人文以化天下"，好的旅游产品往往在本质上体现以旅行社为代表的旅游介体文化的价值。

与长城齐名的古代伟大建筑工程古运河，是一项非常吸引人和极有开发价值的旅游资源，但长期以来并未受到重视，直至经中国国际旅行社无锡支社开发后才逐步发展起来。开始，导游只是在汽车经过古运河时随意向旅游者指点一下，车上的客人就立刻兴奋起来，纷纷要求下车拍照或安排游览。1980 年，无锡支社组织西欧旅游者作了一次乘船游览古运河的尝试，客人情绪高涨，反映强烈，称为"神奇的旅游""在华旅游最动人的节目"。此后，凡是到无锡的游客都要求安排游览古运河这一活动项目。在游览无锡市区古运河的基础上，又发展到乘游轮从无锡古运河到苏州，继而又延伸到常州、镇江直至扬州。"古运河旅游"的"神奇""动人"就在于旅行社突出"民族性""地方性"来设计旅游产品，赢得了来自异体文化游客的青睐。我国不少旅行社最近又开发了特色旅游产品，如"时事旅游""探险旅游""小说旅游""技巧旅游""拓展旅游""生日旅游"和"寻婚旅游"等。

作为一个文明古国，数不胜数的名胜古迹，由旅行社开发成旅游产品、成为国际或国内游客喜爱的旅游项目。

三、旅游文化的积极传播者

在各类旅游业务机构中，旅行社是旅游信息积极的发布者，也是旅游文化的积极传播者，这是由旅行社在旅游活动中的纯粹媒介地位和推介作用所决定的。

提供咨询服务是旅行社的主要工作，旅行社不仅在旅游活动中作旅游宣传，更通过报刊、电视等各种宣传媒体以无偿提供信息的形式发布各种旅游资料，以及举办专门的推介活动，最大限度地招徕旅游消费者，不断推出旅游产品、精品，创出旅游的品牌旅游项目。其中，特色旅游线路是持续的、更有效的宣传。无比丰富的中国旅游文化正是经由旅行社的不懈努力，才在全世界不断提高知名度、美誉度的。

第三节　旅游介体中的饭店文化

住宿业在旅游业统计中称为"旅游住宿设施"，习惯上称为"饭店业"。在三大支柱产业中，旅游住宿业达到绝对的举足轻重的地位。

中国旅游住宿业，即饭店业起步较晚，在 1978 年以前，我国有条件接待来访外宾的饭店总共不过百十家。三十多年来，中国饭店业取得惊人的业绩，实现了由起点低、起步晚，达到发展速度快、服务水平较高的现状。

中国饭店旅游业的发展与亚洲旅游业的发展几乎是同步的，迅速发展的原因也大致相似，除了亚洲经济的持续发展和认真学习西方发达国家酒店科学管理的先进经验以外，东方文化中的人文服务与管理无疑起了巨大的作用。可以说，现在的中国饭店进入了塑造饭店文化的阶段。

饭店文化主要由经营文化、服务文化、情感文化构成，又表现为饭店企业文化，这主要是由饭店产品的特点决定的。与生产性企业消费者只与产品直接发生关系，而不直接与生产商品的人发生关系不同，饭店产品的生产过程是人与人交往的过程，是饭店员工为客人服务的过程。饭店服务人员的价值观、服务理念、素质和服务水平直接决定着饭店产品的质量，饭店产品要满足客人物质和精神两个方面的需求，必须经过员工"宾客第一"的服务理念和热情周到的行动才能实现。饭店消费更多的是一种体验式消费，无论是商务客人，还是旅游客人，每到一地，每住一家饭店，都期望感受到一种异地的风土人情和特色服务，满足自己心理的体验。这种体验的满足，一方面来自饭店的建筑、装饰、设施的个性化，另一方面来自饭店的文化氛围和服务人员的素质，更多地体现在人的服务上。

中国饭店正是在经营文化、服务文化和情感文化上继承发扬中华优秀传统文化，认真学习西方饭店服务文化和管理文化的精华，努力创造着中国自己的饭店文化。

一、饭店形象　文化魅力

中国饭店业流传着这样一句话，那就是四星级看豪华、五星级看文化。中国的五星级饭店往往蕴含中华文化的形象，细微处透露出中华文化的精髓。地域性与文化性的介入是饭店从建筑到装饰体现文化的关键，北京香山饭店、曲阜厥里宾舍都称得上典范。它们都遵循"天性为神，人性为气，物性为形"的原则，充分考虑到饭店本地的地域环境、自然条件、季节气候，更融进历史遗风、先辈祖训及生活方式以及民俗礼仪、风土人情，在整体风格上体现传统风格的复兴、地方特色的发展、文化类型的扩展。山东曲阜的厥里宾舍是中国已故著名建筑家戴念慈先生的杰作，坐落在孔庙旁，这是一座现代设施的高星级饭店，然而又极具文化内涵，处处散发出中国数千年的文化气息。其与孔孟儒学的文化脉络息息相通，在孔子的诞生地增添了一座孔老夫子礼仪迎接的客舍，门额上"有朋自远方来，不亦乐乎"，宛如两千五百多年前孔老夫子的微笑迎宾的音容笑貌犹在。厥里宾舍的墙基与台阶的金山石材，楼宇间的中式庭院，大堂与走廊的仿青铜回纹墙砖，门厅中的青铜雕塑，直至背景音乐的古琴古筝曲，处处洋溢着千年的中华文脉。客房中的主色更是匠心独运，布草和窗帘、窗罩全是米色，十分素雅，床灯罩与抽屉搭手为红色木雕，犹如粉墙上的红杏，很是鲜活。卫生间的三大件和地墙砖全部是浅土黄色，文化寓意深长。

二、诚字为魂　人性服务

中华民族历来重视"诚"字，把诚实守信作为天下行为的准则。在中国饭店业的经营服务管理中也无不处处体现这一准则：诚实经营，服务热情，管理真诚。

在市场发展的今天，强化诚实守信的原则显得尤为重要，而中国饭店业也正在继承传统美德，努力实践诚信经营。许多饭店以诚信为经营基石，在给新客户推销饭店产品时，绝不夸大其词、有意抬高自身的产品，而是如实地介绍饭店优越的地理位置、独特的风景和宽敞的房间，同时不忘坦诚饭店硬件上的某些不足等客观现状以及比较合适的接待层次。客观真实的介绍让客户感受到饭店的真诚和可信，更在服务中体贴入微，以热情与真情赢得了一个个忠诚的客户。

与诚信经营相比，中国饭店的热诚服务更有着深厚的传统。中国被誉为"礼仪之邦"，中国人热情好客，使饭店服务中就充满着东方特有的人情味，体现着人文关怀。中国饭店服务中的热诚谦恭、善解人意、随和体贴、主动稳妥、随机应变等充满东方情感的服务文化比比皆是。在认真学好西方先进的标准服务时，中国饭店并没有扔掉中华文化中的人文精华，而是将其在饭店的服务中继承发扬，不断升华，在弘扬中华服务文化中努力创造规范与个性相融、充满真诚情感的中国特色的饭店服务模式。

如同饭店服务一样，中国饭店管理也有着鲜明的人本意识。管理中讲究真诚相待、用人不疑、开诚布公、将心比心、坦诚相见、设身处地，有着浓厚的东方亚细亚特征，渗透着田园牧歌般的脉脉温情、仁义道德。

"诚"是灵魂。饭店中领导对员工讲真诚守信，后台对前台讲真诚守信，员工对员工讲真诚守信，都能尽力为对方利益考虑的诚信，其结果必然形成员工对宾客讲诚信、企业对社会讲诚信的局面。从饭店领导到每位员工都是讲诚信的实践者，这就构筑了饭店综合竞争力的基石。诚信的领导赢得了员工，诚信的员工赢得了客人，诚信的饭店赢得了市场。

第四节　旅游介体中的"行"文化

旅游事业的发展只有仰仗便利的交通，才能得以保障。交通是发展旅游业的前提和物质基础，是旅游业发展的命脉。交通在整个旅游历史发展中始终存在的支配作用，使其成为旅游业发展进程的重要标志。托马斯·库克组织的乘坐火车团体旅游被公认为近代旅游的开始，当代超高速民航的普及直接推动着旅游业成为世界第一大产业，许多国家的旅游业都将机场客运吞吐能力视为国际旅游接待能力的直接理论依据。

"行"文化在中国旅游介体中自然占有十分重要的地位。中国"行"文化无论在旅游设施、旅游工具还是旅游线路上都具有十分独特、非常深厚的文化特性。

一、各具特色的旅游工具

中国旅游交通工具可分主流与非主流两大类，它们的文化特征也有较大差异。

（一）主流交通工具的文化特性

中国旅游交通的主流工具是车船和飞机，车又主要分为汽车和火车。

（1）火车至今仍是中国旅游交通的"铁老大"。火车运输具有运输能力大、载客多、费用低、安全性高、途中可沿途观赏风景、远距离连续行驶能力强、受季节和天气变化的影响小、能源消耗少等优点。目前，铁路交通在交通运输中仍占有重要地位，各国大都形成了国内铁路交通运输网络，并且随着世界经济体系的建立和发展，有越来越多的国家之间的铁路接轨，开展国际之间的铁路交通运输。如随着欧亚大陆桥的建成，游客可以从我国东海之滨的连云港直达欧洲北海之畔的荷兰的阿姆斯特丹。如今，高速铁路和高速列车成了铁路运输发展的重点。例如，西欧各国在 20 世纪 90 年代内投资 1 000 亿美元发展高速铁路和高速列车；日本也改进了其著名的"子弹列车"并扩大其运行网络等。

铁路交通方式的类别主要分为旅客列车、地下铁道列车、适应旅游者旅行游览需求的旅游列车三个类别。旅客列车按编组内容、速度快慢、运行要求的不同，又分为特别旅客列车、直通旅客快车、市郊列车等。地下铁路简称"地铁"，地铁以电动快速列车运送大量乘客，不占街道面积，不干扰地面交通，是解决城市交通紧张状况的有效交通方式。世界上第一条地铁于 1863 年 1 月 1 日在伦敦建成通车。旅游列车是专门为运送旅游者而开设的旅客列车，它运行于旅游客源集中地与著名旅游地之间，旅游列车主要有旅游专列、观光专列、环行列车、登山专列等。如为适应特殊旅游市场的需要，广州铁路青年旅行社开设的"南方快车"豪华旅游专列。

与飞机、汽车相比较，铁路交通也有其局限性，主要是灵活性较差，只能在铁轨上运行，远程运行较飞机慢得多，线路建设投资大、周期长等。

（2）在中国旅游交通中，发展最快的要数汽车，因为汽车灵活便利。汽车更因其便捷而且最具可进入性，在主流交通工具中独占鳌头，具有不可替代性。随着近代高速公路网的迅速形成，私家车数量飙升，对火车及飞机都构成了相对的竞争。而私家车队更引领着中国内地休闲与旅游的新潮。中国旅游交通的汽车文化中，两大旅游集团的车队铸就着辉煌的文化。首汽集团国宾车队的司机车上不抽烟，衬衫天天换，"外事接待的礼仪""服务心理学""服务英语"是每位司机的必修课。他们做到基本英语会话应对自如，服务客人体贴入微，技术熟练过硬，"起步不闯，转弯不晃，刹车不点头，行车一条龙，停车一条线"。他们视安全为本，载客熄火一次，踩一次急刹车就算一次事故，始终坚持这样的高质量、高标准服务特色。上海某汽车服务公司是目前沪上车型品种最全、车辆档次最高的车队，司机每人都备5件衬衫和5条不同领带，每天换洗，技术娴熟，英语流利，反应机敏，服务热诚，饮誉国内外。

（3）乘飞机旅游快速省时，安全舒适，为大家所公认。地球空间由于民航的飞速发展变得狭小，东西文化在地球村里变得很近，以致产生了近距离碰撞。民航运输成为远程国际旅游的主要方式。国际民航的降价竞争给旅游者带来实惠，也促使中国旅游文化得到更多的发展与对外交流机会。国内旅游乘飞机发展也较快，然而在各种交通工具中飞机票价仍属昂贵，加上乘飞机要往返机场，附加时间长，问津者不如火车多。

此外，我国服务业中，空乘服务人员的服务质量一般是最高的，但综合服务水平与国际民航还有一定差距，机场设施不完善、飞行不准时等问题还时有发生。

（4）众多的江河湖海将中华数千年文明与水和船紧密相连。一条大运河更是古代中国南北沟通的大动脉，造就了漕运、盐运和无数商旅的故事，也向人们展示了中国水上文人雅士乘一叶轻舟旅行的风采。隋炀帝、乾隆曾乘辉煌的龙舟进行舒适而悠闲的旅游。在近代车船史上，随着蒸汽机动力广泛运用到船舶，中国的水上客运，特别是内河客运也靠着超载能力加大与低廉票价再度兴旺。然而随着公路建设的快速发展，内河客运市场必然向陆路转移，我国水上旅游客运受速度慢、线路长、经营成本高等局限，不如其他交通工具景气。

但是，中国水上旅游的潜力巨大，旅游船舶在根本上不可替代。这不仅是由于亲水舒适而且十分惬意，更是因为游漓江山水、观三峡运河等都是非船莫属。我国还有一些水上旅游的成功范例。如苏州至杭州的大运河夜航、桂林至阳朔的漓江游览和西湖的泛舟等。应该说中国近岸型和河湖型游船的发展还是具有比较现实的较为广阔的空间，此两类游船的文化特色也较鲜明深厚。

（二）非主流交通工具的文化内涵

除了上述飞机、火车、汽车、游船等在旅游中普遍使用的交通工具外，在旅游交通中还有一些特殊的交通工具。虽然它们仅作为辅助交通工具，在一些特殊地区有限制地使用，但这些非主流交通工具功能各异，往往具有娱乐性和享受性，不少已经属于当地传统生产工具，反映着当地的民风民俗。它们的运载作用大多让给了旅游享乐，有着较为明显的文化特征。

大连的有轨电车、阿里山的小火车、野生动物园中防护观光车和水上摩托快艇都属于特殊的机械旅游交通工具。帆船、漂流皮艇、滑雪板等则是凭借风力、水力或坡度行进的自然力旅游交通工具，它们通常与原始传统生活生产关联，反映着一定的历史文化与现代时尚，常常是旅游者追新猎奇、体育健身的选择。

人们似乎更感兴趣的是畜力旅游交通工具，如骑骆驼、大象或牛、马、驴、骡，坐马车或狗拉雪橇，使人由都市生活回归自然，获得一种不同的感受。"小小竹排江中流"，羊皮筏过黄河，能满足人们好奇和追求刺激的愿望。滑竿助你爬山，轿子感觉历史，租辆自行车可以近距离地深入旅游地、接触民情民俗，而坐上人力车（又称黄包车）、三轮车又是另外一种体验。在满街汽车、经济高度发达的大都市，人力旅游交通工具显得格外别致。

此外，像泸定铁索桥、华山攀登铁索链，这些当地人们生活中不可缺少的交通设施与工具，对于旅游者而言则是更加稀奇和刺激。凌驾于大渡河的泸定桥，是铁索桥中的佼佼者。史籍告诉我们，泸定桥建成于清朝康熙四十五年（公元1706年），长为103.7米，宽3米，由13根大铁链组成，是当时世界上独一无二的大铁索桥。200多年来，它为便利西南地区的交通做出了重大贡献。"金沙水拍云崖暖，大渡桥横铁索寒"，毛泽东同志的著名诗句，更为这座在工农红军长征途中立下汗马功劳的铁索桥增添了光彩。而在众多的古代索桥中，四川都江堰的珠浦桥则是竹索桥的杰出代表，珠浦桥长320米，上有粗如碗口的10根竹缆为桥面，下有木排架8座及石墩1座，有9个桥孔，最大的路度达61米。至于这座桥的始建年代，现在尚不清楚。

至于怒江上的溜索及深山攀岩的荡绳，对于游客而言都是仅供观赏的表演项目。

二、中国交通设施与线路的文化意蕴

"长亭外，古道边，芳草碧连天。"《城南旧事》中略带忧伤的美妙歌声，也给人们传递着中国旅游交通设施的悠远与诗意。古驿道、驿亭、驿站已成为历史，中国大地现今已经建立起世界第一大高速公路网，大江大河上的大桥也数不胜数，并不断创新着一项项高、大、长、新的纪录。

环顾古今的交通设施，包含文化意蕴的旅游交通文化设施俯拾皆是，不胜枚举，其中历代建造的交通设施，许多至今仍在发挥着作用，当然，其本身也已经成为宝贵的人文景观了。

著名的无锡古运河南长街至清名桥这一黄金段称为水弄堂，连接着3 000多年前先秦泰伯开凿的一段最古老的河道——伯渎港。每当游船驶至清名桥，导游指向伯渎港介绍这段中国最早的运河时，总是博得外宾一片惊叹。

苏州古运河上的宝带桥修长清丽，雁荡山中的天生桥宛如天开，赵州桥千年绝唱、卢沟桥石狮奇观、云贵地区的风雨廊桥美国的"廊桥遗梦"也只能算是小巫见大巫了。

比之旅游交通文化设施，中国的旅游文化线路也毫不逊色。公元前139年，汉使张骞出使西域13年，回到长安，从此开创了联结中西、横跨欧西亚的著名历史通道——"丝绸之路"。2 000多年的商旅之路，留下了无数的文化瑰宝。今天，这条西行道仍是充满着大漠奇观的旅游线路。乘上"沙漠之舟"——骆驼，坐在驼背上，紧抱着驼峰，在沙漠上漫游，喝着羊皮囊中的水。顶着烈日狂风，谛听那富有节奏的驼铃声，享受征服严酷自然的无限愉悦，遐想回到遥远的古代，别有韵味。

中国的西南有一条茶马古道，它是世界上最高、最险、最神奇的道路，因汉藏间茶马集市而得名。茶马古道自云南和四川出发，穿越横断山脉，以及金沙江、澜沧江、怒江向西延伸，交会于西藏的门户——昌都，是千百年来汉、藏等多民族经济文化交流的重要纽带，也是滇藏、川藏公路的雏形。而今，茶马古道的交通功能已悄然隐去，但壮丽动人的绝世风光不变。沿着先人的足迹行走其间美不胜收，奇山异水自不待言，先人为生存所激发的非凡勇气和所作出的超常努力更是震撼心灵。

在茶马古道的中心区，昌都的魅力独具特色。距今有四五千年历史，距昌都镇仅十余千米的卡若遗址是西藏境内科学发掘的第一处新石器遗址。该遗址面积大、保存好，文物丰富，展现了昌都先民在澜沧江流域创造的远古文明。

昌都地区，康巴文化源远流长，从原始宗教到藏传佛教各教派众多，建筑风格各异的塔林和寺庙林立，其中，以强巴林寺最为著名。强巴林寺又称昌都寺，规模之大在康巴区首屈一指，气势之宏伟"亦藏区之胜区"。

神山多姿，圣湖多彩，茶马古道还把一座座散落在高原上的明珠串起来，形成了集观光、科研、考察、探险等于一体的世界级旅游精品，成为"中国香格里拉生态旅游区"中不可或缺的重要部分。

习题与拓展实训题

一、思考题

1. 何谓中国旅游介体文化？它在中国的旅游活动中居于何种地位？
2. 简述旅游介体文化的构成和角色。
3. 旅行社的文化功能表现在哪些方面？
4. 如何创建中国自己的饭店文化？
5. 中国旅游介体中的"行文化"有哪些文化特性？
6. 何谓非主流交通工具？有何文化内涵？

二、案例分析

用最古老的方式建造的规模庞大的"福建土楼"，以其悠久的历史、奇特的风格、巧妙的构筑、恢宏的规模，被誉为"世界住宿建筑的奇观"。它不仅引起了建筑界的注意，也吸引了历史学、地理学、人类学、民俗学等中外专家学者的浓厚兴趣。大批海外旅游者把本来用来旅游出行住宿的元素作为自己出行的主要目的，乐于出行前往，一饱眼福，使"福建土楼之旅"成了旅游景点。

现代有一种火车属于交通工具，但在这种交通工具里面，现代化的住宿设施、卧室房间、酒吧、餐厅、舞池等应有尽有，这种火车一般只有 12 节车厢，酒吧占 1 节，豪华餐厅占 1 节，内有 10 张餐桌、32 个座位；有电视放映间；自助餐厅占 2 节，有丰盛的自助餐；软卧车厢每节有 6 个双人间和 2 个豪华间。

讨论

根据上述材料，分析为什么本身作为住宿之用的建筑，却成了旅游出行的目的地，而本身属于交通工具的列车，却将现代的住宿融为一体。

三、实训题

分析家乡旅游介体文化的特征，并在课堂上讨论、交流。

主要参考文献

[1] 冯天瑜，何晓明，周积明. 中华文化史 [M]. 上海：上海人民出版社，1990.

[2] 李星明. 旅游文化概论 [M]. 武汉：华中师范大学出版社，2007.

[3] 刘秀峰，钟玉琴. 中国旅游文化 [M]. 北京：人民邮电出版社，2006.

[4] 段颖. 中国旅游历史文化 [M]. 长春：东北师范大学出版社，2008.

[5] 段颖. 导游基础 [M]. 南京：东南大学出版社，2007.

[6] 陈来生. 中国旅游文化 [M]. 天津：南开大学出版社，2008.

[7] 邵骥顺. 中国旅游历史文化概论 [M]. 上海：上海三联书店，1998.

[8] 郑炎. 中国旅游发展史 [M]. 长沙：湖南教育出版社，2000.

[9] 袁晓国. 中国历史文化 [M]. 北京：高等教育出版社，2005.

[10] 曹明纲. 中国园林文化 [M]. 上海：上海古籍出版社，2001.

[11] 曹琦，彭耀. 世界三大宗教在中国 [M]. 北京：中国社会科学出版社，1991.

[12] 韦燕生. 中国旅游文化 [M]. 北京：旅游教育出版社，2006.

[13] 牟钟鉴. 中国宗教与中国文化 [M]. 北京：中国社会科学出版社，2005.

[14] 曹文彬. 中国旅游文学 [M]. 北京：中国商业出版社，2003.

[15] 杜莉. 中国饮食文化 [M]. 北京：旅游教育出版社，2005.

[16] 赵荣光，夏太生. 中国饮食文化概论 [M]. 北京：高等教育出版社，2003.

[17] 汪德华. 中国山水文化与城市规划 [M]. 南京：东南大学出版社，2002.

[18] 叶涛，刘魁立. 中国民俗 [M]. 北京：中国社会出版社，2006.

[19] 高格. 细说中国服饰 [M]. 北京：光明日报出版社，2005.

[20] 张维亚，赵昭. 旅游文化 [M]. 沈阳：东北财经大学出版社，2008.

[21] 孙全治. 旅游文化 [M]. 郑州：郑州大学出版社，2006.

[22] 喻学才. 旅游文化 [M]. 北京：中国林业出版社，2002.

[23] 曲玉镜，邹本涛. 旅游文化新论 [M]. 北京：知识产权出版社，2013.

[24] 陆新文. 中国旅游文化 [M]. 郑州：郑州大学出版社，2012.

[25] 都大明，金守郡. 中国旅游文化 [M]. 上海：上海交通大学出版社，2012.

[26] 潘文焰. 旅游文化与传播 [M]. 北京：北京大学出版社，2011.

[27] 王明强，曹菊枝. 中国旅游文化 [M]. 天津：天津大学出版社，2011.

[28] 徐日辉. 中国旅游文化要义 [M]. 北京：中国教育文化出版社，2004.

[29] 高照明，赵昭. 中国旅游文化 [M]. 北京：冶金工业出版社，2009.

[30] 韩福文，刘丽华. 中国旅游文化 [M]. 长春：吉林人民出版社，2006.

［31］刘建章. 中国旅游文化［M］. 西安：西北工业大学出版社，2010.

［32］陈水雄，周义龙，卢洪. 旅游文化概论［M］. 哈尔滨：哈尔滨工程大学出版社，2012.

［33］王玉成. 旅游文化概论［M］. 北京：中国旅游出版社，2005.